智能网联汽车专业"岗课赛证"融通活页式创新教材

车联网技术与应用

组编　行云新能科技（深圳）有限公司

主编　徐艳民　李克宁　郑道友

参编　吴立新　邱今胜　周世琼　郭付来

　　　王飞仁　王道勇　周晨旸　刘祥磊

机械工业出版社

本教材分为"对车联网技术的认知""对车联网系统架构的认知""对车联网通信关键技术的认知""对车联网数据采集与处理技术的认知""对车联网安全与隐私保护的认知"和"对车联网场景建模与仿真的认知"6个能力模块，下设共19个任务，以"做中学"为主线，以渐进式知识体系框架为主体，添加引导问题与拓展阅读板块，补充车联网体系的陈述性知识和策略性知识，以任务为驱动，在学习过程中引导读者"边做边学"，在学习中实践，在实践中加深对新兴技术的理解。同时，本教材将"课程思政"融入课程的培养目标，帮助学生在知识学习和动手操作中了解行业发展，领会团结合作的重要性，培养执着专注、精益求精、一丝不苟的工匠精神，锻炼学生独立思考、将理论运用于实践的能力，成为从事新能源汽车相关工作的高素质技能型专门人才。

本教材语言通俗易懂，可作为职业院校智能网联汽车技术、智能交通技术、新能源汽车技术、汽车检测与维修等相关专业的教材，也可供从事相关专业工作的工程技术人员参考。

图书在版编目（CIP）数据

车联网技术与应用 / 行云新能科技（深圳）有限公司组编；徐艳民，李克宁，郑道友主编.—北京：机械工业出版社，2023.7（2025.2重印）
智能网联汽车专业"岗课赛证"融通活页式创新教材
ISBN 978-7-111-73406-2

Ⅰ.①车… Ⅱ.①行… ②徐… ③李… ④郑… Ⅲ.①汽车－物联网－高等职业教育－教材 Ⅳ.①U469-39

中国国家版本馆CIP数据核字（2023）第113064号

机械工业出版社（北京市百万庄大街22号　邮政编码100037）
策划编辑：谢　元　　　　责任编辑：谢　元　王　婕
责任校对：韩佳欣　梁　静　封面设计：马精明
责任印制：郜　敏
中煤（北京）印务有限公司印刷
2025年2月第1版第3次印刷
184mm×260mm·19印张·410千字
标准书号：ISBN 978-7-111-73406-2
定价：69.90元

电话服务　　　　　　　网络服务
客服电话：010-88361066　机　工　官　网：www.cmpbook.com
　　　　　010-88379833　机　工　官　博：weibo.com/cmp1952
　　　　　010-68326294　金　书　网：www.golden-book.com
封底无防伪标均为盗版　机工教育服务网：www.cmpedu.com

智能网联汽车专业"岗课赛证"融通活页式创新教材

丛书编审委员会

资源说明页

本书附赠 10 个富媒体资源。

获取方式：

1. 微信扫码（封底"刮刮卡"处），关注"天工讲堂"公众号。

2. 选择"我的"—"使用"，跳出"兑换码"输入页面。

3. 刮开封底处的"刮刮卡"获得"兑换码"。

4. 输入"兑换码"和"验证码"，点击"使用"。

通过以上步骤，您的微信账号即可免费观看全套课程！

首次兑换后，微信扫描本页的"课程空间码"即可直接跳转到课程空间，或者直接扫描内文"资源码"即可直接观看相应富媒体资源。

课程空间码

序

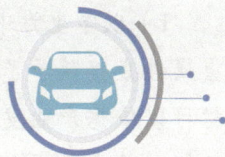

当前，全球汽车产业进入百年未有之大变革时期，汽车电动化、网联化和智能化水平不断提升，智能网联汽车已成为世界公认的汽车产业未来发展的方向和焦点。党的二十大报告提出："建设现代化产业体系。坚持把发展经济的着力点放在实体经济上，推进新型工业化，加快建设制造强国、质量强国、航天强国、交通强国、网络强国、数字中国。"这为推动智能网联汽车发展、助力实体经济指明了方向。

智能网联汽车是跨学科、跨领域融合创新的新产业，要求企业员工兼具车辆、机械、信息与通信、计算机、电气、软件等多维专业背景。从行业现状来看，大量从业人员以单一学科专业背景为主，主要依靠在企业内"边干边学"完善知识结构，逐步向跨专业复合型经验人才转型。这类人才的培养周期长且培养成本高，具备成熟经验的人才尤为稀缺，现有存量市场无法匹配智能网联汽车行业对复合型人才的需求。

为了响应高速发展的智能网联汽车产业对素质高、专业技术全面、技能熟练的大国工匠、高技能人才的迫切需求，为了响应《国家职业教育改革实施方案》提出的"建设一大批校企'双元'合作开发的国家规划教材，倡导使用新型活页式、工作手册式教材并配套开发信息化资源"的倡议，行云新能科技（深圳）有限公司联合中职、高职、本科、技工技师类院校的一线教学老师与华为、英特尔、百度等行业内头部企业共同开发了智能网联汽车专业"岗课赛证"融通活页式创新教材。

行云新能在华为 MDC 智能驾驶技术的基础上，紧跟华为智能汽车的智能座舱——智能网联——智能车云全链条根技术和产品，构建以华为智能汽车根技术为核心的智能网联汽车人才培养培训生态体系，建设中国智能汽车人才培养标准。在此基础上，我们组织多名具有丰富教学和实践经验的汽车专业教师和智能网联汽车企业技术人员一起合作，历时两年，共同完成了"智能网联汽车专业'岗课赛证'融通活页式创新教材"的编写工作。

本套教材包括《智能网联汽车概论》《Arduino 编程控制与应用》《Python 人工智能技术与应用》《ROS 原理与技术应用》《智能网联汽车传感器技术与应用》《智能驾驶计算平台应用技术》《汽车线控底盘与智能控制》《车联网技术与应用》《汽车智能座舱系统与应用》《车辆自动驾驶系统应用》《智能网联汽车仿真与测试》共十一本。

多年的教材开发经验、教学实践经验、产业端工作经验使我们深切地感受到，教材建设是专业建设的基石。为此，本系列教材力求突出以下特点：

1）以学生为中心。活页式教材具备"工作活页"和"教材"的双重属性，这种双重属性直接赋予了活页式教材在装订形式与内容更新上的灵活性。这种灵活性使得教材可以依据产业发展及时调整相关教学内容与案例，以培养学生的综合职业能力为总目标，其中每一个能力模块都是完整的行动任务。按照"以学生为中心"的思路进行教材开发设计，将"教学资料"的特征和"学习资料"的功能完美结合，使学生具备职业特定技能、行业通用技能以及伴随终身的可持续发展的核心能力。

2）以职业能力为本位。在教材编写之前，我们全面分析了智能网联汽车技术领域的特征，根据智能网联汽车企业对智能传感设备标定工程师、高精度地图数据采集处理工程师、智能网联汽车测试评价工程师、智能网联汽车系统装调工程师、智能网联汽车技术支持工程师等岗位的能力要求，对职业岗位进行能力分解，提炼出完成各项任务应具备的知识和能力。以此为基础进行教材内容的选择和结构设计，人才培养与社会需求的无缝衔接，最终实现学以致用的根本目标。同时，在内容设置方面，还尽可能与国家及行业相关技术岗位职业资格标准衔接，力求符合职业技能鉴定的要求，为学生获得相关的职业认证提供帮助。

3）以学习成果为导向。智能网联汽车横跨诸多领域，这使得相关专业的学生在学习过程中往往会感到无从下手，我们利用活页式教材的特点来解决此问题，活页式教材是一种以模块化为特征的教材形式，它将一本书分成多个独立的模块，以某种顺序组合在一起，从而形成相应的教学逻辑。教材的每个模块都可以单独制作和更新，便于保持内容的时效性和精准性。通过发挥活页式教材的特点，我们将实际工作所需的理论知识与技能相结合，以工作过程为主线，便于学生在实际的操作过程中掌握工作所需的技能和加深对理论知识的认知。

总体而言，本活页式教材以学生为中心，以职业能力为本位，以学习成果为导向，让学生在教师指导下经历完整的工作过程，创设沉浸式教学环境，并在交互体验的过程中构建专业知识，训练专业技能，从而促进学生自主学习能力的提升。每一个任务均以学习目标、知识索引、情境导入、获取信息、任务分组、工作计划、进行决策、任务实施、评价反馈这九个环节为主线，帮助学生在动手操作和了解行业发展的过程中领会团结合作的重要性，培养执着专注、精益求精、一丝不苟、追求卓越的工匠精神。在每个能力模块中引入了拓展阅读，将爱党、爱国、爱业、爱史与爱岗教育融入课程中。为满足"人人皆学、处处能学、时时可学"的需要，本活页式教材同时搭配微课等数字化资源辅助学习。

虽然本系列教材的编写者在智能网联汽车应用型人才培养的教学改革方面进行了一些有益的探索和尝试，但由于水平有限，教材中难免存在错误或疏漏之处，恳请广大读者给予批评指正。

丛书编委会

前 言

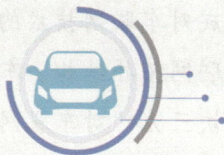

    党的二十大报告指出："统筹职业教育、高等教育、继续教育协同创新，推进职普融通、产教融合、科教融汇，优化职业教育类型定位。"产教融合是培养智能网联汽车产业端所需的素质高、专业技术全面、技能熟练的大国工匠、高技能人才的重要方式，也是我们教材体系建设的重要依据。

    2022 年 11 月上旬，工业和信息化部与公安部联合发布《关于开展智能网联汽车准入和上路通行试点工作的通知（征求意见稿）》。在电动化、智能化、网联化、共享化已成为汽车产业发展趋势的当下，政策的利好更进一步地推动了产业的健康发展。工业和信息化部数据显示，2022 年上半年，我国具备组合驾驶辅助功能的乘用车销量达 288 万辆，渗透率提高至 32.4%，同比增长 46.2%。国家智能网联汽车创新中心数据显示，到 2025 年，我国智能网联汽车产业仅汽车部分新增产值将超过 1 万亿元；到 2030 年，汽车部分新增的产值将达到 2.8 万亿元。智能网联汽车行业的快速发展推进了产业端对人才的需求，根据教育部等三部门联合印发的《制造业人才发展规划指南》，未来节能与新能源汽车人才缺口为 103 万人，智能网联汽车人才缺口为 3.7 万人，汽车行业技术人才、数字化人才非常稀缺。而智能网联汽车产业作为汽车、电子、信息、交通、定位导航、网络通信、互联网应用等行业领域深度融合的新兴产业，院校在专业建设时往往会遇到行业就业岗位模糊、专业建设核心不清等情况。在政策大力支持、产业蓬勃发展的大背景下，为满足行业对智能网联汽车技术专业人才的需要，促进中职、高职、职教本科类院校汽车类专业建设，特编写本教材。

    本教材围绕智能网联汽车相关专业"岗课赛证"综合育人的教育理念与教学要求，采用"学生为核心、能力为导向、任务为引领"的理念编写。在对智能网联技术技能人才岗位特点、1+X 职业技能等级证书和"校—省—国家"三级大赛体系进行调研的基础上，分析出岗位典型工作任务，进而创设真实的工作情景，引入企业岗位真实的生产项目，强化产教融合深度，从而构建整套系统化的课程体系。

    本教材分为六个能力模块。能力模块一为"对车联网技术的认知"，通过介绍车联网基础概念、车联网技术的发展历程、车联网技术应用领域等知识点，帮助学生完成对车联网技术的初步了解；能力模块二为"对车联网系统架构的认知"，讲授了车联网拓扑结构、车载网络通信系统、车联网相关传感技术与定位技术等内容；能力模块三为"对车联网通信关键技术的认知"，讲授了车联网通信标准体系、车联网专用短程通信技术、移动蜂窝 V2X 通信技术；能力模块四为"对车联网数据采集与处理技术的认知"，讲授了车内网数据采集技术、车际网数据传输技术以及车联网大数据处理技术；能力模块五为"对车联网安全与隐私保护的认知"，讲授了车联网安全体系架构、车联网信息安全认证技术、车联网隐私保护技术等内容；能力模块六为"对车联网场景建模与仿真的认知"，讲授了车联网交通测试场景及相关法规、V2X 典型应用场景建模与仿真、车联网在高级场景的应用等内容。

能力模块	理论学时	实践学时	权重
能力模块一　对车联网技术的认知	3	1	7%
能力模块二　对车联网系统架构的认知	5	5	15%
能力模块三　对车联网通信关键技术的认知	6	4	15%
能力模块四　对车联网数据采集与处理技术的认知	6	10	25%
能力模块五　对车联网安全与隐私保护的认知	6	1	11%
能力模块六　对车联网场景建模与仿真的认知	6	11	27%
总计	32	32	100%

本书由广东机电职业技术学院徐艳民、深圳信息职业技术学院李克宁、浙江工贸职业技术学院郑道友主编；行云新能科技（深圳）有限公司吴立新、深圳信息职业技术学院邱今胜、深圳信息职业技术学院周世琼、广东机电职业技术学院郭付来、广东机电职业技术学院王飞仁、广东机电职业技术学院王道勇、行云新能科技（深圳）有限公司周晨旸、行云新能科技（深圳）有限公司刘祥磊参与编写。

由于编者水平有限，本书内容的深度和广度尚存在欠缺，欢迎广大读者予以批评指正。

编　者

活页式教材使用注意事项

01 根据需要，从教材中选择需要夹入活页夹的页面。

02 小心地沿页面根部的虚线将页面撕下。为了保证沿虚线撕开，可以先沿虚线折叠一下。注意：一次不要同时撕太多页。

03 选购孔距为80mm的双孔活页文件夹，文件夹要求选择竖版，不小于B5幅面即可。将撕下的活页式教材装订到活页夹中。

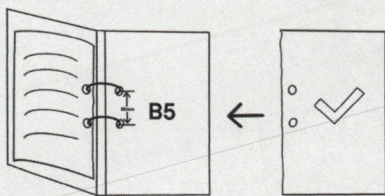

04 也可将课堂笔记和随堂测验等学习资料，经过标准的孔距为80mm的双孔打孔器打孔后，和教材装订在同一个文件夹中，以方便学习。

温馨提示：在第一次取出教材正文页面之前，可以先尝试撕下本页，作为练习

目 录

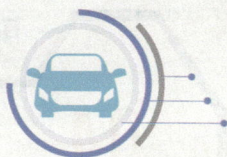

序
前言

能力模块一
对车联网技术的认知

01

任务一　了解车联网基础概念

学习目标

- 能正确阐述车联网的定义。
- 能解释车联网的范畴。
- 能理解车联网的相关概念。
- 会运用相关工具进行文献检索以及资料的整理。
- 具有利用信息手段查阅相关资料的能力。
- 具有分析问题、解决问题和再学习的能力。
- 具有良好的团队精神和较强的表达沟通、协调组织能力。
- 具有认真负责的职业态度和良好的职业道德。

知识索引

```
                          ┌─ 车联网的定义
                          │
                          ├─ 车联网的范畴
                          │
了解车联网基础概念 ─────────┤                    ┌─（一）与ETC及其标准的关系
                          │                    ├─（二）与Telematics的关系
                          └─ 车联网相关概念分析 ──┼─（三）与智能交通系统的关系
                                               ├─（四）与车路协同系统的关系
                                               └─（五）与智能网联汽车的关系
```

情境导入

目前，车联网是汽车产业与互联网产业发展的重点方向，具有非常广阔的市场前景。作为智能网联汽车测试岗位新入职的实习生，在培训期间，你的主管需要你对车联网基础知识进行初步了解，有助于理解行业技术的发展现状。查阅相关资料，完成车联网认知信息表整理并向主管汇报。

获取信息

引导问题 1

查阅相关资料，请问车联网的概念起源于什么领域？车联网技术发展想要实现什么目标？

_____

_____

车联网的定义

车联网至今没有统一或公认的定义，根据行业背景不同，对车联网的定义也不尽相同。下面给出目前具有代表性的几个定义。

世界电动车协会的定义：车联网（汽车移动互联网）是利用先进传感技术、网络技术、计算技术、控制技术、智能技术，对道路交通进行全面感知，对每辆汽车进行交通全程控制，对每条道路进行交通全时空控制，实现道路交通"零堵塞""零伤亡"和"极限通行能力"的专门控制网络。车联网示意如图 1-1-1 所示。

图 1-1-1　车联网示意

　　车联网产业技术创新战略联盟的定义：车联网是以车内网、车际网和车载移动互联网为基础，按照约定的通信协议和数据交互标准，在V2X（即车与车、车与路、车与行人、车与互联网等）之间，进行无线通信和信息交换的大系统网络，是能够实现智能化交通管理、智能动态信息服务和车辆智能化控制的一体化网络，是物联网技术在交通系统领域的典型应用。其中，车内网是指通过应用成熟的总线技术建立的一个标准化的整车网络，车际网是指基于专用短距离通信（Dedicated Short Range Communications，DSRC）技术和面向车联网的长期演进（LTE-V2X）技术构建的实现车—车和车—路之间中短程距离通信的动态网络，车载移动互联网是指车载终端通过4G/5G等通信技术与Internet和云端进行的远程无线连接网络。

　　中国物联网校企联盟的定义：车联网是由车辆位置、速度和路线等信息构成的巨大交互网络。通过GPS、RFID、传感器、摄像头图像处理等装置，车辆可以完成自身环境和状态信息的采集；通过互联网技术，所有的车辆可以将自身的各种信息传输汇聚到中央处理器。通过计算机技术，将这些车辆的信息进行分析和处理，从而计算出不同车辆的最佳路线、及时汇报路况和安排信号灯周期。

　　车内网、车际网与车载移动互联网的关系如图1-1-2所示。

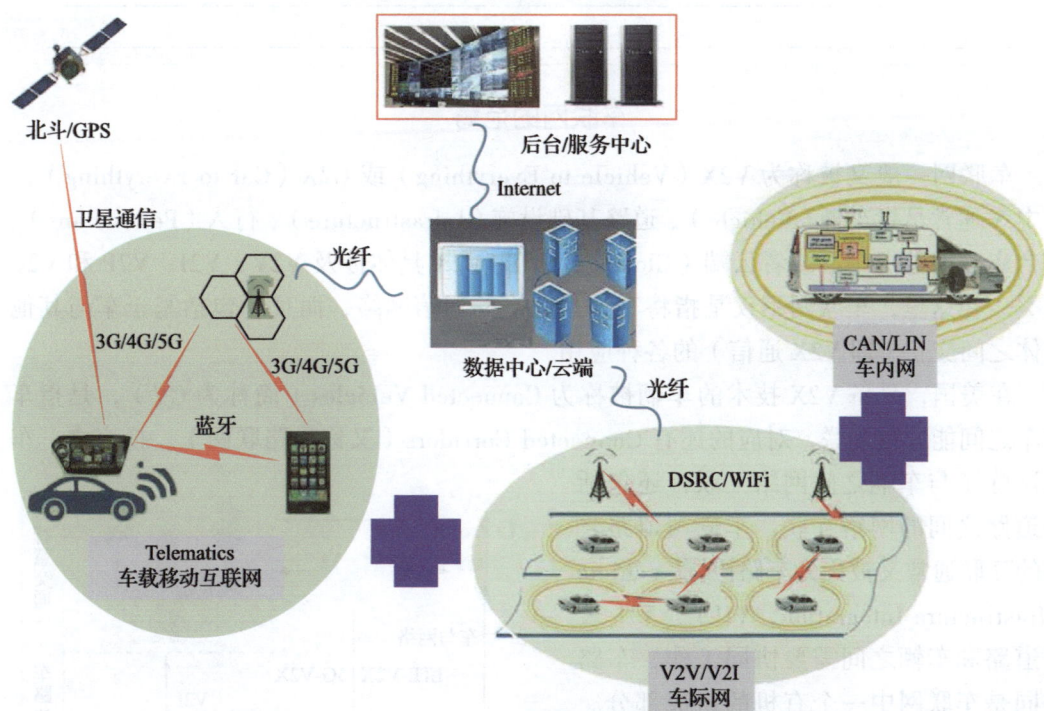

图1-1-2　车内网、车际网与车载移动互联网的关系

　　由上面的定义可知，世界电动车协会的定义强调车联网运用先进的信息通信技术，既要对车进行控制，又要对道路进行控制，目标是实现"零伤亡""零堵塞"和具备"极限通行能力"的道路交通环境。车联网产业技术创新战略联盟的定义强调了车联网的网络特征及交通功能。中国物联网校企联盟的定义侧重于从技术应用的角度对车联网

进行阐释。

事实上，车联网的概念源于物联网（Internet of Things，IoT），即车辆物联网，是以行驶中的车辆为信息感知对象，借助新一代信息通信技术，实现车与车、人、路、服务平台等对象之间的网络连接，提升车辆整体的智能驾驶水平，为用户提供安全、舒适、智能、高效的驾驶感受与交通服务，同时提高交通运行效率，提升社会交通服务的智能化水平（图 1-1-3）。

图 1-1-3　物联网之车联网

车联网也是一种应用于道路上的新型移动无线自组织网络，它使车与车、车与路之间的高速通信成为可能，能够大大提高城市交通管理效率，是未来智慧城市、智能交通的重要支撑。

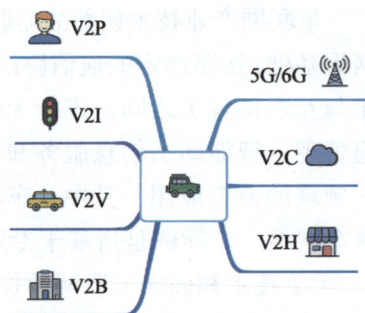

❓ 引导问题 2

查阅相关资料，简单表述一下车联网的范畴是什么？

_____

_____

_____

车联网的范畴

车联网一般又被称为 V2X（Vehicle to Everything）或 C2X（Car to Everything），其中 X 通常是指车辆（Vehicle）、道路基础设施（Infrastructure）、行人（Pedestrians）、后台车联网数据中心或者云端（Cloud），因此 V2X 具体涉及 V2V、V2I、V2P 和 V2C 四类。在这里，车联网不仅是指将车连接起来的通信网络，而且还包括基于车与其他实体之间交互（即 V2X 通信）的各种应用。

在美国，具备 V2X 技术的车辆被称为 Connected Vehicles（简称为 CV），是指车与车之间能进行互联，对应的还有 Connected Corridors（又称为路联网）。换言之，车联网除了与车辆之间网络互联，还包括与道路之间的网络互联，车辆与道路之间的互联通常又被称为车路协同（Vehicle Infrastructure Integration，VII）。VII 表明道路和车辆之间需要协同工作，车路协同是车联网中一个有机的组成部分。因此，广义的车联网既包括车与车、车与路、车与人、车与后台中心（云平台）的连接，还包括路与路、路与人、路与后台中心（云平台）之间的连接，它通过各种通信技术将人、车、路、云平台有机地互联起来（图 1-1-4）。狭义的

图 1-1-4　广义车联网

车联网是指车车、车路之间的互联，它采用一种专用的中短程通信技术，在车辆之间以及车辆和路侧单元之间建立一种自组织的网络，实现节点之间的直接通信。

在欧盟，V2X 又被称为协作式智能交通系统（Cooperative Intelligent Transport Systems，CITS），是指智能交通系统中的各个交通要素之间通过网络进行协作，属于智能交通系统中的一个特例，代表了智能交通系统借助各种新型信息通信技术向未来交通演进的一种技术路线。有些人认为 C–ITS 主要为交通服务，因此主要解决交通拥堵问题以提高交通效率。实际上，欧盟在提出 C–ITS 系统框架时，主要强调的是车、路、人和后台中心之间的协作，与美国的 Connected Vehicles 框架和标准相对应，因此它首要的目的还是针对交通安全，然后才是解决交通效率和环境污染问题。

> **❓ 引导问题 3**
>
> 　　查阅相关资料，请简述车联网与车路协同系统之间的关系。
>
> _____
>
> _____
>
> _____

车联网相关概念分析

（一）与 ETC 及其标准的关系

ETC（Electronic Toll Collection）即电子不停车收费系统，为车联网的应用之一。其技术和工作原理是通过在汽车风窗玻璃上安装感应卡并预存费用，在车辆通过收费站时，无须停车，只需放慢速度即可通过（图 1–1–5）。通过车载设备实现车辆识别、信息写入，通行费将从预先绑定的 IC 卡或银行账户上自动扣除。

图 1–1–5　ETC 系统

ETC 系统通过安装于车辆上的车载装置和安装在收费站车道上的天线进行无线通信。它主要由车辆自动识别系统、中心管理系统和其他辅助设施等组成。其中，车辆自动识别系统由车载单元（Onboard Unit，OBU）、路边单元（Roadside Unit，RSU）、环路感应器等组成。OBU 中存有车辆的识别信息，一般安装于车辆前面的风窗玻璃上，RSU 安装于收费站旁边，环路感应器安装于车道地面下。车载设备和路边设备通过 DSRC 协议完成路边设备对车载设备信息的一次读写，即完成收（付）费交易所必需的信息交换。

这里用于 ETC 的 DSRC 协议与 V2X 系统中所采用的主流 DSRC 协议有着完全一样的名称，极易让人混淆。根据美国 DSRC 标准的描述，专用短距离通信技术在美国被用于和车载环境无线接入（Wireless Access in Vehicular Environments，WAVE）协议相关的无线电频谱或技术，美国汽车工程师学会（Society of Automotive Engineers，SAE）已经明确提出 WAVE 协议要使用 5.9GHz 的频带。在美国以外，DSRC 可能指的是一个使用 5.8GHz 频带的不同的无线电技术，例如电子收费（Electronic Fee Collection, EFC）。从上述描述可以看出，用于 ETC 的 DSRC 采用的是不一样的通信技术，不同之处包括：它采用半双工通信、工作在 5.8GHz 频段，主要规定了物理层、数据链路层和应用层，工作距离只有 10~30m，传输速率不到 0.5Mbit/s，采用被动工作方式，数据链路层主要采用 HDLC 协议。而用于 V2X 的 DSRC 协议具有更加复杂和完备的协议栈，包括 IEEE 802.11p 和 IEEE 1609.X 以及 SAE J2735，工作在 5.9GHz，覆盖范围能达到数百米，传输速率能达到几兆比特每秒，而且采用主动的工作方式。此外，它们之间也存在密切的关联。首先，日本用于 V2X 的 DSRC 协议就是在用于 ETC 的 DSRC 协议基础上逐步发展起来的，所以也保留了 5.8GHz 的工作频段；其次，ETC 可以作为一个单独的系统独立运行，也可以通过实现了包括 IEEE 1609.11 标准的 DSRC 系统来提供支付服务，这在美国的高层协议 IEEE 1609.11 里具有明确的描述。

（二）与 Telematics 的关系

Telematics 即车载信息服务系统，是 Telecommunications（远距离通信）与 Informatics（信息科学）的合成词。Telematics 的目的是以无线语音、数字通信和卫星导航定位系统为平台，通过定位系统和无线通信网，向驾驶员和乘客提供交通信息、紧急情况应对策略、远距离车辆诊断和互联网增值（金融交易、新闻、电子邮件等）服务的业务，可以说 Telematics 是车联网的重要组成部分，强调的是远程无线通信的接入，特别是同 Internet 的互联。车联网除了包含 Telematics 之外，还包括一个车辆自组织网络，它可以在没有 Internet 接入的情况下形成一个独立而又相对完善的网络环境，为车车、车路之间的信息交互提供有力的支撑与保障（图 1-1-6）。

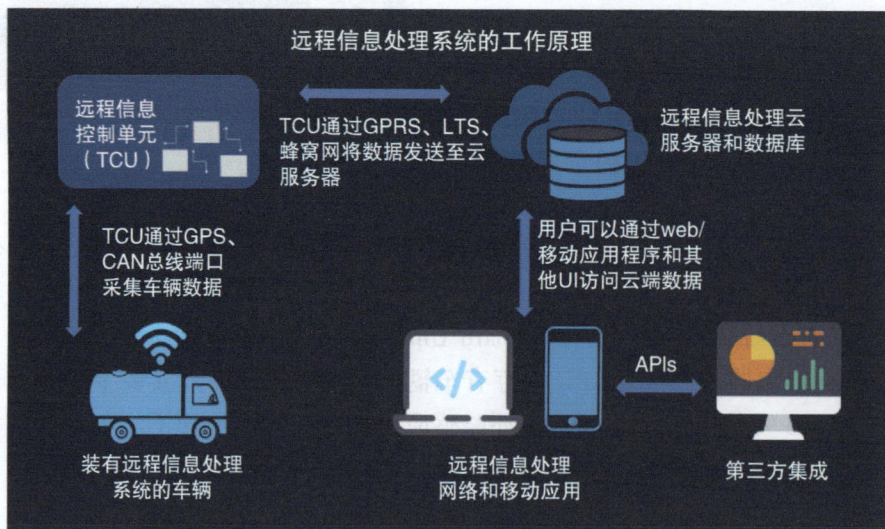

图 1-1-6　Telematics

Telematics 目前发展比较成熟，通过与后台服务中心的无线网络连接可以为驾驶员提供包括紧急救援在内的对通信时延要求不太高的服务，市场化程度较高的产品包括 OnSrar（安吉星），C-Book InkaNet 等。早期不少人误认为 Telematics 就是车联网，这与美国所要发展的 Connected Vehicles 和欧盟的 Cooperative ITS 是截然不同的，因为后面两者强调的是车车、车路之间的中、短程通信，而不是车与后台中心之间的通信，而且要求极低的通信时延和极高的传输可靠性，比如在 200ms 以内实现基本安全消息（Basic Safety Message，BSM）的交互，这是 Telematics 采用 3G/4G 技术提供远程接入所达不到的。

（三）与智能交通系统的关系

智能交通系统（Intelligent Transportation System，ITS）是将先进的信息技术、通信技术、电子传感技术、控制技术等有效地集成，运用于整个地面交通管理系统而建立的一种在大范围内、全方位发挥作用的，实时、准确、高效的综合交通运输管理系统（图 1-1-7）。智能交通是未来交通系统的发展方向，它是智慧城市的一个重要组成部分，其目的是使人、车、路密切配合达到和谐统一，发挥协同效应、极大地提高交通运输效率、保障交通安全、改善交通运输环境和提高能源利用效率。这里的"人"是指一切与交通运输系统有关的人，包括交通管理操作者和参与者；"车"包括各种运输方式的运载工具；"路"包括各种运输方式的通路航线。"智能"是 ITS 区别于传统交通运输系统的最根本特征，是指运用于交通运输系统中的各种智能技术。从各国实际应用效果来看，发展智能交通系统确实可以提高交通效率，有效减缓交通压力，降低交通事故率，进而保护环境、节约能源。

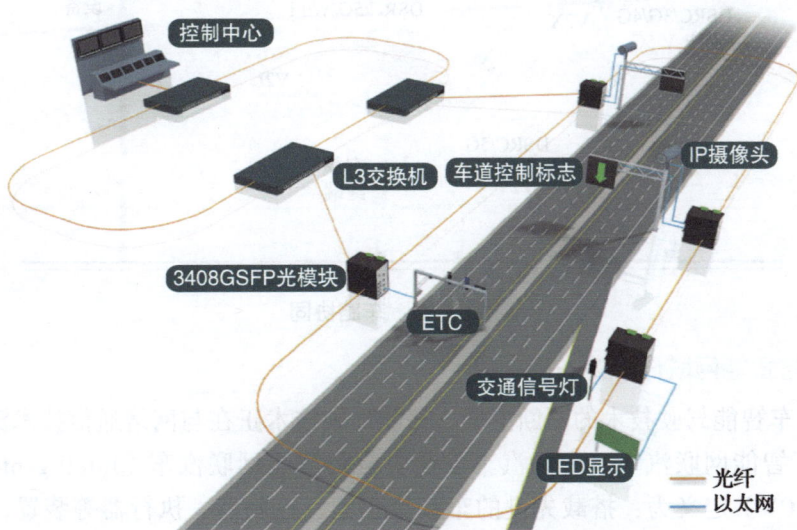

图 1-1-7　智能交通系统

车联网是物联网在智能交通领域的应用，是智慧交通的发展新动向。踏入 21 世纪，随着物联网、智慧地球、智慧城市等概念兴起，在交通领域便产生了智慧交通、车联网的概念。中国早在 1999 年就提出来了物联网的概念，当时不叫"物联网"而叫"传感网"。物联网与智能交通交汇融合，产生了智能交通行业的新概念——车联网。车联网就是汽车移动互联网，它强调的是以车为载体构建的一种信息网络平台，使车与车、车与路、车与人、车与后台中心之间实时联网，实现信息互联互通，从而对人、车、路、网进行有效的管理，实现人、车、路在时空环境下的高度协同。

（四）与车路协同系统的关系

车联网虽然关注的也是车与车、车与路、车与行人之间的信息交换，但是车联网并不等价于 ITS。ITS 下产生的一个重要概念即车路协同系统（Cooperative Vehicle Infrastructure System，CVIS）。CVIS 是指基于无线通信、传感探测等技术获取车辆和道路信息，通过车车、车路通信进行信息的交互和共享，并在全时空动态交通信息采集与融合的基础上开展车辆主动安全控制和道路协同管理，充分实现汽车与道路的有效协同，保证交通安全，提高通行效率，从而形成安全、高效和环保的道路交通系统（图 1-1-8）。值得注意的是，车联网与车路协同系统不尽相同且互有交集，可以说广义的车联网是一个比车路协同更宽广的概念，广义的车联网包括车联网基础网络及其应用，而车路协同只是车联网中的应用方式之一。车路协同关注的是车路信息的交互与交通流的疏导，而车联网还关注车车之间的信息交互，希望解决行车安全、高效驾驶、减少碳排放、提供信息娱乐等方面的问题。

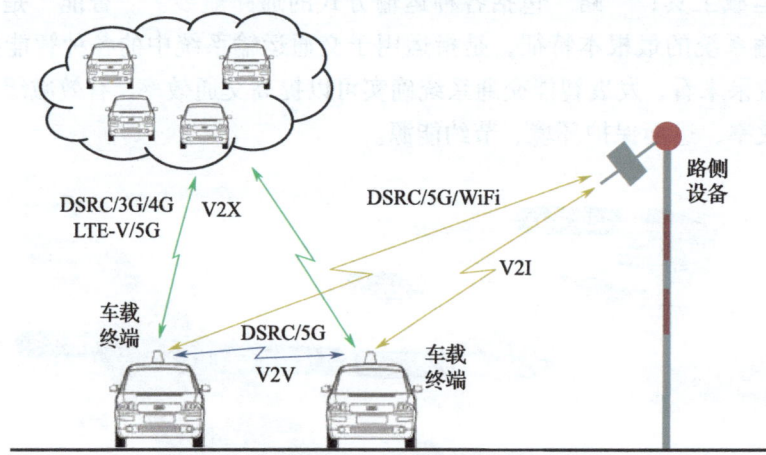

图 1-1-8　车路协同

（五）与智能网联汽车的关系

随着汽车智能驾驶技术的不断发展，智能驾驶技术正在与网络通信技术深度融合，这就产生了智能网联汽车。中国汽车工业协会将智能网联汽车（Intelligent Connected Vehicles，ICV）定义为：搭载先进的车载传感器、控制器、执行器等装置，并融合现代通信与网络技术，实现车与 X（人、车、路、后台等）智能信息交换共享，具备复杂的环境感知、智能决策、协同控制和执行等功能，可实现安全、舒适、节能、高效行驶，并最终可替代人来完成操作的新一代汽车（图 1-1-9）。

未来用户在选择汽车产品时，不会单纯去关注动力、机械性能或者悬架等技术，反而会更加关注汽车的智能化水平以及软件服务能力，因此智能网联汽车更多强调的是智能，用户可以通过车做更多事情。车联网是物联网重要的组成部分，也是汽车行业转型升级的关键所在。车联网不仅仅是指汽车联网，而是指由车辆位置、速度和路线等信息构成的巨大交互网络，对智能交通的实现、减少交通事故和拥堵等都具有重要意义。

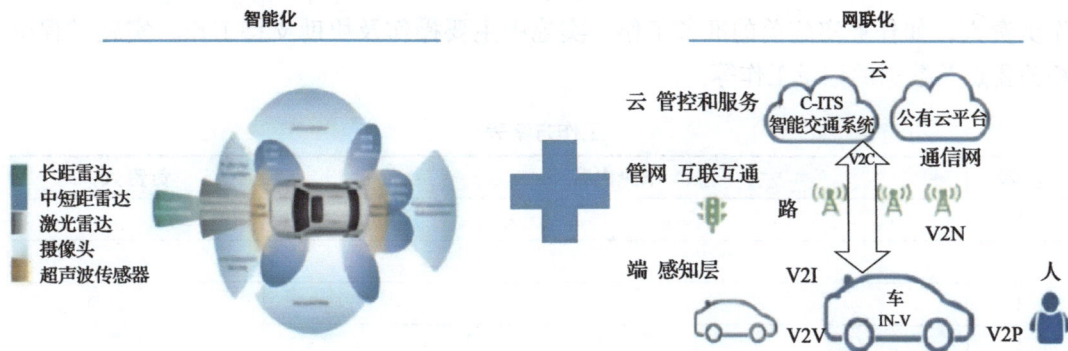

图 1-1-9　智能网联汽车

竞赛指南

　　2019 年中国技能大赛标准提出汽车赛事的智能网联汽车方向关键技术为：①环境感知技术：了解雷达探测技术、机器视觉技术、车辆姿态感知技术、信息融合技术等基本原理，掌握相关装备的安装调试、使用和维护规范。②智能决策技术：了解任务决策、路径规划等决策算法基本知识，掌握控制系统相关装备的安装调试和使用维护规范及技能。③信息交互技术：了解车辆定位技术、车载通信技术、车载网络技术、车路协同技术等基本原理，掌握相关装备的安装调试和使用维护规范。④先进辅助驾驶系统技术：了解辅助驾驶功能的实现方案、先进辅助驾驶功能的测试法规等，掌握相关装备的安装调试和使用维护规范。其中的第三点和第四点同我们所学的车联网的网络通信技术与车联网道路测试息息相关。

任务分组

学生任务分配表

班级		组号		指导老师	
组长		学号			
组员	姓名：_____ 学号：_____		姓名：_____ 学号：_____		
	姓名：_____ 学号：_____		姓名：_____ 学号：_____		
	姓名：_____ 学号：_____		姓名：_____ 学号：_____		
	姓名：_____ 学号：_____		姓名：_____ 学号：_____		
任务分工					

工作计划

按照前面所了解的知识内容和小组内部讨论的结果，制定工作方案，落实各项工作负责人，如任务实施前的准备工作、实施中主要操作及协助支持工作、实施过程中相关要点及数据的记录工作等。

工作方案表

步骤	作业内容	负责人
1		
2		
3		
4		
5		
6		
7		
8		

进行决策

1. 各组派代表阐述资料查询结果。
2. 各组就各自的查询结果进行交流，并分享技巧。
3. 教师结合各组完成的情况进行点评，选出最佳方案。

任务实施

车联网基础知识认知	
记录	**完成情况**
1. 从互联网搜索车联网的定义内容，并转述到车联网认知信息表中	已完成□　未完成□
2. 从网络搜索车联网的相关特性，整理后填入车联网认知信息表	已完成□　未完成□

车联网认知信息表

一、车联网的定义

二、车联网的特征

（续）

6S 现场管理			
序号	操作步骤	完成情况	备注
1	建立安全操作环境	已完成□　未完成□	
2	清理及整理工具量具	已完成□　未完成□	
3	清理及复原设备正常状况	已完成□　未完成□	
4	清理场地	已完成□　未完成□	
5	物品回收和环保	已完成□　未完成□	
6	完善和检查工单	已完成□　未完成□	

评价反馈

1. 各组代表展示汇报 PPT，介绍任务的完成过程。

2. 以小组为单位，请对各组的操作过程与操作结果进行自评和互评，并将结果填入综合评价表中的小组评价部分。

3. 教师对学生工作过程与工作结果进行评价，并将评价结果填入综合评价表中的教师评价部分。

综合评价表

姓名			学号		班级		组别	
实训任务								
评价项目			评价标准				分值	得分
小组评价	计划决策		制定的工作方案合理可行，小组成员分工明确				10	
	任务实施		能正确描述车联网的定义内容				10	
			进行网络资料搜索，完成车联网认知信息工单				20	
			能够正确描述车联网、智能网联、车路协同相关概念的联系与区别				20	
	任务达成		能按照工作方案操作，按计划完成工作任务				10	
	工作态度		认真严谨、积极主动、安全生产、文明施工				10	
	团队合作		与小组成员、同学之间能合作交流、协调工作				10	
	6S 管理		完成竣工检验、现场恢复				10	
	小计						100	
教师评价	实训纪律		不出现无故迟到、早退、旷课现象，不违反课堂纪律				10	
	方案实施		严格按照工作方案完成任务实施				20	
	团队协作		任务实施过程互相配合，协作度高				20	
	工作质量		能正确完成车联网认知信息工单的填写				20	
	工作规范		操作规范，三不落地，无意外事故发生				10	
	汇报展示		能准确表达、总结到位、改进措施可行				20	
	小计						100	
综合评分			小组评分 ×50%+ 教师评分 ×50%					

（续）

总结与反思

（如：学习过程中遇到什么问题→如何解决的/解决不了的原因→心得体会）

任务二　了解车联网技术的发展历程

学习目标

- 了解车联网技术的发展历程。
- 了解国内外车联网发展现状。
- 了解车联网的发展趋势。
- 利用网络搜索资料整理一份关于车联网技术发展历程的PPT。
- 具有利用信息手段查阅相关资料的能力。
- 具有分析问题、解决问题和再学习的能力。
- 具有良好的团队精神和较强的表达沟通、协调组织能力。
- 具有认真负责的职业态度和良好的职业道德。

知识索引

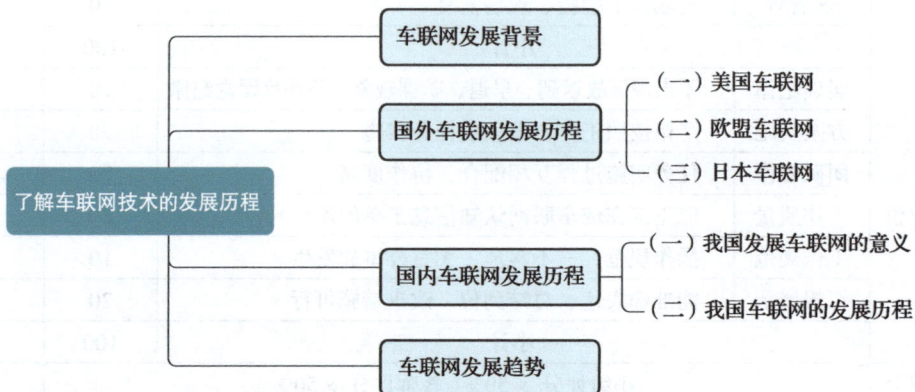

📖 情境导入

　　车联网通过新一代通信技术，实现车与云平台、车与车、车与路、车与人、车内等全方位网络连接。在公司某次合作项目中，主管要求你以 PPT 的形式整理车联网发展历程报告，用于项目介绍。你需要查阅国内外车联网技术发展历史，重点了解我国车联网技术发展相关政策。

🔍 获取信息

❓ 引导问题 1

　　查阅相关资料，简述车联网发展的背景，是什么加速了车联网技术的发展？

_____

_____

_____

车联网发展背景

　　随着社会经济的高速发展，城市交通需求也在迅速增长，交通问题俨然已成为困扰城市发展的重大难题。据世界卫生组织报告：全球每年有 135 万人死于车祸，其中约 94% 的事故是由人为失误造成的，比如酒后驾车、超速、开车时使用手机，以及在不稳定的天气条件下开车等，车祸也是造成 11~27 岁年轻人死亡的主要原因。在移动性方面，据美国得克萨斯州的一项研究显示，美国因交通堵塞平均每年造成的经济损失高达 631 亿美元，英国伦敦每周为此浪费的生产力价值高达 290 万美元。中国交通事故统计情况如图 1-2-1 所示。与此同时，城市交通也造成了大量的环境污染，并挤占了原本用来居住、商业、绿化以及公共设施的空间，车辆产生的温室气体对气候变化的影响，是全球发展面临的一个巨大挑战。

　　来自安全、移动、环境等多方面的交通问题，正迫使人们重新思考原有的交通出行方式，如何解决这些问题正成为各国关注的热点。车联网即是在这一背景下应运而生的产物，它提出了将汽车、无线设备、驾驶员以及道路设施关联起来，最后从根本上提供解决上述诸多交通问题的思路。

　　在安全驾驶方面，事故发生主要是由于驾驶人的驾驶能力较差，环境感知能力不足，面对突发的交通情况不能做出迅速的反应（图 1-2-2）。车联网系统可以通过通信设备获取本车、周围车辆以及道路的基本信息，全方位、多视角告知驾驶人周围的路况，扩大驾驶人的视听范围，同时车辆能够通过精确的计算，预估事故发生的可能性，警告驾驶人潜在的危险，建议驾驶人修正驾驶行为，在极端情况下系统甚至可以直接控制车辆，协助驾驶人来减少甚至消除事故的发生。

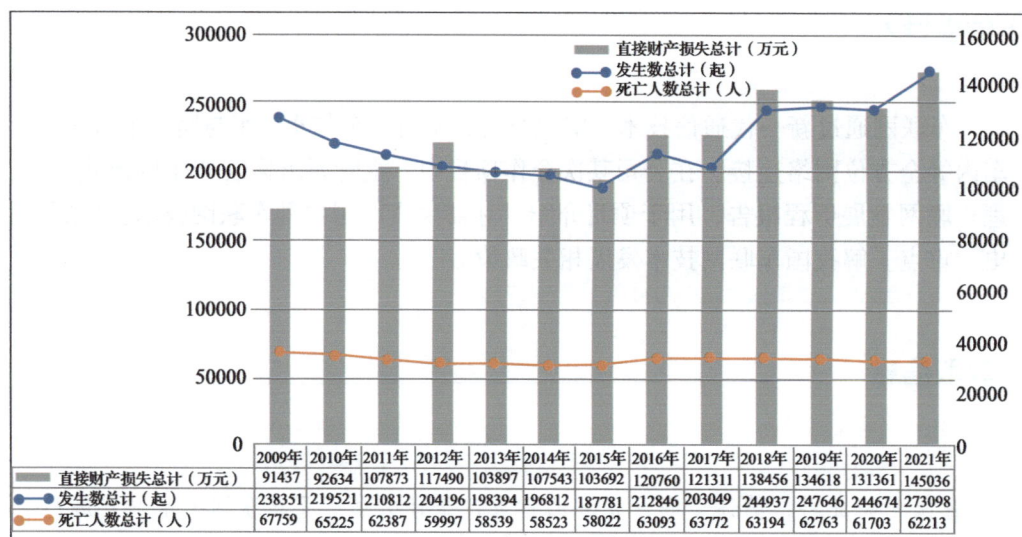

图 1-2-1　中国交通事故统计（数据来源：国家统计局）

	2009年	2010年	2011年	2012年	2013年	2014年	2015年	2016年	2017年	2018年	2019年	2020年	2021年
直接财产损失总计（万元）	91437	92634	107873	117490	103897	107543	103692	120760	121311	138456	134618	131361	145036
发生数总计（起）	238351	219521	210812	204196	198394	196812	187781	212846	203049	244937	247646	244674	273098
死亡人数总计（人）	67759	65225	62387	59997	58539	58523	58022	63093	63772	63194	62763	61703	62213

在移动性方面，通过车联网技术，车辆可以将自己的位置信息发送给路边单元，交通部门通过汇总车辆的位置信息可以实时了解城市交通不同道路的拥堵情况（图 1-2-3），并可以及时根据实际情况发布车辆疏散信息来缓解道路通行压力，驾驶人也可以通过智能车联网设备获知前方道路信息，从而选择合适的线路，减少在路途上的时间和经济损失。

图 1-2-2　交通事故现场

图 1-2-3　道路拥堵

在环境方面，汽车尾气带来的污染不容忽视（图 1-2-4）。据统计，合理的驾驶行为（例如平稳的车速）能有效地降低车辆油耗，从而缩减温室气体的排放。通过车辆传感器可以收集到驾驶人的驾驶行为信息，再通过车联网系统的通信设备将驾驶人的驾驶行为信息发送到服务器端，服务器端通过处理分析后可以向驾驶人提出驾驶行为的建议，以达到降低污染物排

图 1-2-4　汽车污染

放的目的。

车联网技术将汽车作为 V2X 系统的通信终端，构建出一种面向汽车的移动互联网。通过在车辆之间以及车辆和路侧设施之间进行实时、高效的信息交互，一方面可以有效弥补传统激光雷达和机器视觉分析等传感技术在距离、角度等方面存在的缺陷；另一方面可以在各种交通要素之间充分共享信息，进而全方位地提升汽车主动安全系统的感知范围和感知精度，降低碰撞事故和交通拥堵引发的社会财产损失。正因为其意义重大，2014 年 2 月 3 日，美国交通运输部部长 Anthony Foxx 指出，V2X 技术是继安全带、安全气囊之后的新一代安全技术。美国将 V2X 技术作为交通领域发展中的重中之重，已经连续 3 次将其列入智能交通系统的国家战略规划。

❓ 引导问题 2

查阅相关资料，比较美国、欧盟、日本车联网技术发展现状有何异同？

_____

_____

_____

国外车联网发展历程

早在 20 世纪 80 年代初，日本和欧美一些国家产业界和学术界就陆续开始研究车—车、车—路互联的车载自组织网络（Vehicular Ad-Hoc Network，VANET），并探索 VANET 在安全驾驶、交通管理和车载娱乐等方面的创新应用，以提升道路安全、改善交通管理、提升驾乘乐趣。经过 30 多年的发展，VANET 的概念延伸为"车联网"，并在国际标准、典型应用、关键技术和工程示范等方面都取得了巨大的成果，为未来无人驾驶、智慧交通等提供了强有力的技术支撑。国外车联网发展历程如图 1-2-5 所示。

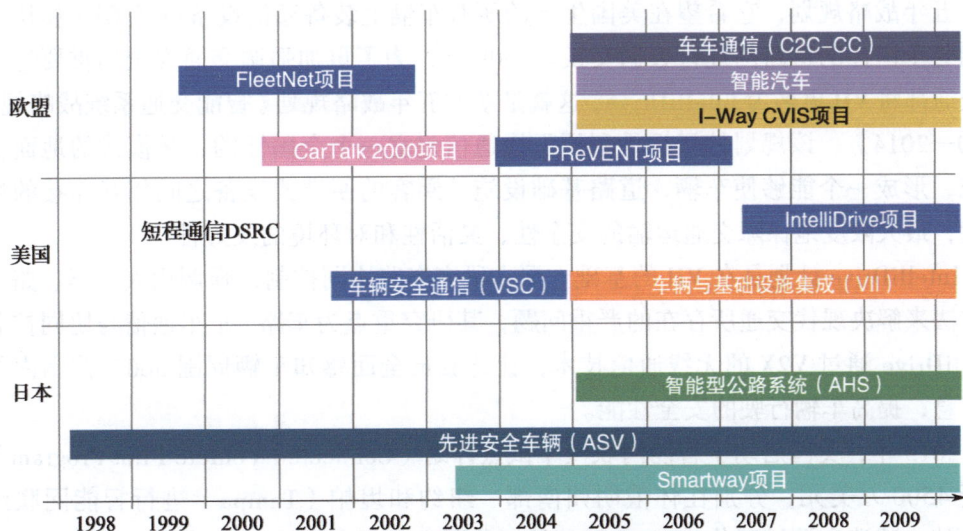

图 1-2-5 国外车联网发展历程

（一）美国车联网

美国作为车联网领域的先行国家，很早就开始了对车间通信标准的制定工作。1999 年，美国联邦通信委员会将以 5.9GHz 为中心的 75MHz 的带宽分配给了 DSRC 作为车间通信专用频带。2001 年，ASTM 的 17.51 标准委员会选定 IEEE 802.11a 作为 DSRC 的底层无线技术，相应的标准于 2002 年发布（图 1-2-6）。2004 年 IEEE 开展了对 802.11p 的修订工作，以及基于 ASTM 标准的车载环境的无线接入标准的制定工作。2002—2004 年，美国开始执行车辆安全计划。该计划同时测试多种无线通信技术，包括 DSRC、2.5G/3G 数字蜂窝系统、蓝牙、数字广播电视、IEEE 802.11 等，评估它们是否能满足行车安全应用的通信需求。

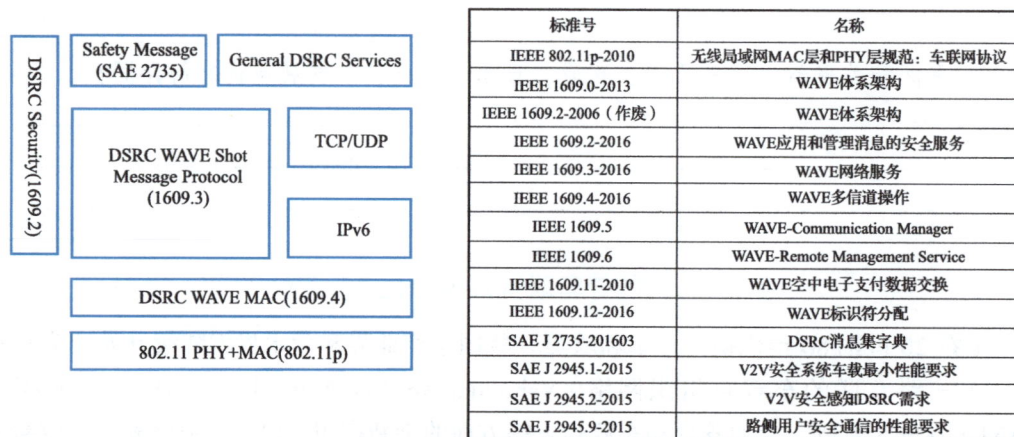

标准号	名称
IEEE 802.11p-2010	无线局域网MAC层和PHY层规范：车联网协议
IEEE 1609.0-2013	WAVE体系架构
IEEE 1609.2-2006（作废）	WAVE体系架构
IEEE 1609.2-2016	WAVE应用和管理消息的安全服务
IEEE 1609.3-2016	WAVE网络服务
IEEE 1609.4-2016	WAVE多信道操作
IEEE 1609.5	WAVE-Communication Manager
IEEE 1609.6	WAVE-Remote Management Service
IEEE 1609.11-2010	WAVE空中电子支付数据交换
IEEE 1609.12-2016	WAVE标识符分配
SAE J 2735-201603	DSRC消息集字典
SAE J 2945.1-2015	V2V安全系统车载最小性能要求
SAE J 2945.2-2015	V2V安全感知DSRC需求
SAE J 2945.9-2015	路侧用户安全通信的性能要求

（图示左侧）
DSRC Security(1609.2)

Safety Message (SAE 2735) | General DSRC Services

DSRC WAVE Shot Message Protocol (1609.3) | TCP/UDP

IPv6

DSRC WAVE MAC(1609.4)

802.11 PHY+MAC(802.11p)

图 1-2-6　美国 DSRC 标准体系

2003 年，美国提出了车辆基础设施一体化（Vehicle Infrastructure Integration，VII）的设想。VII 是美国交通部（U.S. Department of Transportation，USDOT）制定的一个五年战略规划，它希望在美国生产的所有车辆上装备通信设备以及 GPS 模块，从而能与全国性的道路网进行数据交换。2009 年，为了更加强调交通安全的重要性，美国交通部将 VII 更名为 IntelliDrive，这就是新的五年战略规划《智能交通系统战略规划：2010—2014》。该规划的目标是利用无线通信建立一个全国性的、多模式的地面交通系统，形成一个能够使车辆、道路基础设施、乘客的便携式设备之间相互连接的交通环境，最大限度地保障交通运输的安全性、灵活性和对环境的友好性。

IntelliDrive 计划是在 VII 的基础上深入研究车路协同控制，强调用人、车、路一体化方法来解决现代交通所存在的严重问题，其研究重点为车路/车车通信与协同控制。IntelliDrive 通过 V2X 的无线通信技术，让驾驶员全面感知车辆周围 360° 范围内的危险信息，提高车辆行驶的安全性能。

2013 年，美国启动了智能网联汽车试点计划（Connected Vehicle Pilot Program），投资 4500 万美元，分别在怀俄明州南部、纽约和坦帕（Tampa）进行智能网联汽车的设计、建造和测试工作。2016 年 9 月，美国交通部宣布该项目的第一阶段顺利完成并开始启动第二阶段。在第一阶段中，三个测试点均完成了网联汽车高效快速通信的部署工作。第二阶段将持续 20 个月，用于设计、建造和测试复杂情况下的车辆、移动设备和路边设备的无线通信。2016 年 12 月 13 日，美国交通部发布《联邦机动车安全标准——第 150 号》（FMVSS No.150），要求所有轻型新车安装 V2V 通信设备，确保车辆和车辆之间能够发送和接收"基本安全信息"，V2V 选择 DSRC（5.85~9.925GHz）作为车间通信统一标准。美国 DSRC RSU 部署情况如图 1-2-7 所示。

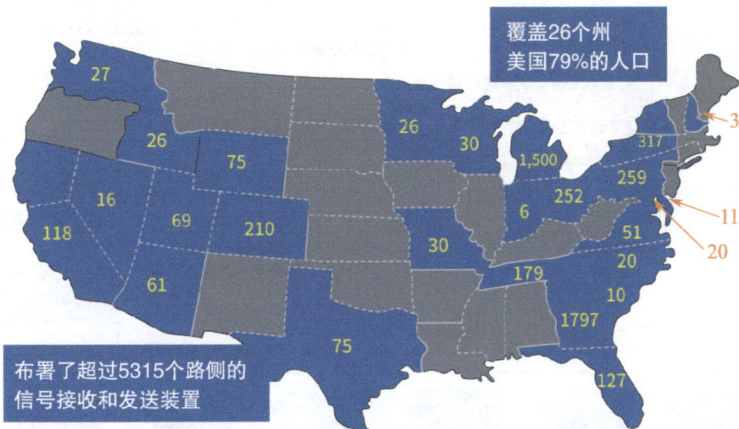

图 1-2-7　美国 DSRC RSU 部署情况

主导 V2V 强制立法的美国交通部、联邦通信委员会和商务部一致认为，V2V 将成为改善美国机动车安全性能的一项"革命性"工具，未来 30 年的正面收益极为可观。

（二）欧盟车联网

欧盟车联网发展较早，主要是在全欧盟建立 ITS 网络的基础上进行智能网联汽车标准的制定。早在 20 世纪 80 年代，欧盟即在政府主导下开始了超越国界的研究开发工作，在 1986 年开始了民间主导的 PROMETHEUS 计划，以实现车辆的智能化。2003 年，欧洲汽车制造商发起成立了车车通信联盟（Car-to-Car Communication Consortium，C2C-CC），首要任务是制定泛欧通用车载通信标准，自此整合各国资源、共同规划发展的工作得以正式展开（图 1-2-8）。

2003 年，欧洲智能交通协会（ERTICO）提出 eSafety（又称 ComeSafety）的概念，在欧盟的第六框架中启动 77 项与 eSafety 相关的研究开发项目，推荐了 28 项行动计划，可以分为基础设施建设、车辆保护系统与事故分析三类。ComeSafety 由欧盟委员会资助，旨在提高交通安全性，以车路协同为重点，重视体系框架和标准、交通通信标准化、综合运输协同等技术的研究，推动综合交通运输系统与安全技术的实用化。

协作性车辆基础设施一体化系统研发计划是欧盟所支持的大型 ITS 研究与发展项目。项目中包含三个子方向，分别为研究核心技术、相关应用、测试站。从这三个子方向出发，设计、开发和测试为了实现车辆之间通信以及车辆与附近的路边基础设施之间通信所需的技术。其主要目标是：开发标准化的网络终端以实现车—车、车—基础设施之间的通信；利用伽利略定位系统和其他先进技术，开发获取增强车辆位置信息和动态地图信息的新技术；采用车载和路侧设备来检测事故、监控路网运行，强化

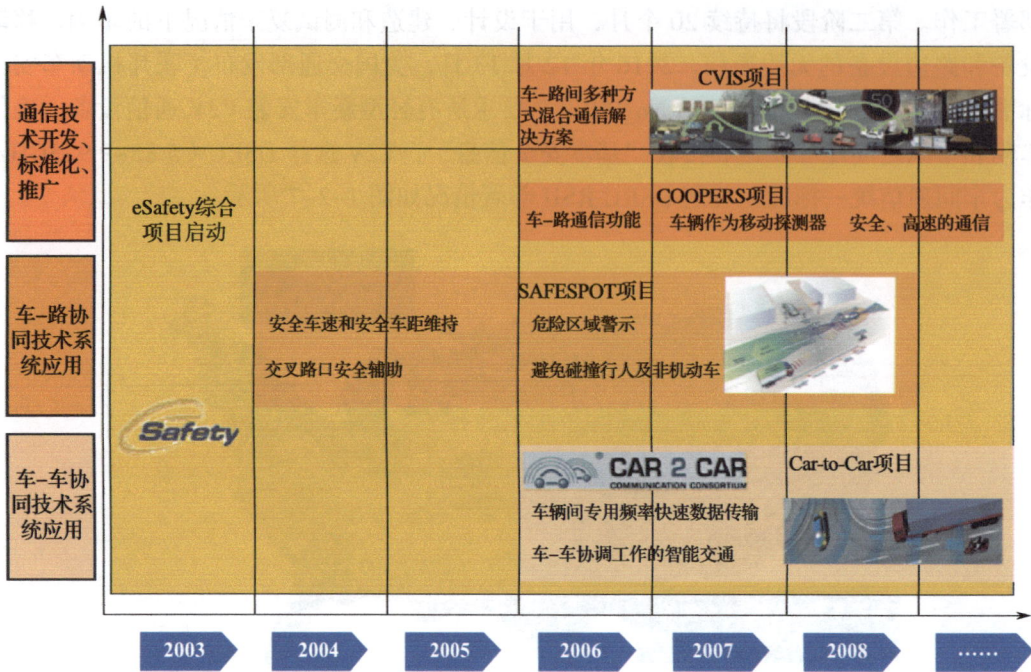

图 1-2-8 欧洲发展路线

基础设施与交通流的合作；开发用于辅助驾驶、交通管理、移动信息服务、商务及货运管理的协作性应用系统。

2011 年起，欧盟开始开展 DRIVE C2X 项目（2011.1.1—2014.6.30），该项目主要聚焦 V2V 和 V2I 的通信，并通过在欧洲不同地方展开外场测试，对协作系统进行综合评价。欧盟在这之前的项目，比如 PReVENT、CVIS、SAFESPOT、COOPERS 和 PRE-DRIVE C2X 已经证明了基于 V2X 通信实现主动安全应用的可行性，此项目希望进一步评测 ComeSafety 定义的智能交通通信架构（Cooperative ITS）下的七个主动安全应用：绿灯优化速度建议、车辆标识（In-Vehicle Signage，IVS）、天气预警、交通堵塞预报、道路施工警告、摩托车接近指示和紧急电子制动灯。

此外，欧盟也提出了对未来智能交通的规划。2011 年，欧盟委员会在发布的白皮书《一体化欧盟交通发展路线——竞争能力强、资源高效的交通系统》中提出目标：2020 年交通事故数量减少一半，2050 年实现"零死亡"，并从建设高效与集成化交通系统、推动未来交通技术创新、推动新型智能化交通设施建设三个方面推进具体的工作。2012 年，欧盟委员会提出了《欧盟未来交通研究与创新计划》。该计划定义了交通领域包括清洁、节能、安全、低噪声和智能化道路汽车等 10 个关键技术和创新点，优化了相关研究和创新。奔驰、奥迪、沃尔沃等企业也纷纷推出自动驾驶测试车辆，预计 2025 年左右量产。

（三）日本车联网

日本政府于 1996 年提出《ITS 总体构想》，开始研究道路交通情报通信系统（Vehicle Information and Communication System，VICS）。VICS 通过 GPS 导航设备、无线数据

传输和 FM 广播系统，将实时路况信息和交通诱导信息即时传达给交通出行者，从而使交通更为高效便捷。

2001 年，日本发布了车—基础设施通信的标准，并称其为"专用短程通信系统"（DSRC）。该系统基于时分多址（Time Division Multiple Address，TDMA）技术，工作在 5.8GHz 频段，传输距离为 30m。该标准最初的用途是电子收费，但经推广后也能支持其他多种服务，比如弯道车速预警和电子不停车收费（ETC）。日本以往的车车、车路通信方式主要是基于红外和微波技术，但在新一代的系统中这些通信方式已无法满足当前车路协同系统的要求，所以相关项目也在积极推进基于 802.11p 的车路协同通信系统。日本国土交通省和总务省已经提供较低的特高频（Ultra High Frequency，UHF）760MHz 来推动类似于 DSRC/WAVE 通信系统的发展。由此可见，日本的 DSRC 发展脉络，是在 ETC 的基础上采取实用化的路线稳步推进，合理规划，与美国和欧盟并不一样。日本车联网发展路线如图 1-2-9 所示。

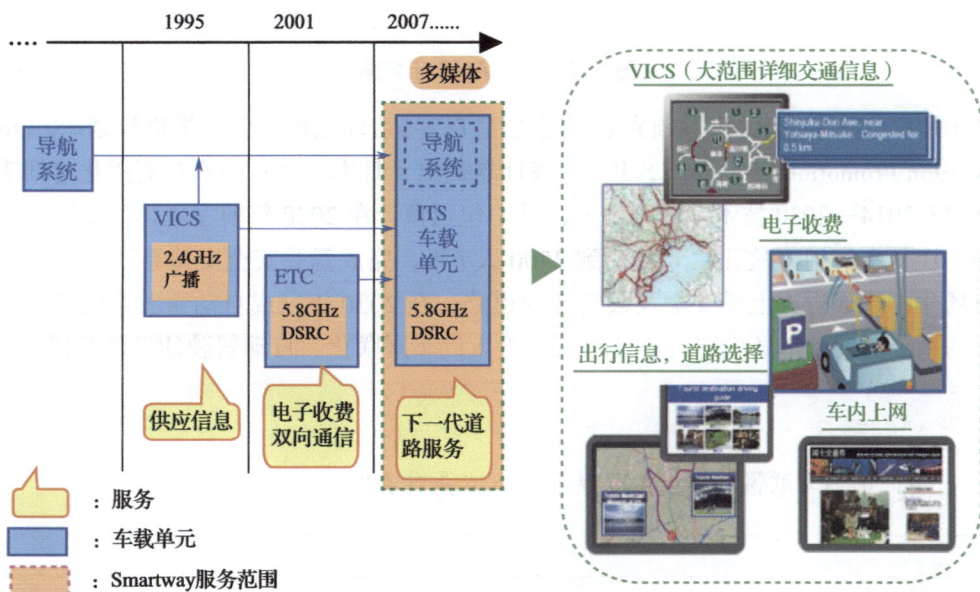

图 1-2-9　日本车联网发展路线

随着导航系统、VICS 和 ETC 的快速普及，2006 年日本启动了下一代道路服务系统，主要包括车载信息系统和路侧集成系统的开发与试验，该项目名称为"智能道路（Smart Way）计划"。它标志着日本进入 ITS 的第二个阶段。Smart Way 的发展重点是整合日本各项 ITS 的功能，包括先进的 VICS、ETC、DSRC、自动高速公路系统（Automated Highway System，AHS，图 1-2-10），并建立车载单元的共同平台。Smart Way 在 2007 年已初步完成在东京首都高速公路（Tokyo Metropolitan Expressway）部分路段的试验计划，自 2009 年起于日本三大都会区进行试验，之后日本又制订了 Smart Way 2012 计划，其核心目的为整合日本各项 ITS 功能，建立车载集成平台，将道路与车辆连接为一个整体，形成车路协同感知整体环境。相较之前的计划，Smart Way 2012 更注重加强车车、车路间协调系统实用化通信技术的研发，构筑人、车、路一体化的高度保密的信息网络，研发交通对象协同式安全控制技术，提高能源利用效率。

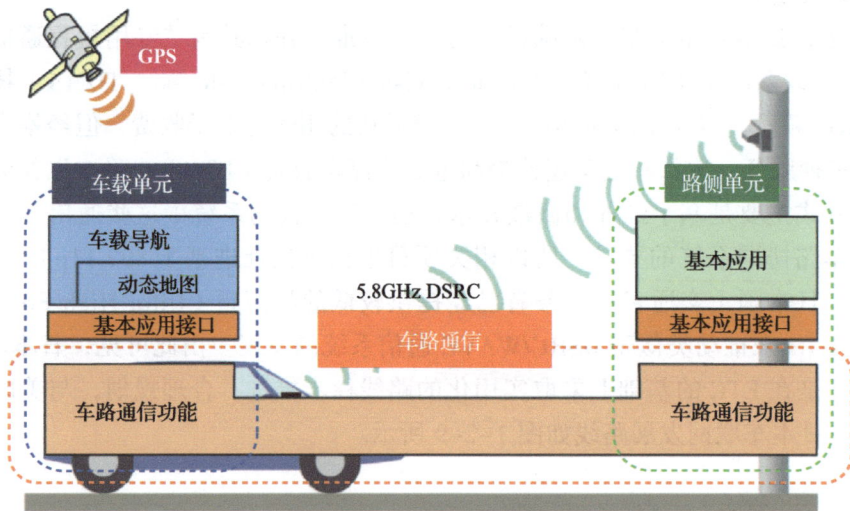

图 1-2-10　AHS 示意图

2013 年，日本提出《世界领先 IT 国家创造宣言》启动战略性创新推进计划（Strategic Innovation Promotion Program，SIP）。该计划提出了日本自动驾驶汽车商用化时间表，以及 ITS 2014—2030 技术发展路线图，其中包括预计在 2020 年前完成第二阶段的市场部署，让日本交通事故死亡人数降到 2500 人／年，完成驾驶安全支持系统、V2X 研发与市场化，建成世界上最安全及最畅通的道路，在 2030 年完成自动驾驶系统第三、四阶段的系统研发及市场应用，让日本正式进入汽车网联化、自动驾驶的发展阶段。

引导问题 3

请问国内车联网关键技术发展的切入点是什么？

_____

_____

_____

国内车联网发展历程

近年来，中国政府和产业界也高度重视车联网的关键技术研究和产业发展，并以网联汽车、新能源汽车和无人驾驶技术为切入点，带动传统汽车产业积极拥抱人工智能和信息通信技术，推动车联网产业的发展。整体来看，目前国内的车联网产业快速发展，在优化政策的激励下，车联网产业发展前景良好，部分核心技术研究已达到国际领先水平。

（一）我国发展车联网的意义

我国发展智能网联汽车的意义重大：其一，传统汽车带来的交通事故、交通拥堵和环境污染等问题日益突出；其二，中国拥有全球第一大汽车市场和较为强大的通信和互联网产业优势，智能网联汽车的发展基础条件非常好。汽车作为潜在的第二大移动通信市场，其高速增长的通信需求和有特殊要求的通信场景已引起业界的高度关注，国内主要通信企业争相发展各自技术标准，力求占领行业制高点。与此同时，政策出台不断促进行业高速发展。自 2015 年以来，国家发展改革委、交通运输部等相关部门颁布了一系列政策意见来指导和规范车联网行业发展，发展重心由最初的单车智能逐步转向多车协同、车路协同、联网化和智能化融合发展，促进了车联网技术创新和发展研发创新。政府层面对车联网行业规划发展的高度重视，为车联网行业发展营造了良好的政策环境，表 1-2-1 列举了近几年中国车联网行业发展相关规划政策。

表 1-2-1　近几年中国车联网行业发展相关规划政策

时间	政策
2021 年 7 月	《5G 应用"扬帆"行动计划（2021—2023 年）》
2021 年 6 月	《车联网（智能网联汽车）网络安全标准体系建设指南》（征求意见稿）
2021 年 3 月	《国家车联网产业标准体系建设指南（智能交通相关）》
2021 年 2 月	《国家综合立体交通网规划纲要》
2020 年 11 月	《智能网联汽车技术路线图 2.0》
2020 年 8 月	《关于推动交通运输领域新型基础设施建设的指导意见》
2020 年 4 月	《2020 年智能网联汽车标准化工作要点》
2020 年 2 月	《智能汽车创新发展战略》
2019 年 12 月	《推动综合交通运输大数据发展行动纲要（2020—2025 年）》
2019 年 9 月	《交通强国建设纲要》
2018 年 12 月	《车联网（智能网联汽车）产业发展行动计划》
2018 年 6 月	《国家车联网产业标准体系建设指南》
2018 年 4 月	《智能网联汽车道路测试管理规范（试行）》
2018 年 2 月	《关于加快推进新一代国家交通控制网和智慧公路试点的通知》
2017 年 7 月	《新一代人工智能发展规划》
2016 年 10 月	《智能网联汽车技术路线图 1.0》
2015 年 12 月	《车联网发展创新行动计划（2015—2020 年）》

（二）我国车联网的发展历程

（1）在标准化方面，自 2014 年起，大唐、华为等通信企业联合牵头完成"基于 TD-LTE 的车辆安全短程通信技术研究""基于 LTE 车联网无线通信技术总体技术要求"行标制定，以及"智能交通车车–车路主动安全应用的频率需求和相关干扰共存研究"、无线接入网"基于 LTE 的 V2X 可行性研究"。2020 年 11 月，国家智能网联汽车创新中心公布的《智能网联汽车技术路线图 2.0》进一步对车联网核心技术路线做出规范，将技术架构划分为"三横两纵"。"三横"指车辆关键技术、信息交互关键技术和基础支撑关键技术。"两纵"指支撑智能网联汽车发展的车载平台与基础设施。包括交通设施、通信网络、大数据平台、定位基站在内的基础设施，将逐步向数字化、智能化、网联化和软件化方向升级。《智能网联汽车技术路线图 2.0》对车联网产业顶层设计和市场化应用目标做出了详细的部署（表1-2-2），从政府层面支撑完成自动驾驶产业规划，推动车联网行业创新和引导。

表1-2-2　中国车联网行业发展规划目标

时间	顶层设计目标	市场化应用目标
发展期（2020—2025年）	1.确立中国方案智能网联汽车发展战略，构建跨部门协同的管理机制 2.基本建成中国智能网联汽车的政策法规、技术标准、产品安全和运行监管体系框架 3.智能网联汽车协同创新体系、多产业融合体系和新型生态体系初步形成	PA、CA级智能网联汽车销量占当年汽车总销量的比例超50%，HA级智能网联汽车开始进入市场；C-V2X终端新车装配率50%
推广期（2026—2030年）	1.中国方案智能网联汽车成为国际汽车发展体系重要组成部分 2.全面建成中国智能网联汽车的政策法规、技术标准、产品安全和运行监管体系框架 3.汽车与交通、信息通信等产业深度融合，新兴产业生态基本形成	PA、CA级智能网联汽车销量占当年汽车总销量的比例超70%，HA级智能网联汽车占比达20%；C-V2X终端新车装配率基本普及
成熟期（2031—2035年）	1.中国方案智能网联汽车产业体系更加完善 2.实现与交通、信息、互联网等领域充分协调，与智能交通、智慧城市产业生态深度融合，打造共享和谐、绿色环保、互联高效、智能安全的智能汽车社会，支撑我国实现汽车强国战略	各类网联式高度自动驾驶车辆广泛运行于中国广大地区，HA、FA级智能网联汽车具备与其他交通参与者之间的网联协同决策与控制能力

（2）在应用示范方面，2015年4月，在南京举办的第十四届亚太智能交通论坛上，华为携手上海汽车集团（SAIC）和同济大学共同展示了首个基站参与的LTE-V车联网应用，清华大学联合大唐电信和长安汽车演示了没有基站参与的LTE-V车联网应用；2015年6月，华为携手沃达丰（Vodafone）与捷豹路虎在英国盖登共同进行LTE-V路测演示；在G20峰会期间华为联合浙江移动、阿里巴巴、上汽、同济大学等产业链合作伙伴在美丽的西子湖畔打造面向5G的LTE-V实验孵化基地。近年来，上海在智能网联汽车示范应用领域百花齐放，应用项目涵盖了乘用车、商用车、公交车和环卫车等多种车型，并在此基础上开展了Robotaxi（无人驾驶出租车，包括享道、AutoX、小马智行、百度等企业）、智慧公交（临港中车）和智能集卡（上汽红岩）等多个应用场景的商业化模式的探索。赛可、小马智行、AutoX、滴滴、百度、享道等企业在上海嘉定、临港等地开展的无人驾驶出租车项目已累计完成了10多万单的体验服务。上海围绕全球最大的集装箱码头——洋山深水港开展了智能集卡商业化试运营项目（图1-2-11），已累计完成了近10万箱的货物运输，自动驾驶里程超过了220万km，并于2022年7月在东海大桥划定了上海首条自动驾驶测试专用道，以支撑智能集卡开展"一拖四"队列跟驰"减员化"运营。为了进一步推动智能网联汽车的规模化示范应用，国内侧重开展智慧城市基础设施与智能网联汽车（"双智"）协同发展示范城市建设，上海申请

图1-2-11　洋山深水港智能集卡商业化试运营项目

获批首批示范城市，确立了"1+N"建设目标，即"1"个基于城市统一数据基底的"车城网"实体数字孪生平台，"N"个融合地方特色的智能网联汽车与智慧交通融合创新应用。重点实施 7 项示范应用场景拓展任务（智能出租、智能公交、智慧物流、无人零售、无人配送、观光接驳、无人清扫），持续丰富智能网联汽车应用场景、培育新兴业态。

（3）在测试场建设方面，2016 年 6 月 7 日，中国首个"国家智能网联汽车（上海）试点示范区"封闭测试区在上海嘉定正式开园。目前可为自动驾驶和 V2X 网联汽车提供近 30 种场景的测试验证，上海由此成为中国首个智能网联和无人驾驶试点城市。同样在 2016 年，由中国信息通信研究院牵头的《我国车联网创新发展行动计划》和工业和信息化部委托中国汽车工程学会牵头编制的《智能网联汽车技术发展路线图》正式出台。2018 年 4 月，工业和信息化部、公安部、交通运输部联合印发了《智能网联汽车道路测试管理规范（试行）》，对测试主体、测试驾驶人及测试车辆，测试申请及审核，测试管理，交通违法和事故处理等进行了明确规定。截至 2021 年 1 月，由工业和信息化部支持推动建成的 10 个国家级智能网联（车联网）测试示范区、7 个国家级 / 省级车联网先导区、30 余个城市级及企业级测试示范点，遍布我国华东、华中、华北、东北、华南、西南、西北地区，初步形成了由封闭测试区、半开放道路和开放道路组成的智能网联汽车外场测试验证体系。

> ❓ **引导问题 4**
>
> 　　查阅相关资料，简述未来车联网的发展趋势。
> _____
> _____
> _____

车联网发展趋势

　　联网化是汽车真正成为智能化终端的基础，是实现无人驾驶的关键一环，也是共享出行的前提。作为汽车"新四化"（智能化、电动化、网联化、共享化）中承上启下的环节，车联网发展仍然处于早期阶段，目前车辆紧急报警、车载导航、在线信息娱乐等是普及度较高的车联网应用，在线升级（OTA）与无线车队管理逐渐得到重视。

　　智能化和网联化是智能驾驶发展的两大趋势。美国交通部在 2015—2019 的五年战略规划中已经把车联网和自动驾驶作为优先发展的两大战略。从政府层面来说，网联化是各国政府大力推广的技术路线，因为市场渗透率越高，就越能发挥它的优势，所以需要借助政府来强制推动立法。从企业层面来说，自主式的智能化路线更加有利于迅速切入市场，不需要过多外部资源的协作，所以整车厂商和 IT 企业纷纷在这一技术路线上布局。

　　在国内，2022 年 2 月，国家发展改革委、工业和信息化部等 11 个国家部委联合下发了"关于印发《智能汽车创新发展战略》的通知"，明确表示推动 5G 和车联网协同建设，到 2025 年实现"人—车—路—云"高度协同，新一代车用无线通信网络

5G-V2X 基本满足智能汽车发展需要，进一步规范并形成应用于技术创新、产业生态和基础设施等领域的智能汽车中国标准。国家政策出台持续推动车联网建设进程，直接激励智能驾驶、车路协同 V2X 市场的发展形成与快速增长。目前，在 5G 技术应用于基础设施建设进程加快、汽车联网技术发展、新能源汽车普及三大基础之上，车联网行业和市场将进入快速发展期。在政策推动下，2020—2025 年国内车联网市场规模也将迎来快速增长阶段。

只有将智能化和网联化有机地结合起来，智能汽车才能做到对环境全天候、全路况的准确感知。所以，将智能化和网联化相结合，让自主式的智能化感知系统（如摄像头、激光雷达）在视距范围、环境相对简单的场景下发挥作用，而网联化的协作式感知系统（即 V2X 技术）则在非视距范围及环境更加复杂的情况下更具优势，通过深度交流可探测到较大范围内的潜在危险车辆，通过路况信息提前规划变更行车路线等，自主式与协作式的感知系统起到良好的互补作用，为自动驾驶技术的完备打下基础。可以预见，真正自动驾驶时代的到来，可能是在车辆全部联网、智能决策和协同控制更加完善以后，在此之前车辆只能做到辅助驾驶，并不是完全意义上的自动驾驶。

任务分组

学生任务分配表

班级		组号		指导老师	
组长		学号			
组员	姓名：_____ 学号：_____ 姓名：_____ 学号：_____ 姓名：_____ 学号：_____ 姓名：_____ 学号：_____			姓名：_____ 学号：_____ 姓名：_____ 学号：_____ 姓名：_____ 学号：_____ 姓名：_____ 学号：_____	
任务分工					

工作计划

按照前面所了解的知识内容和小组内部讨论的结果，制定工作方案，落实各项工作负责人，如任务实施前的准备工作、实施中主要操作及协助支持工作、实施过程中相关要点及数据的记录工作等。

工作方案表

步骤	作业内容	负责人
1		
2		
3		
4		
5		

进行决策

1. 各组派代表阐述资料查询结果。
2. 各组就各自的查询结果进行交流，并分享技巧。
3. 教师结合各组完成的情况进行点评，选出最佳方案。

任务实施

车联网技术发展历程认知	
记录	完成情况
1. 能简单描述车联网在国内外的发展情况	已完成□　未完成□
2. 通过互联网搜索和资料查阅，整理近几年关于车联网的相关政策，归纳整理后填入下方任务实施工单	已完成□　未完成□
3. 利用网络搜索资料整理一份关于车联网技术发展 PPT	已完成□　未完成□

车联网发展相关政策整理	
政策发布时间	政策内容

6S 现场管理			
序号	操作步骤	完成情况	备注
1	建立安全操作环境	已完成□　未完成□	
2	清理及整理工具量具	已完成□　未完成□	
3	清理及复原设备正常状况	已完成□　未完成□	
4	清理场地	已完成□　未完成□	
5	物品回收和环保	已完成□　未完成□	
6	完善和检查工单	已完成□　未完成□	

评价反馈

1. 各组代表展示汇报 PPT，介绍任务的完成过程。

2. 以小组为单位，请对各组的操作过程与操作结果进行自评和互评，并将结果填入综合评价表中的小组评价部分。

3. 教师对学生工作过程与工作结果进行评价，并将评价结果填入综合评价表中的教师评价部分。

综合评价表

姓名		学号		班级		组别	
实训任务							
评价项目		评价标准				分值	得分
小组评价	计划决策	制定的工作方案合理可行，小组成员分工明确				10	
	任务实施	能简单描述车联网在国内外的发展情况				10	
		能够认真完成近几年关于车联网的相关政策整理				20	
		制作一份关于车联网技术发展的 PPT				20	
	任务达成	能按照工作方案操作，按计划完成工作任务				10	
	工作态度	认真严谨、积极主动、安全生产、文明施工				10	
	团队合作	与小组成员、同学之间能合作交流、协调工作				10	
	6S 管理	完成竣工检验、现场恢复				10	
		小计				100	
教师评价	实训纪律	不出现无故迟到、早退、旷课现象，不违反课堂纪律				10	
	方案实施	严格按照工作方案完成任务实施				20	
	团队协作	任务实施过程互相配合，协作度高				20	
	工作质量	完成政策整理与车联网技术发展 PPT 的制作				20	
	工作规范	操作规范，三不落地，无意外事故发生				10	
	汇报展示	能准确表达、总结到位、改进措施可行				20	
		小计				100	
综合评分		小组评分 ×50%+ 教师评分 ×50%					
总结与反思							

（如：学习过程中遇到什么问题→如何解决的 / 解决不了的原因→心得体会）

任务三　了解车联网技术的应用

学习目标

- 熟悉车联网技术的应用领域。
- 熟悉车联网技术的应用需求。
- 能了解车联网技术常见的应用项目。
- 能够查阅资料，整理制作一个与车联网应用项目相关的 PPT。
- 具有利用信息手段查阅相关资料的能力。
- 具有分析问题、解决问题和再学习的能力。
- 具有良好的团队精神和较强的表达沟通、协调组织能力。
- 具有认真负责的职业态度和良好的职业道德。

知识索引

```
                        ┌─ 车联网应用领域 ──┬─（一）行驶安全
                        │                   ├─（二）交通管理
                        │                   └─（三）车载服务
                        │
了解车联网技术的应用 ────┼─ 车联网技术应用需求 ┬─（一）行驶安全
                        │                   ├─（二）交通管理
                        │                   └─（三）车载服务
                        │
                        └─ 车联网应用项目 ──┬─（一）美国车联网
                                            ├─（二）欧盟车联网
                                            ├─（三）日本车联网
                                            └─（四）我国车联网
```

情境导入

　　在新员工培训期间，你学习了解了车联网基础概念和发展历程，接下来是了解车联网的应用领域与国内外典型应用项目，并完成该部分的培训考核，考核内容为整理国内外车联网应用项目信息表，制作车联网应用项目 PPT，完成考核答辩。

获取信息

查阅相关资料，总结车联网应用的主要领域。

_____

_____

_____

车联网应用领域

（一）行驶安全

车联网在行驶安全领域的应用是一系列主动安全辅助手段，例如为驾驶人提供安全信息通告、车辆碰撞警告和安全驾驶辅助等主动安全新服务。安全信息通告向驾驶人提供行驶中可能出现的危险信息；车辆碰撞警告应用提供综合车—车通信和车载传感器信息；安全驾驶辅助应用则主要用来辅助驾驶人操作车辆，确保行车安全。

1. 安全信息通告

周边车辆或路边设施向本车发送与行驶安全相关的警告信息，驾驶人收到警告后可采取相应措施避免出现危险。

道路上的一些交通参与者，如紧急车辆、故障车辆、低速车辆、摩托车和行人等通常是影响车辆行驶安全的隐患。如图 1-3-1 所示，在车联网环境中，紧急车辆可周期性广播警告信息使相关区域内的车辆提前采取避让措施。紧急制动、逆向行驶、闯红灯等违反交通规则的车辆更是行驶安全的威胁，而路边设施依据采集到的交通信息，及时向相关区域发出警告，提高驾驶人的警惕性以减少事故的发生。车联网通过路边设施还可提前向驾驶人提供车辆所在区域的路面状况、道路维修、弯道和限高等信息。

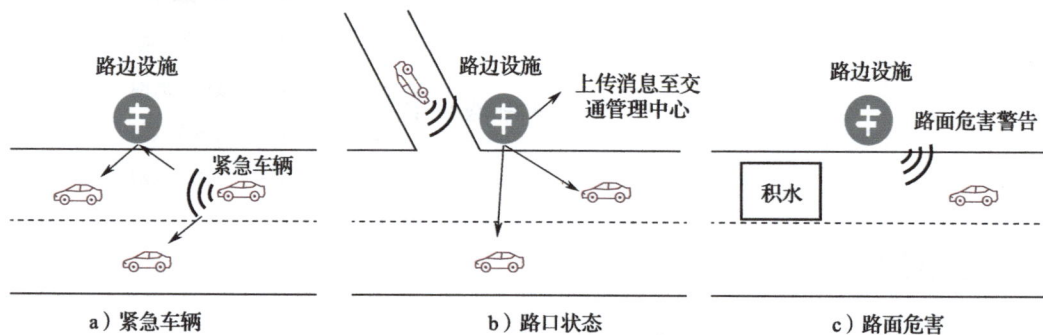

图 1-3-1 行驶安全信息应用

2. 车辆碰撞警告

车辆通过车—车通信交换位置信息，同时综合车载前向、侧向、后向传感器信息，来判断车辆与周围车辆发生碰撞的可能并发出警告，以通知驾驶人采取相应措施避免碰撞发生。

如图 1-3-2 所示，当车辆检测到可能发生前向、侧向或追尾碰撞的情况，就会及时向相关车辆发出碰撞警告。若驾驶人及时采取措施，则警告解除；否则，车载执行机构会自动紧急制动来避免或减轻碰撞伤害。

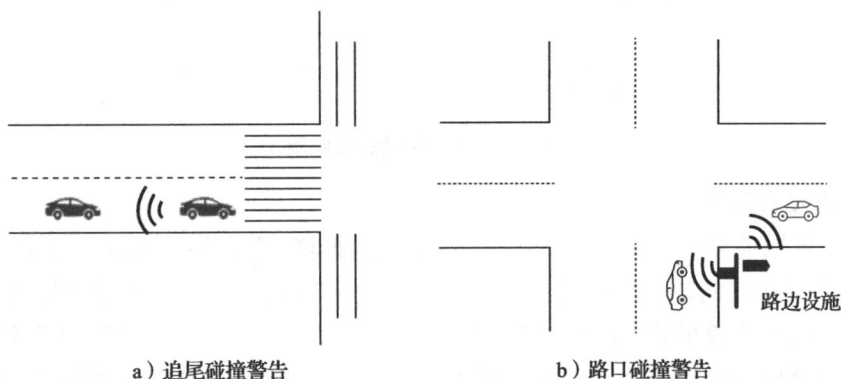

a）追尾碰撞警告　　　　　　　　　b）路口碰撞警告

图 1-3-2　车辆碰撞警告应用

3.安全驾驶辅助

行驶车辆通过与周围车辆通信协作来实现安全驾驶。驾驶人进行特定操作时，本车将向周围车辆发出相关信息，周围车辆收到信息后配合本车操作。

如图 1-3-3 所示，当驾驶人要进行左转、右转、超车或换道等操作时，将会及时发出驾驶协作信息。在低能见度环境中，车辆通过车—车通信交换位置信息，为驾驶人提供前方路面信息；在夜晚行驶会车时，驾驶人未切换车灯为近光灯可能会造成危险，车联网通过车—车通信实现车灯的协同变换。此外，车联网在安全驾驶辅助方面的应用场景还包括路边设施向车辆发出闯红灯预警，车辆驾乘人员在发生意外情况时向周围车辆及路边设施发出求救信号等。

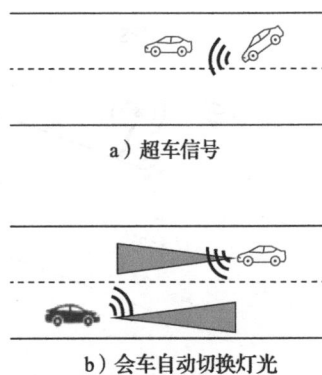

a）超车信号

b）会车自动切换灯光

图 1-3-3　安全驾驶辅助应用

（二）交通管理

在交通管理中，车联网通过向管理中心提供实时交通管理信息、本地交通信息和地图数据，可提高交通管理和车辆行驶的效率。

1.交通管理

利用车联网向驾驶人提供交通管理通告和道路信息，能够提升交通管理能力。图 1-3-4a 所示为路段限速通告，路边设施将会把交通管制、路段管制、路标指示等信息发送给指定区域的车辆；图 1-3-4b 所示为车流量信息通告，路边设施通过收集行驶车辆实时信息来判断道路车流状况，及时发送拥堵警告，提醒周边车辆选择畅通路段。此外，系统能够依据交叉路口车流信息，控制交通灯信号，提升路口通行效率。

a）限速信息　　　　　　　　b）车流量信息

图 1-3-4　交通管理应用

2. 交通效率应用

利用车联网能够提高车辆行驶效率，缓解交通拥堵。车载终端根据交通指示灯状态、距离和通行剩余时间，向驾驶人推荐最佳路口和通过速度，以节省路口通过时间；通过车联网协同，普通车辆可以行驶在空闲的公交专用车道，提高道路利用效率；此外，还有已经部署的不停车收费系统等。图 1-3-5a 所示为增强型动态车载导航，路边设施周期性地发送实时交通状况信息，车载导航设备据此动态规划最佳行驶路线；图 1-3-5b 所示为多辆车之间通过车车通信能够实现协同定速巡航。

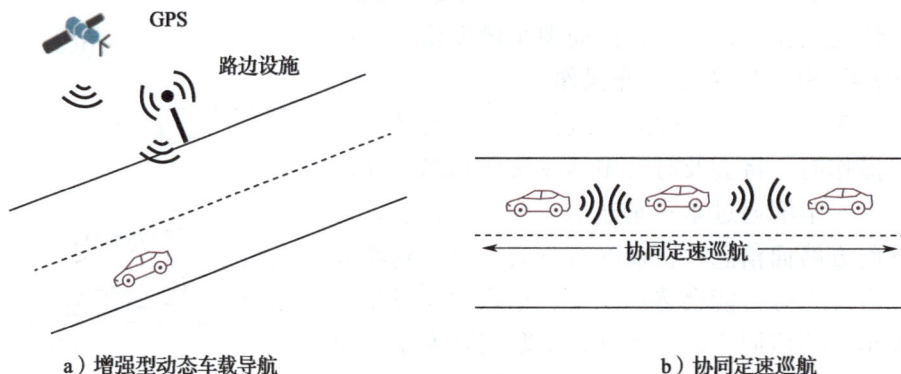

a）增强型动态车载导航　　　　　　　　b）协同定速巡航

图 1-3-5　交通效率应用

（三）车载服务

在车载服务中，驾乘人员通过车联网接入互联网，可访问网页、获取本地服务、预约车辆维修等。

1. 本地信息服务

本地信息服务是一种典型的位置服务，包括车间短消息交互提醒服务、行车过程中兴趣点（如餐馆、商店、加油站、停车场等）信息获取、停车场位置和维修店预约服务等。图 1-3-6a 所示为车辆通过车—车通信互相发送短消息，提醒驾驶人行李舱没有盖住；图 1-3-6b 所示为远程故障诊断，通过车联网远程检测车辆工作状况并进行诊断，及时通知车主维修车辆。

2. 互联网信息服务

车载终端通过车—车通信或车—路通信实现互联网接入，享受互联网服务。如图 1-3-6c 所示，车辆通过车联网接入互联网，实现远程下载，更新车载导航地图和车载系统的软件。此外，还能实现个人数据同步、热点、被盗车辆快速追回等服务。

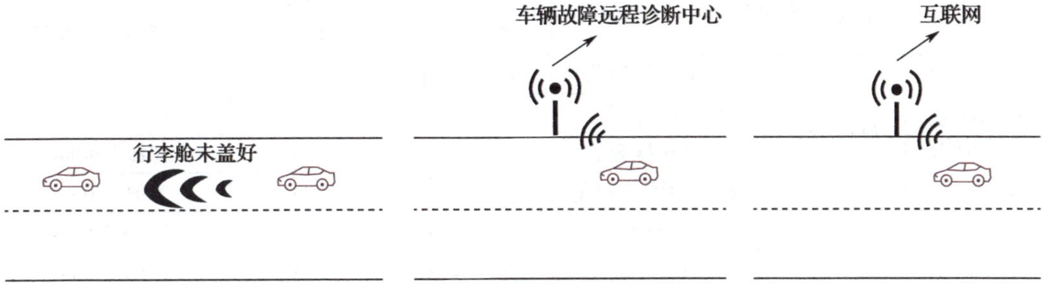

a）车辆状态　　　　　　　　b）故障诊断　　　　　　　c）互联网接入

图 1-3-6　车载服务应用

❓ 引导问题 2

　　请查阅相关资料，简述车联网技术应用需求在行驶安全、交通管理与车载服务三个方面的异同之处。

_____

_____

_____

车联网技术应用需求

（一）行驶安全

　　行驶安全应用通常和交通参与者的生命安全密切相关，因此行驶安全应用对车联网通信提出了严苛的要求，表 1-3-1 所示为相关应用中车联网的通信特点。

表 1-3-1　行驶安全应用通信需求

行驶安全应用		通信与网络特点		
		通信方式	通信类型	最低频率/最大延迟
行驶安全信息应用	交通参与者警告			
	紧急车辆警告	固定周期	V2V/V2I	10Hz/100ms
	故障车辆警告	事件触发	V2V/V2I	10Hz/100ms
	慢车警告	固定周期	V2V/V2I	2Hz/100ms
	摩托车警告	固定周期	V2V/V2I	2Hz/100ms
	行人警告	固定周期	V2V/V2I	1Hz/100ms
	静止车辆警告	固定周期	V2V/V2I	10Hz/100ms
	发生事故警告	固定周期	V2V/V2I	10Hz/100ms
	路面动态交通信息			
	紧急制动警告	事件触发	V2V	10Hz/100ms
	逆向行驶警告	事件触发	V2V	10Hz/100ms
	闯红灯警告	事件触发	V2V	10Hz/100ms
	道路状况信息			
	路面危害警告	事件触发	I2V	1Hz/100ms
	道路维修警告	固定周期	I2V	2Hz/100ms
	弯道警告	固定周期	I2V	1Hz/1s
	限高警告	固定周期	I2V	1Hz/1s

（续）

行驶安全应用			通信与网络特点		
			通信方式	通信类型	最低频率 / 最大延迟
车辆碰撞警告应用	碰撞警告	前向碰撞警告	固定周期	V2V	10Hz/100ms
		路口碰撞警告	固定周期	V2V	10Hz/100ms
		追尾碰撞警告	固定周期	V2V	10Hz/100ms
		碰撞检测与避免	固定周期	V2V	50Hz/20ms
安全驾驶辅助应用	驾驶辅助	左转辅助	车主发起	V2V	10Hz/100ms
		右转辅助	车主发起	V2V	10Hz/100ms
		换道辅助	车主发起	V2V	10Hz/100ms
		超车辅助	车主发起	V2V	10Hz/100ms
		盲区警告	固定周期	V2V	10Hz/100ms
		闯红灯预警	事件触发	I2V	10Hz/100ms
		低能见度驾驶	固定周期	V2V	10Hz/100ms
		协同前照灯切换	事件触发	V2V	2Hz/100ms
	紧急求救	紧急求救	事件触发	V2V/V2I	1Hz/1s

其中，以紧急制动警告分析为例，在图1-3-7中，车辆突然制动时会产生一个事件触发消息，并广播该消息以表明车辆正在紧急制动。周围车辆接收到消息后，辨别该事件是否与自身相关，它们可以忽略后方、前方较远或相反方向行驶车辆的警告。如果车辆接收不到紧急制动消息，驾驶人将只对可见制动车辆做出默认行为反应。所以在紧急制动警告应用中，要求车辆始终保持可靠通信。紧急制动警告可靠通信的距离大于200m。

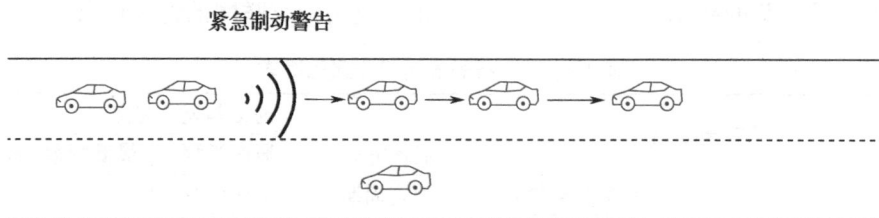

图 1-3-7　紧急制动警告示意

（二）交通管理

交通管理应用主要依赖路边设施向车辆发送交通管理信息或提供行驶路线建议等。与行驶安全应用相比，对消息的发送频率和延迟要求较低。表1-3-2所示为交通管理应用通信需求。

表 1-3-2　交通管理应用通信需求

交通管理应用		通信与网络特点		
		通信方式	通信类型	最低频率 / 最大延迟
交通管理	交通管制	固定周期	I2V	1Hz/500ms
	限速通知	固定周期	I2V	1Hz/500ms

（续）

交通管理应用		通信与网络特点		
		通信方式	通信类型	最低频率/最大延迟
交通管理	拥堵信息	固定周期	I2V	1Hz/500ms
	车流量统计	事件触发	I2V	1Hz/1s
	路标	固定周期	I2V	1Hz/500ms
	交叉路口管理	固定周期	I2V	1Hz/500ms
交通效率	动态导航	固定周期	I2V	1Hz/500ms
	不停车收费	事件触发	I2V/V2I	1Hz/200ms
	路口通行建议	固定周期	I2V	2Hz/100ms
	协同巡航控制	固定周期	V2V	2Hz/100ms
	高速公路自动行车	固定周期	V2V	2Hz/100ms
	灵活公交车道	固定周期	V2V/I2V	1Hz/500ms

其中，对于不停车收费分析如下。在图 1-3-8 中，当装有 ETC 系统的车辆以较低车速接近收费站时会收到一个事件触发消息——路边设施发出的收费请求，车辆将行驶里程等信息返回给路边设施，并完成电子收费。不停车收费应用由路边设施发起的事件触发应用，要求车辆在短时间内完成电子收费操作，因此，通信的频率和时延要求较高，且车载终端要具备 I2V/V2I 双向通信功能。不停车收费可靠通信距离是 100m。

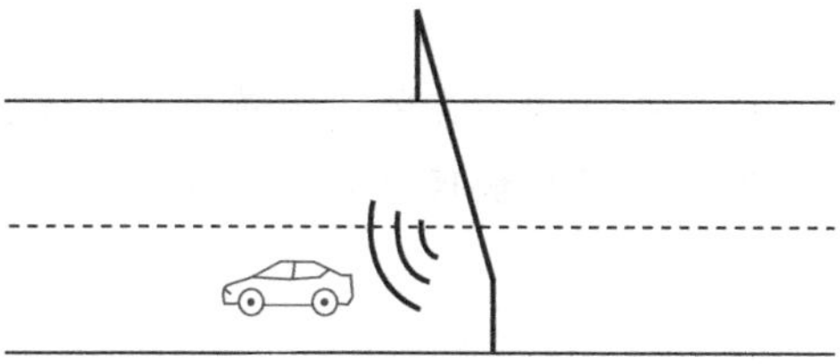

图 1-3-8　不停车收费应用示意

（三）车载服务

车载服务应用主要由用户发起，通常为单对单的服务，对消息的发送频率和延迟要求最低。表 1-3-3 所示为车载服务应用通信需求。

表 1-3-3　车载服务应用通信需求

车载服务应用		通信与网络特点		
		通信方式	通信类型	最低频率/最大延迟
本地信息服务	停车场管理	固定周期	I2V	1Hz/1s
	车间短消息	事件触发	V2V	1Hz/1s
	远程故障诊断	固定周期	I2V	1Hz/500ms
	车队管理	固定周期	V2I	1Hz/1s
	被盗车辆警报	固定周期	V2I	1Hz/1s
互联网信息服务	兴趣点服务	固定周期	I2V	1Hz/1s
	电子商务	车主发起/周期	I2V/V2I	1Hz/1s
	地图/软件下载	车主发起/周期	I2V/V2I	1Hz/1s
	互联网访问	车主发起/周期	I2V/V2I	1Hz/1s
	个人数据同步	车主发起/周期	I2V/V2I	1Hz/1s

其中，以兴趣点服务分析为例，在图 1-3-9 中，路边设施向周围区域周期广播本地加油站、餐馆和商店等信息，当车辆经过路边设施时，会收到兴趣点推送服务。服务应用要求路边设施终端具有 I2V 通信功能，且通信的频率和时延要求较低，而车载终端需要有 I2V 接收能力，且在用户接受兴趣点服务后，可转入单对单的可靠通信服务。兴趣点服务对通信距离要求是 400m。

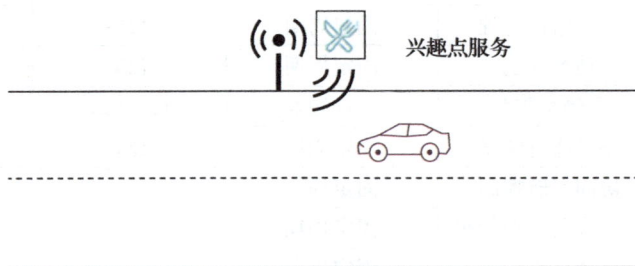

图 1-3-9　兴趣点服务应用示意

> **引导问题 3**
>
> 查阅相关资料，简单比较一下国内车联网应用项目与美、欧、日等国家和地区应用项目的区别。
> _____
> _____
> _____

车联网应用项目

为缓解交通压力，减少交通事故数量，车联网技术得到了世界各国政府、汽车企业和研究机构的广泛关注。美国、日本和欧盟一些主要发达国家和地区设立了大量的研究项目，推动了车联网技术的快速发展。

（一）美国车联网

1. 面向自动公路的交通安全研究

智能网联车最早可以追溯到 20 世纪 90 年代在美国开展的自动公路系统（AHS）研究。自动公路系统的概念源自 1992 年美国交通部的智能交通倡议，主要在 16 个先导领域开展了一些研究，以支持自动公路原型的设计。其基本概念是，路嵌式传感器可以与车载传感器进行通信，从而可以将驾驶人的手、脚从驾驶任务中解放出来，但驾驶人还是需要关注驾驶环境。这是车、路首次进行互联。

自动公路系统是利用专用车道上的磁钉来引导车辆行驶的一种自动驾驶系统。理论上，自动公路系统可以减少驾驶人的失误，提高公路的通行能力，有助于节能减排（图 1-3-10）。

自动公路系统研究的巅峰之作是加州大学伯克利分校的 PATH 项目，该项目于 1997 年在加州 15 号州际公路 7.6mile（约 12.23km）长的路段上，演示了 20 辆车的列队自动驾驶，全程没有驾驶人干预。演示的 20 辆自动驾驶车辆包括小客车、公交车与货车。该演示包括在单一交通环境下的近距离编队行驶以及在混合交通下的自由行驶。然而，由于自动公路系统需要专用车道，资金来源成为当时制约其进一步发展的瓶颈。1998 年，美国交通部调整优先发展方向，开始关注开发周期比较短的安全技术。

图 1-3-10 自动公路系统

随着智能汽车技术研究的发展，无线通信技术的发展为车—路交互带来了新方向。车路协同倡议将智能车辆倡议的研究成果、交通运营改善的需求以及无线通信技术的新发展整合起来，提出将无线通信技术用于车—路信息交互。

车路协同倡议利用 5.9GHz 的 DSRC 频谱和之前车辆防撞研究的基础，建立小规模部署，测试和评估车路协同的运行原理。2006 年 12 月，美国交通部与 5 家汽车生产厂商签署了合作协议，研究利用专用 DSRC 与 GPS 定位技术提高车—路安全应用性能。

车—路协同系统可划分为两部分：路侧网络与车载设备（OBE）。路侧网络支持路侧设备（RSE）与车载设备之间的通信。车—路协同研究测试了路侧设备与车载设备之间的通信，还利用基础设施通信系统评估了路侧设备之间的通信。为了验证车—路协同，开发了路侧网络（包括路侧设备）和车载设备原型机以及制定了相关通信协议以支持车—路通信（图 1-3-11）。

图 1-3-11 无线通信实现多模式交通的互联

车—路协同系统概念验证始于这样一个构想，这个构想认为无线通信技术可用于解决交通问题。通过无线通信技术，确立 DSRC 技术作为车—路交互的一个通信手段。这些研究为开展车—车安全应用研究计划与安全试点提供了必要的基础。此外，车路协同概念验证的成功进一步加快了建立网联车倡议（Connected Vehicle Initiative）的步伐。

2. 基于 V2V 通信的网联车安全研究

美国在车辆安全方面的研究主要集中于基于 V2V 通信的安全应用。通过邻近车辆之间的无线数据交换，为提高交通安全提供一个有效平台。V2V 研究的愿景是将来任何车辆（乘用车、货车、公交车以及摩托车）之间都可以进行通信，这个具有丰富数据的交流平台为实现主动式交通安全应用奠定了坚实的基础（图 1-3-12）。

图 1-3-12 基于车—车通信的安全应用场景

3. 基于 V2I 通信的网联车研究

基于 V2I 通信的安全应用主要是通过车—路间的无线数据交换，达到避免交通事故发生的目的。初步研究结果表明，V2I 研究可以避免额外 12% 的交通事故。V2I 研究的愿景是避免 V2V 应用所不能解决的其他交通事故的发生。此外，V2I 通信研究旨在确保其在全国范围内的互操作性，以支持基础设施及车辆的部署，并推进可互操作的、有成本效益的基础设施部署。图 1-3-13 为基于车—路通信的车载终端信息。

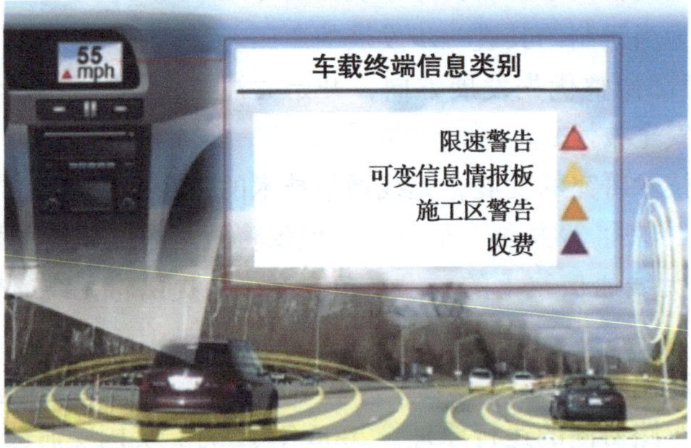

图 1-3-13　基于车—路通信的车载终端信息

（二）欧盟车联网

欧盟成立之后，欧洲开始发展车联网项目，然而在发展初期各国独立开展研究，相关的项目不但数量目标不一，而且彼此间的关联薄弱，在此期间的项目主要有 FleetNetCarTALK2000、WILLWARN 等。鉴于此，欧盟于 2003 年召集 150 个成员（包括电信运营商、车辆厂商等）成立了车间通信联盟（Car-to-Car Communication Consortium，C2C-CC）。该联盟的主要任务是制定欧洲范围通用的车载通信标准，并朝着整合各国资源、共同规划长期且符合欧盟各国期待的方向迈进。

2002 年 4 月，旨在协调欧洲所有车联网事宜的 COMe Safety 项目正式启动。COMe Safety 项目主要组织开展了以下工作：协调和巩固欧洲各国车载网络研究成果，推动车载通信研究，协调欧洲国家、日本、美国的车载通信标准的融合，并与 ETSI 和欧洲标准委员会（CEN）协调欧洲标准制定，协调欧洲车载通信频段分配等，如图 1-3-14 所示。

协同系统（Cooperative System）是通过无线通信将车辆和其他道路使用者（包括其他车辆、摩托车、自行车、行人等）、路边设施、交通管理中心等连接，实现以增强交通安全、提高交通效率、提供车载信息娱乐服务为目标的智能交通系统。与单独依靠传感器实现信息获取的早期智能交通系统相比，加入无线通信的信息获取方式的协同系统拥有更加丰富的实时数据，为更多的应用提供了可能。目前，典型的协同研究项目有 CVIS、SAFESPOT、COOPERS 等。

1. CVIS 项目

CVIS（Cooperative Vehicle Infrastructure System）是由欧洲智能交通中心（ERTICO）联合欧洲 12 个国家的 61 家单位开展的协同系统研究项目。项目于 2006 年 2 月开始，为期 4 年。其目标是从智能交通系统研究的角度研究协同系统的车—车、车—路通信技术与应用。

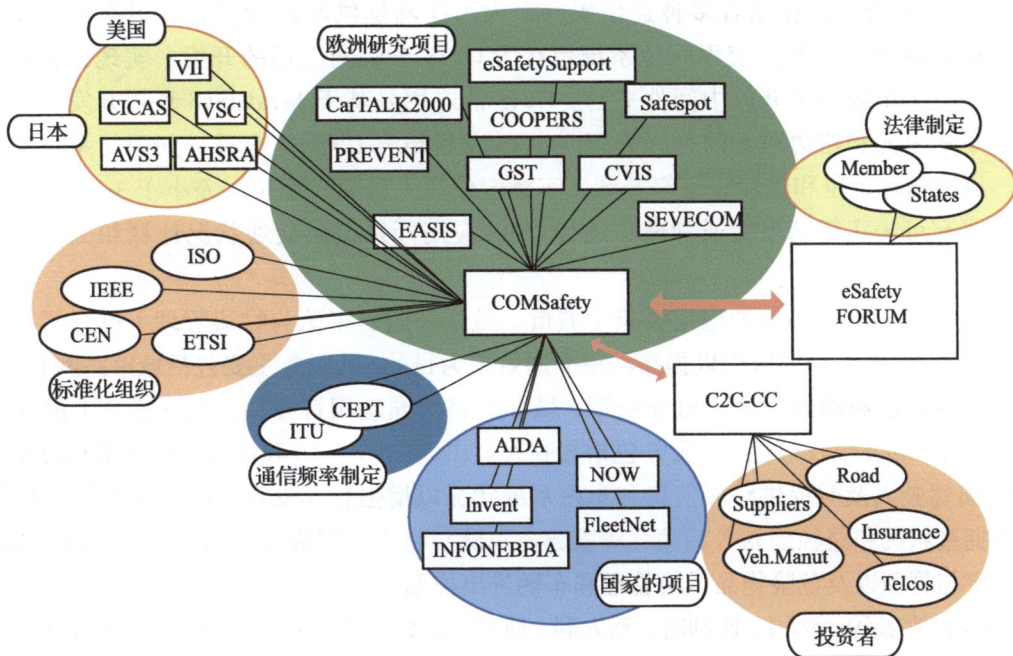

图 1-3-14　COMe Safety 项目的主要工作

CVIS 主要在通信与网络、开发应用管理系统、定位与地图和协同监控 4 个方面开展了技术研究，如图 1-3-15 所示。在通信与网络方面，CVIS 项目对 ISO TC204W16 提出的 CALM 标准中的 M5、IR.MM、2G/3G Cellular 及 CEN DSRC 进行了实现与验证。其中 M5、IR.MM、2G/3G Cellular 分别是 CALM 标准定义的 5GHz 射频通信、红外 40GHz 毫米波通信和 2G/3G 蜂窝通信。而且，CVIS 的通信网络是基于 IPv6 进行构建的。

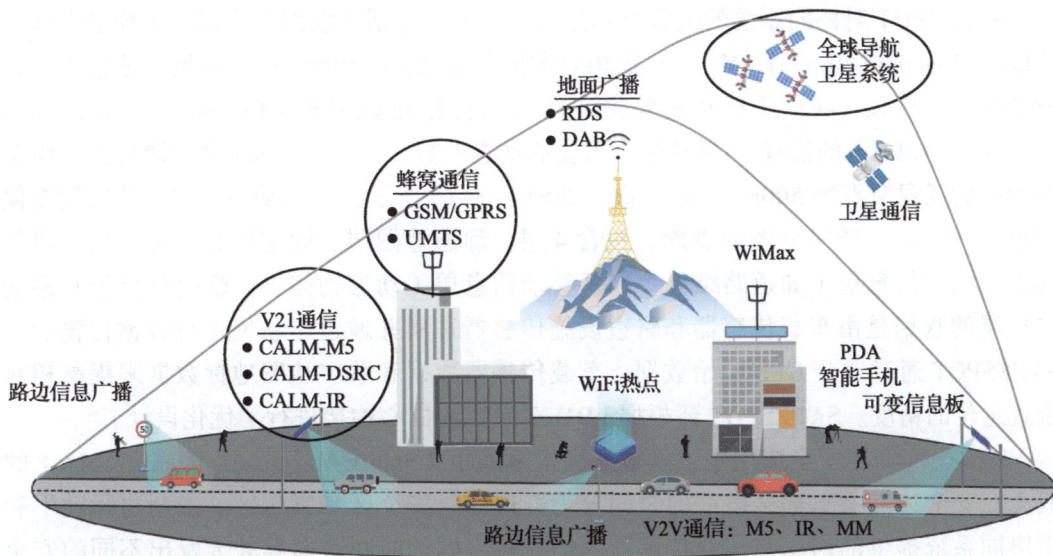

图 1-3-15　CVIS 项目通信与网络

CVIS 的研究旨在结合多种通信媒介，为车联网提供高连接性、高可靠性、高灵活度的无线通信。开发应用管理系统旨在为 CVIS 车联网应用的开发、实现、执行、维护建立一个统一的开放中间件平台。CVIS 的应用是基于 Java/OSGi 环境开发的，可实现车载单元和路边单元的远程管理。CVIS 项目结合 GNSS（全球导航卫星系统）定位、路边信标定位和惯性定位等开展了车辆定位技术研究，定位误差小于 3m。协同监控的研究可为实现动态交通管理和进行 CVIS 应用开发提供交通状况计算和交通监控服务。

CVIS 针对 3 个不同的应用场景（城市、城际公路、车队与物流管理）进行了应用开发与验证。城市协同应用以提高城市交通效率为目的，其服务主要包括城市路网管理、路口交通控制和动态公交车道分配等。城际公路协同应用旨在提高城际公路上的交通安全、效率和环境友好性，其服务包括驾驶人意识增强（EDA）和协同驾驶辅助（CTA）。EDA 向驾驶人及时提供路面信息和车内系统状况以增强行车安全；CTA 向驾驶人提供道路拥塞状况和路径规划等辅助驾驶服务。车队与物流管理应用包括货车停车场 / 装卸区预定与管理以及危险物品运输管理和车辆进出控制。

CVIS 在德国、法国、比利时、意大利、荷兰、瑞典和英国建立了协同系统测试场地，测试结果表明，CVIS 与 SAFESPOT 系统可在同一个平台中运行。通过基于实际应用的测试，CVIS 将其对 ISO CALM 的测试结果反馈给 ISO，推动 CALM 标准化。项目还对 CVIS 整体系统的互操作性、开源程度、应用平台可用性、用户接受度和隐私信息安全性进行了测试。

2. SAFESPOT 项目

SAFESPOT 项目是由菲亚特汽车（FIAT）联合欧洲 12 个国家的 51 家单位开展的协同系统研究项目。项目自 2006 年 1 月开始，为期 4 年。其目标是从汽车生产商的角度研究智能道路上智能汽车间的协同安全技术与应用。

SAFESPOT 对协同系统的关键技术进行了研究，包括车联网与通信、本地动态地图（Local Dynamic Map，LDM）、车辆相对定位和系统核心构架。在车联网与通信方面，SAFESPOT 与 C2C-CC 分析并实验验证以提供协作意识消息（Cooperative Awareness Message，CAM）的协议。CAM 包含重要的动态参数，支持 geocast 和多跳传播，由车联网中的任意节点每 500ms 广播一次。如图 1-3-16 所示，本地动态地图是为应用提供数据支撑的动态数字地图数据库，包含 4 层：静态地图层、固定信息层（如树、建筑物）、临时信息层（如道路维修）以及移动信息层（动态物体）。临时信息层和移动信息层的数据是由车载传感器和路边设施传感器采集并通过车联网进行数据传输的。SAFESPOT 通过融合 GPS 原始数据、车载传感器数据和数字地图地标数据来提高相对位置定位的精度。SAFESPOT 还根据 LDM 对系统的核心构架进行了优化设计。

SAFESPOT 在安全应用中引入了安全边际助手（Safety Margin Assistant，SMA）的概念。安全边际将车辆碰撞前的时间分为舒适区、安全区和紧急区。安全边际助手利用协同系统提供的信息与车载传感器的信息在不同的时间区向驾驶人发出不同的安全驾驶建议，如图 1-3-17 所示。根据主要应用对象不同，SAFESPOT 分别对基于车辆的和基于路边设施的协同应用进行了开发。基于车辆的应用包括路口安全助手、换道助手、正面碰撞警告和行人发现与避碰等；基于路边设施的应用包括道路危害警告、动态速度警告、车道偏移警告、路口碰撞避免等。

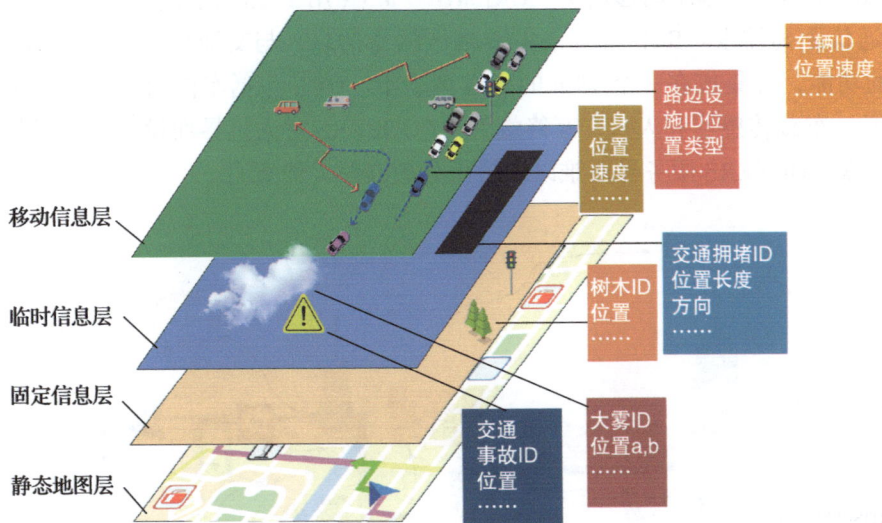

图 1-3-16　本地动态地图

图 1-3-17　安全边际助手示意图

SAFESPOT 在法国、德国、意大利、西班牙、瑞典和荷兰的测试场地对基于车辆的和基于路边设施的协同应用进行了验证和评估。此外，SAFESPOT 对通信系统与 CVIS 通信的互操作性进行了验证，实现并测试通过了两种本地动态地图。

3. COOPERS 项目

COOPERS（Cooperative Systems for Intelligent Road Safety，智能道路安全协同系统）是由奥地利技术研究院（Austria Tech）联合欧洲 14 个国家的 39 家单位开展的协同系统研究项目。项目自 2006 年 2 月开始，为期 54 个月，其目标是从道路管理者的角度来研究车—路通信技术与应用，如图 1-3-18 所示。

COOPERS 对通信与网络技术、路边单元 / 车载单元（RSU/OBU）设计、人机界面设计（HMI）进行了研究。COOPERS 通过场地测试证明：只有结合多种通信技术才能满足交通管理的所有需求。COOPERS 结合 DAB、DVB-H（用于远距离广播）、GSM/GPRS WiMax（用于中远距离通信）、CALMIR、M5（用于短距离通信）以满足不同的车载信息通信距离需求。RSU 具有采集道路传感器信息、与交通控制中心通信、I2V/V2I 通信的功能，并集成在一个 19in 的标准箱子中。OBU 包括车内通信单元、车载无线通信单元、车载传感器和人机交互终端等。COOPERS 对人机界面设计进行了细致的研究，以避免 COOPERS 服务界面难以理解而分散驾驶人注意力。

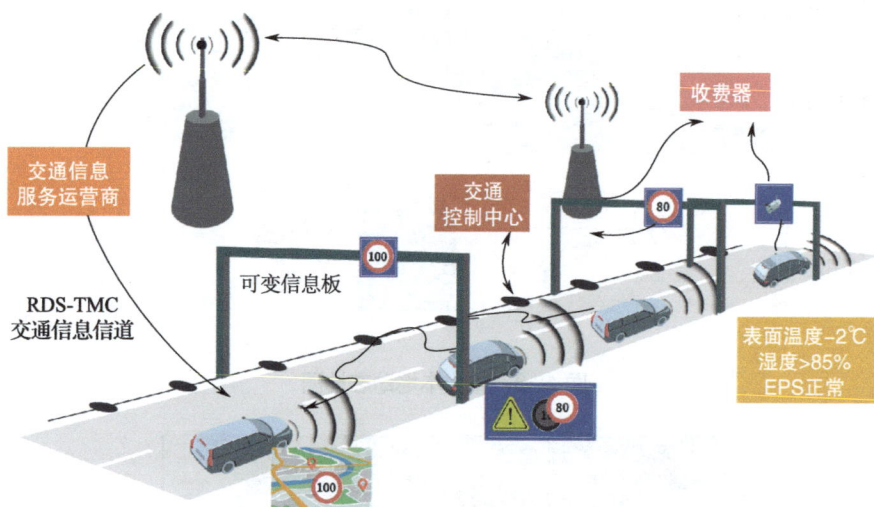

图 1-3-18 COOPERS 通信系统

COOPERS 对 12 个道路管理相关的服务应用进行了研究开发和测试，包括事故警告、天气状况警告、道路维修信息、道路利用信息、车内限速信息、拥堵警告、基础设施网络连接安全与加速、国际服务移交（服务运营商切换）、道路收费、路径导航（计算出行时间）、路径导航（备选路径）、路径导航（自动地图更新）。

COOPERS 在意大利、奥地利、德国、荷兰、比利时和法国的测试场地对通信技术、用户接受度和驾驶习惯影响进行了测试。通过对用户使用 COOPERS 服务前后的问卷调查，COOPERS 服务在 14 项调查中均获得了受试者较高的用户接受度。COOPERS 通过场地测试验证了 COOPERS 服务在避免交通拥堵和雾天行驶中均能有效工作，并能改善驾驶体验。

（三）日本车联网

日本政府在 1996 年制定了全面的智能交通发展计划，并于同年 4 月开始建设车辆信息通信系统（Vehicle Information Communication System，VICS）。VICS 是将经过"道路交通信息通信中心"编辑处理的道路交通信息（如交通堵塞、交通事故、交通管制、停车场车位等信息）实时传送给驾驶人，并在车载导航仪上以文字、图像、地图的形式进行显示的交通信息服务系统。VICS 也成为较普及的交通信息服务系统。2001 年，日本开始建设不停车电子收费系统（Electronic Toll Collection，ETC）。装有 ETC 系统的车辆可以以 20km/h 左右的速度通过收费站并通过无线通信实现电子收费，ETC 的大规模安装使得日本的日平均拥堵里程由 2003 年的 56.2km 降到 2007 年的 2.8km。日本还有通过路边设施向车辆提供车内交通信号追尾事故避免、路口碰撞避免等服务的驾驶安全支持系统（Driving Safety Support System，DSSS）。

在日本国土交通省、内务省、经济产业省等多部门的共同支持下，日本大力推动车—车、车—路通信的发展和路边设施的部署。日本在世界范围内最早实现了 ETC 系统的全面部署并开展了 ASV 系列项目。

1. Smartway 项目

2004 年 8 月，Smartway 项目咨询委员会提出建设日本第二阶段智能交通系统，为 VICS、ETC 等服务建设通用的软件硬件、车载单元平台。Smartway 由日本国土交通省及其下属的国土技术政策综合研究所和包括东芝、丰田、富士通在内的 23 家公司共同参与研究基于日本智能交通已发展的服务系统，Smartway 系统的车载单元集成了 VICS、ETC、导航和下一代道路服务系统，为第二阶段智能交通系统建立通用车载平台。通信系统可通过 5.8GHzDSRC 和 2.4GHz 进行车—车、车—路通信，实现车辆与多种终端的通信，如图 1-3-19 所示。车载单元通过声音和图像传递服务信息，以使驾驶人更容易地获取服务。

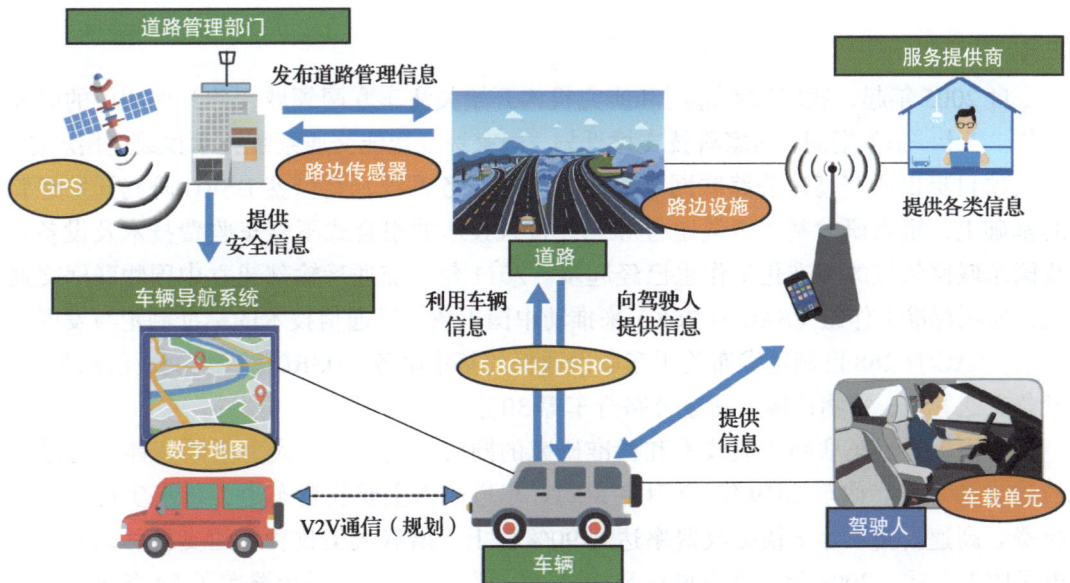

图 1-3-19　Smartway 系统组成示意图

2006 年，Smartway 进行了开放场地的测试演示，展示了 3 项新的服务：沿路信息提供、信息链接服务与公共停车场服务。2006 年，Smartway 完成制定日本 5.8GHz DSRC 车载单元和路边设施的标准（JEITA 标准），并开始在东京首都高速公路上安装。2007 年，Smartway 开始在公开道路测试第二阶段智能交通系统，测试内容包括安全驾驶辅助（道路障碍信息提供、道路拥堵信息提供、车辆汇入辅助、地图相关安全信息服务、电子图标）和便利服务（DSRC 信息提供、多种通信媒体使用、智能停车）。

通过 Smartway 项目，日本智能交通系统发展进入第二阶段。系统可为道路管理者提供更高效的道路管理、交通调度和控制，为驾驶人提供地图下载、沿路信息、停车场导向、自动巡航等服务，为停车场、加油站等提供快捷的无现金付款服务，为商场、餐馆等创造更多的商业机会。

2. ITS-SAFETY 2010

2008 年 4 月，日本启动为期 3 年的 ITS-SAFETY 2010 项目，对智能交通系统进行大规模现场运行测试，量化评估智能交通服务对减少交通事故的作用。项目由日本国土交通省、内务省、经济产业省和日本主要汽车生产商共同参与。

ITS-SAFETY 2010 对日本主要的智能交通系统进行了严格的验证测试，包括由东京警视厅主导的 ASV（Advanced SafetyVehicle，先进安全车辆）系统、由日本国土交通省主导的 DSSS 系统和 Smartway 系统。测试内容主要包括路边设施的一致性、不同厂商的 ITS 之间通信的兼容性、ITS 自身功能有效性等。

ITS-SAFETY 2010 项目推动了日本智能交通系统商业化。从 2011 年开始，日本开始部署 ITS Spots（Smartway）和 DSSS 系统。ITS Spots 可实现高速高容量的车—路通信，并可收集车辆数据，为车辆提供动态路径导航、安全驾驶辅助、道路危险警告等服务，并为道路管理提供数据支持。目前 ITS Spots 的路边设施已在日本全境多个位置进行了部署。

（四）我国车联网

自 2005 年起，我国政府部门和研究机构开始关注车联网领域，并开展相应的研究工作。"十一五"期间，国家科技支撑计划"国家综合智能交通系统技术集成应用示范"重大项目提出研究高速公路联网不停车收费和服务系统，在借鉴 DSRC 研究开发经验的基础上，重点研发基于卫星定位和无线接入技术的组合式不停车收费技术及设备。我国车联网领域的标准化工作也已经起步。2011 年，交通运输部成立中国物联网交通运输应用标准工作组（SAC/TC268）来推动中国车载无线通信技术的标准制定与发展。目前，SAC/TC268 已制定发布关于车联网通信的基本服务、DSRC ETC、交通信息服务、紧急交通管理、货物运输、高速公路行车等 30 余项标准。

在积极开展车联网相关技术和标准研究的同时，我国也在大力推动智能交通系统的建设和示范。截至 2019 年 12 月底，ETC 车道成为主要收费车道，货车实现不停车收费。高速公路不停车快捷收费率达到 90% 以上，所有人工收费车道支持移动支付等电子收费方式。2008 年，北京奥运智能交通管理与服务综合系统覆盖了 34 条奥运公交专线、3305 辆公交车辆和 50 辆公交救援车，实现了全市交通指挥调度信号控制、综合监测、区域交通优化等三大功能。2010 年，上海世博智能交通技术综合集成系统实现了世博专线车优先服务，为世博会提供了综合、精确、便捷、实时的交通信息服务。

2010 年，广州亚运智能交通综合信息平台系统实现了广州地区范围内多种交通方式信息资源和服务功能的整合，提高了亚运交通的保障能力。2011 年 8 月，广州市《基于物联网的城市智能交通应用示范工程项目实施方案》得到批复，广州将建设全国首个城市智能交通领域物联网应用示范工程。图 1-3-20 为示范工程系统示意图。

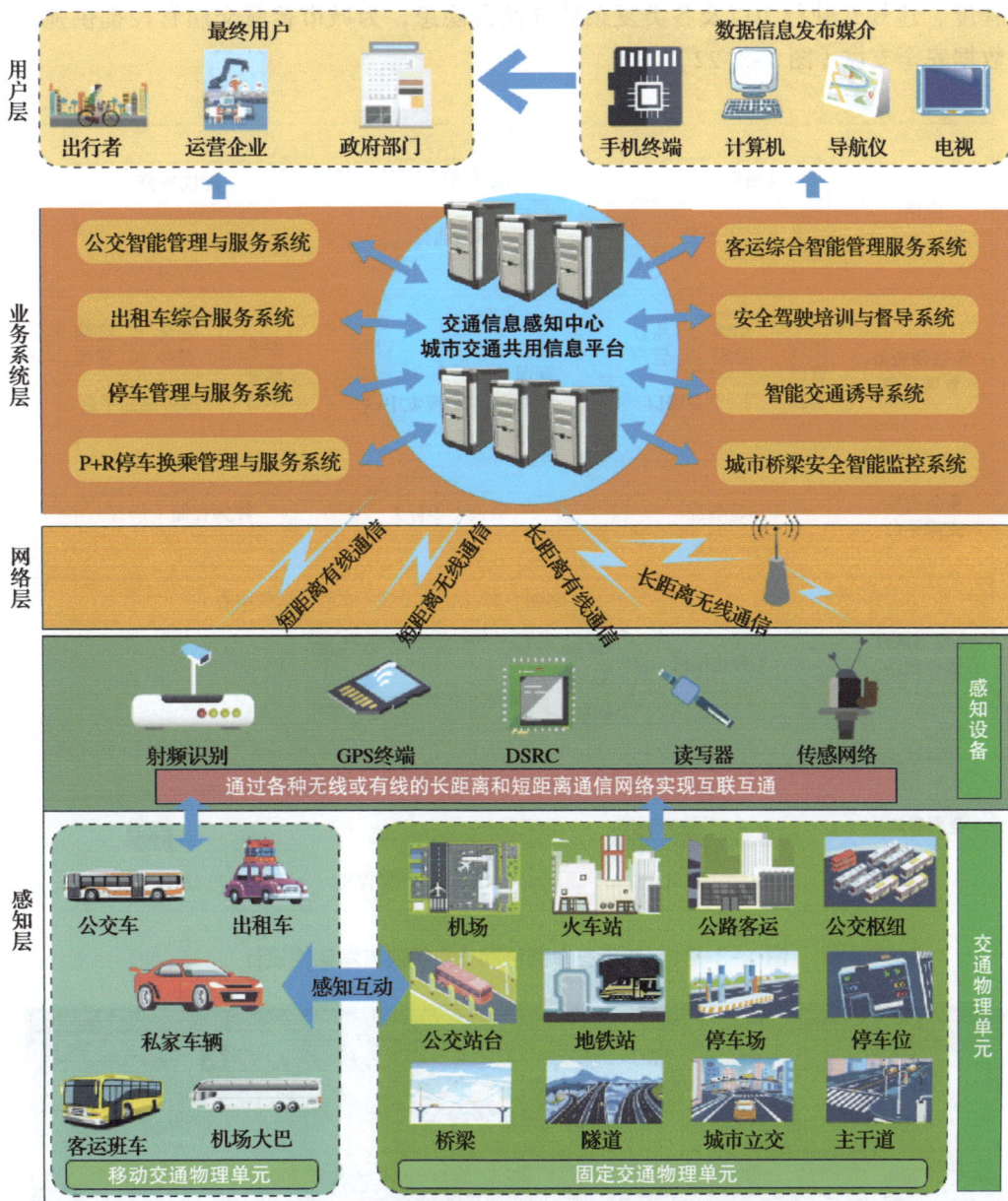

图 1-3-20　广州市基于物联网的 ITS 示意

2022 年 12 月，国内首个基于车联网安全的自动驾驶开放测试道路建设项目在江西上饶完成交付，该项目以 C-V2X 车联网技术为核心，以 5G 技术为网络通路，新华三集团为上饶自动驾驶开放测试道路项目打造了"车、路、云、网、安"一体化协同解决方案，形成基于车路协同的智能交通综合应用（图 1-3-21）。该项目在上饶高铁经济试验区吴楚大道、茶圣东路、富饶路、茶圣路等多条测试道路部署了超高清卡口摄像机和高感知雷达，工业级边缘计算设备搭载雷视融合算法，在 200m 范围内对路面上的机动车、非机动车、行人和路面设施综合识别准确率高达 95%。此外，该项目还部署了数字安全仿真平台，从云端实时还原交通动态，全方位感知分析路况繁忙度、拥堵程度、违规驾驶行为以及各类复杂特殊路段隐患，为城市智慧交通管控提供强有力的数据安全支撑（图 1-3-22）。

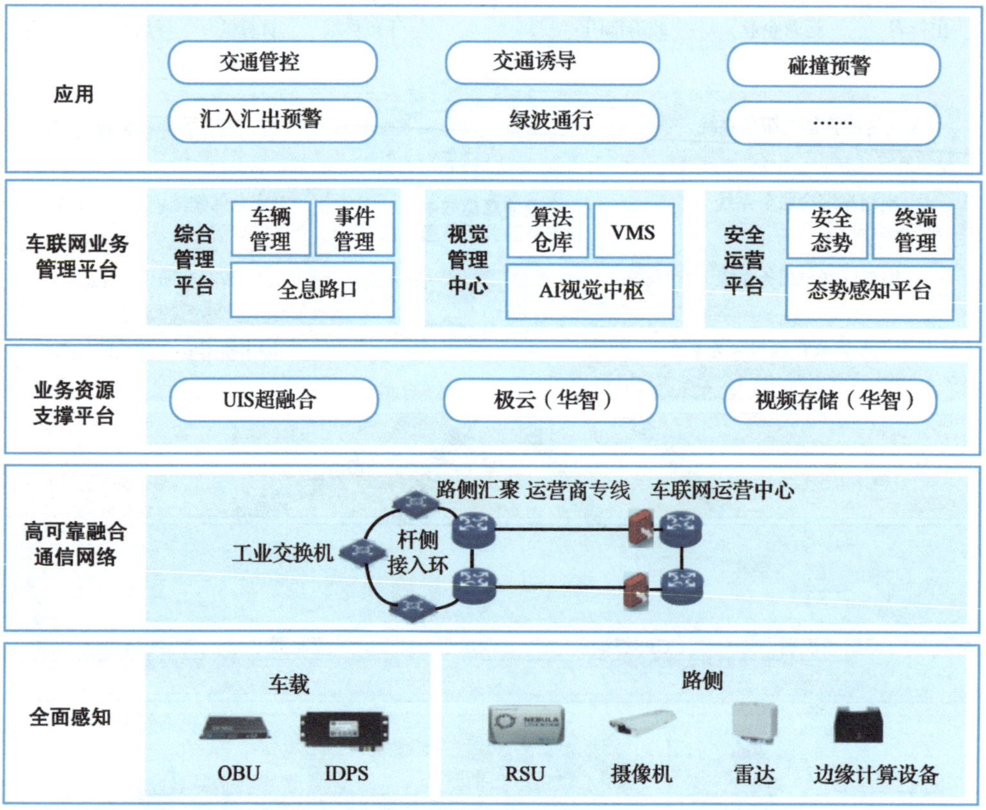

图 1-3-21　新华三车路协同安全解决方案架构设计

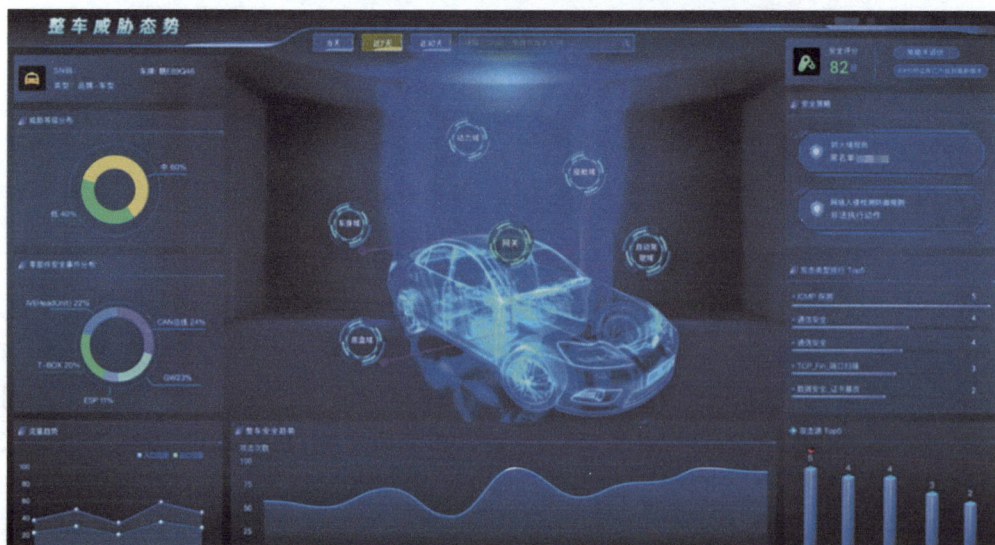

图 1-3-22　云端数字仿真平台还原交通动态页面

拓展阅读

近年来，随着技术发展与市场需求增大，加上国家各个层面的政策引导，汽车产业技术在融合人工智能、信息通信与能源动力等新一代技术的应用方面，发展进程不断加快。2020 年 11 月 2 日，国务院办公厅发布了《新能源汽车产业发展规划（2021—2035 年）》，强调智能化、网联化和电动化成为汽车产业的发展潮流和趋势。

目前，我国的车联网发展正处于由 4G LTE 蜂窝通信网络技术向 5G C-V2X 通信技术过渡的时期。5G 具有高可靠性、大带宽和低延迟等优势，将成为实现车辆环境感知、协同通信、远程控制的关键技术。C-V2X 是我国主导的基于 4G/5G 等蜂窝网通信技术演进形成的车联网无线通信技术，是智能网联汽车、智能交通变革的使能技术。

依托 C-V2X 车联网发展的智能网联模式是我国的创新，我国将走出一条领先于其他国家的智能网联汽车和智能交通的发展模式。在国家政策的大力支持下，国内多地开始建设车联网先导示范区，以国家战略为引领，统筹规划车联网发展布局，构建开放融合的产业生态。在"智能网联汽车中国方案"中，安铁成、李克强、公维洁、葛雨明等行业专家均提及了 C-V2X。C-V2X 是打造智能网联汽车、实现智能交通系统的重要技术，且随着移动通信标准迭代而不断演进。

清华大学车辆与运载学院教授李克强指出，经过 10 年发展，我国智能网联汽车在整车集成、关键技术研发及产业化等方面进步明显，关键技术与智能网联整车产业化节奏保持协同。其中在网联化技术方面，我国已形成 C-V2X 芯片、终端和系统全产业链。同时他提及："发展车路云一体化，挑战同样客观存在：在车端，车载终端渗透率不足；在路侧，基础设施布局碎片化，未形成规模部署；在用户侧，应用开发还处在初期阶段，用户对智能网联的体验感不足。"

针对上述难题，李克强强调要保持战略定力，坚持车路云一体化融合的中国方案。强化中国方案智能网联汽车发展理念、核心内涵、实践路径等研究，以信息物理系统架构为指导，以车路云融合路径凝聚行业发展合力，推动跨行业协同，以行业基础平台为支撑，营造产业生态体系。

从全球范围来看，C-V2X 技术的竞争优势越来越明显。国内外大量技术验证结果表明，C-V2X 的技术性能已超过基于 IEEE 802.11p 的 DSRC，成为车辆短距离直接通信的最佳技术。随着 FCC（美国联邦通信委员会）正式投票将 5.9 GHz 频段划拨给 WiFi 和 C-V2X 使用，其中 30MHz 带宽分配给 C-V2X，意味着由我国主推的 C-V2X 将成全球车联网唯一的国际标准。

未来，基于 5G+C-V2X 车联网的"聪明的车＋智慧的路＋协同的云"的车路云协同发展模式，我国将完成汽车产业和交通行业的变革，并将培育出智慧路网运营商、出行服务提供商等新的业态和新的商业模式。

任务分组

学生任务分配表

班级		组号		指导老师	
组长		学号			
组员	姓名：_____ 学号：_____		姓名：_____ 学号：_____		
	姓名：_____ 学号：_____		姓名：_____ 学号：_____		
	姓名：_____ 学号：_____		姓名：_____ 学号：_____		
	姓名：_____ 学号：_____		姓名：_____ 学号：_____		
任务分工					

工作计划

　　按照前面所了解的知识内容和小组内部讨论的结果，制定工作方案，落实各项工作负责人，如任务实施前的准备工作、实施中主要操作及协助支持工作、实施过程中相关要点及数据的记录工作等。

工作方案表

步骤	作业内容	负责人
1		
2		
3		
4		
5		
6		

进行决策

　　1.各组派代表阐述资料查询结果。

　　2.各组就各自的查询结果进行交流，并分享技巧。

　　3.教师结合各组完成的情况进行点评，选出最佳方案。

任务实施

车联网技术应用认知	
记录	完成情况
1.通过互联网搜索国内外车联网项目近几年的研究方向与项目相关资料，归纳整理填入任务实施表中	已完成□　未完成□
2.以小组为单位，搜索相关图文素材，整理制作一个车联网项目展示 PPT	已完成□　未完成□
国内外车联网项目信息整理	

一、国外车联网项目应用（美、欧、日）

二、国内车联网项目应用

6S 现场管理			
序号	操作步骤	完成情况	备注
1	建立安全操作环境	已完成□　未完成□	
2	清理及整理工具量具	已完成□　未完成□	
3	清理及复原设备正常状况	已完成□　未完成□	
4	清理场地	已完成□　未完成□	
5	物品回收和环保	已完成□　未完成□	
6	完善和检查工单	已完成□　未完成□	

评价反馈

　1.各组代表展示汇报 PPT，介绍任务的完成过程。

　2.以小组为单位，请对各组的操作过程与操作结果进行自评和互评，并将结果填入综合评价表中的小组评价部分。

　3.教师对学生工作过程与工作结果进行评价，并将评价结果填入综合评价表中的教师评价部分。

综合评价表

姓名		学号		班级		组别	
实训任务							
评价项目		评价标准				分值	得分
小组评价	计划决策	制定的工作方案合理可行，小组成员分工明确				10	
	任务实施	能够完成车联网相关应用项目资料的搜索与整理，填写任务实施表				10	
		能够认真完成车联网项目展示 PPT 的制作				20	
		上网查阅资料，总结车联网应用领域资料				20	
	任务达成	能按照工作方案操作，按计划完成工作任务				10	
	工作态度	认真严谨、积极主动、安全生产、文明施工				10	
	团队合作	与小组成员、同学之间能合作交流、协调工作				10	
	6S 管理	完成竣工检验、现场恢复				10	
	小计					100	
教师评价	实训纪律	不出现无故迟到、早退、旷课现象，不违反课堂纪律				10	
	方案实施	严格按照工作方案完成任务实施				20	
	团队协作	任务实施过程互相配合，协作度高				20	
	工作质量	正确完成填写任务实施表中车联网相关应用项目信息				20	
	工作规范	操作规范，三不落地，无意外事故发生				10	
	汇报展示	能准确表达、总结到位、改进措施可行				20	
	小计					100	
综合评分		小组评分 ×50%+ 教师评分 ×50%					
总结与反思							

（如：学习过程中遇到什么问题→如何解决的 / 解决不了的原因→心得体会）

能力模块二
对车联网系统架构的认知

任务一 认知车联网拓扑结构

学习目标

- 了解车联网"云—管—端"架构。
- 熟悉车联网"人—车—路—网"子系统。
- 熟悉车联网体系参考模型。
- 了解车联网技术的结构和性能特点。
- 独立完成车联网体系架构图的绘制与补充。
- 具有利用信息手段查阅相关资料的能力。
- 具有分析问题、解决问题和再学习的能力。
- 具有良好的团队精神和较强的表达沟通、协调组织能力。
- 具有认真负责的职业态度和良好的职业道德。

知识索引

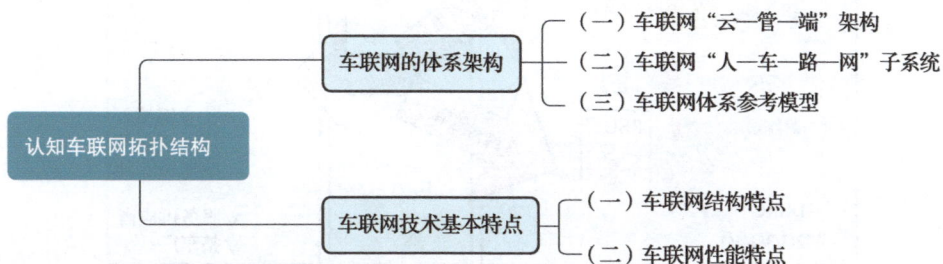

情境导入

作为车联网测试工程师，在某次项目会议前，主管要求你提前准备车联网框架体系相关内容，在会议上向非专业的项目人员介绍车联网框架体系。因此，需要你熟悉车联网体系架构和技术特点，能够有逻辑有条理地对车联网体系进行讲解介绍。

获取信息

引导问题 1

查阅相关资料，用自己的语言描述一下车联网"云—管—端"架构的组成。

_____

_____

车联网的体系架构

车联网技术基于信息通信技术来支撑丰富的场景应用，与自动驾驶、智能座舱应用等不同领域交叉融合、协同发展。因此，从不同方向来看，车联网系统的划分方式与侧重点也会有所不同。本节将从通信与应用、智能交通应用两个方向来介绍车联网系统架构以及具体分析车联网体系相关的参考模型。

（一）车联网"云—管—端"架构

"云—管—端"是未来信息服务的新架构。如图 2-1-1 所示，它体现了车联网面向未来自动驾驶的端到端综合解决方案。

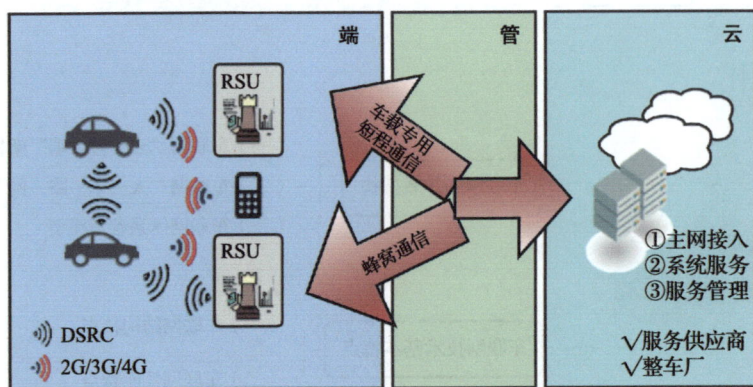

图 2-1-1　车联网"云—管—端"架构

整体架构是从通信和应用视角进行划分，划分为云、管、端三个层次，并以信息通信基础技术以支撑，实现决策控制、环境感知、数据传输与处理等关键技术，从而提供安全、可靠、强大的车联网服务。

简单来说，"云"是云服务，包括云计算和大数据，它能够基于大量收集到的数据实时进行智能处理和协同规划，进而开展队列控制等操作；端是智能终端，包括汽车、手机（代表行人）和路侧单元各种交通参与实体，也是执行云端指令的实体；而"管"则是连接"云"和"端"之间的各种管道，包括上、下行通信管道和直通管道，它将各种交通实体连接起来，并保证数据交互的顺畅。从协议层划分，车联网架构的"云—管—端"三个层次又分别对应设备层、网络层、平台层与应用层，具体的对应关系如下。

1）云（平台层与应用层）：如图 2-1-2 所示，云服务是综合信息和服务平台，对应的应用层包括数据平台、开放业务平台、安全管理与支撑平台，实现数据汇集、计算、分析、决策功能、安全管理功能、开放业务支持功能等。而应用层则主要是面向车联网产业的各类应用与应用支撑系统，包括交通判断类、自动驾驶类、道路安全类、娱乐信息类等应用，以提供丰富的车联网公共服务与行业应用。

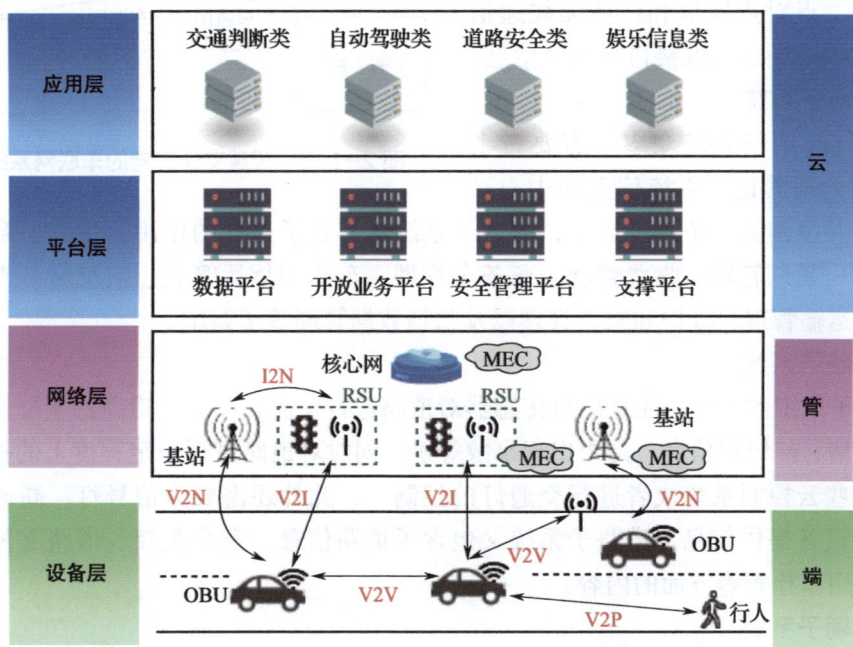

图 2-1-2　车联网"云—管—端"具体架构应用

2）管（网络层）：各类"管道"主要包括 4G/5G 基站、C-V2X 路侧设备（RSU）、移动边缘计算设施等，主要是利用 V2X、蜂窝网络等通信技术，实现车与车、车与路、车与平台、车与人等的全方位网络连接和信息交互。网络层面技术可以根据业务需求灵活配置，同时保障通信的安全可靠。

3）端（设备层）：车联网中的"端"包含所有能够实现无线通信的车载终端与各类基础设施终端。在各类终端上，可以进行 V2V、V2I、V2P、V2N 等各类 V2X 通信，实现车辆与其他车辆、路侧设备以及云平台之间的信息交互。

通过车联网的"云—管—端"三层架构以及四层协议层沟通的系统架构，可以在通信层面上能够实现蜂窝网络（包括 4G 和 5G 等）与 C–V2X 联合组网，进而构建覆盖面积更广泛的蜂窝通信融合网络，保障车联网业务的连续性与高效性。此外，借助人工智能和大数据技术，通信网络可以引入计算能力，从而实现更大数据量的复杂分析与计算决策，建立更加稳定的车联网业务系统管控平台。

（二）车联网"人—车—路—网"子系统

从智能交通应用层面来看，车联网系统架构会根据交通参与角度的不同进行子系统的划分。车联网的 ITS 架构总共包含了 22 个小的子系统，22 个子系统又被划分至四个大的子系统：中心子系统、道路子系统、车辆子系统以及旅客子系统。子系统之间采用不同的通信技术完成信息交互，包括车车通信、车路通信、点对点通信和广域无线通信（图 2–1–3），通过标准接口来交换信息。

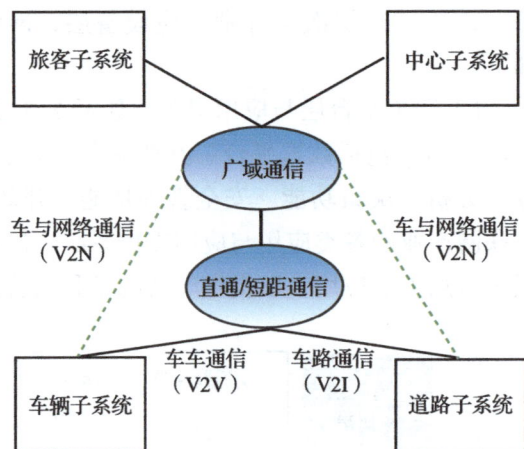

图 2–1–3　智慧交通方向的车联网系统架构

1. 中心子系统

由于 ITS 的子系统众多，需要一个能接收和处理其他子系统信息的中心，用于控制并协调其他子系统活动，中心子系统就起到了这样的作用。中心子系统包含交通管理、紧急管理、收费管理、商务车管理、车队和货运管理、信息服务支持、排放管理、运输管理、维护和施工管理以及归档数据管理等子系统。

2. 道路子系统

道路子系统的主要功能是通过传感器对道路进行监测，以确定道路的实际情况（例如是否拥堵、红绿灯信息、是否出现事故等），同时对道路进行一定程度上的控制（例如操作一些云控制系统或者进行交通灯的控制），此外还需要为信号灯、高速路状监控等路边设备提供信息。道路子系统又包含了道路信息、安全监控、道路支付、停车管理、商用车检查等方面的内容。

3. 车辆子系统

车辆子系统代表了道路上运行的车辆主体，它的功能反映了不同车辆对安全高效行车所必需的感知、处理、存储和通信功能。其下针对普通汽车、应急车辆、商用车辆、公共交通车辆以及维护施工车辆提出了不同的需求与功能部署。

4. 旅客子系统

旅客子系统包括行人子系统或非机动车子系统，主要为旅客的个人设备提供相关的出行信息支持，此处不能与车辆相关的导航设备混淆。旅客子系统具备远程旅客支持和个人信息访问两个功能，是未来利用车联网技术创新出行即服务（MaaS）的机遇所在，能够结合移动互联网和移动支付等手段，提供满足旅客个性化需求的，灵活、高效、经济的出行服务。

（三）车联网体系参考模型

作为物联网的一种特殊行业应用，车联网体系参考模型主要包括三层：数据感知层、网络传输层以及系统应用层。

1. 数据感知层

数据感知层负责车辆自身与道路交通信息的全面感知和采集，是车联网的"神经末梢"，通过传感器 RFID、车辆定位等技术，实时感知车况及控制系统、道路环境、车辆当前位置周围车辆等信息，进而实现对车辆自身属性以及车辆外在环境（如道路、人、车等静、动态属性）的提取，为车联网应用提供全面、原始的终端信息服务。数据感知层的数据来源包括多个部分：一是对车辆自身的感知，例如速度、加速度、位置、横摆角速度等，主要通过读取 CAN 总线、GPS 和其他感知设备来实现；二是对周围车辆行驶状态的感知，比如周围车辆的位置、方位、速度、航向角，这就需要车间通信来实现；三是对道路环境的感知，比如交通信号状态、道路拥堵状态、车道行驶方向，利用车路通信，每辆车和路边设施单元将把自己感知到的信息分发出去；最后一类是通过与后台及第三方应用交互来获取更多的数据，比如天气数据、公交车优先调度请求等。

2. 网络传输层

为了在车车、车路、车人和车云（车与后台中心）之间实现信息的共享，需要考虑制定更加通用的通信协议。网络层通过制定满足业务传输需求的、能够适应通信环境特征的网络架构和协议模型，可以在一种网络环境下整合不同实体所感知到的数据。通过向应用层屏蔽通信网络的类型，网络层能够为应用程序提供更为透明的信息传输服务；通过对云计算、虚拟化等技术的综合应用，网络层能够充分利用现有网络资源，为上层应用提供强大的通信支撑和信息支撑服务。

3. 系统应用层

车联网的各项应用必须在现有网络体系和协议的基础上，兼容未来可能的网络拓展功能。应用需求是推动车联网技术发展的原动力，车联网在实现智能交通管理、车辆安全控制、交通事件预警等功能的同时，还应为车联网用户提供车辆信息查询、信息订阅、事件告知等各类服务功能，同时可以运用云计算平台，面向包括政府管理部门、整车厂商和信息服务运营企业以及个人用户在内的不同类型用户，提供汽车综合服务与管理功能，共享汽车与道路交通数据，从而支持新型的服务形态和商业运营模式。

❓ **引导问题 2**

查阅相关资料，简述车联网性能特点。

_____

_____

_____

车联网技术基本特点

（一）车联网结构特点

车联网利用装载在车辆上的电子标签（RFID）获取车辆的行驶属性和系统运行状态信息；通过 GPS 等全球定位技术获取车辆行驶位置等参数；通过 4G/5G 等无线传输技术实现信息传输和共享；通过 RFID 和传感器获取道路、桥梁等交通基础设施的使用状况，最后通过互联网信息平台，实现车辆运行监控以及提供各种交通综合服务。

1. 从技术角度区分

车联网技术主要包括电子标签技术、位置定位技术、无线传输技术、数字广播技术、网络服务平台技术。

2. 从系统交互角度区分

车联网技术主要包括车与车通信系统、车与人通信系统、车与路通信系统、车与综合信息平台通信系统、路与综合信息平台通信系统。车与车通信系统强调物与物之间的端到端通信，这种端到端的通信使得任何一个车辆既可以成为服务器，也可以作为通信终端。车与路通信系统使得车辆能够提前获取道路基础设施的运营状况，如某条道路是否在维修，某个桥洞是否积水过多等信息，以方便车辆的顺畅通行。

3. 从应用角度区分

车联网技术可以分为监控应用系统、行车安全系统、动态路况信息系统、交通事件保障系统等。监控应用系统主要用于政府部门或者车辆管理部门的运营监控和决策支持，主要分为道路基础设施安全情况监控以及车辆行驶状况监控两类系统。道路基础设施安全情况的监控主要是通过定时获取道路、桥梁上安装的监控设备传回的检测信息，查看基础设施的破坏程度、应用状况等，为交通基础设施的维护提供重要参考。

（二）车联网性能特点

作为一种新型的无线通信网络，由于车辆的移动性、应用的特殊性等性质，车联网具有许多不同于其他无线网络的重要特点。

1）车辆高速运动，不仅导致车与车、车与路边单元之间的无线通信链路频繁断开，而且也使得网络拓扑结构动态变化，无法形成稳定的拓扑结构。

2）车辆的移动轨迹受限，总沿着道路给定方向行驶，其行驶速度受前方车辆的运动状态影响，其位置、运动方向和速度具有一定的可预测性。

3）能量不受限，车辆本身携带和不断补充能量，可为车载设备持续供电，这使得车载网络终端可具有较强的性能。

4）GPS 辅助定位，目前很多车辆有 GPS 定位功能，不仅为车辆提供了位置、速度等信息，而且为车辆提供了准确的全球同步时钟，这些都为车辆之间的通信和交互提供了很好支持。

5）服务质量需求多样性，车联网是一种大型多应用的网络，车辆通常会形成整个城市、高速公路等的大规模网络，网络中存在多种应用消息类型，例如换道警示、超车警示等道路安全信息，道路速度限制通告、绿灯最优速度建议等管理信息，本地多媒体、商业等服务信息。不同的消息对通信的服务质量也有着不同的要求。

教育部 1+X《车联网系统集成与应用职业技能等级证书》的考核中有一个较为重要的模块为车联网云平台集成应用，初级认证对应要求为云平台应用操作，考核知识点有按照云平台使用手册，进行实时和历史的数据查看、数据统计分析、用户和应用服务数据管理。中级对应要求为车联网云平台管理运维，除了进行数据和事件管理，还需要掌握如下技能：对平台操作、安全、业务等日志进行查看与分析；对事件进行自动下发、手动下发、规则制定等管理；对故障进行分析、处理与管理。通过初级或中级考核，可获得教育部 1+X 证书中的《车联网系统集成与应用职业技能等级证书（初级）或（中级）》。

任务分组

学生任务分配表

班级			组号		指导老师	
组长			学号			
组员	姓名：_____　　学号：_____			姓名：_____　　学号：_____		
	姓名：_____　　学号：_____			姓名：_____　　学号：_____		
	姓名：_____　　学号：_____			姓名：_____　　学号：_____		
	姓名：_____　　学号：_____			姓名：_____　　学号：_____		
任务分工						

工作计划

按照前面所了解的知识内容和小组内部讨论的结果，制定工作方案，落实各项工作负责人，如任务实施前的准备工作、实施中主要操作及协助支持工作、实施过程中相关要点及数据的记录工作等。

工作方案表

步骤	作业内容	负责人
1		
2		
3		
4		

（续）

步骤	作业内容	负责人
5		
6		
7		
8		

进行决策

1. 各组派代表阐述资料查询结果。
2. 各组就各自的查询结果进行交流，并分享技巧。
3. 教师结合各组完成的情况进行点评，选出最佳方案。

任务实施

车联网拓扑结构认知	
记录	完成情况
1. 利用互联网查阅资料，总结车联网技术的性能特点	已完成□　未完成□
2. 查阅教材资料，完成下面车联网"人—车—路—网"子系统架构图的补充	已完成□　未完成□

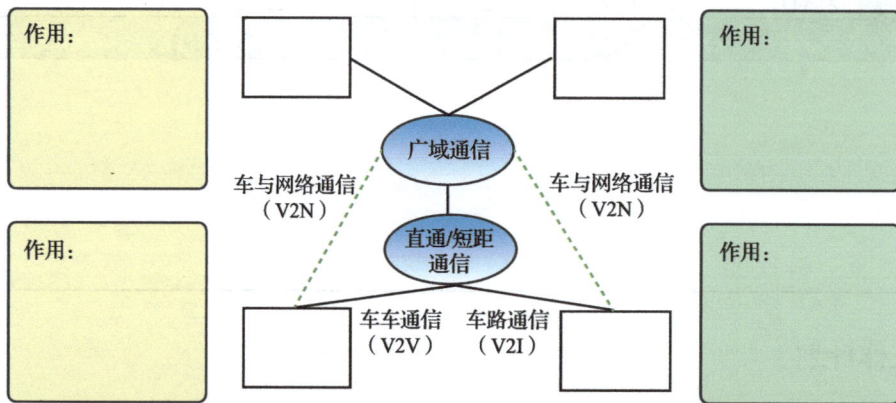

6S 现场管理			
序号	操作步骤	完成情况	备注
1	建立安全操作环境	已完成□　未完成□	
2	清理及整理工具量具	已完成□　未完成□	
3	清理及复原设备正常状况	已完成□　未完成□	
4	清理场地	已完成□　未完成□	
5	物品回收和环保	已完成□　未完成□	
6	完善和检查工单	已完成□　未完成□	

评价反馈

1. 各组代表展示汇报 PPT，介绍任务的完成过程。

2. 以小组为单位，请对各组的操作过程与操作结果进行自评和互评，并将结果填入综合评价表中的小组评价部分。

3. 教师对学生工作过程与工作结果进行评价，并将评价结果填入综合评价表中的教师评价部分。

综合评价表

姓名		学号		班级		组别	
实训任务							
评价项目		评价标准			分值	得分	
小组评价	计划决策	制定的工作方案合理可行，小组成员分工明确			10		
	任务实施	能利用互联网查阅资料，总结车联网技术的性能特点			10		
		正确补充完整车联网"人—车—路—网"子系统架构图			20		
		正确描述车联网体系参考模型中网络传输层的应用			20		
	任务达成	能按照工作方案操作，按计划完成工作任务			10		
	工作态度	认真严谨、积极主动、安全生产、文明施工			10		
	团队合作	与小组成员、同学之间能合作交流、协调工作			10		
	6S 管理	完成竣工检验、现场恢复			10		
		小计			100		
教师评价	实训纪律	不出现无故迟到、早退、旷课现象，不违反课堂纪律			10		
	方案实施	严格按照工作方案完成任务实施			20		
	团队协作	任务实施过程互相配合，协作度高			20		
	工作质量	正确补充完整车联网"人—车—路—网"子系统架构图			20		
	工作规范	操作规范，三不落地，无意外事故发生			10		
	汇报展示	能准确表达、总结到位、改进措施可行			20		
		小计			100		
综合评分		小组评分 ×50%+ 教师评分 ×50%					
总结与反思							

（如：学习过程中遇到什么问题→如何解决的 / 解决不了的原因→心得体会）

任务二　了解车载网络通信系统

学习目标

- 了解 CAN 通信技术知识与原理。
- 了解以太网通信技术原理。
- 了解 CAN-FD 通信原理与特点。
- 理解 CAN 通信技术与 CAN 的区别。
- 了解 FlexRay 通信技术原理及特点。
- 具有利用信息手段查阅相关资料的能力。
- 具有分析问题、解决问题和再学习的能力。
- 具有良好的团队精神和较强的表达沟通、协调组织能力。
- 具有认真负责的职业态度和良好的职业道德。

知识索引

```
了解车载网络通信系统
├─ CAN通信技术
│   ├─（一）CAN的定义
│   ├─（二）CAN的工作原理
│   ├─（三）CAN报文
│   └─（四）CAN的主要特点
├─ 以太网通信技术
│   ├─（一）以太网的定义
│   ├─（二）载波多路访问和冲突检测通信原理
│   └─（三）以太网的帧结构
├─ CAN-FD通信技术
│   ├─（一）CAN-FD的概念
│   ├─（二）CAN-FD与CAN的区别
│   └─（三）CAN-FD帧结构
└─ FlexRay通信技术
    ├─（一）FlexRay基础介绍
    ├─（二）FlexRay的特点
    ├─（三）FlexRay架构
    └─（四）FlexRay协议
```

情境导入

作为车联网测试助理，了解各类车载网络通信技术原理与应用是完成测试工作的必备知识。在某次项目开发中，主管要求你协助参与通信测试工作，正式工作前需要整理 CAN 通信技术资料，并与以太网、CAN-FD、FlexRay 通信技术进行对比分析。

获取信息

引导问题 1

查阅相关资料，简述 CAN 数据帧中包含哪些内容。

_____

_____

_____

CAN 通信技术

（一）CAN 的定义

CAN 是 Controller Area Network（控制器局域网）的缩写，是 ISO 的串行通信协议。为适应"减少线束的数量""通过多个 LAN，进行大量数据的高速通信"的需要，1986 年德国博世公司开发出面向汽车的 CAN 通信协议。此后，CAN 通过 ISO 11898 及 ISO 11519 进行了标准化，在欧洲已是汽车网络的标准协议。

CAN 的高性能和可靠性已被认同，并被广泛地应用于工业自动化、船舶、医疗设备、工业设备等领域，为分布式控制系统实现各节点之间实时、可靠的数据通信提供了强有力的技术支持。

（二）CAN 的工作原理

1）CAN 没有主从节点之分，所有 CAN 上的节点地位都是相等的。当 CAN 上的一个节点发送数据时，它以报文的形式广播给网络中的所有节点；这样对于每个节点来说，无论数据是否发给自己，都对其进行接收。

2）CAN 每组报文开头的 11 位字符为标识符，定义了报文的优先级。在同一个总线中，标识符是唯一的，不可能有两个节点发送具有相同标识符的报文。接收节点也会根据标识符来判断是否接收这帧信息，一般称这项技术为报文滤波技术。

3）CAN 接收节点可以通过远程数据，请求发送远程帧，则发送节点发送相应的数据，回应节点传送的数据帧与请求数据的远程帧具有相同的标识符。

4）CAN 的优先权：由发送数据报文中的标识符决定报文占用总线的优先权；标识符越小，优先权越高。

5）CAN 的仲裁机制：只要总线空闲，任何节点都可以向总线发送报文。如果有两个或两个以上的节点同时发送报文，就会引起总线访问碰撞。通过使用标识符逐位仲裁可以解决这个碰撞问题。而当具有相同标识符的数据帧和远程帧同时发送时，数据帧优先于远程帧。

6）目前 CAN 通信协议仅包括 OSI 七层互联参考模型中的数据链路层和物理层。

（三）CAN 报文

CAN 协议的报文传输主要由下面的 4 种帧来实现：

1）数据帧：从发射端携带数据到接收端。

2）远程帧：总线单元发出远程帧，请求发送具有同一识别符的数据帧。

3）错误帧：任何单元检测到总线错误就发出错误帧。

4）过载帧：过载帧用以在先行的和后续的数据帧（或远程帧）之间提供附加的延时。同时帧间空间用来间隔数据帧/远程帧与其他帧。

1. 数据帧

一个完整的数据帧由7部分组成，依次为帧起始（SOF）、仲裁场（Arbitration Field）、控制场（Control Field）、数据场（Data Field）、CRC场、应答场（ACK Field）、帧结尾（EOF）。

1）帧起始是数据帧和远程帧开始的标志，它是一个显性位。一个CAN节点只有在总线处于空闲状态时才可以发送帧起始。

图2-2-1是一个数据帧的示意图。其中绿色标识隐性，黑色标识显性，黄色标识显性或隐性，以下相同。

图2-2-1 完整数据帧

2）仲裁场在帧起始之后，控制场之前，共12位（注：协议的讲解以CAN2.0A为基础，CAN2.0B版本的仲裁场为32位），分为两部分：11位的标识符和1位的远程发送请求位（RTR）。在数据帧中RTR为显性，在远程帧中RTR为隐性。所以如果相同标识符的数据帧与远程帧发生冲突，数据帧优先（图2-2-2）。

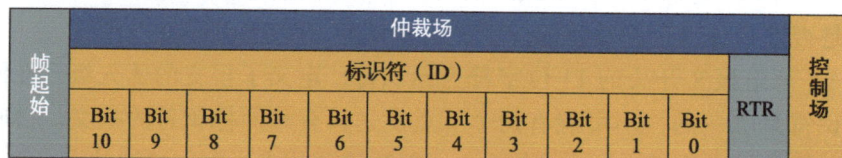

图2-2-2 仲裁场数据帧

3）仲裁场之后便是控制场（图2-2-3）。控制场的头两位为保留位，为隐性。后面是数据长度代码（Data Length Code，DLC）。数据长度代码指示了数据场中字节的个数。图2-2-4说明了数据长度的大小在DLC的表示。

图2-2-3 控制场、数据场数据帧

DLC最大为8。对于超出8的情况，各厂家有不同的实现。有的实现忽略"越界"DLC，传输8B的数据和"错误"的DLC。有的传输8B的数据并改DLC为8。有的直接不传输任何信息。

编号	数据长度代码（DLC）			
	DLC3	DLC2	DLC1	DLC0
0	D	D	D	D
1	D	D	D	R
2	D	D	R	D
3	D	D	R	R
4	D	R	D	D
5	D	R	D	R
6	D	R	R	D
7	D	R	R	R
8	R	D/R	D/R	D/R

图 2-2-4　数据长度在 DLC 分布

4）数据场在控制场之后，传输数据的长度由 DLC 决定。如果 DLC 为 0，则没有数据场。数据场中高位先传输。

5）CRC 场在控制场和数据场之后，由 CRC 序列和界定符组成（图 2-2-5）。CRC 序列是帧起始、仲裁场、控制场和数据场组成的位流的 CRC 校验值。其中 CRC 校验的生成多项为 $X^{15}+X^{14}+X^{10}+X^8+X^7+X^4+X^3+1$。CRC 序列之后是一个"隐性"CRC 结束符。

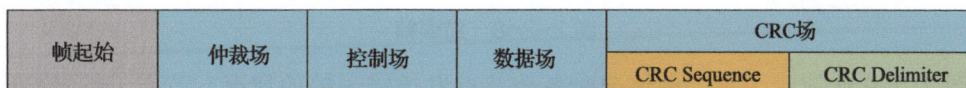

帧起始	仲裁场	控制场	数据场	CRC场	
				CRC Sequence	CRC Delimiter

图 2-2-5　CRC 场数据帧

6）CRC 场之后便是应答场。应答场由 2 个位组成：应答位和应答结束符（图 2-2-6）。发射单元会发送"隐性"的应答位和应答结束符至总线上。而接收单元如果接收到的数据都是有效的，会在发射单元发送应答位的同时发送一个"显性"位至总线上，所以一个有效的数据帧，应答位在总线上应该表现为"显性"。

CRC场	应答场		帧结尾							帧间隔
	ACK Slot	ACK Delimiter								
			Bit 6	Bit 5	Bit 4	Bit 3	Bit 2	Bit 1	Bit 0	

图 2-2-6　应答场数据帧

7）数据帧的最后为帧结尾，由 7 个连续的"隐性"位组成。

2. 远程帧

远程帧的主要作用是向其他的 CAN 节点发送数据请求，发送相同标识符的数据帧（图 2-2-7）。与数据帧相比，远程帧的 RTR 位是隐性的，而且没有数据场。DLC 中的值是数据帧的数据长度。

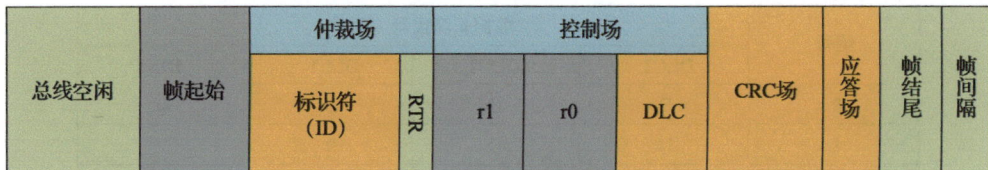

图 2-2-7　远程帧数据帧

3. 错误帧

错误帧由错误标志的叠加和结束符组成（图 2-2-8）。错误标志包括主动错误标志与被动错误标志。主动错误标志为 6 个显性位，被动错误标志为 6 个隐性位。当错误主动节点检测到错误时，会发送主动错误标志。而主动错误标志又会影响总线上原有传输内容的结构，从而让其他未检测到错误的节点发现错误。一种情况是错误帧破坏了应答场和帧结尾的固有形式；另一种情况是错误帧破坏了位填充规则。当其他节点发现错误后，也会发送错误帧。这样就会造成一个错误标志的叠加（6~12bit）。

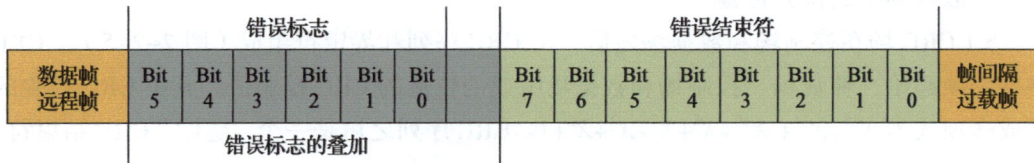

图 2-2-8　错误帧

图 2-2-9 就演示了第二种情况时各个节点发送错误帧的情况。节点 1 首先检测到错误，发送错误帧，在连续发送了 6 个显性位之后，节点 2 和 3 检测到位填充错误，也发送错误帧。这样总线上错误帧的叠加就达到了 12 位。

所有节点发送完错误标志之后就会发送一个隐性位，并监控总线，直到总线上出现一个隐性位。然后再发送 7 个隐性位。这样一个错误帧就发送完毕了。

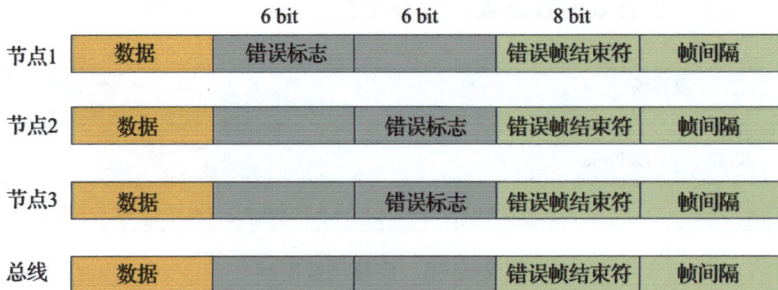

图 2-2-9　错误帧发送数据帧

4. 过载帧

过载帧与主动错误帧非常类似，特别是位的组成和全局化的过程。主要的差别在于错误帧发生在数据帧、远程帧期间、而过载帧发生于间歇字段期间，其数据帧如图 2-2-10 所示。

　　过载帧由过载标志的叠加和过载结束符组成。有两种情况可以触发过载帧:

　　1) CAN 节点的内部需求,例如需要时间准备数据帧的数据。这种情况下过载帧只允许起始于帧间隔的第一个位。

　　2) 在帧间隔内侦测到显性位。这种情况下,过载帧起始于检测到显性位的后一位。

　　过载标志由 6 个显性位组成,过载帧破坏了间歇字段的结构,从而导致了过载帧的全局化。发完过载标志后,CAN 节点会往总线发送隐性位,并监控总线直至出现隐性位。然后再发送 7 个隐性位。

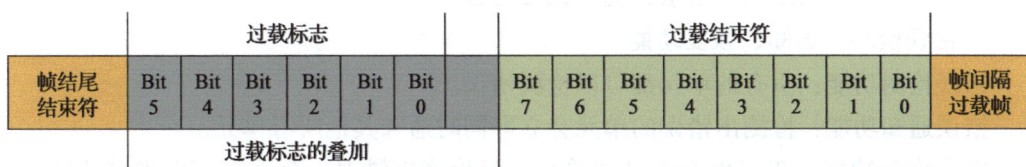

图 2-2-10　过载帧数据帧

5. 帧间空间

　　数据帧与远程帧的前面必然有帧间空间。对于主动错误节点和被动错误节点,帧间空间的结构稍有不同。对于主动错误节点,帧间空间由 3 个显性位的间歇字段和总线空闲组成。在间歇字段不允许发送数据帧与远程帧。总线空闲的长度任意,当有显性位时就被认为是帧起始(图 2-2-11)。

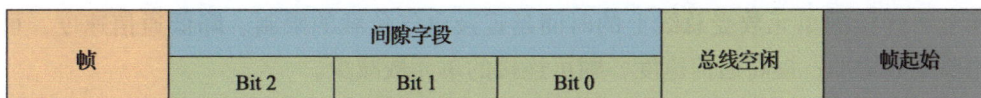

图 2-2-11　主动错误节点

　　被动错误标志除了具有上述两部分外,在间歇字段之后还有 8 个显性位的传输。在挂起传输阶段,被动错误节点不可以发送数据帧与远程帧(图 2-2-12)。

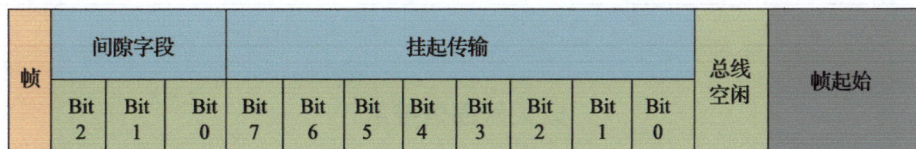

图 2-2-12　被动错误节点

(四)CAN 的主要特点

1. 多主控

　　多个单元在总线空闲都可以发送消息。在总线空闲时,所有的单元都可开始发送消息(多主控制)。最先访问总线的单元可获得发送权(CSMA/CA 方式)。多个单元同时开始发送时,发送高优先级 ID 消息的单元可获得发送权。

2. 消息发送

在 CAN 协议中，所有的消息都以固定的格式发送。两个以上的单元同时开始发送消息时，根据标识符（Identifier，ID）决定优先级。

3. 系统柔性

总线添加单元时，连接在总线上的其他单元的软硬件及应用层都不需要改变。

4. 通信速度

同一网络中，所有单元必须设定成统一的通信速度（根据规模选择速度）。

5. 远程数据请求

可通过发送"遥控帧"请求其他单元发送数据。

6. 错误检测、通知、恢复功能

错误检测功能：所有的单元都可以检测错误。

错误通知功能：检测出错误的单元会立即同时通知其他所有单元。

错误恢复功能：正在发送消息的单元一旦检测出错误，会强制结束当前的发送。强制结束发送的单元会不断反复地重新发送，直到消息成功发送为止。

7. 故障封闭

CAN 可以判断出错误的类型是总线上暂时的数据错误（如外部噪声等）还是持续的数据错误（如单元内部故障、驱动器故障、断线等）。基于此功能，当总线上发生持续数据错误时，CAN 可将引起此故障的单元从总线上隔离出去。

8. 连接

CAN 是可同时连接多个单元的总线，可连接的单元总数理论上是没有限制的。但实际上可连接的单元数受总线上的时间延迟及电气负载的限制。降低通信速度，可连接的单元数增加；提高通信速度，则可连接的单元数减少。

> **❓ 引导问题 2**
>
> 请查阅相关资料，用自己的语言总结一下 CSMA/CD 的发送和接收过程。
>
> _____
> _____
> _____

以太网通信技术

（一）以太网的定义

以太网（Ethernet）是一种以载波多路访问和冲突检测（Carrier Sense Multiple Access/Collision Direct，CSMA/CD）方式工作的局域网技术。最初的以太网采用无源传输媒体——同轴电缆作为传输介质，并以历史上用于标识传播电磁波的物质——以太（Ether）来命名。20 世纪 70 年代，美国 Xerox（施乐）公司、Intel 公司和 DEC 公司共同研制开发了一种基带局域网技术，并使用同轴电缆作为网络媒体、介质访问控制（Medium Access Control，MAC）方法，其采用 CSMA/CD 机制，使得数据传输速率达到 10Mbit/s。随后，美国电气与电子工程师协会制定了 IEEE 802 系列标准（图 2-2-13），该标准描述了局域网体系结构，被广泛应用于以太网、令牌环、无线局域网等领域，其包含 19 个标准（表 2-2-1），其中 IEEE 802.3 关于 CSMA/CD 介质访问控制子层和物理层规范，主要被以太网采用。

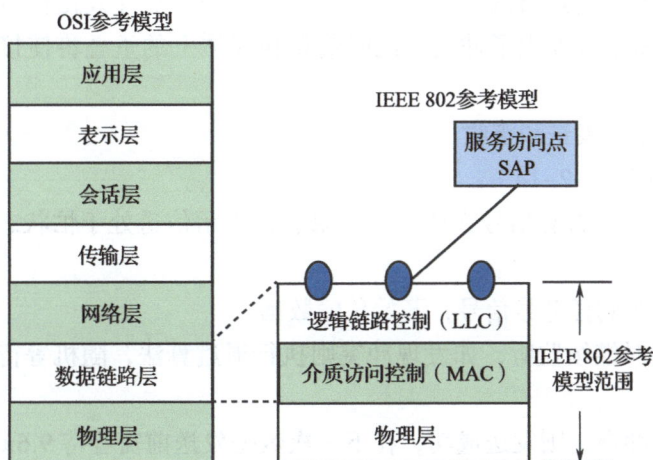

图 2-2-13　IEEE 802 参考模型

表 2-2-1　IEEE 802 具体内容

标准编号	标准内容
802.1	LAN 概述、体系结构、网络互联、网络管理
802.2	逻辑链路控制子层（LLC）定义与服务
802.3	载波多路访问和冲突检测（CSMA/CD）规范
802.4	令牌总线（TOKEN BUS）
802.5	令牌环（TOKEN RING）
802.6	城域网（MAN）
802.7	宽带技术
802.8	光纤技术
802.9	语音与数据综合局域网（IVD LAN）
802.10	可互操作的局域网安全标准
802.11	无线局域网（WLAN）
802.12	需求优先的介质访问控制协议
802.14	线缆调制解调器交互式电视网（Cable Modem）
802.15	蓝牙
802.16	宽带无线局域网
802.17	弹性分组环网
802.18	宽带无线局域网
802.19	多重虚拟局域网共存技术
802.20	移动宽带无线接入（MBWA）

（二）载波多路访问和冲突检测通信原理

IEEE 802.3 标准定义的载波多路访问和冲突检测的通信方式（CSMA/CD）是以太网的核心技术。其中，载波侦听是指发送节点在发送信息帧之前，必须侦听当前的通信媒体是否空闲；多路访问表示多个节点可以同时访问网络媒体，也表示一个节点发送的信息可以被多个节点所接收；冲突检测是指发送节点在发出信息帧的同时，还必须监听媒体，判断是否发生了冲突，此时信息在媒体上的重叠将使接收点无法接收正确的信息。

1. CSMA/CD 的发送和接收

帧发送过程（图 2-2-14）：

1）侦听信道上是否有信号在传输。如果有，表示信道处于忙状态，继续侦听，直到信道空闲为止。

2）若没有监听到任务号信号，开始传输数据。

3）传输数据时继续监听，如发现冲突则执行退避算法，随机等待一段时间后回到步骤1。

4）若未发现冲突，则发送成功，在下一次数据发送前需等待 9.6μs。

接收过程：在接收数据时，每个节点都在监听媒体，如果有信号传输，则接收信息，得到 MAC 帧，分析和判断帧中的接收地址；如果接收地址为本节点地址，就保留该信息帧，否则丢弃该帧，具体流程如图 2-2-15 所示。

2. CSMA/CD 的特点

1）各节点采用竞争的方式抢占对共享媒体的访问权力。

2）网络维护方便，增删节点容易。

3）如果网络内节点较少（负载轻），节点能够及时地访问媒体，实时性相对较高。

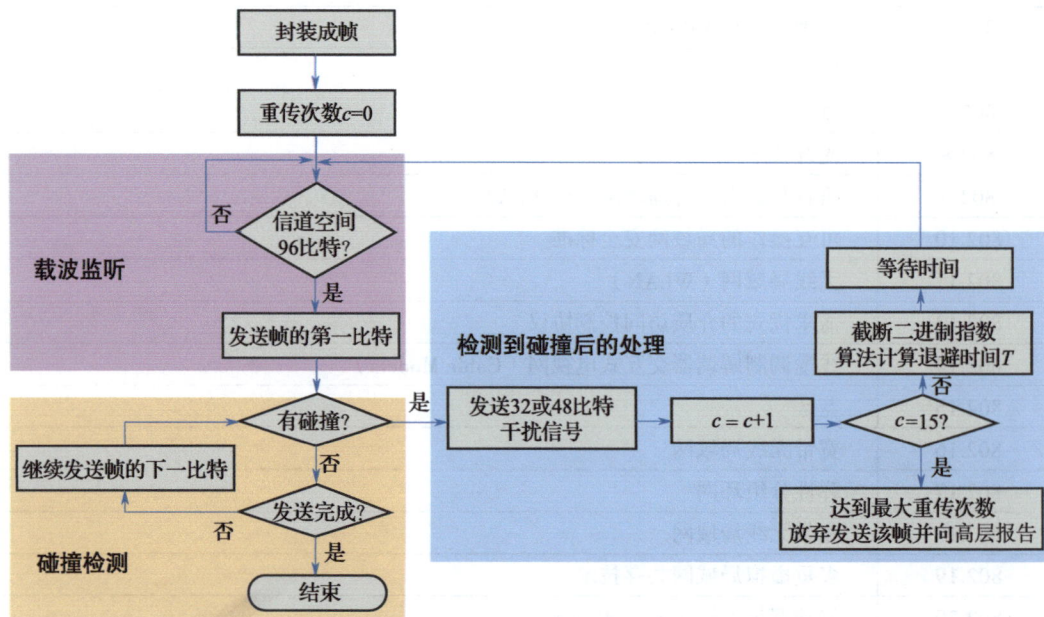

图 2-2-14　帧发送过程

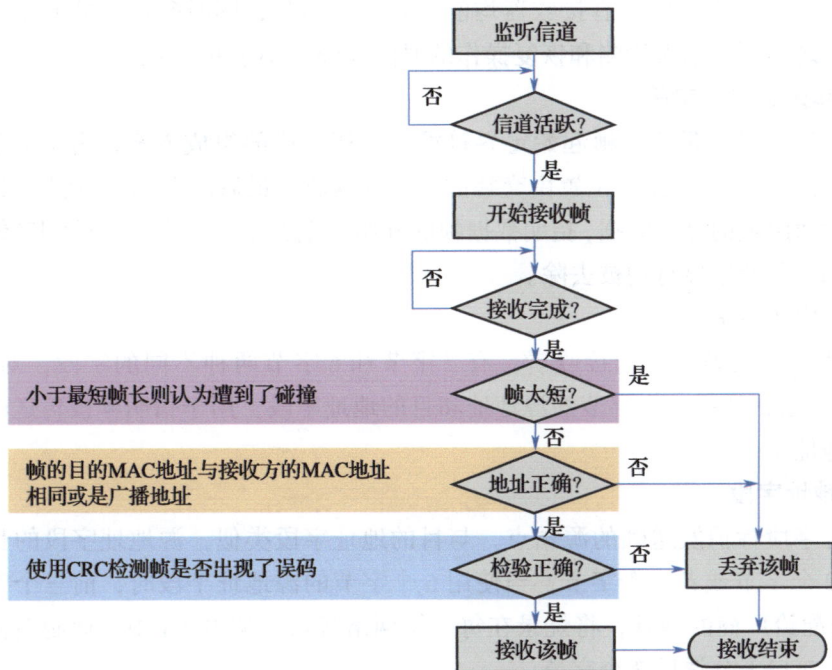

图 2-2-15　帧接收流程

4）如果负载比较重，节点的冲突机会则会大大增加，通信的实时性不强。因此以太网通常被应用在网络变更比较频繁、节点数比较少且实时性要求不高的应用环境中。

（三）以太网的帧结构

IEEE 802.3 标准定义了以太网（采用 CSMA/CD 方式）的数据帧结构标准，其帧结构包括 7 个字段，具体为前序（Preamble）、帧起始定界符（Start Frame Delimiter, SFD）、目的地址（Destination MAC Addresses, DA）、源地址（Source MAC Addresses, SA）、长度（Length）、数据（Data）以及帧校验（Frame Check Sequence, FCS），如图 2-2-16 所示。

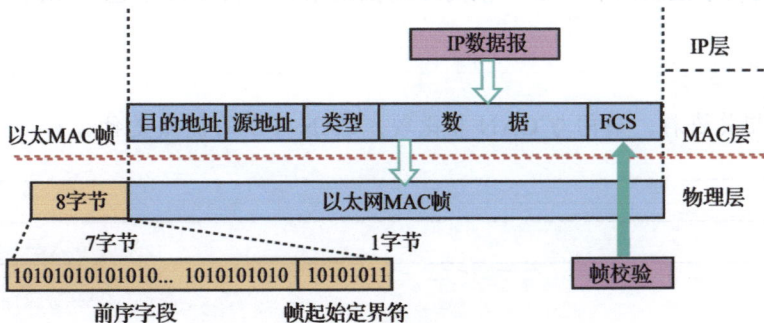

图 2-2-16　以太网的数据帧结构

1. 前序字段

前序字段由 7 个（IEEE 802.3）字节的交替的 1 和 0 组成（10101010），用于指示帧的开始，使得网络中的所有接收器均能与到达帧同步，同时确保与帧起始定界符一起控制各帧之间用于错误检测和恢复操作的时间间隔不小于 9.6ms。

2. 帧起始定界符字段

作为前序字段的延续，帧起始定界符沿用前序字段的组成方式，占 1 个字节，由 10101011 组成，前 6 个比特位置由交替的 1 和 0 构成，最后两个比特位置为 11，同步消息提醒后面跟随的是帧数据，指明数据帧的开始。当控制器将接收帧送入其缓存器时，前序字段和帧起始定界符均被去除。

3. 目的地址字段

目的地址字段确定帧的接收者，有 2 字节和 6 字节两种不同的字段，对于 IEEE 802.3 设备，通常选择 6 个字节的源地址和目的地址字段，用于指明帧被传送的一个或多个目的地址。

4. 源地址字段

源地址字段标识发送帧的源站点，与目的地址字段类似，源地址字段的长度同样也可以是 2 个字节或者 6 个字节，当使用 6 个字节的源地址字段时，前三个字节表示由 IEEE 分配给厂商的地址，将烧录在每一块网络接口卡的 ROM 中，而制造商通常为其每个网络接口卡分派后 3 个字节。

5. 长度字段

用于 IEEE 802.3 的长度字段定义了数据字段包含的字节数，占 2 个字节。

6. 数据字段

数据字段包括从源地址到目的地址传输的数据，最多包含 1500 字节。如果长度字段少于 46 字节，那么需要使用后面的填充字段进行数据填充，以确保帧长至少为 64 字节（从前序字段到 FCS 字段），从而保证有足够的传输时间以便以太网网络接口卡精确地检测冲突。

7. 帧校验字段

帧校验字段主要用于帧校验，占 4 个字节。

最初以太网标准定义最小帧为 64 字节，最大帧为 1518 字节，包含从目的 MAC 地址字段到帧校验字段的所有字节，帧前序和帧起始定界符字段不包含在内。

> **❓ 引导问题 3**
>
> 查阅相关资料，请问与 CAN 相比较，CAN-FD 的优点是什么？
>
> _____
>
> _____
>
> _____

CAN-FD 通信技术

（一）CAN-FD 的概念

随着智能网联汽车技术的发展，市场对汽车的先进驾驶辅助系统和人机交互的功能需求不断增加，传统 CAN 总线在传输速度和带宽方面也进行了协议升级，CAN-FD（CAN with Flexible Data rate）标准协议应运而生。CAN-FD 协议于 2012 年由博世发布，于 2015 年标准化为 ISO 11898 系列。

1. CAN-FD 的优势

相比于传统的 CAN 协议，CAN-FD 协议具有三大优势。

1）CAN-FD 协议极大扩充了传输速率范围，采用了可变速率，最高速率可达到 8Mbit/s，而 CAN 协议只有 1Mbit/s。

2）CAN-FD 协议支持更大的负载量，在单个数据框架中传输率可达到 64 字节，大大提升了通信速率。

3）协议具有更好的可靠性，采用了循环冗余校验（CRC）和"受保护的填充位计数器"，从而降低了未被检测出的错误风险。

2. CAN-FD 的特点

进行 CAN-FD 报文通信时，在仲裁段和紧接着的数据控制段都使用标准的通信速率，当到数据段时，CAN-FD 总线就会切换到更高的通信速率。此时在 CAN 总线上只有一个 CAN 节点传输，其他节点进入监听模式。当这个数据段传送完毕后，通信速率又重新切换到标准模式下。

CAN-FD 另一个新的功能是减少控制位的开销。目前根据 CAN2.0 标准，数据位仅支持最大 8 个字节的数据，CAN-FD 数据位最高提升至 64 位，因此 CAN-FD 具有更高的有效传输负载。例如：CAN-FD 总线 2Mbit/s 的速率、64 位数据与 CAN 250kbit/s 的速率、8 位数据传输对比，很明显在相同时间下，CAN-FD 的有效传输负载是 CAN 的 8 倍。

（二）CAN-FD 与 CAN 的区别

CAN-FD 与 CAN 总线协议帧格式的比较如图 2-2-17 所示。

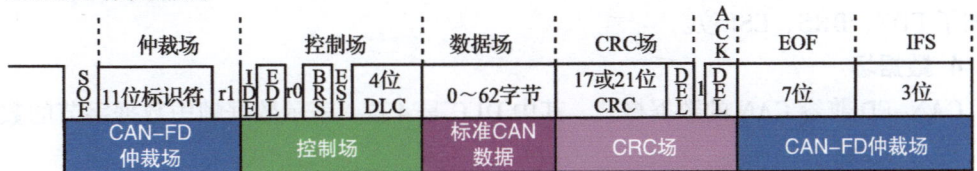

图 2-2-17　CAN-FD 与 CAN 总线协议帧格式的比较

CAN-FD 与 CAN 的主要区别体现在传输速率、数据长度、帧格式、ID 长度上，如表 2-2-2 所示。

表 2-2-2　CAN-FD 与 CAN 的主要区别

指标	CAN-FD	CAN
传输速率	数据比特率最高 8Mbit/s，仲裁比特率最高 1Mbit/s	最大传输速率 1Mbit/s
数据长度	一帧数据最长 64B	一帧数据最长 8B
帧格式	新增了 FDF、BRS、ESI 位	数据帧、远程帧、错误帧、过载帧、帧间隔五类
ID 长度	标准帧 ID 长度可扩展到 12bit	标准帧 ID 长度最长 11bit

表 2-2-2 中，CAN-FD 帧格式新增了 FDF、BRS、ESI 位。其中 FDF 位用于区分该报文是 CAN 报文还是 CAN-FD 报文。BRS 位表示位速率转换，该位隐性时，速率可变（即 BSR 到 CRC 使用转换速率传输），该位为显性时，以正常的 CAN-FD 总线速率传输（恒定速率）。ESI 位表示发送节点错误状态。

（三）CAN-FD 帧结构

与 CAN 一样，CAN-FD 的帧结构同样包含帧起始、仲裁场、控制场、数据场、CRC 场、ACK 场以及帧结束七大部分，如图 2-2-18 所示。

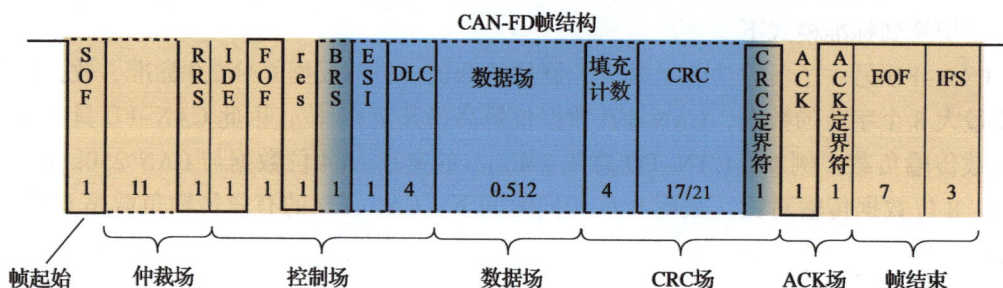

图 2-2-18　CAN-FD 帧结构

1. 帧起始

CAN-FD 帧起始标志着报文的起始，与 CAN 一样由 1 个显性位构成。

2. 仲裁场

CAN-FD 的仲裁场部分采用 RRS 位为常显位，取消了对远程帧的支持，前 11 位的 IDE 用于区分标准帧和扩展帧。

3. 控制场

CAN-FD 的控制场与 CAN 有相同的 IDE、RES 和 DLC 位，同时在 CAN 的基础上增加了 FDF、BRS、ESI 位。

4. 数据场

CAN-FD 兼容 CAN 的数据格式，其中 DLC 是 4 位，表示数据帧中数据字节的数量。

5. CRC 场

CAN 的 CRC 为 15 位，而在 CAN-FD 数据帧内，CRC 为 17 位或者 21 位，通过四个固定填充位来提高通信可靠性。

6. ACK 场

数据帧内的 ACK 场紧接着 CRC 结束标识位，支持 2 位的 ACK 识别。

7. 帧结束

CAN-FD 帧结构的帧结束同样为连续 7 位的隐性位，标识数据帧的结束。

CAN-FD 支持双比特率，从控制场的 BRS 位到 ACK 场之前（含 CRC 分界符）为可变速率，其余部分为原 CAN 总线的速率（1Mbit/s），能够更好地适应通信传输过程中的不同场景，从而缩短位时间，提高位速率。

> **❓ 引导问题 4**
>
> 查阅相关资料，请问与 CAN 相比较，FlexRay 的特点有哪些？
>
> _____
>
> _____
>
> _____

FlexRay 通信技术

（一）FlexRay 基础介绍

随着汽车控制系统的发展，早期的独立系统很难满足需求，涵盖发动机 - 变速器 - 制动、制动 - 转向 - 悬架的综合型集成控制系统成为汽车产业应用的主流。集成控制系统对于总线通信的要求更高，追求高速 - 高带宽、实时性 - 确定性通信、安全 - 容错性强，而在 CAN 总线的技术特点中，具有事件触发会导致报文具有不确定性、总线负载率极限不能满足应用需求以及没有带宽储备和容错设计等缺点。因此需要针对集成化控制系统、高传输速率要求的系统等应用领域开发新的通信协议，FlexRay 应运而生。

FlexRay 名称起源于 "X-by-wire" 技术，2000 年，宝马、戴姆勒、博世等几大核心技术厂商成立了 FlexRay 联盟，随后 FlexRay 得到阶段性的发展。该联盟推动了 FlexRay 作为下一代高速通信协议的标准化，促进了 FlexRay 在线控驱动（线控加速、线控制动）和汽车高级驾驶辅助系统的发展应用。

（二）FlexRay 的特点

作为一种应用于车内网络的高速汽车总线系统，FlexRay 具有高速、安全可靠的特点。FlexRay 协议标准中简化了车载通信系统的架构，有助于汽车电子单元获得更高的稳定性和持续使用性。

相较于 CAN 通信协议，FlexRay 数据传输速率有大幅度的提升。在物理层面上，FlexRay 采用两条分开的总线通信，每条总线的数据速率均达到 10Mbit/s，总数据速率可达到 20Mbit/s，而 CAN 网络的最高速率仅为 1Mbit/s。因此，在车载网络应用层面，FlexRay 的网络带宽可达 CAN 的 20 倍之多。

FlexRay 具有物理层双通道冗余通信能力，可以实现通过硬件完全复制网络配置，进行进度的检测，并且拥有独立的总线监听功能与基于容错算法的 FlexRay 始终同步机制，进而实现更强的网络可靠性。

此外，FlexRay 还提供灵活的配置，可以支持多种网络拓扑类型（比如总线型拓扑、星型拓扑以及混合型拓扑等），可根据不同需求完成不同类型拓扑系统的配置。

（三）FlexRay 架构

1. FlexRay 节点

FlexRay 节点的核心是 ECU（Electronic Control Unit），是接入车载网络时独立完成相应功能的控制单元。

2. FlexRay 网络

网络拓扑结构主要分为 3 种：总线型、星型、总线 – 星型混合型。相较于总线型，星型结构能够给所有接收端和发送端直接提供点对点的连接方式，传输速率高、容错率较大，信道传输受其他信道传输干扰较少，但对线路的传输并发要求较高。因此，混合型的网络布局更加适合复杂的场景使用。不同类型的网络拓扑结构如图 2-2-19 所示。

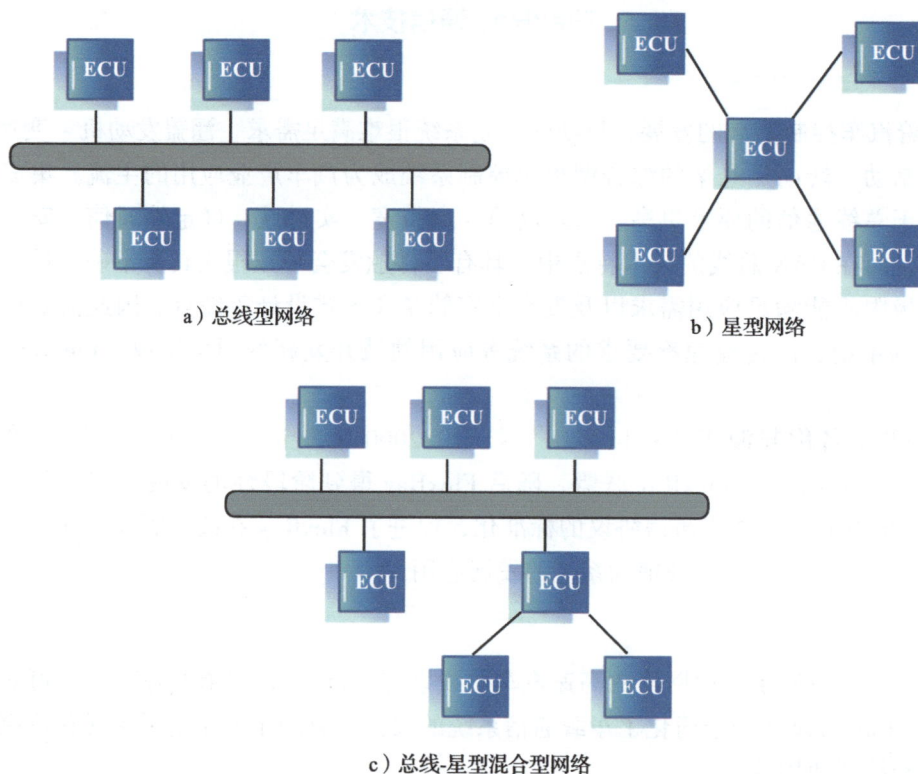

a）总线型网络

b）星型网络

c）总线-星型混合型网络

图 2-2-19　不同类型的网络拓扑结构

（四）FlexRay 协议

1. FlexRay 帧格式

目前，FlexRay 联盟只规定了数据链路层和物理层的协议。在协议通信中，数据帧由帧头（Header Segment）、有效数据段（Payload Segment）以及帧尾（Trailer Segment）三部分组成，具体结构如图 2-2-20 所示。

帧头由 5 个字节（40 bit）组成，具体包含内容如表 2-2-3 所示。

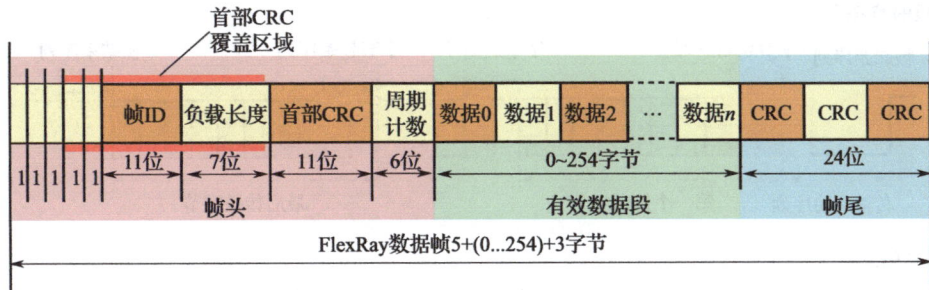

图 2-2-20　FlexRay 帧格式

表 2-2-3　FlexRay 数据帧帧头组成

序号	名称	内容
1	保留位	1 位，为日后扩展做准备
2	负载前言指示	1 位，指明帧的负载段的向量信息
3	空帧指示	1 位，指明负载段的数据帧是否为零
4	同步帧指示	1 位，指明该帧为同步帧
5	起始帧指示	1 位，指明发送帧的节点是否为起始帧
6	帧 ID	11 位，指明每个节点 ID
7	有效数据长度	7 位，指明有效数据长度，以字节为单位
8	头部 CRC	11 位，指明同步帧指示器和起始帧指示器的 CRC 计算值，以及由主机计算的帧 ID 和帧长度
9	周期位	6 位，指明传输帧节点的周期计数

有效数据由数据、信息 ID 以及网络管理向量（NW Vector）构成。其中，网络管理向量的长度必须与所有节点相同，统一在 0~10 字节内。帧尾部分包括硬件规定的 CRC 值，防止信息传输过程中出现的不当校正。

2. FlexRay 帧编解码

在信息传输过程中，帧编码的过程相当于对即将传输数据进行"打包"的操作，同时贴上"物流信息"进行标注，比如加上各种校验位、ID 符等。相对应地，帧解码的过程就是对接收到的数据包进行"拆包"的过程，是编码的逆过程。

帧编码动作主要包括以下内容：

1）传输起动序列（TSS），用于指示信号在通信网络中建立了正确的连接，一般由连续的低位信号组成。

2）帧起始序列（FSS），用于补偿 TSS 后第一个字节可能产生的错误，由一个高位信号组成。

3）字节起始序列（BSS），用于向接收设备提供位流的计时信息。

4）帧结束序列（FES），用于标识传送帧最后一个字节的结束，由一个低位信号加高位信号构成。对于动态帧，还会在最后添加上动态帧尾序列（DTS）来表示动态传动时槽的精确时间点。

静态帧和动态帧的帧编码过程如图 2-2-21 所示。

静态段的帧编码

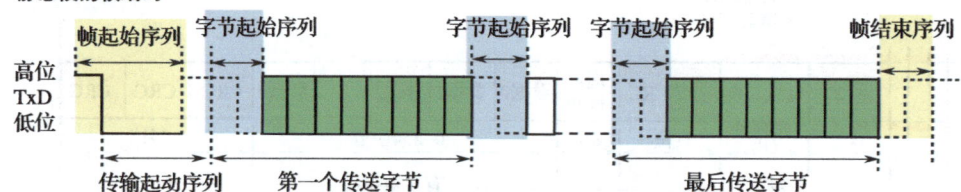

动态段的帧编码

图 2-2-21　FlexRay 静态帧和动态帧帧编码过程

　　帧解码过程中，对于静态帧和动态帧，都需要注意将字节起始序列（BSS）后的字节提取组合成帧和 CRC 校验码，根据 CRC 校验码判断接收是否正确。解码动作中的主要内容除上述编码过程中的内容外，还包括信道空闲界定符（Channel Idle Delimiter，CID）。CID 由 11 位连续高电平构成，标志数据帧的结束。整体解码过程如图 2-2-22 所示。

帧解码过程

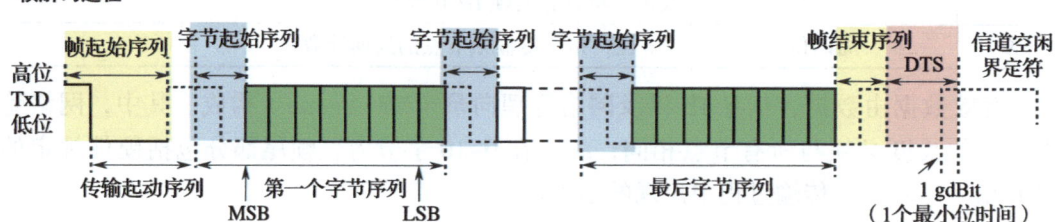

图 2-2-22　FlexRay 帧解码过程

任务分组

学生任务分配表

班级		组号		指导老师	
组长		学号			
组员	姓名：____ 学号：____		姓名：____ 学号：____		
	姓名：____ 学号：____		姓名：____ 学号：____		
	姓名：____ 学号：____		姓名：____ 学号：____		
	姓名：____ 学号：____		姓名：____ 学号：____		
任务分工					

📋 工作计划

按照前面所了解的知识内容和小组内部讨论的结果，制定工作方案，落实各项工作负责人，如任务实施前的准备工作、实施中主要操作及协助支持工作、实施过程中相关要点及数据的记录工作等。

工作方案表

步骤	作业内容	负责人
1		
2		
3		
4		
5		
6		
7		
8		

👥 进行决策

1. 各组派代表阐述资料查询结果。
2. 各组就各自的查询结果进行交流，并分享技巧。
3. 教师结合各组完成的情况进行点评，选出最佳方案。

🧑‍🔧 任务实施

车载网络通信系统认知	
记录	**完成情况**
1. 能正确绘制 CAN、以太网、CAN–FD、FlexRay 的数据帧结构图	已完成☐　未完成☐
2. 能正确描述四大通信技术的特点，对优缺点进行比较	已完成☐　未完成☐

四大通信技术特点比较			
CAN	**以太网**	**CAN–FD**	**FlexRay**

（续）

序号	操作步骤	完成情况	备注
1	建立安全操作环境	已完成☐　未完成☐	
2	清理及整理工具量具	已完成☐　未完成☐	
3	清理及复原设备正常状况	已完成☐　未完成☐	
4	清理场地	已完成☐　未完成☐	
5	物品回收和环保	已完成☐　未完成☐	
6	完善和检查工单	已完成☐　未完成☐	

（表头：6S 现场管理）

评价反馈

1.各组代表展示汇报 PPT，介绍任务的完成过程。

2.以小组为单位，请对各组的操作过程与操作结果进行自评和互评，并将结果填入综合评价表中的小组评价部分。

3.教师对学生工作过程与工作结果进行评价，并将评价结果填入综合评价表中的教师评价部分。

综合评价表

姓名		学号		班级		组别	
实训任务							

评价项目		评价标准	分值	得分
小组评价	计划决策	制定的工作方案合理可行，小组成员分工明确	10	
	任务实施	能正确绘制 CAN、以太网、CAN-FD、FlexRay 的数据帧结构图	20	
		能正确描述四大通信技术的特点，完成技术特点比较填写	20	
		正确描述 CAN 协议报文传输的帧实现	10	
	任务达成	能按照工作方案操作，按计划完成工作任务	10	
	工作态度	认真严谨、积极主动、安全生产、文明施工	10	
	团队合作	与小组成员、同学之间能合作交流、协调工作	10	
	6S 管理	完成竣工检验、现场恢复	10	
	小计		100	
教师评价	实训纪律	不出现无故迟到、早退、旷课现象，不违反课堂纪律	10	
	方案实施	严格按照工作方案完成任务实施	20	
	团队协作	任务实施过程互相配合，协作度高	20	
	工作质量	能正确描述四大通信技术的特点，完成技术特点比较填写	20	
	工作规范	操作规范，三不落地，无意外事故发生	10	
	汇报展示	能准确表达、总结到位、改进措施可行	20	
	小计		100	
综合评分		小组评分 ×50%+ 教师评分 ×50%		

（续）

总结与反思
（如：学习过程中遇到什么问题→如何解决的 / 解决不了的原因→心得体会）

任务三　了解车联网传感技术

学习目标

- 了解车路协同传感器设备。
- 掌握车路协同传感器的分类及特点。
- 掌握车路协同传感器技术原理。
- 掌握传感器技术在车路协同中的应用。
- 具有利用信息手段查阅相关资料的能力。
- 具有分析问题、解决问题和再学习的能力。
- 具有良好的团队精神和较强的表达沟通、协调组织能力。
- 具有认真负责的职业态度和良好的职业道德。

知识索引

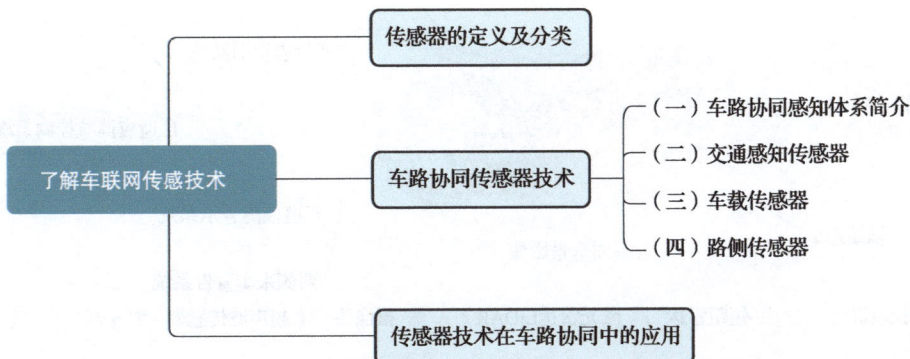

情境导入

道路的精准感知是实现车路协同，构建智慧公路的前提和基础，其中离不开各类传感器的应用，帮助实现周边环境的数字化，便于 AI 进行进一步的决策和处理。作为车载传感器调试人员的你，在完成感知模块调试工作前，主管要求你首先对车身整体的传感器使用情况进行分析，因此，需熟悉各类传感器的性能特点。

获取信息

引导问题 1

查阅相关资料，用自己的语言简单描述一下传感器在环境感知上的作用。
_____
_____

传感器的定义及分类

GB/T 7665—2005《传感器通用术语》对传感器的定义是："能感受规定的被测量（包括物理量、化学量、生物量等）并按照一定的规律转换成可用信号的器件或装置，通常由敏感元件和转换元件组成"。传感器是一种检测装置，能感受到被测量的信息，并能将检测感受到的信息按一定规律变换成为电信号或其他所需形式的信息输出，以满足信息的传输、处理、存储、显示、记录和控制等要求。它是实现自动检测和自动控制的首要环节。

传感器早已渗透到诸如工业生产、宇宙开发、海洋探测、环境保护、资源调查、医学诊断、生物工程，甚至文物保护等极其广泛的领域。

环境感知传感器在智能网联汽车上的应用如图 2-3-1 所示。

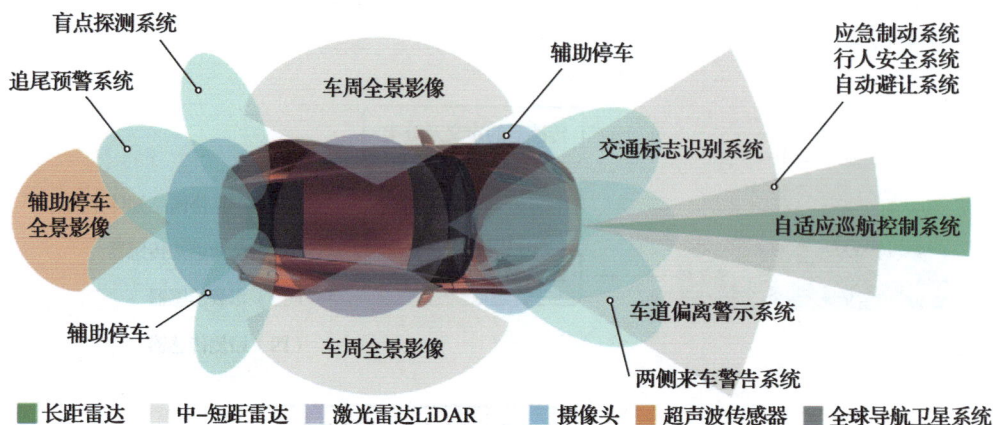

图 2-3-1　环境感知传感器在智能网联汽车上的应用

? 引导问题 2

查阅相关资料，请问车路协同感知体系的内容是什么？

_____

_____

车路协同传感器技术

车路协同系统基于通信技术构建路侧多节点之间车—车的连接，将整个交通体系的人、车、路等参与者构建为一个整体，实现人—车—路等重要交通要素之间的交互和协作，其系统技术架构如图 2-3-2 所示。

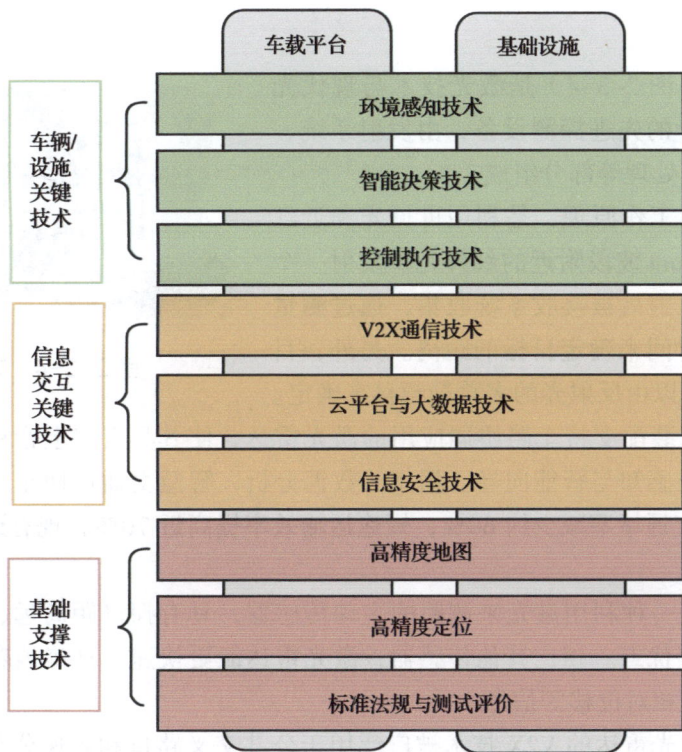

图 2-3-2　车路协同系统技术架构

车路协同传感器技术主要体现在车路协同环境感知体系中。接下来将通过讲述车路协同的感知体系来了解车路协同传感器技术原理及应用。

（一）车路协同感知体系简介

车路协同感知在结合现有智能交通感知设备的基础上，增加了更加精密的路侧感知设备、车载感知设备和 5G 移动大数据，如图 2-3-3 所示。路侧感知设备包括激光雷达、毫米波雷达和带目标识别功能的视频摄像头；车载感知设备则包括自动驾驶车辆能够感知到的数据，需要通过路侧单元（RSU）实时上传到边缘计算节点。

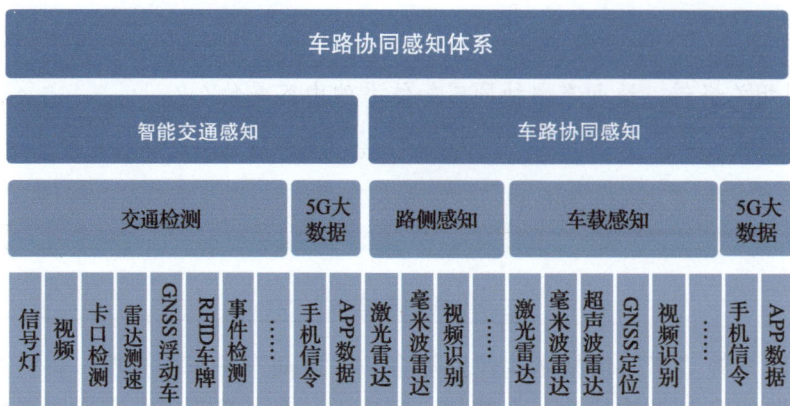

图 2-3-3　车路协同感知体系

（二）交通感知传感器

1. 激光雷达

激光雷达（图 2-3-4）是激光技术与现代光电探测技术结合的先进探测设备，由发射系统、接收系统、信息处理等部分组成。

激光雷达的工作原理，是利用可见光和近红外光（多为 950nm 波段附近的红外光）发射一个信号，经目标反射后被接收系统收集，通过测量反射光的运行时间来确定目标的距离。另外，目标的径向速度可以由反射光的多普勒频移来确定。

图 2-3-4　激光雷达

为交通设施装配支持车路协同应用的激光雷达，使其具有"上帝视角"，实现城市交通动态精准感知与智能向导。据相关数据分析，智慧交通可使车辆安全事故率降低 20% 以上，交通堵塞减少约 60%，短途运输效率提高近 70%，现有道路网的通行能力提高 2~3 倍。

激光雷达是一种利用激光来测距的主动传感器，具有探测距离远、精度高、光线环境适应性好等优点。相比其他传感器，激光雷达能更快速且准确地获取场景中的空间距离、速度、相对位移等信息。

目前基于激光雷达的 V2X 技术被广泛用于公共交叉路口和高速公路。通过加装激光雷达和其他路侧感知设备，全维度还原路口信息，对该区域的行人、车辆进行感知识别，实时监测违法违章现象并发出碰撞预警，可有效降低事故发生率。

2. 毫米波雷达

毫米波雷达主要由信号发射天线、信号接收天线、射频收发通道及数据处理单元构成。雷达通过天线向外发射毫米波，接收目标反射信号，经后方处理快速准确地获取汽车周围的物理环境信息（如汽车与其他物体之间的相对距离、相对速度、角度、运动方向等），然后根据所探知的物体信息进行目标追踪和识别分类，进而结合车身动态信息进行数据融合，最终通过计算单元进行分析、决策。经合理决策后，以声、光及触觉等多种方式告知驾驶人或及时对汽车做出主动干预，从而保证驾驶过程的安全性和舒适性，降低事故发生概率。

在汽车主动安全领域，毫米波雷达传感器是核心部件之一，其中 77GHz 毫米波雷达是智能汽车上必不可少的关键部件，它能够在全天候场景下快速感知 0~200m 范围内周边环境物体的距离、速度、方位角等信息。其应用场景如图 2-3-5 所示。

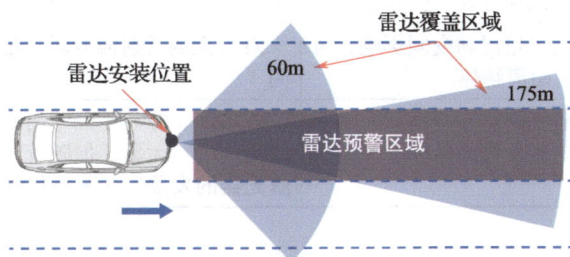

图 2-3-5　77GHz 毫米波雷达应用场景

在车路协同场景中，毫米波雷达主要应用在智能交叉路口、智能高速 / 快速路、智能停车场等场景。

3. 视频摄像头

视频摄像头是在智能交通系统中应用最为普遍的感知设备之一。随着自动驾驶技术的不断发展，视频摄像头也被广泛运用在自动驾驶车辆上。伴随视觉处理技术的进步，可以使摄像头获得的有效信息倍增，从而更好地辨别道路上的标识、行人等信息。

4. 传感器能力比较

总体而言，激光雷达精度高但价格不菲，毫米波雷达价格便宜但精度欠佳，视频摄像头价格适中，而且随着视频解析算法的不断提高，视频摄像头逐渐成为车路协同感知体系中不可或缺的主要感知手段，如图 2-3-6 所示。

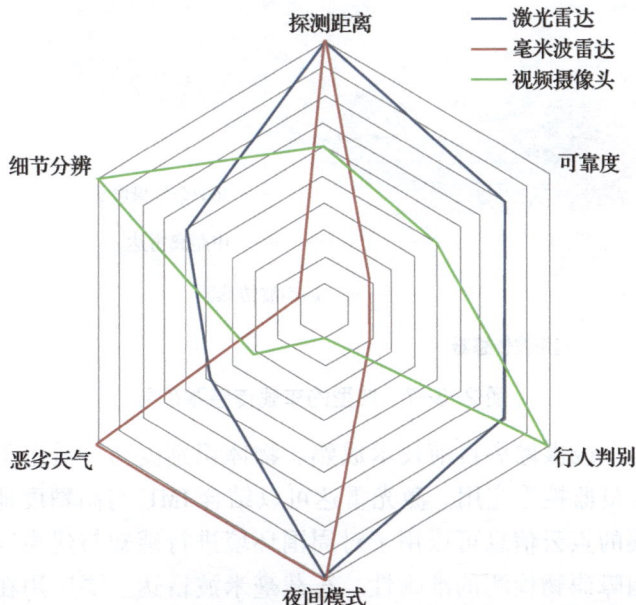

图 2-3-6　激光雷达 / 毫米波雷达 / 视频摄像头感知能力比较

视频摄像头、毫米波雷达和激光雷达的详细优劣比较见表 2-3-1。

表 2-3-1 各传感器比较

传感器	优势	劣势	最远距离
视频摄像头	可以分辨出障碍物的大小和距离，且能识别行人、交通标志	受视野、恶劣天气、逆光和光影等复杂情况的影响较大	6~100m
毫米波雷达	不受天气情况和夜间影响，可以探测远距离物体	对行人的反射波较弱，难以探测	>200m
激光雷达	测距精度高、方向性强、响应快，能快速复建出目标的三维模型	成本高，容易受天气的影响，如雨、雪、大雾，但随着算法和激光器的发展，未来有望解决	100~200m

（三）车载传感器

车载传感器是汽车计算机系统的输入装置，其采集车身状态信息，并将信息传输到控制决策单元，分为传统基础传感器与自动驾驶传感器两大类。其中，自动驾驶传感器是智能汽车最为重要的硬件系统部分，在这一大类中，激光雷达、毫米波雷达和车载摄像头是车载感知设备的主要选项。典型的车载传感器布局如图 2-3-7 所示。

图 2-3-7 典型的车载传感器布局

在应用层面，车载摄像头目前技术成熟、物体识别度高，适用于行车辅助监控、驻车辅助、乘车人员监控等应用。激光雷达可以结合 IMU 与高精度地图等手段进行精准定位，同时采集的点云信息可以用于对周围环境进行感知与建模以及辅助摄像头检测，提高车身周围障碍物检测的准确性。车载毫米波雷达主要应用在主动安全以及纵向行车控制功能上，适用于 AEB、FCW、BSD、LCA、ACC、LKA 等多个智能驾驶功能（图 2-3-8）。超声波传感器由于检测距离比较短，通常安装在车身的两侧以及后端，主要应用于倒车和泊车辅助的相关功能。

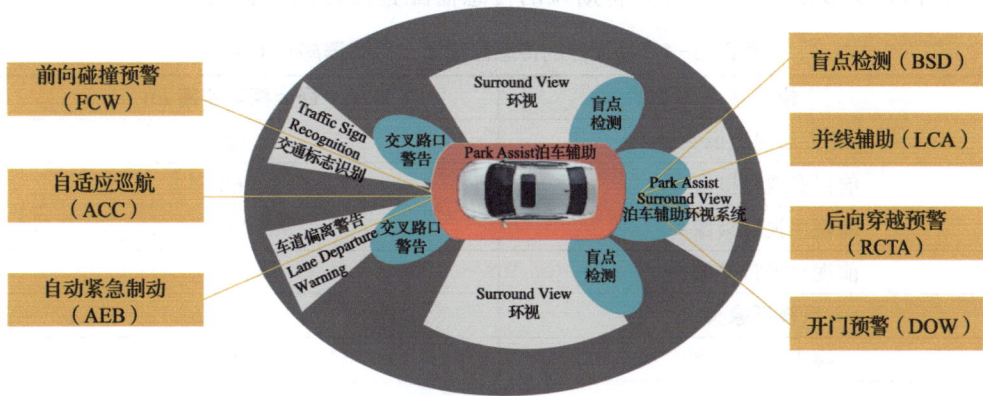

图 2-3-8　车载毫米波雷达 ADAS 功能应用

从车载传感器角度来看，当前主流的自动驾驶解决方案大致分为两类：第一类是以特斯拉为代表的车载摄像头为主导的视觉感知解决方案，基于图像采集、神经网络深度学习训练，对外界环境进行感知，主流厂商的视觉感知方案对比见表 2-3-2。第二类是以华为、小鹏为代表的以激光雷达为主的感知解决方案，基于点云数据，利用 3D 建模构建数据模型、视觉辅助和人工智能进行自动驾驶。主流厂商激光雷达方案硬件对比见表 2-3-3。

表 2-3-2　主流厂商视觉感知方案对比

项目	芯片算力	前置摄像头种类	车侧摄像头数量	后置摄像头数量	独立环视摄像头数量
特斯拉 FSD	144TOPS（72×2）	三目摄像头	4	1	0
百度 Apoilo Lite	30TOPS	三目摄像头	4	1	2
极氪 001 Super Vision	48TOPS（24×2）	双目摄像头	4	1	4

表 2-3-3　主流厂商激光雷达方案硬件对比

项目	激光雷达数量	毫米波雷达数量	超声波传感器数量	摄像头数量	高精地图
极狐 αs HI 版	3	6	13	12	√
小鹏 P5	2	5	12	13	√
蔚来 ET7	1	5	12	11	√

自动驾驶技术发展到现在，尽管车载感知技术已经取得了长足发展，但从目前传感器的性能来看，每一种传感器都有其使用的环境条件和性能的边界，包括测量范围以及在不同环境下表现出来的感知缺陷。

1. 检测范围受限

传感器对周围环境检测有其固定的范围。例如，长距毫米波雷达探测距离为

1~280m，红外线传感器探测距离为 0.2~120m，视觉摄像头探测距离为 0~80m，中短距毫米波雷达探测距离为 0.2~120m，短距毫米波雷达探测距离为 0.2~30m，激光雷达探测距离为 80~150m。表 2-3-4 为特斯拉的传感器配置及传感器感知范围。

表 2-3-4　特斯拉的传感器配置及传感器感知范围

传感器	最大探测距离 /m
侧方后视摄像头	100
前视宽视野摄像头	60
前视主视野摄像头	150
前视窄视野摄像头	250
后视摄像头	50
超声波传感器	8
侧方前视摄像头	80
毫米波雷达	160

2. 环境限制

每一种传感器都有其适用的环境条件。比如激光传感器检测效果稳定，但在面对大范围的尘土时，其检测效果大幅降低；再比如高分辨率摄像头能检测图像中的物体，窄视场的摄像头可以检测很远的距离，但是面对暴雨、大雪等恶劣天气，其很难检测到正确的车道线/障碍物/路肩等信息。

3. 先验信息缺失

先验信息是指某些可以提前采集且短时间内不会改变的信息，例如仅仅依靠传感器采集的信息很难感知车辆现在是处在高速公路上还是处在普通城市道路上；在无限速标识的路段，也无法感知最高限速；此外，前方道路的曲率、所处路段的 GPS 信号强弱等，都是传感器遇到检测盲区，无法实时捕获的信息。而这些信息是客观存在的，不会随外部事物的变化而变化，因此可以提前采集，并作为先验信息传给车辆进行决策。例如高精度地图结合路侧感知方式，可以为自动驾驶车辆提供某些先验信息，包括道路曲率、航向、坡度和横坡角等。这一方面可以大幅度提高自动驾驶车辆对周边环境的感知范围，另一方面也能为其他普通车辆提供安全和效率方面的信息服务。

（四）路侧传感器

近年来，随着深度学习技术的兴起和发展，在车路协同领域，有研究提出了使用路侧视觉传感器来捕捉道路信息，再将道路信息反馈给周围的智能汽车用以辅助自动驾驶的方法（图 2-3-9）。主要思路是通过在道路侧安装固定的传感器，如视觉传感器、毫米波雷达等，将传感器收集的信息发送至服务器处理，提取路况、车辆位置、车辆轨迹等信息，之后将提取到的信息广播到附近的车辆。通过这种方式，车辆不仅能够得到车载传感器捕获的周围信息，还可以通过路侧传感器捕获到更大范围的道路信息，辅助车辆进行更为全面的道路安全状况分析，从而做出更好的行驶决策。

车路协同路侧传感器主要包括激光雷达、毫米波雷达、摄像头、交通信号灯与指示牌等。其中，交通信号灯作为交通控制的主要手段，其信号灯配时数据需要接入车

图 2-3-9　路侧传感器的应用

路协同系统，它与指示牌、智慧锥桶、环境感知传感器的信息及时接入 MEC 是路侧感知的关键。

此外，传统智能交通的传感器如视频卡口、视频事件检测、GNSS 浮动车定位、5G 大数据定位、事件报警等也需要纳入到车路协同全域感知体系。随着车联网路侧智能基础设施的部署，路侧感知会让道路变得更加"智慧"。

❓ 引导问题 3

查阅相关资料，简述传感器技术在车路协同中的作用。

_____

_____

_____

传感器技术在车路协同中的应用

在车路协同中，传感器技术可称为智能感知技术。利用智能感知技术，监控中心的智能计算机能对各道路的数据进行处理，并利用信号控制各个车载传感器进而对车辆、交通道路进行感知并采取一系列的措施。智能感知技术又有多个种类，第一种为智能车载感知技术，通过在车辆出厂时对其安装传感器感知车辆的行驶状况，系统能够对车辆的各种行驶状况进行数据分析，检验车辆是否有产生危险的可能性。第二种为智能路侧感知技术，即在各个交通道路安装传感器，实时感知车辆在行驶过程中所产生的各种问题并对其进行定位，如果驾驶人在行驶过程中发生了违章行为，路侧系统会实时将其记录并反馈至最近的交通中心，若此道路覆盖有交通录像设备，即会立刻将车辆和所发生的违章行为在视频中呈现。

在本书中，关于传感器在车路协同中的实际应用将采用由行云新能研发的车联网通信测试实训箱（图 2-3-10）进行学习。如图 2-3-11 所示，常用的传感器模块包括 GPS 模块、语音识别模块、图传模块、红外模块、温湿度模块以及超声波模块，由 GPS 天线和摄像头模组辅助可以实现多种综合场景应用。

图 2-3-10　车联网通信测试实训箱外观

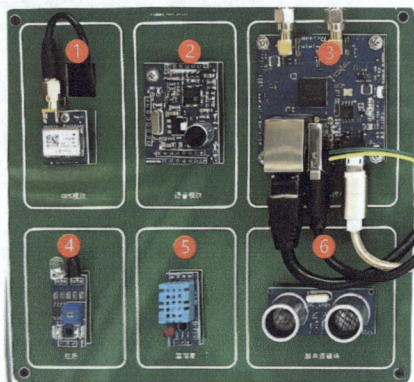

图 2-3-11　车联网通信测试实训箱传感器模块

职业认证

车联网系统集成与应用职业技能等级证书考核涉及车联网路侧系统集成应用内容，具体知识点有路侧协同通信单元安装操作、路侧边缘计算单元系统软件安装与配置、路侧传感单元集成安装配置、路侧网络单元选型与安装配置、路侧交通信号控制单元安装配置。车联网集成应用（初级）主要面向车联网集成应用相关企业从事系统的安装配置和应用、售前技术支持、售后技术服务等岗位工作。通过初级考核可获得教育部 1+X 证书中的《车联网系统集成与应用职业技能等级证书（初级）》。

任务分组

学生任务分配表

班级		组号		指导老师	
组长		学号			
组员	姓名：＿＿　学号：＿＿		姓名：＿＿　学号：＿＿		
	姓名：＿＿　学号：＿＿		姓名：＿＿　学号：＿＿		
	姓名：＿＿　学号：＿＿		姓名：＿＿　学号：＿＿		
	姓名：＿＿　学号：＿＿		姓名：＿＿　学号：＿＿		
任务分工					

工作计划

　　扫描二维码可观看超声波传感器应用实训效果视频。请结合获取到的相关信息、前面所学习的知识及小组讨论的结果，制定工作方案，填入工作方案表中。

超声波测距与
预警系统

工作方案表

步骤	作业内容	负责人
1		
2		
3		
4		
5		
6		
7		
8		

进行决策

　　1. 各组派代表阐述资料查询结果。

　　2. 各组就各自的查询结果进行交流，并分享技巧。

　　3. 教师结合各组完成的情况进行点评，选出最佳方案。

任务实施

车联网传感技术认知	
记录	完成情况
1. 能正确填写交通感知传感器对比表，内容包含各类传感器的技术特点、应用范围、优缺点等	已完成□　未完成□
2. 能正确描述交通感知传感器、车载传感器和路侧传感器的不同侧重点	已完成□　未完成□

交通感知传感器对比表				
比较内容	激光雷达	毫米波雷达	超声波传感器	视频摄像头
应用范围				
技术特点				
优点				
缺点				

（续）

6S 现场管理			
序号	操作步骤	完成情况	备注
1	建立安全操作环境	已完成□　未完成□	
2	清理及整理工具量具	已完成□　未完成□	
3	清理及复原设备正常状况	已完成□　未完成□	
4	清理场地	已完成□　未完成□	
5	物品回收和环保	已完成□　未完成□	
6	完善和检查工单	已完成□　未完成□	

评价反馈

1. 各组代表展示汇报 PPT，介绍任务的完成过程。

2. 以小组为单位，请对各组的操作过程与操作结果进行自评和互评，并将结果填入综合评价表中的小组评价部分。

3. 教师对学生工作过程与工作结果进行评价，并将评价结果填入综合评价表中的教师评价部分。

综合评价表

姓名		学号		班级		组别	
实训任务							
评价项目		评价标准				分值	得分
小组评价	计划决策	制定的工作方案合理可行，小组成员分工明确				10	
	任务实施	能正确填写交通感知传感器对比表				30	
		能正确描述交通感知传感器、车载传感器和路侧传感器的不同侧重点				20	
	任务达成	能按照工作方案操作，按计划完成工作任务				10	
	工作态度	认真严谨、积极主动、安全生产、文明施工				10	
	团队合作	与小组成员、同学之间能合作交流、协调工作				10	
	6S 管理	完成竣工检验、现场恢复				10	
	小计					100	
教师评价	实训纪律	不出现无故迟到、早退、旷课现象，不违反课堂纪律				10	
	方案实施	严格按照工作方案完成任务实施				20	
	团队协作	任务实施过程互相配合，协作度高				20	
	工作质量	能正确描述四种传感器技术的特点，完成技术特点比较填写				20	
	工作规范	操作规范，三不落地，无意外事故发生				10	
	汇报展示	能准确表达、总结到位、改进措施可行				20	
	小计					100	
综合评分	小组评分 ×50%+ 教师评分 ×50%						

（续）

总结与反思

（如：学习过程中遇到什么问题→如何解决的/解决不了的原因→心得体会）

任务四　了解车联网定位技术

学习目标

- 了解全球定位系统（GPS）、格洛纳斯、北斗、伽利略等卫星定位系统知识。
- 理解基于车道级的定位技术相关知识原理。
- 理解车道级定位如何在车联网技术上进行应用。
- 具有利用信息手段查阅相关资料的能力。
- 具有分析问题、解决问题和再学习的能力。
- 具有良好的团队精神和较强的表达沟通、协调组织能力。
- 具有认真负责的职业态度和良好的职业道德。

知识索引

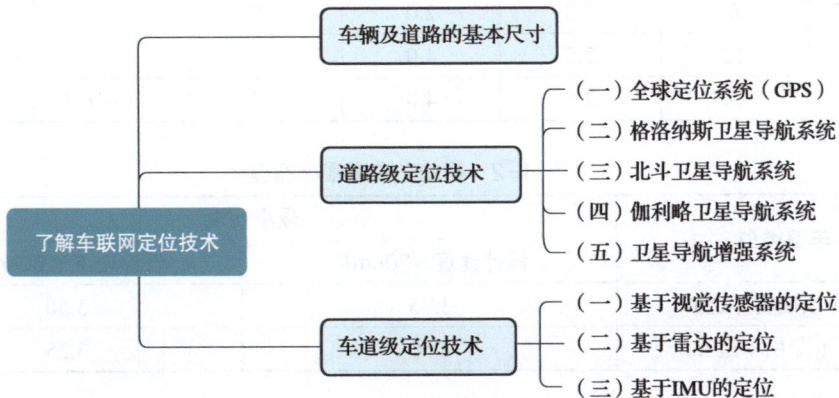

了解车联网定位技术
- 车辆及道路的基本尺寸
- 道路级定位技术
  - （一）全球定位系统（GPS）
  - （二）格洛纳斯卫星导航系统
  - （三）北斗卫星导航系统
  - （四）伽利略卫星导航系统
  - （五）卫星导航增强系统
- 车道级定位技术
  - （一）基于视觉传感器的定位
  - （二）基于雷达的定位
  - （三）基于IMU的定位

情境导入

车联网主要涉及三大业务应用，包括交通安全、交通效率和信息服务，这些应用都离不开定位技术，随着自动驾驶技术的发展，车辆高精度定位的关键技术发展需求越来越高。作为车路协同的测试人员，在某次车辆定位测试中，主管要求你完成车辆的卫星定位数据采集工作。完成工作前，你需要熟悉主流定位技术及定位数据采集流程。

获取信息

引导问题 1

查阅相关资料，请问哪些因素决定了机动车车道的宽度？

车辆及道路的基本尺寸

在车联网中，由于车辆通常处于运动状态，大量车载服务应用（例如加油站、餐厅信息查询，车辆调度，特殊车辆行驶告警等）与位置信息密不可分，传统的定位方法可能无法满足车联网对精度与时延的要求，因此无线定位是车联网中的关键技术之一。车联网中的定位技术最重要的应用就是为车辆提供导航服务，但当前车联网定位技术在精度提升方面依旧存在巨大的挑战，尤其是实现在城市高楼密集区、隧道、地下车库等盲区场景的精准定位。

在讨论具体定位精度要求之前，首先应了解车辆及道路的基本尺寸。表 2-4-1~表 2-4-3 分别给出了机动车设计车辆及其外廓尺寸、机动车车道最小宽度和一些国家的车道宽度等设计规范。

表 2-4-1　机动车设计车辆及其外廓尺寸

车辆类型	总长 /m	总宽 /m	总高 /m	前悬 /m	轴距 /m	后悬 /m
小客车	6	1.8	2.0	0.8	3.8	1.4
大型车	12	2.5	4.0	1.5	6.5	4.0
铰接车	18	2.5	4.0	1.7	5.8 ~ 6.7	3.8

表 2-4-2　机动车车道最小宽度

车道类型	最小宽度	
	设计速度 >60km/h	设计速度 ≤60km/h
大型车或混行车道 /m	3.75	3.50
小客车专用车道 /m	3.50	3.25

表 2-4-3　一些国家的车道宽度　　　　　　　（单位：m）

道路等级		中国	美国	日本	英国	德国
高速公路		3.75	3.6~3.9	3.5	3.65~3.7	3.5~3.75
城市快速路		3.75	3.6~3.9	3.5	3.65~3.7	3.5
城市主干路	大型汽车或大小型汽车混行（车速 ≥ 40km/h）	3.75	3.3~3.6	3.5	3.65	3.5
	大型汽车或大小型汽车混行（车速 <40km/h）	3.5	3.3~3.6	3.25~3.5	3.5	3.25~3.5
	小客车车道	3.5	3.3~3.6	3.25	3.35	3.25
城市次干路与支路		3.5	3.3	2.75~3	3.35	2.75~3.25

　　机动车车道的宽度主要取决于设计车辆车身的宽度、横向安全距离（车身边缘与相邻部分边缘之间横向净距）和车辆行驶时的摆动宽度。横向安全距离取决于车辆在行驶中摆动与偏移的宽度，以及车身与相邻车道或人行道路缘必要的安全间隔。其值与车速、路面质量、驾驶技术和交通秩序等因素有关。基于机动车车道数据，如果想要精确地获知车辆行驶在哪一个车道上，则至少需要米级别的定位精度。依据精度要求对定位技术进行划分，则包括道路级定位及车道级定位。

❓ 引导问题 2

　　查阅相关资料，请问北斗系统有哪些特点？

_____

_____

_____

道路级定位技术

　　目前主流的道路级别的卫星定位技术有四种：全球定位系统（GPS）、格洛纳斯卫星导航系统、北斗卫星导航系统、伽利略卫星导航系统。

（一）全球定位系统（GPS）

　　全球定位系统（Global Positioning System，GPS）始于 1958 年美国军方的一个项目，其于 1964 年投入使用（图 2-4-1）。GPS 主要的目的是为陆海空三大领域提供实时、全天候和全球性的导航服务，经过 20 余年的研究实验，耗资 300 亿美元，1994 年，全球覆盖率达 98% 的 24 颗 GPS 卫星系统已布设完成。

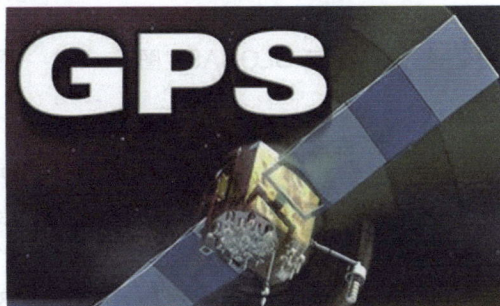

图 2-4-1　全球定位系统（GPS）

　　GPS 可保证全球每个地方任何时刻至少能搜索到 4 颗卫星，通过 4 个方程可以解出空间三维坐标和时间 4 个变量（图 2-4-2）。这 24 颗卫星分布在 6 个轨道，每个轨道面有 4 颗卫星。GPS 的接收机都是采用无源定位方式，即接收机不需要发送信号。

（二）格洛纳斯卫星导航系统

格洛纳斯卫星导航系统（Global Navigation Satellite System，GLONASS）最早开发于苏联时期，后由俄罗斯继续执行该计划（图 2-4-3）。俄罗斯自 1993 年开始独自建立本国的全球卫星导航系统，该系统于 2007 年开始运营，当时只开放俄罗斯境内卫星定位及导航服务。到 2009 年，其服务范围已经拓展到全球。该系统主要服务内容包括确定陆地、海上及空中目标的坐标及运动速度信息等。

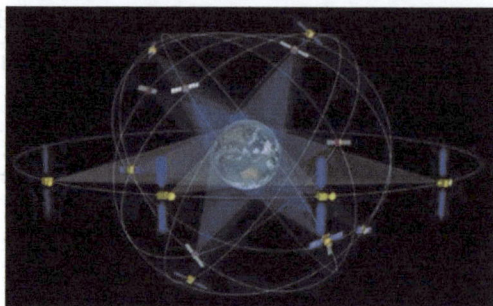

图 2-4-2　通过 GPS 4 颗卫星解析坐标完成定位

GLONASS 技术可为全球海陆空以及近地空间的各种军、民用户全天候、连续地提供高精度的三维位置、三维速度和时间信息，在定位、测速及定时精度上则优于施加选择可用性（SA）之后的 GPS，俄罗斯向国际民航和海事组织承诺将向全球用户提供民用导航服务。

格洛纳斯导航系统采用频分多址，即不同卫星使用不同的频率和相同的随机码，抗干扰能力强，目前在轨运行的卫星已达 30 颗，是第二个完成全球组网、具有良好可用性和完备性的 GNSS。配合其他系统，格洛纳斯可进行更快、更准确的卫星定位。格洛纳斯卫星导航系统模型如图 2-4-4 所示。

图 2-4-3　俄罗斯 GLONASS 图标

图 2-4-4　格洛纳斯卫星导航系统模型

（三）北斗卫星导航系统

北斗卫星导航系统（BeiDou Navigation Satellite System，BEIDOU）简称北斗系统，是中国自行研制的全球卫星导航系统，是继美国全球定位系统（GPS）、俄罗斯格洛纳斯卫星导航系统（GLONASS）之后第 3 个成熟的卫星导航系统（图 2-4-5）。北斗卫星导航系统由空间段、地面段和用户段 3 部分组成，空间段由 35 颗卫星组成，包括 5 颗静止轨道卫星、27 颗中地球轨道卫星和 3 颗倾斜同步轨道卫星。5 颗静止轨道卫星定点位置分别为东经 58.75°、80°、110.5°、140° 和 160°，中地球轨道卫星运行在 3 个轨道面上，轨道面之间为相隔 120° 均匀分布。2020 年 6 月 23 日，北斗三号最后一颗全球组网卫星发射成功，北斗三号系统全球星座部署提前半年全面完成。

2020 年 7 月 31 日，北斗三号全球卫星导航系统正式开通（图 2-4-6）。北斗卫星导航系统可在全球范围内全天候、全天时为各类用户提供高精度、高可靠性的导航、授时服务，并且具备短报文通信能力，测速精度为 0.2m/s，授时精度为 10ns。

图 2-4-5　北斗卫星导航系统概念图　　　图 2-4-6　北斗三号全球卫星导航系统正式开通

北斗系统具有以下特点：

（1）北斗系统空间段采用三种轨道卫星组成的混合星座，与其他卫星导航系统相比高轨卫星更多，抗遮挡能力强，尤其在低纬度地区性能优势更为明显。

（2）北斗系统提供多个频点的导航信号，能够通过多频信号组合使用等方式提高服务精度。

（3）北斗系统创新融合了导航与通信能力，具备定位导航授时、星基增强、地基增强、精密单点定位、短报文通信和国际搜救等多种服务能力。

我国高度重视卫星导航系统的建设，一直在努力探索和发展拥有自主知识产权的卫星导航系统。北斗系统的建设实践，走出了在区域快速形成服务能力、逐步扩展为全球服务的中国特色发展路径，丰富了世界卫星导航事业的发展模式。该系统已成功应用于交通运输、农林渔业、水文监测、气象测报、通信授时、减灾救灾和公共安全等诸多领域，产生了显著的经济效益和社会效益。在全球范围内，已经有 137 个国家与北斗卫星导航系统签下了合作协议。预计在 2035 年前，北斗卫星导航系统还将建设完善更加泛在、更加融合、更加智能的综合时空体系。

（四）伽利略卫星导航系统

伽利略卫星导航系统（Galileo Satellite Navigation System）是由欧盟研制和建立的全球卫星导航定位系统，该计划于 1999 年 2 月由欧洲委员会公布，由欧洲委员会和欧空局共同负责（图 2-4-7）。

图 2-4-7　伽利略卫星导航系统图标

系统由轨道高度为 23616km 的 30 颗卫星组成，其中有 27 颗工作卫星、3 颗备份卫星，位于 3 个倾角为 56° 的轨道平面内。在 2019 年，伽利略卫星导航系统已具备完全操作能力。全部 30 颗卫星（如今调整为 24 颗工作卫星、6 颗备份卫星）已于 2020 年发射完毕（图 2-4-8）。

图 2-4-8　伽利略卫星导航系统概念图

（五）卫星导航增强系统

美国 GPS、俄罗斯 GLONASS、中国北斗卫星导航系统和欧盟伽利略卫星导航系统是联合国卫星导航委员会已认定的供应商。但单纯依靠卫星导航系统无法满足一些对定位精度要求更高的应用需求，比如航空领域的飞机精密进近等。因此，针对这种需求，许多国家都发展了自己的卫星导航增强系统（Satellite–Based Augmentation System，SBAS）。SBAS 通过地球静止轨道（GEO）卫星搭载卫星导航增强信号转发器，可以向用户播发星历误差、卫星钟差、电离层延迟等多种修正信息，实现对原有卫星导航系统定位精度的提升，从而成为各航天大国竞相发展的技术。目前，全球已经建立了多个 SBAS，如美国的 WAAS（Wide Area Augmentation System）、俄罗斯的 SDC（System for Differential Corrections and Monitoring）、欧洲的 EGNOS（European Geostationary Navigation Overlay Service）、日本的 MSAS（Multi–functional Satellite Augmentation System）及印度的 GAGAN（GPS Aided Geo Augmented Navigation）。

基于卫星的定位技术的精度主要受到如下因素的影响。

①与卫星相关的主要包括卫星轨道误差（Orbitalerrors）和卫星时钟误差，卫星轨道误差对定位精度的影响通常在 1m 以下，而卫星时钟误差对定位精度的影响会在 1.5~3.6m。

②与传播路径相关的误差包括电离层误差（Ionosphere Errors）、对流层误差（Troposphere Errors）和多径效应（Multipath Errors）。电离层误差是由于电离层的作用所导致的定位信号在传播过程中产生时延，主要体现为定位精度的降低和定位方向的限制，对卫星定位的影响最大，所产生的定位误差从几米到百米以上，而且随着时间和地点的不同发生急剧变化，即使在一天之内对固定台站而言，电离层误差的变化也可达到一个数量级。对流层误差通常在 0.5~0.7m，而多径效应通常出现在城区场景，带来的误差一般在 0.6~1.2m。

③与车载接收机相关的误差包括接收机时钟误差和天线相位中心偏差，两者所带来的定位误差通常在 0.3~1.5m。

④其他因素带来的定位误差包括潮汐效应及测量误差等。需要注意的是上述提及的误差在整个定位过程中是累加的。

❓ 引导问题 3

查阅相关资料，简单总结一下基于雷达的定位技术的优缺点。

_____

_____

_____

车道级定位技术

车道级定位主要基于车载传感器进行精准定位，需要定位到当前道路的车道数量、地面标识标线、出入口、特殊车道等具体应用场景级别（图2-4-9），对定位精度要求更高（1m以内），结合高精度地图和高精度定位服务，共同实现高精度车道级导航。

图2-4-9　车道级定位导航效果

目前车道级定位技术可以细分为基于视觉传感器的定位（Vision-based Localization）、基于雷达的定位和基于 IMU 的定位等多种定位技术。

（一）基于视觉传感器的定位

在面向城市道路的行驶应用中，卫星定位系统被广泛应用于车辆导航中。单点 GPS 的定位误差在数米之间，且容易受到城市密集道路、街边复杂遮挡物的干扰导致无法保证智能汽车实现自动驾驶的高精度定位。因此，需要结合视觉技术的定位技术，通过环境数据匹配进行路径规划，从而减少动态干扰，提高定位精度。

根据视觉传感器或者路标判断车辆的位置来决定是车道保持、变道还是离开车道，从而进行车道级别的位置更新，定位精度取决于采集图像的质量和图像处理单元的性能。

（二）基于雷达的定位

基于雷达的定位最早源于 DARPA 城市挑战赛，斯坦福大学设计的车辆配备了多个激光雷达、精确的数字地图和道路网络更新的航拍图像等，能够提供车道级别的定位功能。

雷达传感器的观测数据主要是目标位置及速度等信息，而视觉传感器获取的是目标角度及图像信息。雷达数据测距精度高、信息量大、灵敏迅速；但容易受到电子干扰、成本高，对算力要求高，因此在车道级定位方面，雷达定位目前还不是一个切实可行的解决方案。在未来，对异类多传感器数据进行预处理，针对性提取相关特征，进行多传感器信息融合是发展高精度定位与导航的技术趋势（图 2-4-10）。

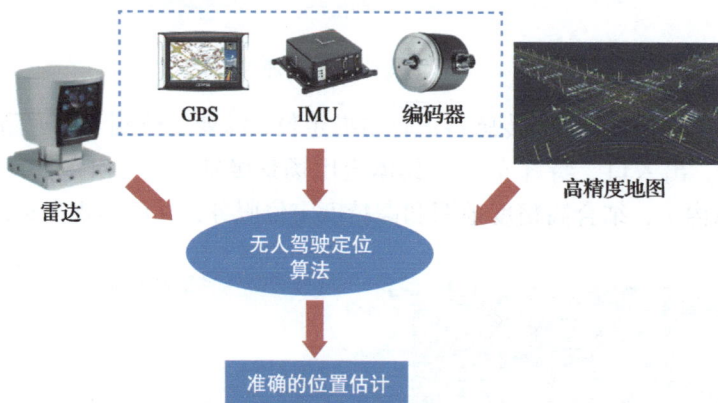

图 2-4-10 雷达结合 GPS 多传感器进行定位

（三）基于 IMU 的定位

IMU 定位系统主要是指利用车上的惯性测量单元（Inertial Measurement Unit，IMU）进行定位，需要有一个已知的位置起点，比如进入隧道之前测得的最后一个时刻的位置。通过加速度计测到的加速度、陀螺仪测到的角速度等，就可以推断出车辆下一时刻的位置，但是有累积误差，适合短时间使用或配合其他定位技术联合使用。惯性测量单元（IMU）的结构如图 2-4-11 所示。

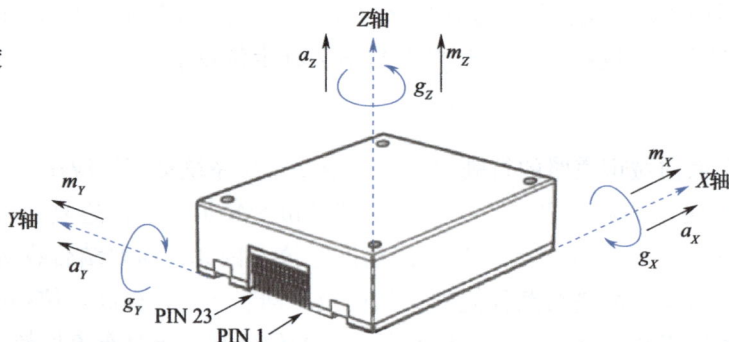

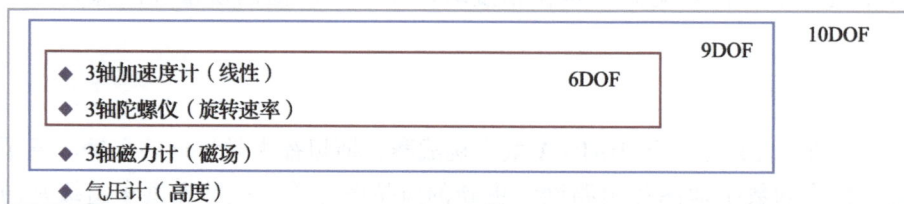

图 2-4-11 惯性测量单元（IMU）结构

IMU 可以输出高频定位和姿态数据，可以实现短期的高精度定位，且相对定位数据的推测没有任何外部依赖，适合卫星信号弱、环境复杂的车辆道路环境。但单一的 IMU 同样存在一些缺点：

（1）解算模块存在累积误差，随时间不断增长，计算误差随之增大。

（2）高频的长时间振动会降低 IMU 的定位精度和稳定性。

（3）高精度的 IMU（光纤陀螺）成本较高。

因此，IMU 定位可与其他定位技术综合，即综合 GNSS、多种车载传感器、惯性导航系统和车载单目摄像头实现高精度车道级的定位。例如在卫星信号容易被遮挡的环境下，IMU 与 GNSS 进行深度耦合，可将 IMU 部分数据直接送到 GNSS 基带芯片中，辅助信号跟踪，提高车辆在行驶过程中观测量的精度和连续性。如果卫星信号突然消失，IMU 依旧可以提供相对定位信息为车辆行驶提供判断，增加定位系统的可靠性。

拓展阅读

北斗卫星导航系统（以下简称北斗系统）是中国着眼于国家安全和经济社会发展需要，自主建设运行的全球卫星导航系统。20 世纪后期，中国开始探索适合国情的卫星导航系统发展道路，逐步形成了三步走发展战略：2000 年底，建成北斗一号系统，向中国提供服务；2012 年底，建成北斗二号系统，向亚太地区提供服务；2020 年，建成北斗三号系统，向全球提供服务。北斗卫星导航系统标识如图 2-4-12 所示。

图 2-4-12　北斗卫星导航系统标识

北斗卫星导航系统标志由正圆形、写意的太极阴阳鱼、北斗星、网格化地球和中英文文字等要素组成。圆形构型象征中国传统文化中的"圆满"，深蓝色的太空和浅蓝色的地球代表航天事业。太极阴阳鱼蕴含了中国传统文化。北斗星是自远古时起人们用来辨识方位的依据。司南是中国古代发明的世界上最早的导航装置，两者结合既彰显了中国古代科学技术成就，又象征着卫星导航系统星地一体，为人们提供定位、导航、授时服务的行业特点，同时还寓意着中国自主卫星导航系统的名字——北斗。网格化地球和中英文文字代表了北斗卫星导航系统开放兼容、服务全球。

古有司南，今有北斗。众所周知，指南针是中国古代四大发明之一，而中国最古老的指南针是司南。如今，我们有了北斗卫星导航系统，不论白天还是黑夜，不论在戈壁沙漠还是茫茫大海，北斗都会告诉我们在哪儿，并告诉我们回家的路！

北斗系统可提供 SMS 服务，这是北斗系统的独家秘籍。从北斗一号、北斗二号再到北斗三号，北斗 SMS 功力不断提升。北斗 SMS 服务，分为向亚太区域用户提供的 SMS 和向全球用户提供的 SMS 服务。区域 SMS 采用 RDSS 体制，用户无法独立完成距离解算，用户要向 GEO 卫星发出定位请求和信息，卫星转发至地面中心，地面中心完成用户位置解算，并将位置和相关信息通过卫星回传给用户。这样一来，北斗既能让用户"知道我在哪"，也能"知道你在哪"。那么，北斗独家秘笈的功力有多强呢？茫茫海域上，我国有4万余艘渔船装有北斗接收机，海上其他通信手段价格昂贵，而采用北斗技术的通信方便易用且价廉，渔民可方便地跟渔业管理部门进行通信，报告位置、渔情等信息，或和家人通信报平安，被渔民称为海上"保护神"。2008年汶川地震时，灾区通信基站等基础设施遭到严重破坏，北斗系统依靠独门绝技，发出灾区传出的第一条信息，并在后续实施搜救中发挥重要作用。但与RNSS服务不同的是，RDSS采用有源体制，用户容量受限，所以，北斗三号相对于北斗二号区域SMS服务，容量进行了大幅扩展。再来看看北斗全球SMS服务，其采用通信和导航相结合体制，通过MEO卫星实现全球覆盖。相信，北斗SMS服务向全球的扩展必将为全球用户带来更多福祉。

北斗国际搜救服务按照国际海事组织搜救卫星系统标准建设，利用MEO卫星为全球用户提供服务，北斗系统将有6颗卫星搭载搜救载荷，实现全球一重覆盖。就是说，全球任何一个地点的用户，都可以向至少一颗卫星的信标发出求助信号。一般来说，卫星搜救系统的定位精度为千米级，可北斗系统将GNSS定位、搜救和定位功能结合，可将定位精度提升到米级，极大地提高了搜救精度和效率。此外，北斗系统专门设计了反向链路，可向遇险人员发送反馈信息，告知其求救信息已被收到，可有效增强遇险人员的获救信心。

精密单点定位（PPP）是北斗系统具备的高精度服务，通常卫星导航系统能够提供10m左右的定位精度，而PPP精度更高，可以提供静态厘米级、动态分米级的高精度服务。相对于地基增强系统，星基高精度增强具备广域覆盖、精度均匀、所需地面站点较少的特点。目前，在四大全球卫星定位系统中，只有我国北斗和欧洲伽利略系统可内嵌提供PPP服务。

北斗的SBAS（星基增强服务）主要应用于民航等生命安全高价值用户，需要提供增强和完好性服务的行业中。北斗星基增强服务按照国际民航标准要求，可提供更高精度、更高完好性的导航服务。值得一提的是，美国、欧洲、俄罗斯的卫星导航系统和星基增强系统都是独立建设，只有中国是基于北斗高轨卫星的资源优势，一体提供SBAS，很好地实现了功能融合和集约高效。

任务分组

学生任务分配表

班级		组号		指导老师	
组长		学号			
组员	姓名：___ 学号：___		姓名：___ 学号：___		
	姓名：___ 学号：___		姓名：___ 学号：___		
	姓名：___ 学号：___		姓名：___ 学号：___		
	姓名：___ 学号：___		姓名：___ 学号：___		

（续）

任务分工

工作计划

扫描二维码可观看卫星定位数据采集实训效果视频，实现对 GPS 模块的初步认知。结合获取到的相关信息、前面所学习的知识及小组讨论的结果，制定工作方案，填入工作方案表中。

卫星定位数据
采集实训

工作方案表

步骤	作业内容	负责人
1		
2		
3		
4		
5		
6		
7		
8		

进行决策

1. 各组派代表阐述资料查询结果。
2. 各组就各自的查询结果进行交流，并分享技巧。
3. 教师结合各组完成的情况进行点评，选出最佳方案。

任务实施

车联网定位技术认知	
记录	完成情况
1. 上网查阅资料，整理四大卫星定位系统的性能特点，进行记录	已完成□ 未完成□
2. 能正确通过综合实训箱对 GPS 模块进行认知	已完成□ 未完成□
3. 基于 Arduino，完成智能网联汽车的定位信息获取	已完成□ 未完成□

四大定位系统特点比较			
GPS	格洛纳斯卫星导航系统	北斗卫星导航系统	伽利略卫星导航系统

（续）

6S 现场管理			
序号	操作步骤	完成情况	备注
1	建立安全操作环境	已完成□　未完成□	
2	清理及整理工具量具	已完成□　未完成□	
3	清理及复原设备正常状况	已完成□　未完成□	
4	清理场地	已完成□　未完成□	
5	物品回收和环保	已完成□　未完成□	
6	完善和检查工单	已完成□　未完成□	

评价反馈

1. 各组代表展示汇报 PPT，介绍任务的完成过程。

2. 以小组为单位，请对各组的操作过程与操作结果进行自评和互评，并将结果填入综合评价表中的小组评价部分。

3. 教师对学生工作过程与工作结果进行评价，并将评价结果填入综合评价表中的教师评价部分。

综合评价表

姓名			学号		班级		组别	
实训任务								
评价项目		评价标准					分值	得分
小组评价	计划决策	制定的工作方案合理可行，小组成员分工明确					10	
	任务实施	上网查阅资料，正确记录四大卫星定位系统的性能特点					10	
		能正确通过综合实训箱对 GPS 模块进行认知					20	
		基于 Arduino，完成智能网联汽车的定位信息获取					20	
	任务达成	能按照工作方案操作，按计划完成工作任务					10	
	工作态度	认真严谨、积极主动、安全生产、文明施工					10	
	团队合作	与小组成员、同学之间能合作交流、协调工作					10	
	6S 管理	完成竣工检验、现场恢复					10	
	小计						100	
教师评价	实训纪律	不出现无故迟到、早退、旷课现象，不违反课堂纪律					10	
	方案实施	严格按照工作方案完成任务实施					20	
	团队协作	任务实施过程互相配合，协作度高					20	
	工作质量	能正确描述四大通信技术的特点，完成技术特点比较填写					20	
	工作规范	操作规范，三不落地，无意外事故发生					10	
	汇报展示	能准确表达、总结到位、改进措施可行					20	
	小计						100	
综合评分		小组评分 ×50%+ 教师评分 ×50%						
总结与反思								
（如：学习过程中遇到什么问题→如何解决的 / 解决不了的原因→心得体会）								

能力模块三
对车联网通信关键技术的认知

 **任务一　了解车联网通信标准体系**

学习目标

- 了解什么是美国车联网通信标准体系。
- 了解什么是欧盟车联网通信标准体系。
- 了解什么是中国车联网通信标准体系。
- 能够说出各国车联网通信标准体系的异同。
- 具有利用信息手段查阅相关资料的能力。
- 具有分析问题、解决问题和再学习的能力。
- 具有良好的团队精神和较强的表达沟通、协调组织能力。
- 具有认真负责的职业态度和良好的职业道德。

知识索引

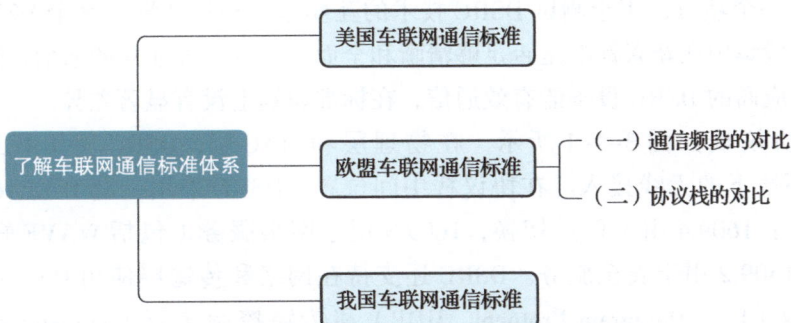

📖 情境导入

在车联网通信项目开发过程中，你作为研发助理，项目经理要求你在项目前期，整理开发使用的通信标准资料，汇总成技术报告供项目成员查阅学习。因此，了解目前主流国家地区（美国、欧盟以及我国）的车联网通信的标准是通信开发测试的前提工作。

获取信息

❓ 引导问题 1

由美国国会颁布的《21世纪交通平等法》提出的 DSRC 技术是以什么为基础，以什么频段作为智能交通系统中专用短程通信的无线电服务？请查阅资料后进行回答。

_____

_____

_____

美国车联网通信标准

就狭义车联网的通信标准来说，国际上最典型的 V2X 通信技术为车辆专用短程通信（DSRC）技术。DSRC 是一种高效、专用的车辆无线通信技术，于 1998 年由美国国会颁布的《21世纪交通平等法》最先提出，它以 IEEE 802.11p 为基础，将 5.850~5.925GHz 中的 75MHz 频段作为智能交通系统中专用短程通信的无线电服务，服务目的是改善交通安全程度、减少拥堵等。后续，欧盟、日本、新加坡、韩国相继推出自己的通信标准，但是都由美国的 DSRC 标准派生而来，所以这里首先介绍美国的 DSRC 标准。

DSRC 通信从根本上依赖于来自不同制造商的设备之间的互操作性。由美国交通部和汽车制造商组成的车辆安全通信 3（Vehicular Safety Communication 3，VSC3）团队已经开展了一个项目，用于测试 DSRC 技术的互操作性和扩展性。这个 V2V 互通性项目的第一阶段集中在新兴标准是否足够清晰和全面，能否实现独立的通信。测试显示，来自四个供应商的 DSRC 设备能有效通信，在标准识别上没有显著差异。

DSRC 协议栈如图 3-1-1 所示，在物理层和 MAC 层，DSRC 使用 IEEE 802.11p 提供车载环境下的无线接入。在协议栈中间位置，DSRC 采用一套 IEEE1609 工作组定义的标准：1609.4 用于信道切换，1609.3 用于网络服务（包括 WAVE 短消息协议 WSMP），1609.2 用于安全服务。DSRC 还支持在网络和传输层使用 IPv6 协议、用户数据报协议（User Datagram Protocol，UDP）和传输控制协议（Transmission Control Protocol，TCP），以支持接入 Internet 的需求。在具体通信过程中，选择使用 WSMP 还是 IPV6+UDP/TCP 取决于应用程序给定的要求。单跳消息（例如以碰撞预防为基础的应用）通常使用通信效率高的 WSMP，多跳数据包可使用 IPv6 的路由功能。

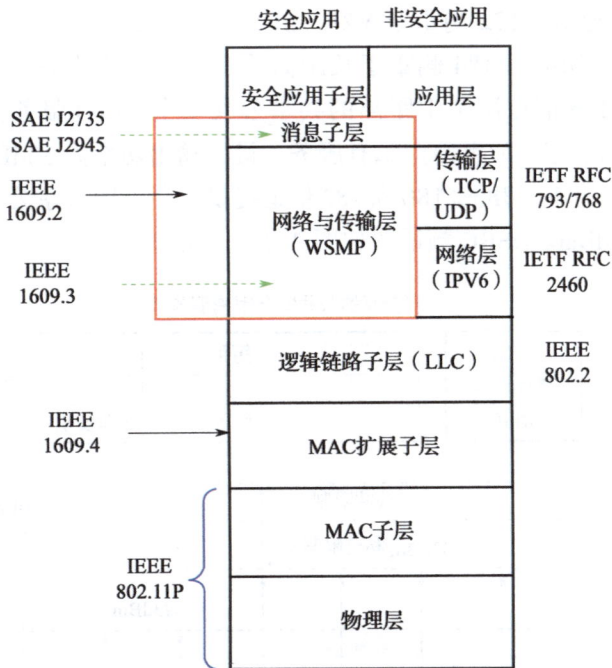

图 3-1-1　DSRC 协议栈

在协议栈顶部，SAE J2735 标准制定了固定的消息格式来支持各种基于车辆的应用程序，其中最重要的消息格式是基本安全消息，它传达了重要的车辆状态信息来支持 V2V 安全应用程序。频繁发送 BSM 的车辆可以互相追踪周边其他车辆的运动状态，通过具体算法分析行为轨迹来防止潜在的碰撞。SAE J2945 标准中对通信最低性能要求有详细说明，需要解决的主要问题在于 BSM 传输速率和功率、BSM 数据的准确性以及信道拥塞控制。

美国联邦通信委员会（Federal Communications Commission，FCC）已经将 5.850~5.925GHz 的 5.9GHz 频带分配给了 DSRC 通信，这段频谱包含了 7 个 10MHz 的信道，在最底部预留一个 5MHz 的保护间隔，并制定了每个信道是服务信道（Service Channel，SCH）还是控制信道（Control Channel，CCH），如图 3-1-2 所示。其中，两个 10MHz 的信道也能组合成 20MHz 的信道，例如信道 175 和信道 181。美国在有关 DSRC 的测试中大多使用 10MHz 信道，测试显示，这种带宽很适合在汽车行车环境中所遇到的延迟和多普勒扩散。信道拥塞问题能通过提升到 20MHz 的信道容量来解决，这里需要考虑的是，虽然 20MHz 能降低信息冲突概率，但传输一个给定调制方式和编码方式帧在 10MHz 信道上的花费只有 20MHz 上的一半。此外，一个 20MHz 的信道在一个给定背景频谱下会产生更多的噪声。

美国标准为 DSRC 不同的信道分配了不同的任务，其中 172 信道和 184 信道指定用

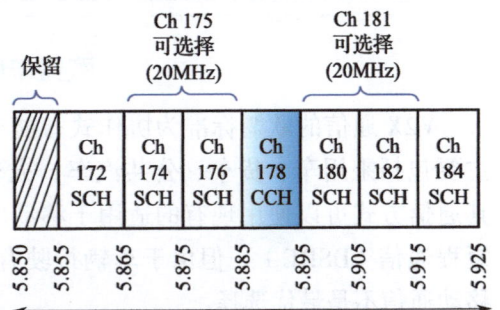

图 3-1-2　美国 DSRC 信道划分

于公共安全相关的业务，172 侧重于 V2V 之间的 BSM 交互，和生命财产相关，其最大输出功率限定于 33dBm。184 侧重于长距离的交叉口安全业务，其最大输出功率可达 40dBm。174 和 176 信道用于中距离的共享公共安全 / 私有服务，最大输出功率为 33dBm。178 为控制信道，如果面向私有服务，最大输出功率为 33dBm，如果面向公共服务，最大输出功率为 44.8dBm。180 和 182 信道提供短距离的共享公共安全 / 私有服务、最大输出功率为 23dBm。DSRC 频谱图如图 3-1-3 所示。

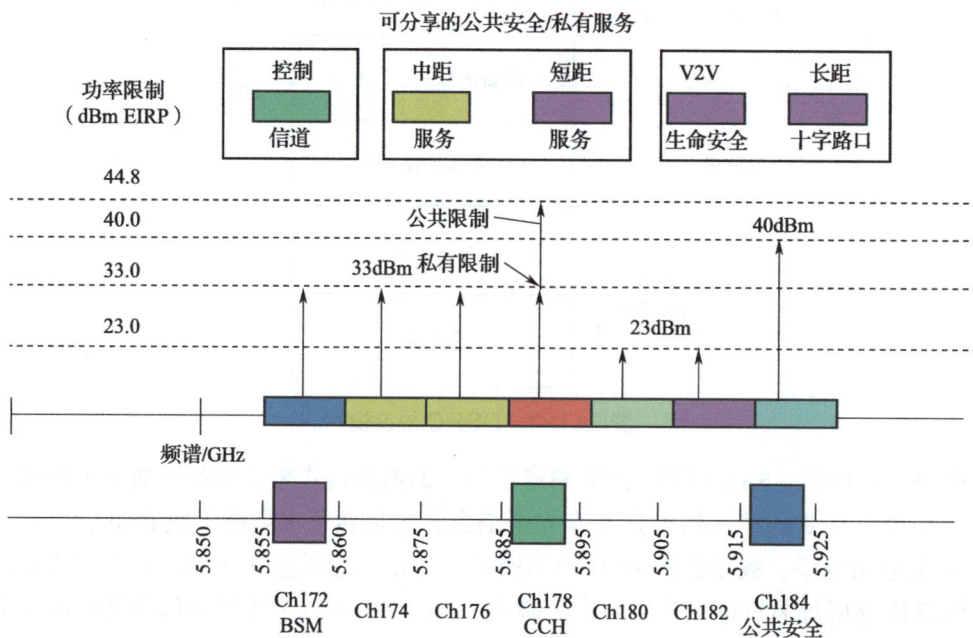

图 3-1-3　DSRC 频谱图

引导问题 2

在欧盟和美国的标准中，对 DSRC 的频段划分有什么不同之处？请查阅资料后简要概括回答。

_____

_____

_____

欧盟车联网通信标准

V2X 通信的欧盟标准为协作式智能交通系统（C-ITS），C-ITS 属于 ITS 的范畴，主要包括乘用车、货车、公共汽车、火车、基础设施等在内的一对一或一对多通信。其通信方式可以使用现有的适用于移动应用的技术，例如蜂窝网通信、WiFi 或者专用短程通信（DSRC），但由于车辆行驶有高速移动的特性，传统的 WiFi 技术对于车辆移动通信不是最优选择。

欧盟标准的 C-ITS 拥有自己的通信体系结构，如图 3-1-4 所示，整个通信模块由五个主要部分组成：接入、网络与传输、设施、管理以及安全。

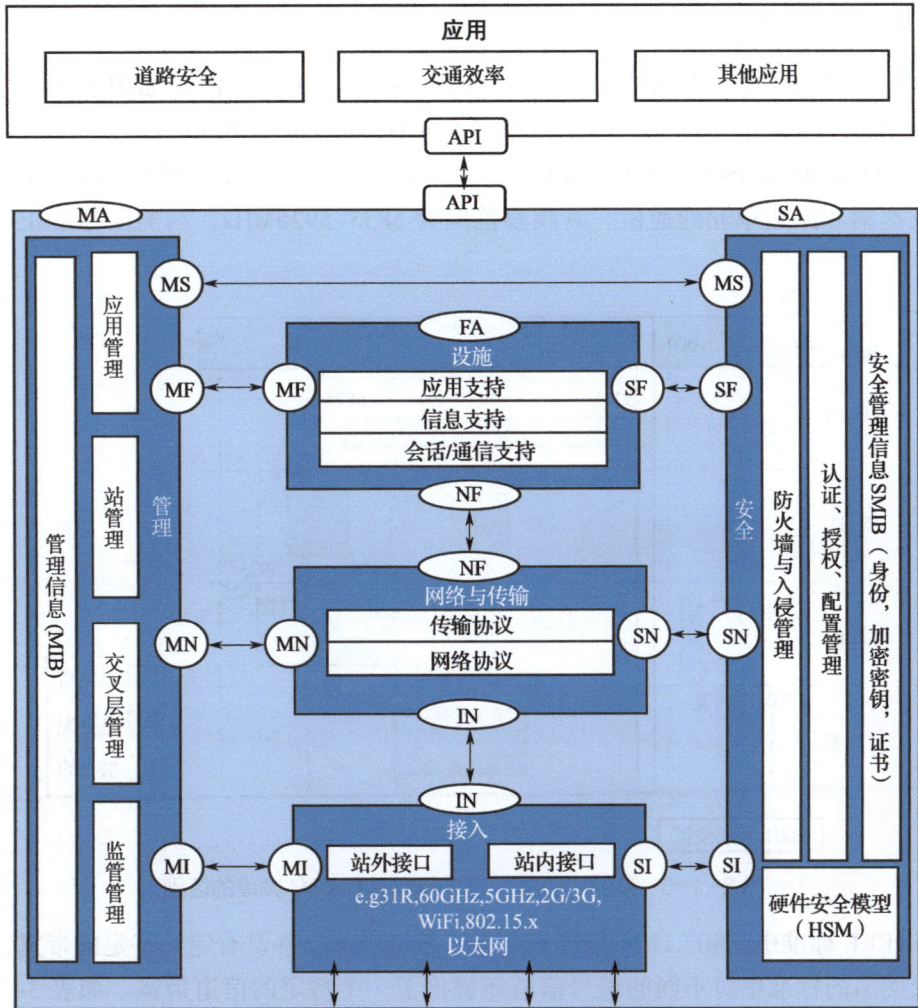

图 3-1-4　欧盟标准中的通信体系结构

①接入（Access）：对应 OSI 中的物理层和数据链路层，从图中可以看出 C-ITS 支持多种模式的接入。

②网络与传输（Networking & Transport）：对应 OSI 中的网络层和传输层。网络层利用 IP 协议描述了如何寻址和寻找路由，其中定义了一种特殊的组网方式——基于地理位置的组网（Geo Networking，GN）；传输协议定义数据是如何传输和控制的，例如 TCP/UDP 或基本传输协议（Basic Transport Protocol，BTP）。

③设施（Facilities）：对应 OSI 中的会话层、表示层，应用层。可以提供通信信息共享和应用的支持，其中包含了消息协议（例如 CAM、DENM 和 SPAT）和 LDM（本地动态地图）的定义。

④管理：一个垂直支柱，管理 ITS-S 内所有进程，从底层到顶层。

⑤安全：一个垂直支柱，管理 ITS-S 内端到端的安全，从底层到顶层。

C-ITS 中的所有服务和应用位于顶层的应用层，与协议栈中的更低层通过 API 进行信息交互。

（一）通信频段的对比

就通信频段来说，欧洲与美国、日本的 DSRC 频段分配情况如图 3-1-5 所示。在欧洲的 C-ITS 标准中，为 DSRC 预留了 5.9GHz 频段上的 70MHz 带宽（在 ETSI TC ITS 和 CALM M5 in ISO TC204 中被称为"ITS-G5"），用于支持快速移动车辆间的通信以及车辆和路边单元的通信。其频段范围为 5855~5925MHz，与美国标准正好对应起来。

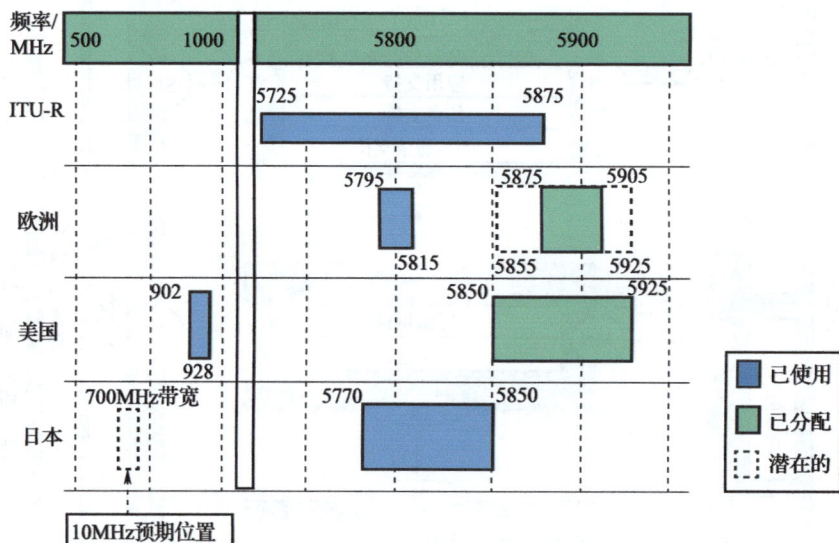

图 3-1-5 欧洲、美国、日本标准中 DSRC 频段的区别

在 IEEE 标准中，802.11 的信道只定义了核心频率，并没有定义特定的带宽，而欧盟以及美国的标准中对不同的编号信道还提出了一个特定的信道带宽。如表 3-1-1 所示，欧盟标准中的 10 号信道占用了 30MHz 带宽，2 号信道和 8 号信道占用了 20MHz 带宽；而在美国标准中，只有 175 号和 181 号两个可选的信道占用了 20MHz 带宽。

表 3-1-1 欧盟、美国标准中的信道分配对比

中心频率 /MHz	频带宽度 /MHz	IEEE Std 802.11 信道编号	欧盟规定的信道编号	美国规定的信道编号
5860	10	172	1	172
5865	20	173	2	–
5870	10	174	3	174
5875	20	175	–	175
5880	10	176	4	176
5890	10	178	5	178

（续）

中心频率 /MHz	频带宽度 /MHz	IEEE Std 802.11 信道编号	欧盟规定的 信道编号	美国规定的 信道编号
5900	10	180	6	180
	30	180	10	—
5905	20	181	—	181
5915	20	183	8	—
5920	10	184	9	184

欧盟与美国的标准中均有对逻辑控制信道、逻辑服务信道和逻辑安全信道的定义。逻辑控制信道用于传送信令或同步数据，逻辑服务信道用于传递数据，逻辑安全信道（Safety Channel，SFCH）为特定功能的物理信道（例如用于保障人身财产安全的信道）。对比欧盟和美国的规范，逻辑信道到物理信道的映射关系如表 3-1-2 所示。

表 3-1-2　逻辑信道到物理信道的映射关系

欧盟 / 美国信道编号	欧盟信道用途	美国信道用途
无 BRAN/U-Nll 信道	SCH7（ITS-G5C）	—
1/172	SCH4（ITS-G5B）	SCH 保留供 SfCH 使用
2/—	—	—
3/174	SCH3（ITS-G5B）	SCH
—/175	—	SCH
4/176	SCH1（ITS-G5A）	SCH
5/178	SCH2（ITS-G5A）	CCH
6/180	CCH（ITS-G5A）and SfCH	SCH
—/181	—	SCH
7/182	SCH5（ITS-G5D）	SCH
8/—	—	—
9/184	SCH6（ITS-G6D）	SCH 保留供 SfCH 使用
10/—	—	—

注：1. 对于 5.9GHz 频带下的逻辑控制信道（CCH）映射到物理信道的方式是不同的。
　　2. 对于 5.9GHz 频带下的逻辑安全信道（SFCH）映射到物理信道的方式是不同的。
　　3. 欧盟标准相较于美国标准，数量更少的物理信道被单独映射成逻辑服务信道。

（二）协议栈的对比

欧盟和美国的车联网通信标准主要的区别如表 3-1-3 所示。在接入层欧盟和美国的标准大同小异，都是基于 IEEE 802.11p，采用了多信道调配的机制。不同的是，美国标准只支持单一的接入，而欧盟标准支持多种模式的接入。二者主要的区别来自上层，在网络传输层，美国标准以 WAVE 短消息协议为主，而欧盟标准以基于地理位置

的组网 / 基本传输协议为主。在应用层，美国标准主要基于基本安全消息进行信息交换，其中以周期性消息为主，其中又包含了事件触发的消息；而欧盟标准则分别定义了两大类消息：周期性消息（Cooperative Awareness Message，CAM）和事件触发消息（Decentralized Environmental Notification Message，DENM）。

表 3-1-3　欧盟和美国车联网通信标准的主要区别

国家 / 组织	频段 /GHz	接入层	网络传输层	应用层
美国	5.9	IEEE 802.11p	以 WSMP 为主	以 BSM 为主
欧盟	5.9	以 ITS G5 为主	以 GenNetworking/BTP 为主	以 CAM 和 DENM 为主

具体来说，欧盟标准与美国标准的映射对比如图 3-1-6 所示。

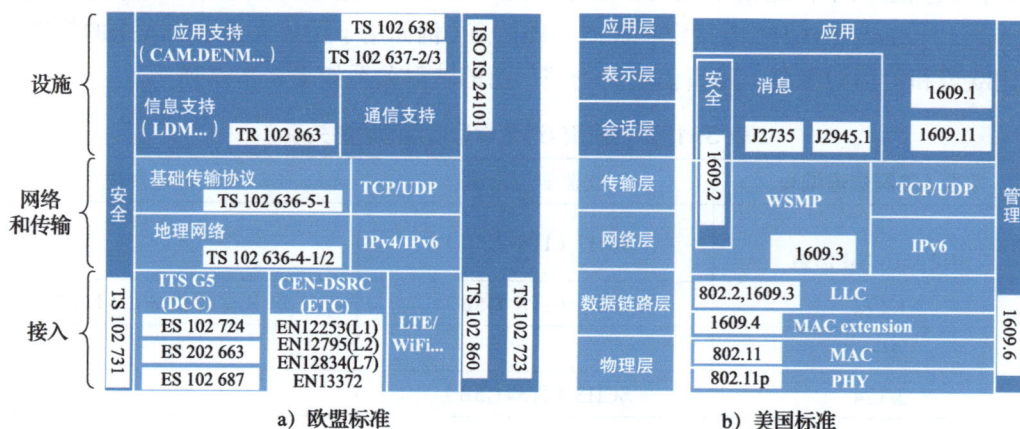

a) 欧盟标准　　　b) 美国标准

图 3-1-6　欧盟与美国标准的映射对比

在设施层（包括应用层），欧盟标准包含应用支持、信息支持、通信支持三个子层。应用支持为 IIS 基本应用程序集提供应用支持功能，包括 CAM 管理和 DENM 管理；信息支持为 ITS 基本应用程序集提供普通数据和数据库管理功能，包括本地动态地图（Local Dynamie Map，LDM）；通信支持则为通信和会话管理提供服务，包括寻址模式和会话支持。美国标准中则包含应用子层以及消息子层。

在网络传输层，欧盟标准以 TS102 636.5.1 以及 TS102636.4.1/2 定义了基本的传输协议（Basic Transport Protocol，BTP）以及地理信息网络（Geo Netwoking，GN）标准，美国标准则在 EEE 1609.3 中定义了车载环境下的短消息协议。两种标准均支持 TCP/UDP 和 IPv6 协议，美国标准不支持 IPv4 协议。

欧盟标准将接入层纵向划分为 ITSG5、CEN-DSRC（ETC）和 LTE/WiFi 三个子层。美国标准则按照通用协议栈将其划分为物理层、MAC 层、MAC 扩展子层以及逻辑链路层。从纵向来看，欧盟标准中的安全协议横跨了设施层、网络层、传输层及接入层，而美国标准的安全性则是通过 1609.2 协议来保证，它仅仅横跨了应用层和网络传输层。

❓ 引导问题3

　　我国的车联网起步较欧盟与美国都比较晚，我国为何会对LTE-V2X推出专门的工作项目，请查阅资料简要作答。

_____

_____

_____

我国车联网通信标准

　　V2X通信技术除了DSRC路线外，还有LTE-V（也称为LTE V2X）路线。2014年9月，LG向第三代合作伙伴计划（3rd Generation Partnership Project，3GPP）提交了LTE在V2X通信应用的规范草案。同年12月，Ericsson提交了增强LTE D2D邻近服务的规范草案，随后于2015年2月和6月，3GPP的SAI和RANI工作组分别设立了专题"Study on LTE Support for V2X Services（V2X LTE）"和"Feasibility Study on LTE-based V2X Services"，这标志着LTE-V技术标准化研究的正式启动。

　　欧盟在C-ITS标准化过程中即开始关注使用广域通信（例如蜂窝网）和短程通信的结合。在中国，高通、华为、乐金电子（LG Electronic）与大唐电信等企业共同主导了3GPP研究，中国通信标准化协会（Chinese Communication Standards Association，CCSA）已经在中国针对LTE V2X推出了工作项目。

　　目前国际上主要选用IEEE 802.11p协议作为DSRC的接入协议，这符合车联网系统中的相关应用需求。但由于使用DSRC技术必须在路边建设大量基础设施，使其部署成本大大提高，商业模式也不明朗，因此自2010年标准发布以来，其至今没有实现大规模商用。从技术上说，DSRC还存在以下问题：基于带冲突避免的载波感应多路访问（Carrier Sense Multiple Access with Collision Avoidance，CSMA/CA）技术存在隐藏节点问题，在节点数量密集时容易发生信息冲突，网络性能（时延、可靠性）急剧下降；车载环境下难以准确、及时估计及有效跟踪信道；缺少时域交织，难以抵抗深衰落；多信道工作的相邻频带泄露；覆盖/连通性较差。

　　从长远来看，随着高性能的LTE全面商用，相较于DSRC，LTE-V的最大好处在于能够重复使用现有的蜂窝基础设施和频谱资源。LTE网络基础设施已经存在，电信运营商不需要布建专用的路侧设备以及提供专用频谱，同时其设备可以和手机使用同一类型的单LTE晶片组，能为车厂大大降低整合成本。LTE可以更好地支持长距离信息传递、高速移动节点、稀疏交通场景以及复杂的传输环境。此外，不同于802.11p自组织组网方式，LTE采用中心组网或者中心辅助下的组网方式，通过基站的参与更加有利于保证V2X的通信质量，解决802.11p可靠性低的问题。

　　LTE-V针对车辆应用定义了两种通信方式：集中式（LTE-V-Cell）和分布式（LTE-Direct）。集中式也称为蜂窝式，需要基站作为控制中心，集中式定义车辆单元、路侧单元与基站之间的通信方式，需要基站进行资源的调度：分布式也称为直通式，车辆之间可以直接通信，无须基站支撑，也可表示为LTE-Direct（LTE-D）或LTE

D2D（Device-to Device）。LTE-V 和 DSRC 的关系和区别如表 3-1-4 所示。

表 3-1-4　LTE-V 和 DSRC 的关系和区别

对比项目	LTE-V	DSRC
通信方式	1）道路上的车与车之间 2）道路上的车辆与基站之间	1）道路上的车与车之间 2）道路上的车辆与 RSU 间
调制技术	SC-FMD	OFDM
多址技术	TDMA 或 FDMA	TDMA
频段	V2V 工作在 ITS 专用频段，如 5.9GHz；而 V2B 工作在现有的 LTE 频段，如 2.6GHz	5.850~5.925GHz
通信类型	传输带宽最高可扩展至 100MHz，峰值速率上行 500Mbit/s、下行 1Gbit/s，部分 V2V 应用场景时延 <20ms，部分 V2V/I/P 应用场景时延 <100ms，V2N 应用场景时延 <1000ms，支持最大车速 500km/h，覆盖范围能达到 10km	支持车速 200km/h，反应时间 100ms，数据传输速率最大 27Mbit/s，传输范围 1km

　　LTE-V 与 DSRC 主要的不同是在接入层，它们基于不同的接入技术演变而来，前者是基于蜂窝移动通信进行演进，后者是基于无线宽带接入进行演进。而在网络传输层，LTE-V 极有可能借助现有的 DSRC 标准 IEEE 1609 系列，特别是在应用层，通过保持与 DSRC 应用协议的一致性，即完全兼容 SAE J2735 所定义的消息集，提供 LTE-V 与 DSRC 之间的互操作性，如图 3-1-7 所示。

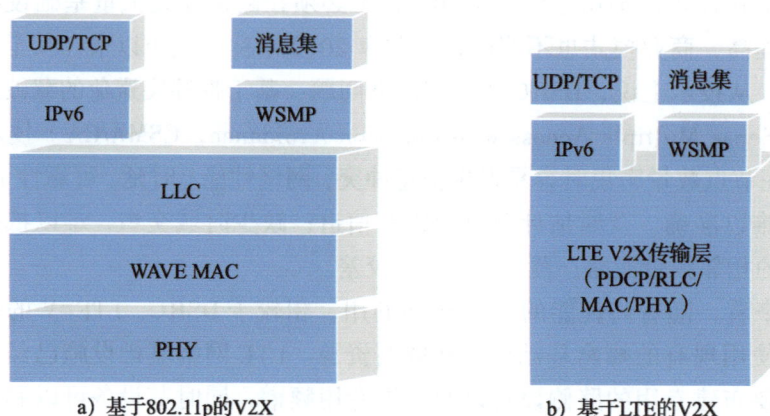

a) 基于802.11p的V2X　　　　b) 基于LTE的V2X

图 3-1-7　LTE-V2X 沿用 DSRC 网络层的示意

　　LTE-V 是在 LTE 蜂窝网络的基础上，围绕车辆主动安全应用的通信需求进行了针对性的优化。在帧结构、最大发射功率降低、拥塞控制、信息安全机制等方面优化了系统性能。LTE-V 结合蜂窝和直通技术，形成了车辆终端自组织和基站集中控制两种调度模式下的技术方案，可满足智能交通多样化的应用需求，更加全面地支持行车安全、交通效率、信息娱乐等多种业务。随着时间的推移，LTE-V 可能会更加具有优势，因为未来将是 5G 的天下，5G 技术将更容易实现对 LTE-V 技术的继承和演进，并在智能网联汽车上真正商用推广。

任务分组

学生任务分配表

班级		组号		指导老师	
组长		学号			
组员	姓名：_____　学号：_____ 姓名：_____　学号：_____ 姓名：_____　学号：_____ 姓名：_____　学号：_____		姓名：_____　学号：_____ 姓名：_____　学号：_____ 姓名：_____　学号：_____ 姓名：_____　学号：_____		
任务分工					

工作计划

　　按照前面所了解的知识内容和小组内部讨论的结果，制定工作方案，落实各项工作负责人，如任务实施前的准备工作、实施中主要操作及协助支持工作、实施过程中相关要点及数据的记录工作等。

工作方案表

步骤	作业内容	负责人
1		
2		
3		
4		
5		
6		
7		
8		

进行决策

1. 各组派代表阐述资料查询结果。
2. 各组就各自的查询结果进行交流，并分享技巧。
3. 教师结合各组完成的情况进行点评，选出最佳方案。

🏃 任务实施

车联网通信标准体系认知	
记录	完成情况
1. 有关美国 DSRC 通信协议栈的填写	已完成□　未完成□
2. 能够正确描述 DSRC 和 LTE-V 的联系与区别	已完成□　未完成□
3. 整理国内外（美国、欧盟、中国）通信标准体系报告	已完成□　未完成□
具体实施	

1. 将下方图片中空白部分补充完整。

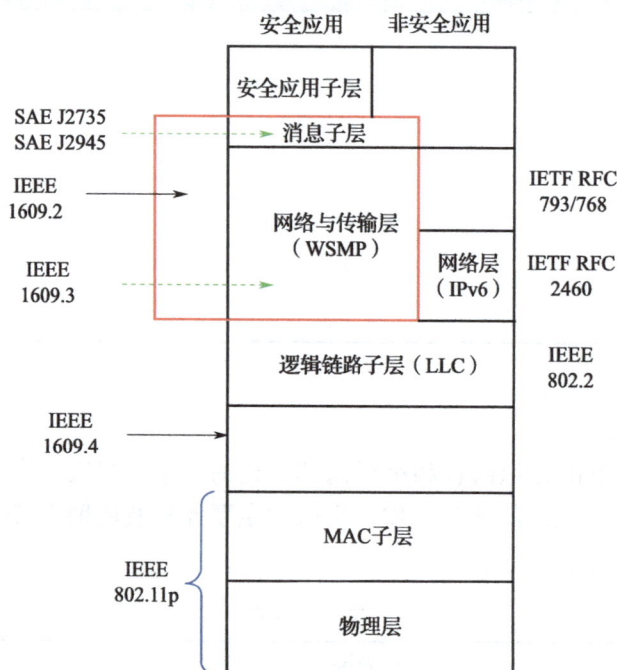

2. 补充完善 LTE-V 和 DSRC 的关系和区别表格。

	LTE-V	DSRC
通信方式	1）道路上的车与车之间 2）道路上的车辆与基站之间	1）道路上的车与车之间 2）道路上的车辆与 RSU 间
调制技术		OFDM
多址技术	TDMA 或 FDMA	TDMA
频段		5.850~5.925GHz
通信类型	传输带宽最高可扩展至 100MHz，峰值速率上行 500Mbit/s、下行 1Gbivs，部分 V2V 应用场景时延 <20ms，部分 V2V/I/P 应用场景时延 <100ms，V2N 应用场景时延 <1000ms，支持最大车速 500km/h，覆盖范围能达到 10km	

（续）

6S 现场管理			
序号	操作步骤	完成情况	备注
1	建立安全操作环境	已完成□　未完成□	
2	清理及整理工具量具	已完成□　未完成□	
3	清理及复原设备正常状况	已完成□　未完成□	
4	清理场地	已完成□　未完成□	
5	物品回收和环保	已完成□　未完成□	
6	完善和检查工单	已完成□　未完成□	

评价反馈

1. 各组代表展示汇报 PPT，介绍任务的完成过程。

2. 以小组为单位，请对各组的操作过程与操作结果进行自评和互评，并将结果填入综合评价表中的小组评价部分。

3. 教师对学生工作过程与工作结果进行评价，并将评价结果填入综合评价表中的教师评价部分。

综合评价表

姓名		学号		班级		组别	
实训任务							
评价项目		评价标准				分值	得分
小组评价	计划决策	制定的工作方案合理可行，小组成员分工明确				10	
	任务实施	正确填写美国 DSRC 通信协议栈表格内容				20	
		能够正确描述 DSRC 和 LTE-V 的联系与区别				20	
		查阅资料，整理国内外（美国、欧盟、中国）通信标准体系报告				10	
	任务达成	能按照工作方案操作，按计划完成工作任务				10	
	工作态度	认真严谨、积极主动、安全生产、文明施工				10	
	团队合作	与小组成员、同学之间能合作交流、协调工作				10	
	6S 管理	完成竣工检验、现场恢复				10	
	小计					100	
教师评价	实训纪律	不出现无故迟到、早退、旷课现象，不违反课堂纪律				10	
	方案实施	严格按照工作方案完成任务实施				20	
	团队协作	任务实施过程互相配合，协作度高				20	
	工作质量	完成 DSRC 和 LTE-V 联系与区别的信息整理				20	
	工作规范	操作规范，三不落地，无意外事故发生				10	
	汇报展示	能准确表达、总结到位、改进措施可行				20	
	小计					100	
综合评分		小组评分 ×50%+ 教师评分 ×50%					

（续）

总结与反思

（如：学习过程中遇到什么问题→如何解决的/解决不了的原因→心得体会）

任务二　了解车联网专用短程通信技术

学习目标

- 了解 DSRC 技术的发展进程与结构体系。
- 了解 DSRC 系统的通信方式与通信流程。
- 了解 DSRC 技术的应用与发展。
- 了解国内 ETC。
- 能够简述 DSRC 系统的通信方式。
- 能够简述 DSRC 系统通信进程。
- 具有利用信息手段查阅相关资料的能力。
- 具有分析问题、解决问题和再学习的能力。
- 具有良好的团队精神和较强的表达沟通、协调组织能力。
- 具有认真负责的职业态度和良好的职业道德。

知识索引

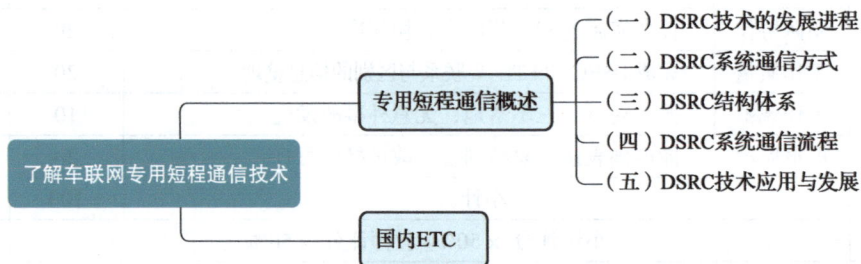

了解车联网专用短程通信技术
- 专用短程通信概述
  - （一）DSRC技术的发展进程
  - （二）DSRC系统通信方式
  - （三）DSRC结构体系
  - （四）DSRC系统通信流程
  - （五）DSRC技术应用与发展
- 国内ETC

📖 情境导入

　　　DSRC 技术作为车联网主流的无线通信技术之一，可以实现小范围内图像、语音和数据的实时、准确和可靠的双向传输。在某次工作任务中，作为车联网通信测试工程实习生的你，需要协助技术开发人员，提供 DSRC 通信体系结构与技术应用的资料，并且在实际测试中，要求完成 4G 模块配置与通信工作。

🔍 获取信息

❓ 引导问题 1

　　DSRC 系统主要由哪三部分构成？

_____

_____

专用短程通信概述

　　专用短程通信（Dedicated Short Range Communication，DSRC）是一种高效的无线通信技术，它可以实现小范围内图像、语音和数据的实时、准确和可靠的双向传输，将车辆和道路有机连接，因而成为 ITS 的重要通信平台（图 3-2-1）。

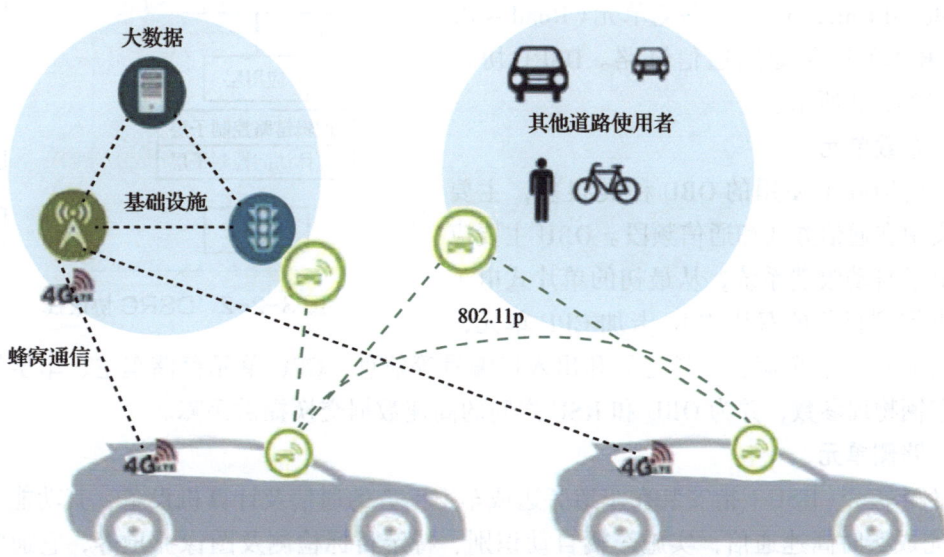

图 3-2-1　DSRC 示意

（一）DSRC 技术的发展进程

DSRC 是基于长距离 RFID（射频识别）的微波无线传输技术。国际标准化组织智能运输系统委员会（简称 ISO/TC 204）负责 DSRC 国际标准的制定工作。DSRC 迄今为止还没有形成统一的国际标准，国际上 DSRC 标准主要有欧、美、日三大阵营：欧洲的 ENV 系列，美国的 900MHz 和日本的 ARIBSTD-T75 标准。

鉴于 DSRC 的国际标准发展趋势和应用，1998 年，我国交通部 ITS 中心向交通部无线电管理委员会提出将 58GHz 频段（5.795~5.815GHz：下行链路速率 500kbit/s、上行链路速率 250 kbit/s）分配给 DSRC 技术领域。

我国在"'十五'国家科技攻关计划"中，把发展 DSRC 列为重大攻关项目。目前，"交通专用短程通信基于 58GHz 频段的微波物理层""交通专用短程通信的应用""交通专用短程通信数据链路层"三项 DSRC 国家标准已确定。

（二）DSRC 系统通信方式

DSRC 有主动式和被动式两种信息传输形式。

主动式：这种系统中 RSU 和 OBU 均有振荡器，都可以发射电磁波。当 RSU 向 OBU 发射询问信号后，OBU 利用自身电池能量发射数据给 RSU。在主动式 DSRC 技术中，OBU 必须配置电池。

被动式：RSU 发射电磁信号，OBU 被激活后进入通信状态，并以一种切换频率反向发送给 RSU。在被动式 DSRC 技术中，OBU 电源配置可有可无。

（三）DSRC 结构体系

DSRC 系统主要由三部分组成：车载单元（On-Board Unit，OBU）、路侧单元（Road-side Unit，RSU）以及专用通信链路。DSRC 协议栈如图 3-2-2 所示。

1. 车载单元

目前国际上使用的 OBU 种类很多，主要差异集中在通信方式和通信频段。OBU 主要应用在电子自动收费系统，从最初的单片式电子标签发展到目前的双片式 IC 卡加 CPU 单元，

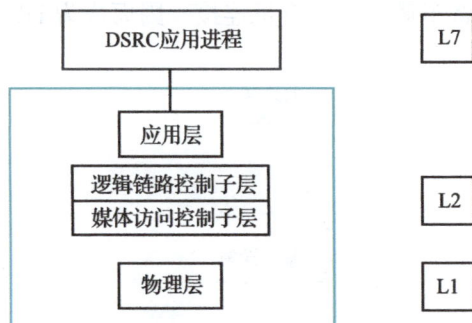

图 3-2-2　DSRC 协议栈

IC 卡存储账号、余额、交易记录和出入口编号等信息，CPU 单元存储车主、车型等有关的车辆物理参数，并为 OBU 和 RSU 之间的高速数据交换提供保障。

2. 路侧单元

路侧单元（RSU）指安装在车道旁边或车道上方的通信及计算机设备，其功能是与 OBU 完成实时高速通信，实施车辆自动识别、特定目标检测及图像抓拍等，它通常由设备控制器、天线、抓拍系统、计算机系统及其他辅助设备组成。

3. 专用通信链路

下行链路：从 RSU 到 OBU 采用 ASK 调制 NRZI 编码方式，数据通信速率 500kbit/s。

上行链路：从 OBU 到 RSU。RSU 的天线不断向 OBU 发射 58GHz 连续波，其中一部分作为 OBU 的载波，将数据进行 BPSK 调制后又反射回 RSU。上行数据本身也是 BPSK 调制，载频为 2~10MHz。

（四）DSRC 系统通信流程

以定点通信、被动式传输为例，DSRC 系统通信流程大体可以分为建立连接、信息交换、释放连接三个阶段。通信协议层次结构如图 3-2-3 所示。

图 3-2-3　通信协议层次结构

第一阶段：建立连接。RSU 利用下行链路向 OBU 循环广播发送帧控制信息，确定结构、同步信息和数据链路控制等信息，有效通信区域内的 OBU 被激活后即请求建立连接。RSU 进行有效性确认并发送响应信息给对应的 OBU，否则不响应。OBU 收到响应，立即确认并初始化连接 RSU。RSU 确认该 OBU 相关参数后即可成功连接。

第二阶段：信息交换。连接建立后，RSU 分析应用列表，调用可用服务进行读 / 写操作，实现信息交换。在此阶段中，所有帧必须带有 OBU 的私有链路标识，并实施差错控制。可以设置定时器来当计数器，确定重传次数上限。

第三阶段：释放连接。RSU 与 OBU 完成所有应用后，删除链路标识，发出专用通信链路释放指令，由连接释放计时器根据应用服务释放本次连接。

（五）DSRC 技术应用与发展

DSRC 以大容量、高速率、低时延的特点搭建了 ITS 中的通信平台，是交通管理系统的关键技术，且有广泛的应用前景和发展意义。

DSRC 技术应用于 ITS 主要可提供如下服务：

1）信息提供服务：DSRC 技术提供及时、具体的交通信息，以满足多种服务需求，如车辆导航、安全驾驶、车辆调度、紧急车辆处理等。

2）数据交换服务：DSRC 技术不仅可以完成车辆身份信息、电子收费等数据传输，还可以与联网的车道工控机、收费站计算机、结算中心以及管理计算机高效率互通信息。

3）实时检测服务：道路上时刻运行着各类特殊车辆，这些车辆都需要实时监测、严密监控、妥当处理，从而最大限度地保障人身财产安全。

4）数据加密服务：基于 DSRC 技术对需要保密的信息进行高强度的加密处理，确保信息安全、畅通传输。由此 DSRC 技术可以运用到 ITS 的诸多子项目中，如交通管理、旅行者信息提供、公共运输管理、商用车辆运营、车辆控制与安全、电子收费等。

引导问题 2

请简述国内 ETC 的内容。

_____

_____

_____

国内 ETC

ETC 设备主要由路侧单元（RSU）和车载单元（OBU）组成。路侧单元主要是指安装在车道控制系统前端，发挥信息采集作用的专用设备，其由天线和读写控制器组成；车载单元是指安装在用户车辆上记录车辆通行信息的车载设备。因此，ETC 需求主要由路侧单元（RSU）和车载单元（OBU）需求构成。ETC 设备组成如图 3-2-4 所示。

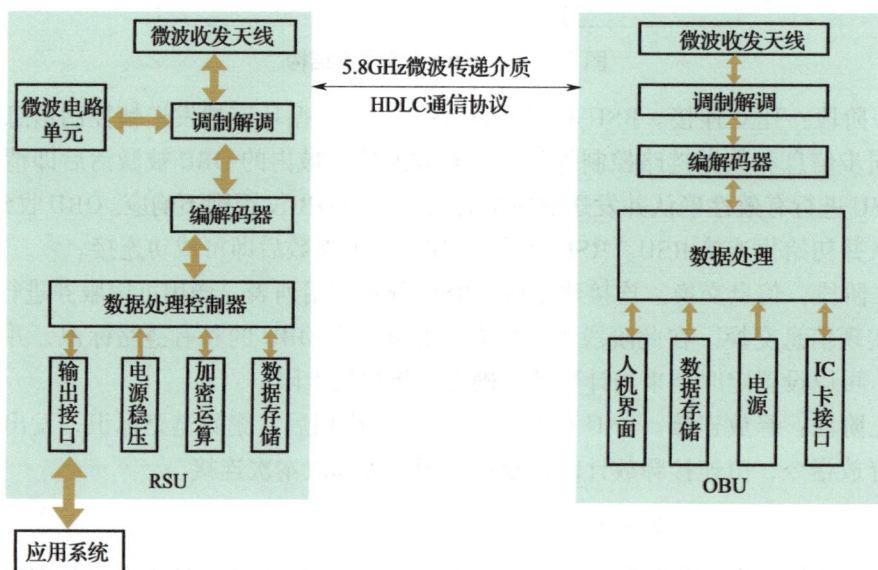

图 3-2-4　ETC 设备组成

ETC 系统采用车辆自动识别技术完成车辆与收费站之间的无线数据通信，并进行车辆自动感应识别和相关收费数据的交换。由于采用了计算机网络进行收费数据的处理，所以 ETC 系统能够实现不停车、不设收费窗口完成全自动收费。

ETC 系统通过安装于车辆上的车载装置和安装在收费站车道上的天线进行无线通信和信息交换。其主要由车辆自动识别系统、中心管理系统和其他辅助设施等组成。其中，车辆自动识别系统由车载单元（又称应答器或电子标签）、路侧单元、环路感应器等组成。OBU 中存有车辆的识别信息，一般安装于车辆前面的风窗玻璃上，RSU 安装于收费站旁边，环路感应器安装于车道地面下。中心管理系统有大型的数据库，存储大量注册车辆和用户的信息。当车辆通过收费站口时，环路感应器感知车辆，RSU 发出询问信号，OBU 做出响应，并进行双向通信和数据交换；中心管理系统获取车辆识别信息（如车牌号、车型等），并与数据库中相应信息进行比较判断，根据不同情况来控制管理系统产生不同的动作，如计算机收费管理系统从该车的账户中扣除此次应交的过路费，或发出指令给其他辅助设施工作。

路侧单元（Road Side Unit，RSU）是实现 V2I 必不可少的组成部分，由于应用于RSU 的 DSRC 本身基于 802.11p 技术标准，类似于 WiFi 系统，所以必须要在道路两旁设立通信单元以实现整个车联网组网，构建智能汽车生态系统。RSU 在整个系统中充当了网关和小型基站的作用。目前，国内应用最广泛的 DSRC 技术就是高速 ETC 收费系统。

车—路通信主要面向非安全性应用，以ETC 系统为代表，如图 3-2-5 所示。它是一种应用于公路、大桥和隧道的电子自动收费系统。车辆经过特定的 ETC 车道，通过车载OBU 与路侧 RSU 的通信，不需要停车和收费人员采取任何操作，能自动完成收费过程。ETC 系统能大大提高高速公路的通行能力、提高服务水平、简化收费过程、节约成本，符合我国的发展需求。

图 3-2-5　DSRC 在 ETC 中的应用

除了已经比较成熟的 ETC 系统外，基于车—路通信的 DSRC 应用还包括电子地图的下载和交通调度等。路边的 RSU 接入后备网络与当地的交通信息网或 Internet 相连，通过 OBU 与 RSU 的通信来获得电子地图和路况信息，从而可以选择最优路线，缓解交通拥堵，提高交通效率。

任务分组

学生任务分配表

班级			组号		指导老师	
组长			学号			
组员	姓名：_____　学号：_____			姓名：_____　学号：_____		
	姓名：_____　学号：_____			姓名：_____　学号：_____		
	姓名：_____　学号：_____			姓名：_____　学号：_____		
	姓名：_____　学号：_____			姓名：_____　学号：_____		
任务分工						

工作计划

扫描二维码可观看 4G 模块认知与通信操作视频，实现对 4G 通信模块的初步认知。结合获取到的相关信息、前面所学习的知识及小组讨论的结果，制定工作方案。

4G 模块认知
与通信

工作方案表

步骤	作业内容	负责人
1		
2		
3		
4		
5		
6		
7		
8		

进行决策

1. 各组派代表阐述资料查询结果。
2. 各组就各自的查询结果进行交流，并分享技巧。
3. 教师结合各组完成的情况进行点评，选出最佳方案。

任务实施

车联网专用短程通信技术认知	
记录	完成情况
1. 查阅相关资料，整理 DSRC 技术通信体系结构、技术应用	已完成□　未完成□
2. 完成基于车联网综合实训箱的 4G 模块认知	已完成□　未完成□
3. 完成基于车联网综合实训箱的 4G 模块通信实训	已完成□　未完成□

在下方空白处进行 DSRC 系统结构图绘制：

（续）

4G 模块配置与通信

1. 如何对分组设备进行参数设置？

_____

_____

2. 在 4G 云端连通过程中，使用数列冒号的前后部分分别表示什么含义？

_____

_____

_____

6S 现场管理

序号	操作步骤	完成情况	备注
1	建立安全操作环境	已完成□　未完成□	
2	清理及整理工具量具	已完成□　未完成□	
3	清理及复原设备正常状况	已完成□　未完成□	
4	清理场地	已完成□　未完成□	
5	物品回收和环保	已完成□　未完成□	
6	完善和检查工单	已完成□　未完成□	

评价反馈

1. 各组代表展示汇报 PPT，介绍任务的完成过程。

2. 以小组为单位，请对各组的操作过程与操作结果进行自评和互评，并将结果填入综合评价表中的小组评价部分。

3. 教师对学生工作过程与工作结果进行评价，并将评价结果填入综合评价表中的教师评价部分。

综合评价表

姓名		学号		班级		组别	
实训任务							
评价项目		评价标准				分值	得分
小组评价	计划决策	制定工作方案的合理可行，小组成员分工明确				10	
	任务实施	正确整理 DSRC 技术通信体系结构、技术应用相关内容				10	
		完成基于车联网综合实训箱的 4G 模块认知				20	
		完成基于车联网综合实训箱的 4G 模块通信实训				20	
	任务达成	能按照工作方案操作，按计划完成工作任务				10	
	工作态度	认真严谨、积极主动、安全生产、文明施工				10	
	团队合作	与小组成员、同学之间能合作交流、协调工作				10	
	6S 管理	完成竣工检验、现场恢复				10	
		小计				100	

（续）

评价项目		评价标准	分值	得分
教师评价	实训纪律	不出现无故迟到、早退、旷课现象，不违反课堂纪律	10	
	方案实施	严格按照工作方案完成任务实施	20	
	团队协作	任务实施过程互相配合，协作度高	20	
	工作质量	完成基于车联网综合实训箱的 4G 模块通信实训	20	
	工作规范	操作规范，三不落地，无意外事故发生	10	
	汇报展示	能准确表达、总结到位、改进措施可行	20	
		小计	100	
综合评分		小组评分 ×50%+ 教师评分 ×50%		

总结与反思

（如：学习过程中遇到什么问题→如何解决的 / 解决不了的原因→心得体会）

任务三　了解移动蜂窝 V2X 通信技术

学习目标

- 了解 3GPP 在 V2X 上的标准化进程。
- 了解 3GPP 中定义的 V2X 应用场景。
- 了解 LTE-V2X 标准与车联网 5G-V2X 应用场景。
- 能够描述基于 PC5 的 V2X 架构与基于 LTE-Uu 的 V2X 架构。
- 能够简述 LTE-V2X 技术。
- 能够掌握 5G-V2X（NR）网络架构。
- 具有利用信息手段查阅相关资料的能力。
- 具有良好的团队精神和较强的表达沟通、协调组织能力。
- 具有认真负责的职业态度和良好的职业道德。

知识索引

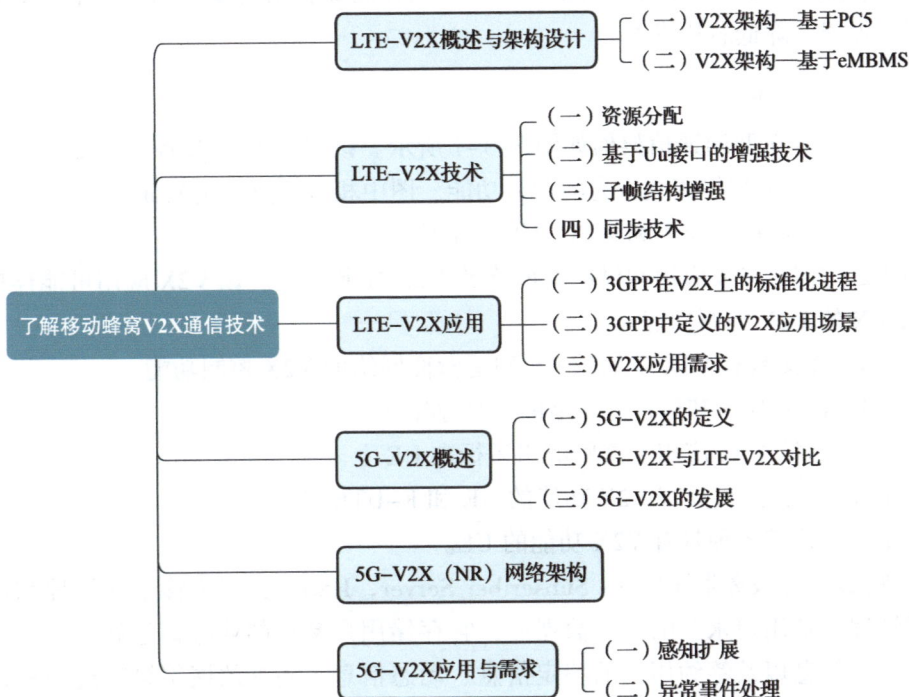

了解移动蜂窝V2X通信技术
- LTE-V2X概述与架构设计
  - （一）V2X架构—基于PC5
  - （二）V2X架构—基于eMBMS
- LTE-V2X技术
  - （一）资源分配
  - （二）基于Uu接口的增强技术
  - （三）子帧结构增强
  - （四）同步技术
- LTE-V2X应用
  - （一）3GPP在V2X上的标准化进程
  - （二）3GPP中定义的V2X应用场景
  - （三）V2X应用需求
- 5G-V2X概述
  - （一）5G-V2X的定义
  - （二）5G-V2X与LTE-V2X对比
  - （三）5G-V2X的发展
- 5G-V2X（NR）网络架构
- 5G-V2X应用与需求
  - （一）感知扩展
  - （二）异常事件处理

情境导入

　　C-V2X 是从 LTE-V2X 到 5G-V2X 的平滑演进，它基于强大的 3GPP 生态系统和连续完善的蜂窝网络覆盖，可以直接利用现有蜂窝网基础设施，从而大幅降低未来自动驾驶和车联网部署成本。作为 V2X 测试工程师，主管要求你整理总结 LTE-V2X 与 5G-V2X 的技术特点，理清 V2X 技术更新的过程，为团队学习前沿技术提供资料。

获取信息

引导问题 1

　　查阅相关资料，简述 LTE-V2X 的架构。

_____

_____

_____

LTE-V2X 概述与架构设计

LTE-V2X 作为面向车路协同的通信综合解决方案，能够在高速移动环境中提供低

时延、高可靠、高速率、安全的通信能力，满足车联网多种应用的需求。基于 TD-LTE
通信技术，LTE-V2X 能够最大程度利用 TD-LTE 已部署网络及终端芯片平台等资源，
节省网络投资，降低芯片成本。

（一）V2X 架构—基于 PC5

基于 PC5 的车联网通信架构如图 3-3-1 所示。该架构中 V2X 控制功能的定义为：
用于处理 V2X 所需网络相关行为的逻辑功能。图中相关节点的定义如下：

1）V1：连接 V2X 应用和 V2X 应用服务器。

2）V2：连接 V2X 应用和供应商网络的 V2X 控制功能。该 V2X 应用可能连接属于
多个 PLMN 的 V2X 控制功能。

3）V3：连接具有 V2X 功能的 UE 和运营商网络的 V2X 控制功能。

4）V4：连接 HSS 和运营商网络的 V2X 控制功能。

5）V5：连接 V2X 应用。这些应用运行在 UE 上。

6）LTE-Uu：连接具有 V2X 功能的 UE 和 E-UTRAN。

7）PC5：连接各种具有 V2X 功能的 UE。

8）归属签约服务器（Home Subscriber Server，HSS）：用于移动性管理和用户业
务数据管理，是用户永久的中心数据库，它存储用户签订的业务信息和本地信息，存
放用户认证信息以及签约用户的特定信息、动态信息，还存放网络策略规则和设备标
识寄存器信息。

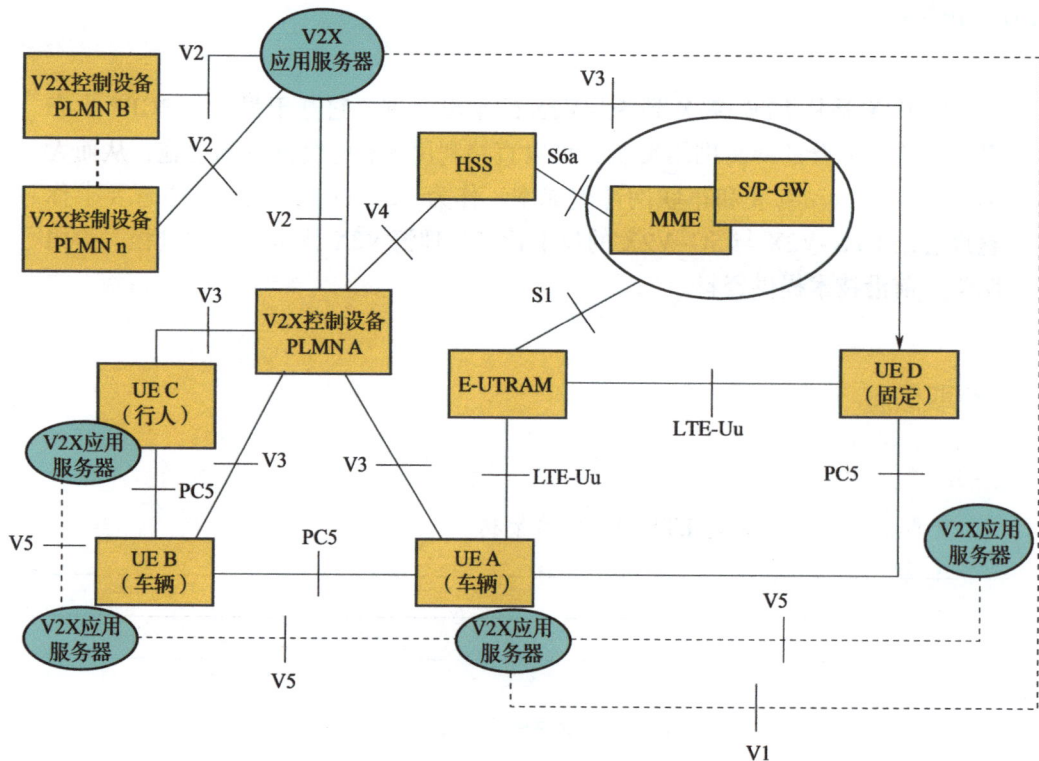

图 3-3-1　基于 PC5 的车联网通信架构

9）移动管理实体（Mobility Management Entity，MME）：负责空闲时的 UE 的定位、传呼过程；负责信令处理部分；涉及承载 bearer 激活 / 关闭过程；初始化时为 UE 选择一个 SGW；在法律许可范围内，进行拦截和监听。

10）服务网关（Service Gateway，S-GW）：主要用于合法侦听，基于每 UE、PDN 和 QCI 的上行 / 下行链路计费。

11）PDN 网关（PDN Gateway，P-GW）：主要用于合法侦听、UE 的 IP 地址分配功能、在上 / 下行链路中进行数据包传输层标记、上 / 下行业务等级计费以及业务类型控制、基于业务的上 / 下行速率的控制。

（二）V2X 架构—基于 eMBMS

基于 eMBMS 的车联网通信架构如图 3-3-2 所示。该架构中新功能 V2XAS 定义为：用于处理 V2X 所需网络相关行为的逻辑功能，类似于 GCS AS。图中相关节点定义如下：

1）VC1：用于连接 V2XAS 和 UE 上的应用客户端。

2）VMB2：用于连接 V2XAS 和 BM-SC。

3）LTE-Uu：用于连接具有 V2X 功能的 UE 和 E-UTRAN。

4）策略与计费规则功能单元（Policy and Charging Rules Function，PCRF）：是业务数据流和 IP 承载资源策略与计费控制策略决策点，为策略与计费执行功能单元（PCEF）选择及提供可用的策略和计费控制决策。

5）广播组播业务中心（Broadcast Multicast Service Center，BMSC）：用于对第三方内容提供商鉴权、授权和计费；提供 MBMS（多媒体广播多播业务）传输相关参数，如 QoS、组播广播区域、发起和终止 MBMS 传输资源；从外部数据源接收并传送 MBMS 内容，安排 MBMS 会话传送并告知用户，会话重传等；业务声明，包括媒体描述、会话描述（如组播业务标识、地址、传送时间等）。

6）MBMS-GW：用于发送 / 广播 MBMS 数据给每一个承担 MBMS 服务的 eNB（基站）。

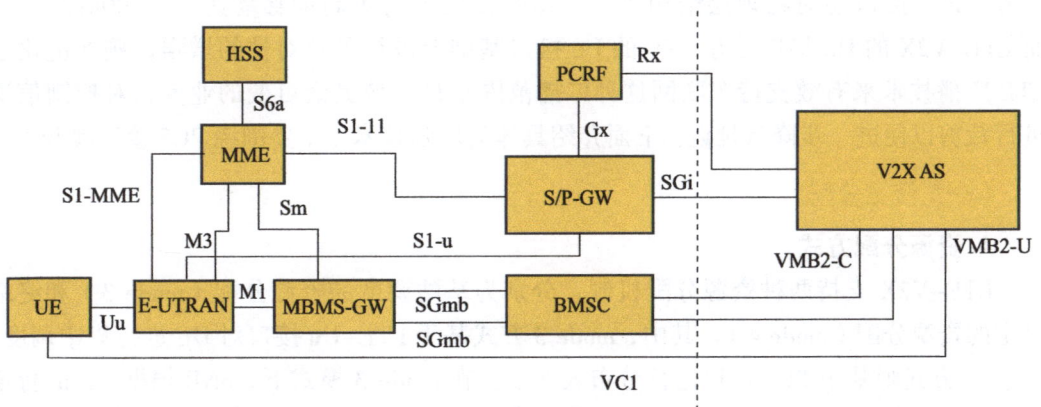

图 3-3-2　基于 eMBMS 的车联网通信架构

查阅相关资料，简述 LTE-V2X 有哪两种接口，分别是什么？

_____

_____

_____

LTE-V2X 技术

LTE-V2X 中有 PC5 和 Uu 两种接口，PC5 接口指的是 UE 和 UE 之间的直连接口，Uu 接口指的是 UE 和基站之间的接口。图 3-3-3 为 LTE-V2X 的接口示意图，PC5 的工作频段为专用频段，为 6GHz，而 Uu 的工作频段为授权频段，为 2GHz。

基于这两种接口的 V2X 应用各有优缺点。基于 PC5 的 V2X 能满足端到端时延要求，一些安全服务（比如前碰预警）需要非常小的时延，而在没有其他重要蜂窝技术增强的情况下，基于 Uu 的 V2X 难以满足这一要求。基于 PC5 的 V2X 还能够支持网络覆盖外的操作，在任

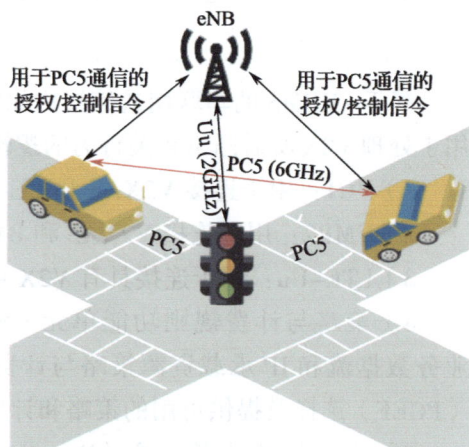

图 3-3-3　LTE-V2X 接口示意图

何地点都能够提供安全服务。而基于 Uu 的 V2X 易于使用多种蜂窝网络特性，覆盖范围比基于 PC5 的大，适用于需要长距离通信的 V2I/N 服务，在不支持 D2D 的 UE 上也能够提供 V2X 通信，能够最小化 UE 实施成本。LTE-V2X 的 PC5 接口是在 Release 12 LTE-D2D（Device to Device）基础上进行了多方面的增强设计，能支持车辆之间的车辆动态信息（例如位置、速度、行驶方向等）的快速交换和高效的无线资源分配机制，此外，PC5 接口还对物理层结构进行了增强以便支持更高的移动速度（500km/h）。而 LTE-V2X 的 Uu 接口是在 LTE 的 Uu 接口基础上进行了针对性的增强，例如优化了 LTE 广播技术来有效支持车联网这种广播范围小且区域灵活可变的业务，对控制信道进行裁剪以便进一步降低延迟。下面介绍具体的增强技术（主要围绕 PC5 接口展开）。

（一）资源分配

1. 资源分配方式

LTE-V2X 支持两种资源分配机制，分别为基站调度的资源分配（mode 3）和终端自主的资源分配（mode 4）。其中，mode 3 方式基于 LTE-Uu 接口对 UE 进行集中调度，mode 4 方式则基于 PC5 接口进行分布式调度。在 mode 3 模式下，eNB 根据 UE 的特定信息调度，如地理位置、行驶方向、速度等。对基于位置的资源划分，地理位置和资源存在映射关系，车辆只能在指定的资源上传输；或者行驶方向不同的车辆使用不同的资源块，以更好地适应不同方向车辆密度不同的情况。对于 mode 4 模式，车辆通过了解其他 UE 的 SA 信息或者检测数据来避免冲突。未来 C-V2X 还支持集中式与分布

式相结合的资源分配机制，这就是 mode 5 混合模式。

在资源分配方式上，未来可能的提升方向有半静态调度（Semi-Persistent Scheduling，SPS）。考虑到 V2X 业务的周期性，为了减少空口信令开销，LTE-V2X 支持半静态调度，即调度周期（500ms~1s）长于广播周期，此时在 SPS 周期内，UE 一直占用同一个资源，因此干扰水平在一定程度上是可预测的。在半静态调度中，系统的资源（包括上行和下行）只需通过分组数据信道分配或指定一次，而后就可以周期性地重复使用相同的时频资源。这种方法能够提高资源利用率，尤其是对于周期性消息来说，无须重复申请资源，应用起来更方便。

2. 资源池

为了提高资源的利用率，LTE-V2X 引入了资源池的概念。资源池即 PC5 传输可使用的时频资源的集合。由资源池管理器提供一定数目的目标资源，当有资源请求时，资源池给其分配通信时频资源，然后将该资源标识为忙，标识为忙的资源不能再被分配使用。LTE-V2X 的资源池分为调度分配（Schedule Assignment，SA）和 DATA（数据）两类信息资源池。在调度分配的过程中，SA 起着重要作用，即负责指明资源的位置，每个数据传输都由 SA 来规划。车辆在 SA 资源池预约 DATA 资源池的资源。每个数据的传输都是由 SA 来调度的，相关的用户在解除 SA 后，至少应该知道相应的数据占用了哪些资源。SA 包含时频资源的位置、重传数、调制编码方案（MCS）、CRC 等信息。因此，DATA 资源池总是和 SA 资源池相关联，并且从系统资源分布角度来看，它们是频分的（即 SA 与 DATA 信息分别占用不同的频域资源）。如图 3-3-4 所示，SA 和其相关的数据信息的发送方式又可以分为两种：一种是同一个发射节点发出的 SA 和其相关的数据信息必须使用同一个子帧发出，并且它们在频域上是相邻的；另一种是使用不同的子帧发送或使用同一子帧发送但两者不相邻。

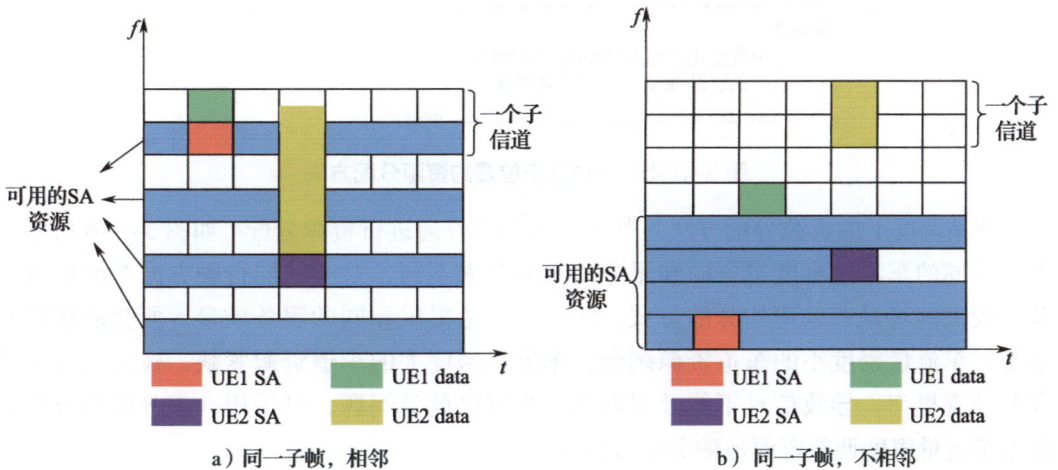

a）同一子帧，相邻　　　　　　　　　b）同一子帧，不相邻

图 3-3-4　数据信息的发送方式

3. 资源分配方法

（1）基站调度

基站调度下的资源分配通常会基于 UE 特定的传输信息，比如位置、速度、行驶方

向等。例如基于位置的资源划分，地理位置和资源存在映射关系，车辆只能在指定的资源（地理位置）上传输；或者行驶方向不同的车辆使用不同的资源块，从而能更好地适应不同方向车辆密度不同的情况。

在 3GPP 的提案中提到了一种基于位置的资源分配方法。当车辆通过转角的时候，路径损耗会从视距转变为非视距。如图 3-3-5 所示，组中的大部分 UE 均通过非视距信道与组 B 中的 UE 进行通信，而同组中的 UE 之间则是通过视距信道通信。因此，当组 A 和组 B 同时使用同一资源池发送消息时，较弱的信号（不同组 UE 之间的通信信号）则会受到较强信号（同组 UE 之间的通信信号）的带内干扰。为解决此类问题，提出了用时分方式来管理资源池，对十字路口的 UE 进行资源分配，避免干扰。根据不同车辆的地理位置，车辆被分为不同的组，每个组内的车辆使用 DATA 资源池中的一部分时隙（组和时隙之间存在某种映射关系）资源。

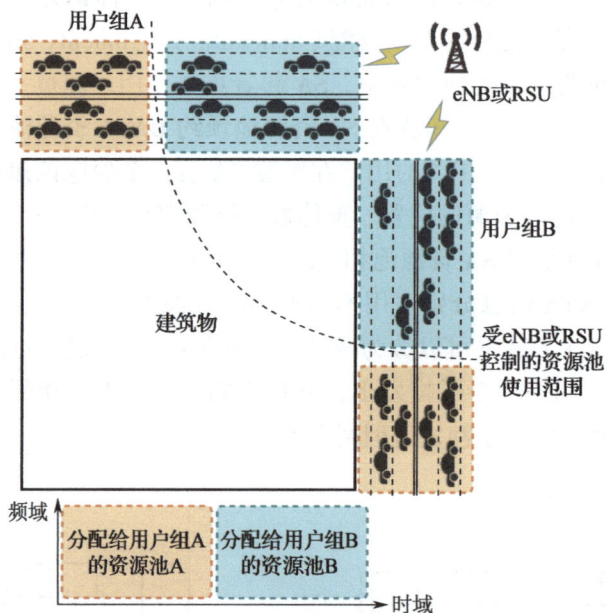

图 3-3-5　一种基于位置的资源分配方法

基站调度下的资源分配方法是基于车辆移动方向进行资源分配。如图 3-3-6 所示，由于不同的车流量密度对资源和服务质量的要求不同，对于不同行驶方向车流量密度差距较大的场景若采用均分的方式，向不同车道提供相同的服务质量，便会造成资源浪费，车流量密度小的车道资源剩余，车流量密度大的车道资源紧缺，极大地增加了资源冲突概率，导致信息不能及时发送。为解决此类问题，可采用动态分配的方式，根据车流量密度调整资源池的分配方法。

（2）基于侦听的半静态资源占用

半静态资源占用（SPS）是指其调度周期（500ms~1s）长于广播周期，如图 3-3-7 所示。目前有两种 UE 感知方式，一种是通过功率检测，另一种是通过感知进而解析其他 UE 的 SA。UE 通过是否能够成功解码其他用户的 SA 来判断信道是否被占用。解析

SA 的方法虽然能预知每个资源块的占用情况，但容易受到 SA 解码失败的限制（SA 由于半双工限制发生冲突或遇到深衰落），且 UE 不知道每个资源上的干扰水平。

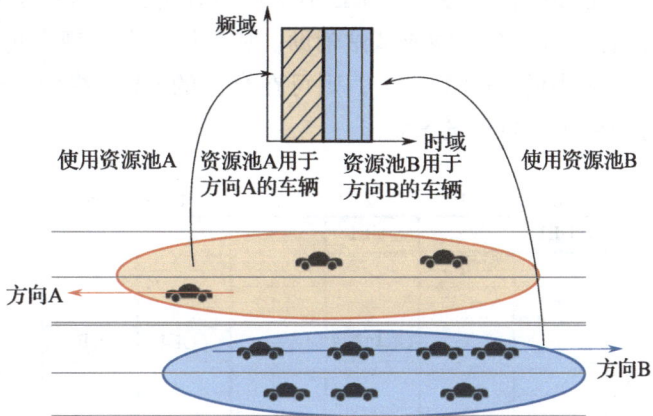

图 3-3-6　一种基于车辆移动方向的资源分配方法

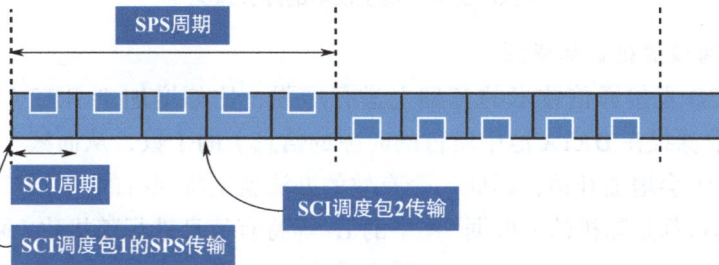

图 3-3-7　基于侦听的半静态资源占用（SPS）

此外，鉴于解码范围在一跳至两跳之间，隐藏节点仍然存在，会影响其判断。对于功率检测，UE 通过检测资源池中 DATA 相关功率来判断信道是否被占用。检测的三个测量值分别是接收到的 DATA 的总功率、DATA 的干扰功率和接收到的 SA 信号功率。接收到的 DATA 总功率越小，资源空闲的概率越高；DATA 的干扰功率越大，资源的信道环境越差；接收到的 SA 信号功率越大，距离发送信号的 UE 越近。虽然 UE 可以建立干扰地图（即每个资源块上的信号干扰水平），但无法预知下一时刻资源的占用情况。将两种资源分配方法结合则能克服各自的问题。

在 mode 4 的情况下，UE 通过 SA 和资源块的功率测量来确定可用资源。一旦选择了资源，就一直占用；一段时间后，如果存在事件触发的消息传输、数据报变大、广播周期变化、冲突（通过其他车辆的 SA 得知资源冲突）等情况，就重新选择资源；在 mode 3 模式下，可由基站进行调控，每个 UE 可在 SR 中增加位置信息，以及 UE 检测到的信道占用信息等，从而辅助 eNB 进行 SPS 调度；如果基站有新的控制指令，UE 会重新选择资源。

（3）基于侦听的冲突避免

UE 不停侦听控制信道（除去自己传输的子帧）。如果 UE 有数据报文传输，就在 [0，CW–1] 区间选择一个随机数当作计数器的值。随后，计算每个子帧中未被占用的子信道的个数，并将计数器的值减去这个数，作为新的计数器的值。如果计数器的值小于等于零，那么就在子帧中未被占用的子信道里随机选择进行传输。由于半双工的限制，不同 UE 的 SA 容易产生冲突，导致不同 UE 不知道对方占据了哪些资源，DATA 也可能产生冲突。因此，需要第三方车辆或基站辅助。如果第三方车辆检测到了多个 UE 的 SA 发生冲突（图 3-3-8 中的 UE4/UE5），则可在自己的 SA 中指明，这时这些 UE 随后会分别在 SA 资源池中重传自己的 SA。

图 3-3-8　基于侦听的冲突避免

（4）在时频域随机选择资源

在 R12-D2D 直接通信技术的基础上进行增强，比如增加 T-RPT（Time Resource Pattem，包含数据报在 DATA 池中所占的时隙的信息）的个数，从而减小冲突的概率。重新设计 T-RPT 会增加开销，因此一个有效的办法就是将现有的 T-RPT 重复，并且每个 T-RPT 的偏移都是随机的（根据 SA 中的 ID 等特有信息进行随机化，可减小开销）。

（5）将 SA 和 DATA 采用不同的关联方式

SA 资源池和 DATA 资源池是 TDM 的关系，PSCCH 的周期为 40ms。其中 PSCCH 占用 8ms，PSSCH 占用 32ms，如图 3-3-9 所示。

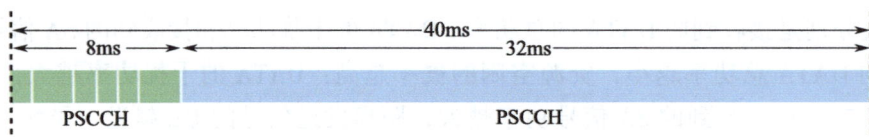

图 3-3-9　SA 资源池和 DATA 资源池是 TDM 关系

SA 资源池与 DATA 资源池是 FDMA 的形式，但不在同一子帧中传输，如图 3-3-10 所示；或 SA 和 DATA 在同一子帧中传输，SA 和 DATA 是相邻的（这种情况下发射功率峰均比 PAPR 低），SA 包含现在和随后的时隙所使用的资源，如图 3-3-11 所示。

（6）资源池共享

图 3-3-9 和图 3-3-10 中 PSCCH 与 PSSCH 是一一对应关系，不同 SA 资源池对应的 DATA 资源池无重叠。对于资源池共享的情况，多个 PSCCH 信道可对应同一块资源，如图 3-3-12 所示（红色虚线框为 PSCCH 对应的 PSSCH 信道）。对于单个资源池来说，所有用户的资源池边界都是相同的，此时随机化能力有限。对于多个资源池，PSSCH 资源池有重叠，边界并不一致。如图 3-3-12b、c 所示，多个资源池有基于 FDMA 的重

叠方式，也有基于 TDM 的重叠方式。采用多个资源池共享方式则可增加额外的随机化，且适用于优先级不同的应用。

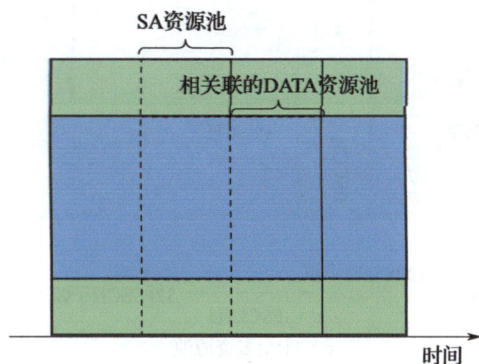

图 3-3-10　SA 资源池与 DATA 资源池是 FDMA 的形式

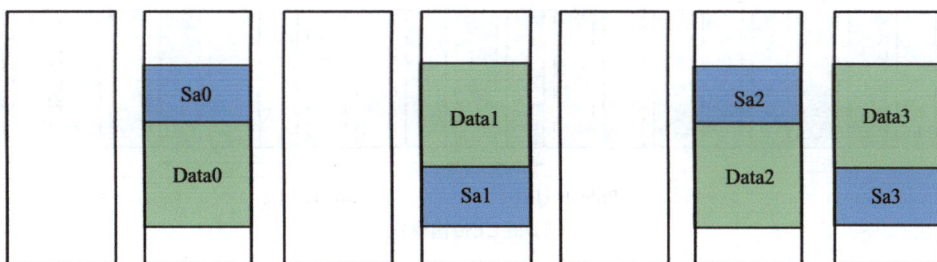

图 3-3-11　SA 和 DATA 在同一子帧中传输，SA 和 DATA 是相邻的

a）TDM单资源池

b）FDM多资源池

图 3-3-12　资源池控制

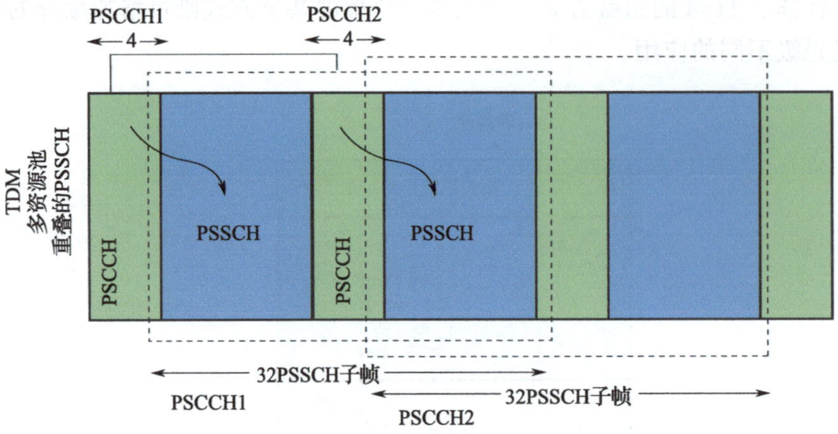

c）TDM多资源池

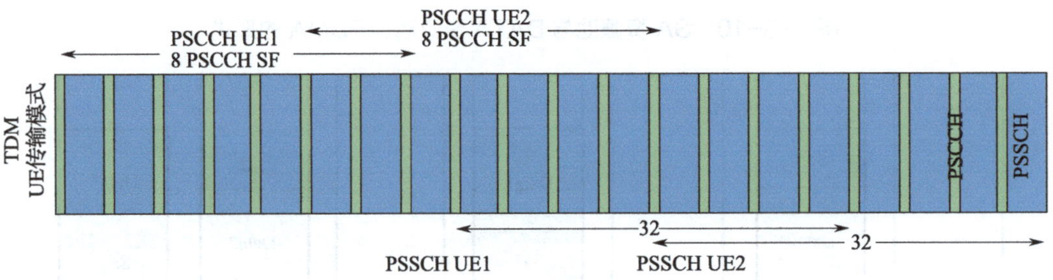

d）TDM UE传输模式

图 3-3-12　资源池控制（续）

4. 拥塞控制

在 V2X 通信中，拥塞一直是一个影响通信性能的关键问题，尤其是在城市路网场景下。在有限的通信带宽中，随着车辆密度的提高，拥塞问题会变得更为严重。在 3GPP 的 LTE-V2X 标准制定中，基于中心控制和分布式的拥塞控制机制可以显著提升高密度场景下接入系统的用户数。例如，当车辆使用 PC5 接口进行通信时，车辆通过对 PC5 载波频段的拥塞等级检测，之后自动调节传输参数来缓解拥塞状况，或者将报告发送至 eNB 来获得一个更合适的通信参数配置。

（二）基于 Uu 接口的增强技术

上述所介绍的资源分配和拥塞控制机制主要是对 PC5 接口进行了改进。此外，LTE-V2X 为了满足基于 Uu 接口 V2X 业务传输的需求，上行传输支持基于业务特性的多路半静态调度，在保证业务传输高可靠性需求的前提下可大幅缩减上行调度时延。下行传输针对 V2X 业务的通信特性，支持小范围的广播、低延时的单小区点到多点传输（SC-PTM）和多播 / 组播单频网络（MBSFN）。此外，LTE-V2X 支持核心网元本地化部署，并且针对 V2X 业务特性定义了专用服务质量（QoS）参数来保证业务传输性能。

在 3GPP 的技术报告中，列出了 Uu 接口的几个增强方向：在下行组播 / 单播方面，考虑增强多播 / 广播的基站组优化、基于 PDSCH/PMCH 的多播 / 广播传输；在上行单播方面，考虑 SPS 增强、上行调度请求（Scheduling Request，SR）增强。

具体到 V2V 服务中，Uu 传输有几个可能增强方向，如基于 UE 位置的 MBMS/SC-PTM 服务的增强、减少 MBSFN 延迟的需求和解决方案、支持跨运营商的部署等。

1. 下行增强

3GPP 确定了以下 Uu 接口的下行增强方向：

1）允许使用两种广播方式，即多播广播单频网（Multicast Broadcast Single Frequency Network，MBSFN）和单小区点对多点（Single Cell Point-To-Multipoint，SC-PTM）。

2）根据 UE 的地理位置信息改善 MBSFN/SC-PTM 的服务质量。

3）减少 MBSFN/SC-PTM 的时延。

4）支持跨运营商部署，UE 可以接收到不同运营商的下行广播信号。

5）多小区 /MBSFN 区域使用同一个 TMGI（Temporary Mobile Group Identity），或者每个位置都有不同的 TMGI。

6）基于解调参考信号（Demodulation Reference Signal，DMRS）的多传输节点（Transmission Point，TP）传输。

7）基于 DMRS 的单小区多播。

8）基于小区特定参考信号（Cell-specific Reference Signal，CRS）的 PDSCH/PDCCH 多 TP 传输。

9）基于 DMRS 的 PDSCH/EPDCCH 多 TP 传输。

10）使用正常的 CP（循环前缀）。

11）使用混合自动重传请求（Hybrid Automatic Repeat Quest，HARQ）反馈。

12）使用信道状态信息（Channel Status Information，CSI）反馈。

2. 上行增强

3GPP 的仿真结果表明，当采用较大的调度请求（Scheduling Request，SR）周期（大于 10ms）时，E-UTRAN 就不能够满足 V2V 的时延要求。因此，需要减小 SR 周期来满足 V2V 的时延要求。然而，减小 SR 周期会带来较大的上行开销，尤其是在车辆密度较高或者 Uu 接口与其他服务共享的情况下。

为减小上行开销，可采用上行半静态调度（Semi-Persistent Scheduling，SPS）。上行 SPS 在如下方面进行增强：

1）至少应该支持 100ms 和 1s 的 SPS 周期。

2）考虑到不同种类消息（BSM、CAM、DENM、VoIP 等）的特征，eNB 可配置多种 SPS 参数。

3）UE 可辅助 eNB 决定 SPS 周期。

4）当 UE 不再需要使用 SPS 资源时，UE 可以通过控制信令通知 eNB。

（三）子帧结构增强

由于车辆的移动速度较高，且可能工作在高频段（6GHz），因此不能直接沿用 LTE-D2D（主要针对静态或低速 UE）的帧结构。当车辆移动速度大时，会产生多普勒频移的现象，导致接收端频率发生变化，影响双方的通信。为此，3CPP 考虑使用数据解调参考信号（Demodultion Reference Signal， DMRS）来解决。DMRS 指的是基站用于信道估计和信道均衡的参考信号，上行 DMRS 与上行数据或信令在同一个无线资源块（Radio Block，RB）中传输，因此 eNB 能够获取数据传输带宽内的信息。DMRS 的增强方向目前有以下三种：

1）增加 DMRS 密度以减少 DMRS 序列之间的时间间隔。LTE-V2X 将 1 个子帧（1ms）中的 2 列 DMRS 增加到 4 列，使得导频密度在时域上增加，从而对抗快衰落信道，获得较好的信道估计性能。

2）减少载波以减低 DMRS 序列之间的时间间隔。LTE-V2V 将子载波间隔增加到 30kHz（LTE-A 中子载波间隔为 15kHz），从而对抗多普勒频率弥散。

3）增强 DMRS 结构以提高频率偏移补偿范围。

（四）同步技术

在 LTE-V2X 中，有 GNSS（Global Navigation Satellite System，全球导航卫星系统）、UE 自同步、eNB 三种同步源。在蜂窝移动通信系统中，基站是唯一的同步源；而在 C-V2X 系统中，由于 UE 或者 RSU 可以支持 GNSS 模块，它们能够直接获得 GNSS 信号，其定时和频率精度都比较高，可以作为同步参考源为附近其他节点提供必要的同步信息。基站覆盖范围内，由基站来配置 UE 是以基站还是以 GNSS 为同步源。当车辆 UE 能够直接接收来自 GNSS 的可靠信息，且 UE 没有检测出基站时，GNSS 同步源的优先级最高。如果基站覆盖范围内的所有 UE 都没有使用 GNSS，没有 GNSS 同步的 eNB 也可以作为 D2D 中的同步源。如果在 LTE-V2X 与 LTE-A 等蜂窝移动通信系统共享载波时，LTE-V2X 直通通信发送的信号可能对蜂窝移动通信网络的上行造成干扰，在该场景下仍考虑以基站作为同步源，基站还可通过广播的方式将基站与 CNSS 的时间偏差通知给 UE 进行调整补偿。同步优先级依次为 eNB 同步 GNSS、UE 同步 GNSS、UE 同步与 GNSS 同步的 eNB，以及其他所有 UE。基站覆盖范围外，则以 GNSS 的同步源优先级为最高。同步优先级用 0、1、2、3 等表示，如图 3-3-13 所示。

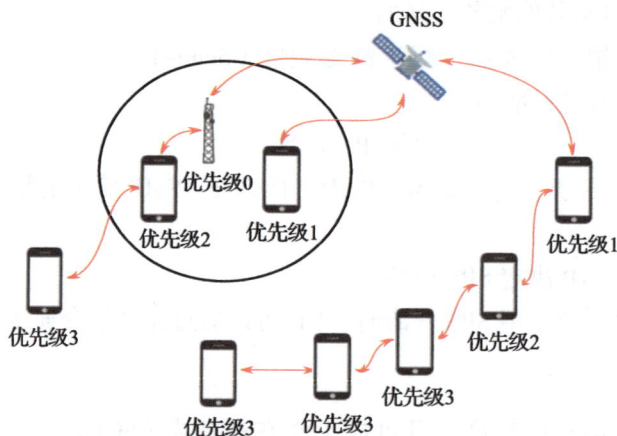

图 3-3-13　LTE-V2X 同步源优先级

引导问题 3

查阅相关资料，简述 LTE-V2X 应用的主要内容。

_____

_____

_____

LTE-V2X 应用

（一）3GPP 在 V2X 上的标准化进程

第三代合作伙伴计划（3rd Generation Partnership Project，3GPP）是一个由五大区域中七个主要成员组成的国际电信标准化发展协会，致力于满足区域通信标准服务的需求，同时促进国际通信标准服务间的互操作性。

3GPP 制定的第 14 版规范项目（R14）支持 V2X Over LTE/ 紧急定位。在 2014 年 9 月 9 日—12 日于苏格兰爱丁堡举行的第三代合作伙伴计划的国际标准会议上，韩国 LG 公司提出 RP-141381 之标准提案 Consideration of LTE-based V2X communication，该提案提出了使用长期演进（LTE）技术来支持车用无线通信系统的构想，其系统架构如图 3-3-14 所示。

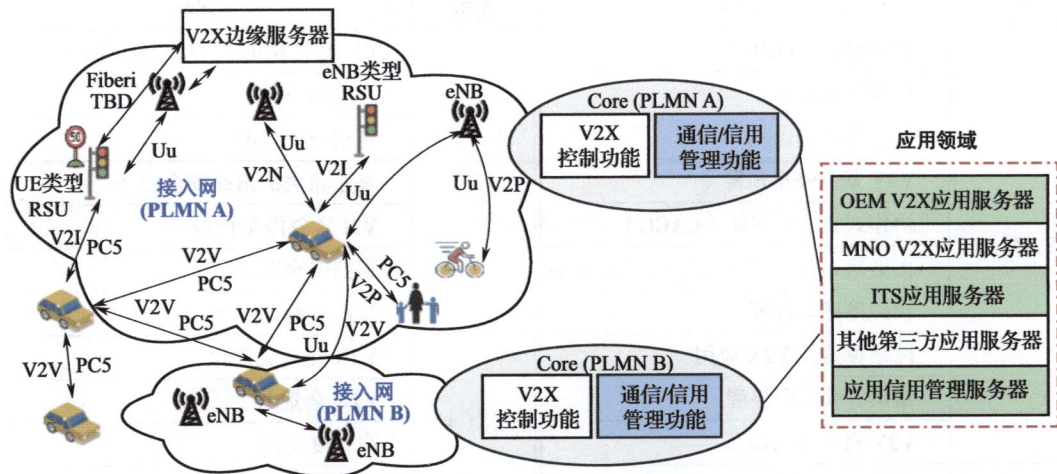

图 3-3-14　LTE-V2X 系统架构

该架构是面向未来智能交通系统（ITS）的一套整体解决方案，既可以支撑整车厂商（OEM）的应用服务，又可以承载电信运营商的应用服务，还能支撑 ITS 应用服务和其他第三方应用服务。

3GPP 已发布 LTE 支持 V2X 需求的技术报告，以及正式的需求规范；相关的架构、安全、空口方面的技术规范研制于 2016 年年中启动，此后 LTE-V2X 成为 3GPP 正式标准 Release 14 下的工作项目。3GPP 已于 2017 年 3 月完成 LTE-V2X 的标准制定工作。从 2018 年开始，随着 5G 的进一步发展，未来基于 5G New Radio（新空口）蜂窝移动通信网络的 V2X 被称为 NR-V2X。这些标准化工作旨在定义网联自动驾驶的网络架构及功能，同时制定统一的网联自动驾驶系统的接口规范。在未来，LTE-V2X 的标准化工作将不断推进，现有的技术报告也将不断有内容的扩充和版本的更新。

（二）3GPP 中定义的 V2X 应用场景

V2X 包括车对车（V2V）、车对基础设施（V2I）和车对行人（V2P），如图 3-3-15 所示。V2V 指的是用户设备（User Equipment，UE）在彼此接近时使用进化型的统一陆地无线接入网络（Evolved Universal Terrestrial Radio Acces Network， E-UTRAN）来交换 V2V 相关信息，通信方式主要是以广播为主。V2I 指的是车辆和 RSU（路侧单元）之间进行信息交换，当 RSU 为网络服务实体时，这种通信叫作 V2N。V2P 指的是 UE 在彼此接近时使用 R-UTRAN 来交换 V2P 相关信息。

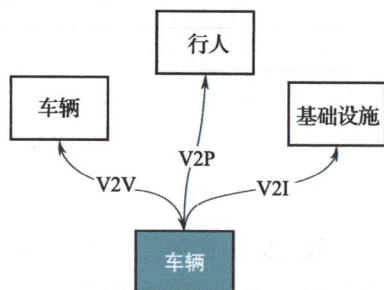

图 3-3-15　V2X 类型（V2V、V2I 和 V2P）

V2X 有很多应用场景，在 3GPP R14 SAI 中定义的 27 个 V2X 应用场景如表 3-3-1 所示。

表 3-3-1　3GPP R14 SAI 定义的 27 个 V2X 应用场景

类型	用例	类型	用例
V2V（10）	前碰预警（FCW）	V2I（7）	UE 类型 RSU 参与的 V2X 应用
	控制失效警告		自动泊车
	紧急车辆警告		弯道限速提醒
	V2V 紧急停车预警		基于路侧的道路安全服务
	协作式自适应巡航（CACC）		V2I 紧急停车预警
	由电信运营商控制的 V2X 消息传输		道路安全服务
	预碰撞感知告警		排队提醒
	网络覆盖外 V2X 应用	V2N（4）	V2N 交通流优化
	错误行驶方向提醒		V2N 全景图
	V2V 通信中的隐私		高精度定位
V2P（3）	行人碰撞预警	V2X（3）	远程诊断和实时修复通知
	行人穿越马路安全提醒		漫游时用于 V2X 访问
	弱势群体安全预警（VRU）		交通管理
			V2X 最小 QoS 服务

（三）V2X 应用需求

不同于传统的蜂窝移动通信技术标准，3GPP 在制定蜂窝移动通信架构下的 V2X 通信标准时需要考虑到车联网通信对于可靠性和实时性的需求。

1. 总体需求

总体需求涉及配置、跨运营商服务、优先级设置以及区域控制等。一些关键的

LTE-V2X 需求指标如表 3-3-2 所示。

表 3-3-2　LTE-V2X 需求指标

需求	指标
最大相对速度 /（km/h）	500
消息包的大小	周期性消息：50~300B 事件触发消息：最大 1200B
消息传输频率	最大 10Hz
最大延迟	某些 V2V 应用场景 20ms 某些 V2V/I/P 应用场景 100ms V2N 应用场景 1000ms
通信范围	用户 4s 反应时间的通信覆盖范围
消息接收可靠性	大于 90%

2. 特殊服务需求

（1）时延及可靠性需求

E-UTRAN（进化型的统一陆地无线网络）能以 100ms 的最大延迟在支持 V2V/V2P 的 UE 之间传输消息。对于特定用途（如预碰撞感知），E-UTRAN 应当能够以 20ms 的最大延迟在支持 V2V 的 UE 之间传输消息。此外，E-UTRAN 应能以 100ms 的最大延迟在支持 V21 的 UE 和 RSU 之间传输消息，并以不大于 1000ms 的端到端延迟在支持 V2N 的 UE 和应用服务器之间通过 3GPP 网络传输消息。此外，E-UTRAN 需要在应用层消息不重传的情况下，支持高可靠性。

（2）消息大小需求

E-UTRAN 应能以 50~300B 的可变消息长度（不包括安全相关消息）在支持 V2X 的 UE 间传输周期性广播消息，并且以不大于 1200B 的可变消息长度（不包括安全相关消息）在支持 V2X 的 UE 间传输事件触发型消息。值得注意的是 3GPP 在制定标准时，只考虑了基于消息特性（例如延迟、消息大小）的 V2X 服务 / 应用消息的传输，与消息类型无关。

（3）信息发送频率需求

假定 V2X 应用提供周期性或事件触发型的消息给 3GPP 运输层，E-UTRAN 应能支持每秒向每个 UE 或 RSU 发送 10 个消息。

（4）范围需求

E-UTRAN 应能支持给驾驶人充足反应时间（例如 4s）的通信范围。

（5）速度需求

在 V2V 中，无论 UE 是否在 E-UTRAN 覆盖范围内，支持 V2V 服务的 UE 均能够在最大相对速度为 280km/h 时相互传输消息。

在 V2P 中，无论 UE 是否在 E-UTRAN 覆盖范围内，支持 V2V 服务的 UE 和支持 V2P 服务的 UE 均能够在最大绝对速度为 160km/h 时相互传输消息。

在 V2I 中，无论 UE 和 RSU 是否在 E-UTRAN 覆盖范围内，支持 V2I 服务的 UE 和 RSU 均能够在最大绝对速度为 160km/h 时相互传输消息。

3. 安全需求

3GPP 网络应当为移动网络供应商（Mobile Network Operator，MNO）提供一种方法以向用户设备进行授权，使得 UE 在 E-UTRAN 服务范围内能够支持 V2X 通信。3GPP 网络应当为 MNO 提供一种方法（例如预授权）向用户设备（UE）进行授权，使得 UE 不在 E-UTRAN 服务范围内时也能够支持 V2X 通信。3GPP 网络应当为 MNO 提供一种方法（例如预授权）向用户设备（UE）进行授权，使得支持 V2X 应用的 UE 分别执行 V2N 通信。3GPP 网络应当支持 UE 匿名技术，以支持 V2X 应用及保护传输完整性。3GPP 网络通过确保在 V2X 应用要求的一段时间外，UE 不会被其他任何 UE 追踪或识别，以支持 V2X 的隐私性。受监管要求或者运营商政策要求，3GPP 系统应支持 UE V2X 通信的隐私性，以使得用户不能被第三方运营商追踪或识别。

> **❓ 引导问题 4**
>
> 查阅相关资料，简述 5G-V2X 的主要内容。
> _____
> _____
> _____

5G-V2X 概述

（一）5G-V2X 的定义

5G-V2X 是 5G 通信的 V2X 标准，也称作 NR-V2X。因 4G-LTE 技术设计之初并未充分考虑车联网技术，随着智能汽车迅速发展，4G-LTE 技术就显得不够用，因此 5G 通信在设计之初即将智能汽车的需求考虑进去，V2X 将是 5G 网络的主要功能之一，5G-V2X 能够融合 LTE-V2X 及 DSRC，为汽车提供更安全、更高效的运行能力。

（二）5G-V2X 与 LTE-V2X 对比

LTE-V2X 已经具备产业应用基础，而 5G-V2X（NR）标准尚在形成过程中。2017 年 3 月，第三代合作伙伴计划（the 3rd Generation Partnership Project，3GPP）已完成 LTE-V2X 国际标准化工作，工业和信息化部、国家标准化管理委员会联合印发了《国家车联网产业标准体系建设指南》系列文件，包括总体要求、智能网联汽车、信息通信、电子产品与服务及车辆智能管理等部分，提出通过强化标准化工作推动车联网产业健康可持续发展，促进自动驾驶等新技术、新业务加快发展。2018 年 11 月，国家制造强国建设领导小组车联网产业发展专项委员会召开了第二次全体会议，其间，全国汽车标准化技术委员会（NTCAS）、全国智能运输系统标准化技术委员会（ITS 标委会）、全国通信标准化技术委员会（SAC/TC 485）和全国道路交通管理标准化技术委员会（SAC/TC 576）共同签署了《关于加强汽车、智能交通、通信及交通管理 C-V2X 标准合作的框架协议》，四方同意将建立统筹协调的沟通交流机制，相互参与，共同开展标准研究制定，推动 C-V2X 等新一代通信技术在汽车领域、智能交通领域以及交通管理领域中的应用。LTE-V2X 及 5G-V2X（NR）国际标准研究进展如图 3-3-16 所示。

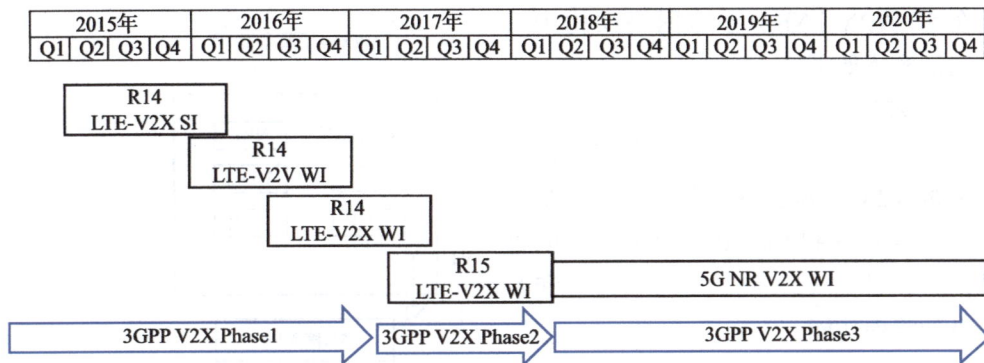

图 3-3-16　LTE-V2X 及 5G-V2X（NR）国际标准研究进展

（三）5G-V2X 的发展

V2X 的起源其实相当早，在国外也经历了相当长时间的发展，1999 年美国就已经开始了相关方面的研究，分配了 5.850~5.925 GHz 的通信频段给智能交通系统（ITS），从 2004 年开始，IEEE 开始基于 802.11 系列协议开发车用无线通信系统并提出了 DSRC 来命名这项基于 802.11 的车载无线通信技术，这是 V2X 第一个技术路线的起源。与此同时，日本也展开了对车联网技术的研究。1991 年，日本车辆信息与通信系统（VICS）中心正式成立，经过多年的发展，VICS 被认为是世界上最成功的道路交通信息提供系统。

2009 年起，车联网技术在国内开始快速发展在这个过程中，我国在 V2X 的实现路径上没有着重研究发展 DSRC，而是在 3GPP 的发展框架内正式将 V2X 纳入 LTE 技术，选择了基于 LTE 蜂窝移动通信网的 C-V2X（LTE-V2X）技术。

目前，智能汽车开始大规模快速发展，5G 网络的部署也逐渐完善，自动驾驶技术已经成为发展的热点与重点，而 V2X 更是智能汽车和智能交通的支撑技术之一，必将迎来更快速的发展。

> ❓ **引导问题 5**
>
> 查阅相关资料，简述 5G-V2X（NR）的网络架构。
> _____
> _____
> _____

5G-V2X（NR）网络架构

5G-V2X（NR）的参考网络架构如图 3-3-17 所示，相应参考接口的说明见表 3-3-3。

表 3-3-3　5G-V2X（NR）参考接口说明

参考接口	功能
V1	终端 V2X 应用与 V2X 应用服务器之间的参考接口
V5	不同终端 V2X 应用之间的参考接口
N1	5G 网络中从接入和移动性管理功能到 V2X 终端之间的参考接口

在 5G-V2X（NR）参考网络架构中，主要功能实体如下：

（1）V2X 应用服务器

V2X 应用服务器是位于蜂窝移动通信网之外的 V2X 管理实体，提供对全局 V2X 通信（包括 PC5 和 Uu）的策略和参数的管理功能，以及对 V2X 终端的签约信息和鉴权信息的管理功能。

（2）5G 核心网（5GC）

5G 核心网与 V2X 应用服务器连接，为覆盖范围内的 V2X 终端提供对 V2X 通信的策略和参数配置及签约信息和鉴权信息的管理功能。与 4G 核心网不同，5G 核心网采用了服务化架构，各个网络功能可以独

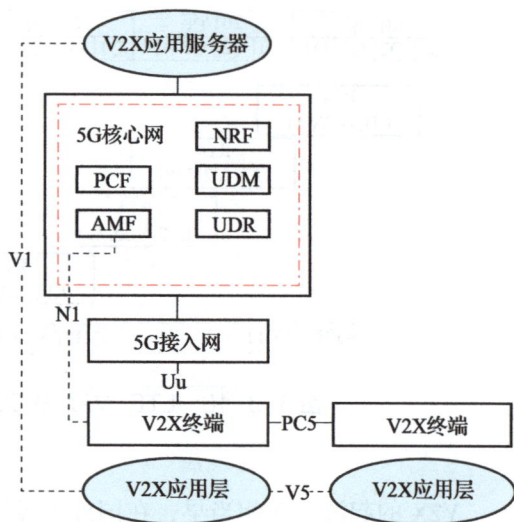

图 3-3-17　5G-V2X（NR）的参考网络架构

立演进和扩展，3GPP 在 NR-V2X 中将 4G 核心网中的 V2X 控制功能（VCF）放在 5G 核心网的策略控制功能（Policy Control Function，PCF）中。相应地对 5G 核心网的功能实体进行了扩展：

1）统一数据存储库（Unified Data Repository，UDR）功能扩展，用于存储 V2X 通信所有参数配置的数据库，可以根据 V2X 应用服务器的数据进行更新。

2）统一数据管理（Unified Data Management，UDM）功能扩展，用于 V2X 终端 PC5 接口通信的签约信息管理。

3）策略控制功能（PCF）扩展，用于 V2X 终端的鉴权信息管理以及 V2X 通信（PC5 和 Uu）的策略和参数管理，其中 PCF 通过 UDR 实现参数更新。

4）接入和移动性管理功能（AMF）扩展。一方面，根据 PCF 提供的 V2X 配置信息，给终端提供 PC5 接口通信的策略和参数配置信息；另一方面，根据 PCF 和 UDM 提供的信息，管理终端 PC5 接口签约和授权状态的上下文信息。

5）网络存储库功能（Network Repository Function，NRF）扩展，主要根据 V2X 终端能力上报的信息，选择和发现对应的 PCF 配置。

（3）V2X 终端

根据获取的 V2X 通信（PC5 和 Uu）的策略和参数配置信息，在 PC5 或者 Uu 接口上进行 V2X 通信。

V2X 终端获取 V2X 通信的鉴权、签约、策略配置和参数配置等信息的途径主要有 4 种，按照优先级从高到低排序，高优先级的信息可替代低优先级的信息。

1）通过 PCF 获取的 V2X 配置信息（N1 参考接口）。

2）通过 V2X 应用服务器获取的 V2X 配置信息（V1 参考接口）。

3）通过全球用户身份卡（Universal Subscriber Identity Module，USIM）中存储的信息获取 V2X 配置信息。

4）通过设备内预配置的信息获取 V2X 配置信息。

❓ 引导问题 6

查阅相关资料，简述 5G-V2X 的应用有哪些。

_____

_____

_____

5G-V2X 应用与需求

（一）感知扩展

1. 交通环境协同感知

车辆或 RSU 通过雷达、摄像头等感知设备感知交通环境，包括周边车辆、弱势道路使用者、物体、路况等，并通过 V2V/V2I 将其感知结果共享给其他车辆（图 3-3-18）。

通过感知信息的实时交互，扩展了车辆感知范围，丰富了车辆感知信息细节，可避免因车辆感知信息不足或感知盲区造成的交通危险。交通环境协同感知构建需求如下：

1）时延要求：≤100ms。

2）通信距离：≥200m。

3）消息频率：≥10Hz。

4）定位精度：≤1.5m。

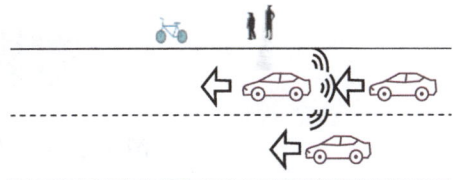

图 3-3-18　交通环境协同感知

2. 车道内位置调整

车辆感知周围车辆位置以及车道宽度、车道线等相关信息，发送给 RSU。RSU 根据自身感知的周边信息，结合接收到的车辆状态和车道信息，基于车辆间安全距离需求，计算各车辆在车道内的适当位置，并通过 V2I 通信将位置调整信息发送给车辆，如图 3-3-19 所示。车道内位置调整构建需求如下：

1）时延要求：≤100ms。

2）通信距离：≥200m。

3）消息频率：≥10Hz。

4）定位精度：≤0.5m。

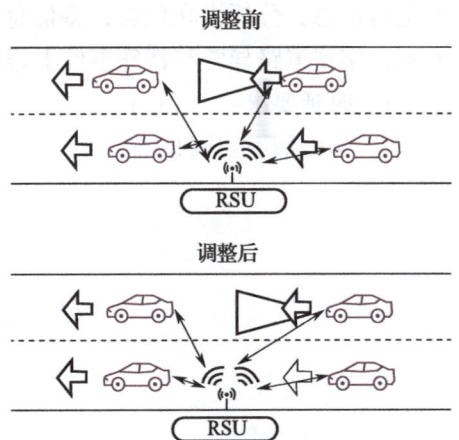

图 3-3-19　车道内位置调整

3. 特殊车辆的感知和避让

当装配 V2X 的特殊车辆处于任务状态时，它将发送道路预空请求（包含任务类型、目的地等信息）给 MEC 中的应用。路边的基础设施（如摄像头）可以将道路拥堵情况告知 MEC，在 MEC 中可以计算车道级的拥堵情况，并为特殊车辆计算出道路/车道的路径规划。MEC 将规划信息发送给特殊车辆，同时把道路预空消息发送给相关区域的所有其他车辆，包含道路和车道信息（图 3-3-20）。其他 V2X 车辆在收到相应的预空消息后，需要做出避让。对于非 V2X 车辆，MEC 可以通过控制红绿灯的状态（如放长绿灯通行时间）加速道路的清空，从而有效提速特殊车辆的通行，实现特殊车辆的感知和避让。需求如下：

1）时延要求：≤500ms。

2）消息频率：≥10Hz。

3）定位精度：≤1.5m。

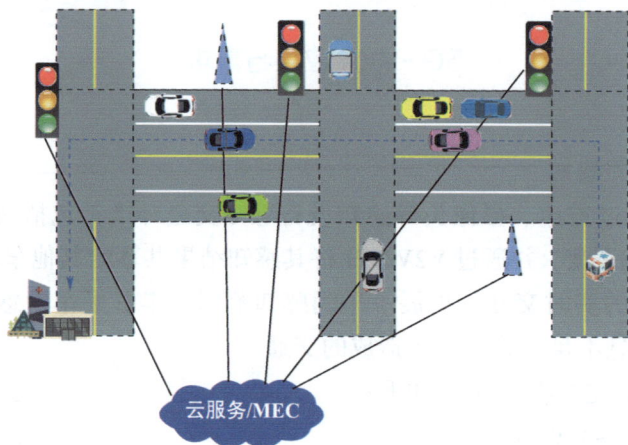

图 3-3-20　特殊车辆的感知和避让示意图

4. 道路异常与特殊事件上报

检测到路面障碍或者特殊交通事件的 V2X 车辆将路况上报至服务器，服务器对数据进行汇总，分析潜在危险，将信息发布给受影响区域的其他 V2X 车辆，如图 3-3-21 所示。实现道路异常与特殊事件上报功能需求如下：

1）时延要求：≤500ms。

2）定位精度：≤1.5m。

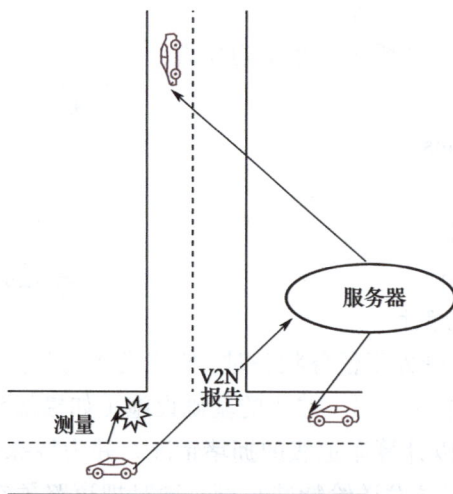

图 3-3-21　道路异常与特殊事件上报

（二）异常事件处理

1. 倒车出库碰撞预警

车辆 V1 准备倒车驶出停车位时，存在与侧面车道上行驶或行走的车辆 V2 和 VRU 产生碰撞的危险。

（1）有 RSU 参与，有两种可能的场景（图 3-3-22）

场景一：RSU 检测到 V1、V2 和 VRU 的位置、速度和方向，当发现存在碰撞风险时，向车辆和 VRU 发送警告信息。

场景二：OBU 根据车辆当前档位、发动机状态等，推测车辆行驶意图为倒车出库，并将该意图发送给 RSU（广播或单播），如果 RSU 判断车辆 V1 与 V2 或 VRU 存在碰撞危险，则向 V1 发送警告信息。

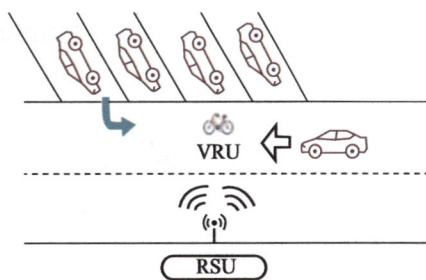

图 3-3-22　倒车出库碰撞预警示例

（2）无 RSU 参与

V1 广播倒车出库预警信息，VRU 或 V2 根据接收到的 V1 的状态信息和出库预警，如果发现存在碰撞风险时，向 V1 发送停止动作请求。V1 停止倒车出库，并发送确认信息。

实现倒车出库碰撞预警系统需求如下：

1）时延要求：≤100ms。

2）通信距离：≥200m。

3）定位精度：≤1.5m。

2. 车辆开门预警

车辆 A 停车后开启车门，存在与侧面车道上行驶或行走的车辆 B 和 VRU 产生碰撞的危险。RSU 检测到车辆和 VRU 的位置、速度和方向，当发现车门开启并可能与车辆或 VRU 发生碰撞时，向车辆和 VRU 发送预警如图 3-3-23 所示。无 RSU 参与时，车辆可通过 V2P/V2I 与 VRU 或其他车辆进行信息交互，避免发生意外。

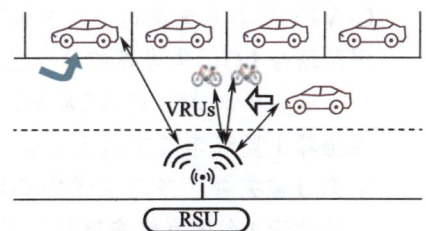

图 3-3-23　车门开启预警

实现车辆开门预警系统需求如下：

1）时延要求：≤100ms。

2）通信距离：≥200m。

3）定位精度：≤0.5m。

3. VRU 侧面通过预警

在狭窄道路上行驶时，车辆 V1 在与相邻车道逆向行驶的车辆 V2 会车，存在与侧面 VRU 产生碰撞的危险。RSU 检测车辆和 VRU 的位置、速度和方向，当发现存在碰撞风险时，向车辆和 VRU 发出预警。无 RSU 参与时，车辆之间、车辆与 VRU 之间通过 V2V 和 V2P 进行信息交互和协商，并通过加减速或左右方向调整等操作避免交通事故（图 3-3-24）。

实现 VRU 侧面通过预警系统需求如下：

1）时延要求：≤100ms。

2）通信距离：≥200m。

3）定位精度：≤0.5m。

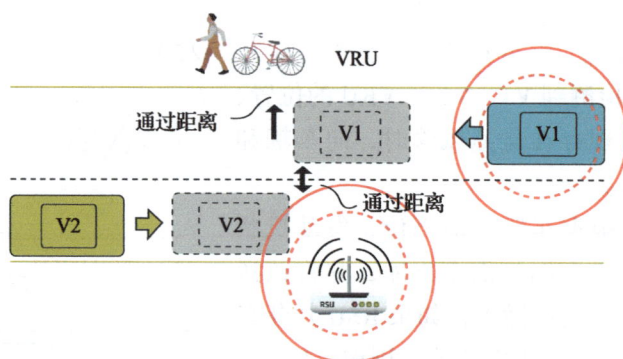

图 3-3-24　VRU 侧面通过预警

📖 **拓展阅读**

　　近年来，在国家制造强国建设领导小组车联网产业发展专项委员会的统筹协调推进下，我国车联网产业在关键技术攻关、标准体系构建、基础设施部署、应用服务推广、安全保障体系建设等方面取得了一系列显著成果。业界对于车联网产业的发展方向形成了高度共识，共同探索出了一条具有中国特色的新一代信息通信技术与汽车、交通运输等行业融合创新发展的实践之路。

　　2013 年 5 月 17 日，中国信科副总经理、总工程师、专家委主任，无线移动通信国家重点实验室主任，移动通信及车联网国家工程研究中心主任，IEEE Fellow 陈山枝博士在世界电信日首次提出 LTE-V2X 概念与关键技术，确立了 C-V2X 基本系统架构、技术原理和技术路线。2015 年开始，中国信科（原大唐）团队联合 LG、华为等相关企业在 3GPP 制定 C-V2X 国际标准。

　　近些年，我国 C-V2X 车联网产业取得重要进展。C-V2X 技术得到中、美等全球主要汽车与交通大国认可，成为全球事实车联网通信标准；C-V2X 产业生态日益完善，多厂家供货环境逐渐形成；我国车联网产业建设如火如荼，已支持建设 4 个国家级车联网先导区、16 个智能网联汽车测试示范区，16 个"双智"试点城市相继得到批复；我国已有 3500km 以上的道路实现智能化升级，20 余个城市和多条高速公路完成了 LTE-V2X 路侧通信单元的部署；C-V2X 技术得到汽车工业界认可，十几家车企发布了具备 C-V2X 技术的量产车型。2022 年 4 月，中汽中心发布的《C-NCAP 路线图（2022—2028）》认可使用 C-V2X 技术实现主动安全场景。

　　在具体技术部分，2021 年，中信科智联（原大唐高鸿智联）率先开展网联式 ADAS 研发工作，将 C-V2X 与摄像头、雷达等感知信息进行融合，并在业界首次成功研发了网联式 ADAS 域控制器。这对保障汽车产业核心部件的国产化供应链安全、占据未来智能网联汽车制高点有重要意义。

当下，我国新能源汽车在全球竞争中变道超车，智能网联汽车将成为下半场竞争决胜的关键已经成为行业共识。未来，依托我国主导的 C-V2X 技术，完善的技术标准、产品、解决方案和测试验证体系，中国模式的车路云一体化融合发展体系架构已经形成。

任务分组

学生任务分配表

班级		组号		指导老师	
组长		学号			
组员	姓名：_____　学号：_____ 姓名：_____　学号：_____ 姓名：_____　学号：_____ 姓名：_____　学号：_____		姓名：_____　学号：_____ 姓名：_____　学号：_____ 姓名：_____　学号：_____ 姓名：_____　学号：_____		
任务分工					

工作计划

按照前面所了解的知识内容和小组内部讨论的结果，制定工作方案，落实各项工作负责人，如任务实施前的准备工作、实施中主要操作及协助支持工作、实施过程中相关要点及数据的记录工作等。

工作方案表

步骤	作业内容	负责人
1		
2		
3		
4		
5		
6		

进行决策

1. 各组派代表阐述资料查询结果。

2. 各组就各自的查询结果进行交流，并分享技巧。

3. 教师结合各组完成的情况进行点评，选出最佳方案。

任务实施

移动蜂窝 V2X 通信技术应用认知	
记录	完成情况
1. 利用互联网查阅资料，总结 LTE-V2X 与 5G-V2X 的技术特点	已完成□ 未完成□
2. 查阅教材资料，完成下列关于 5G-V2X（NR）的网络架构图	已完成□ 未完成□

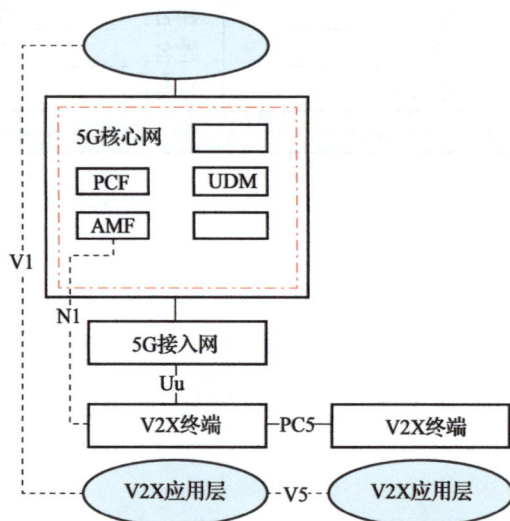

6S 现场管理			
序号	操作步骤	完成情况	备注
1	建立安全操作环境	已完成□ 未完成□	
2	清理及整理工具量具	已完成□ 未完成□	
3	清理及复原设备正常状况	已完成□ 未完成□	
4	清理场地	已完成□ 未完成□	
5	物品回收和环保	已完成□ 未完成□	
6	完善和检查工单	已完成□ 未完成□	

评价反馈

1. 各组代表展示汇报 PPT，介绍任务的完成过程。

2. 以小组为单位，请对各组的操作过程与操作结果进行自评和互评，并将结果填入综合评价表中的小组评价部分。

3. 教师对学生工作过程与工作结果进行评价，并将评价结果填入综合评价表中的教师评价部分。

综合评价表

姓名		学号		班级		组别	
实训任务							
评价项目		评价标准				分值	得分
小组评价	计划决策	制定的工作方案合理可行，小组成员分工明确				10	
	任务实施	能够正确认知 LTE-V2X 特点				20	
		能够正确认知 5G-V2X 特点				20	
		通过上网查阅资料，整理 LTE-V2X 常见应用场景				10	
	任务达成	能按照工作方案操作，按计划完成工作任务				10	
	工作态度	认真严谨、积极主动、安全生产、文明施工				10	
	团队合作	与小组成员、同学之间能合作交流、协调工作				10	
	6S 管理	完成竣工检验、现场恢复				10	
		小计				100	
教师评价	实训纪律	不出现无故迟到、早退、旷课现象，不违反课堂纪律				10	
	方案实施	严格按照工作方案完成任务实施				20	
	团队协作	任务实施过程互相配合，协作度高				20	
	工作质量	完成 5G-V2X（NR）的网络架构图绘制以及特点总结				20	
	工作规范	操作规范，三不落地，无意外事故发生				10	
	汇报展示	能准确表达、总结到位、改进措施可行				20	
		小计				100	
综合评分		小组评分 ×50%+ 教师评分 ×50%					
总结与反思							

（如：学习过程中遇到什么问题→如何解决的 / 解决不了的原因→心得体会）

能力模块四

对车联网数据采集与处理技术的认知

任务一　了解车内网数据采集技术的应用

学习目标

- 了解 CAN 总线与以太网数据采集。
- 熟悉蓝牙技术的定义与特点。
- 熟悉 WiFi 技术的定义与特点。
- 熟悉 RFID 技术的定义与特点。
- 能够简述蓝牙、WiFi、RFID 技术在汽车上的应用。
- 具有利用信息手段查阅相关资料的能力。
- 具有分析问题、解决问题和再学习的能力。
- 具有良好的团队精神和较强的表达沟通、协调组织能力。
- 具有认真负责的职业态度和良好的职业道德。

知识索引

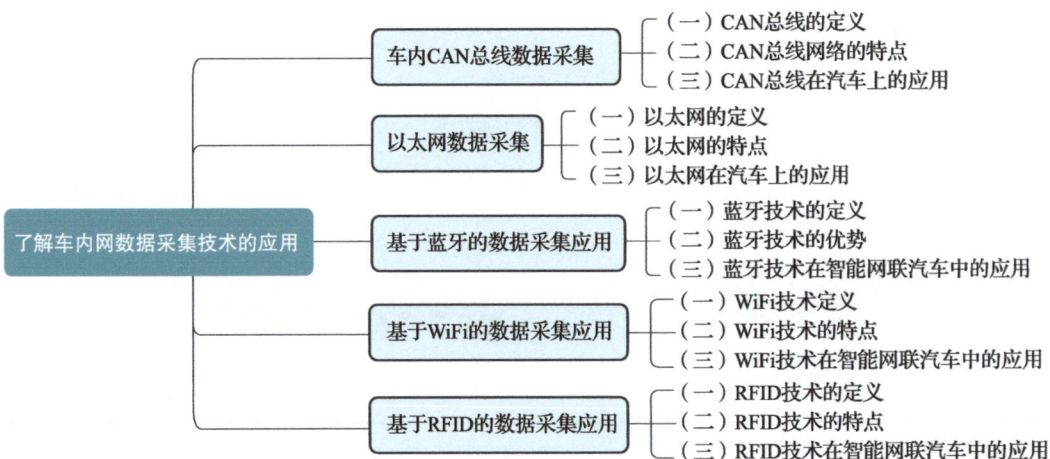

📖 情境导入

　　无线通信技术是车联网技术的核心组成部分之一，在各种无线传输技术的支持下，数据可以在服务器的控制下进行交换，实现业务数据的实时传输，并通过指令的传输实现对网内车辆的实时监测和控制。作为车联网数据测试人员，主管要求你在某次项目中完成车内网的数据采集工作。因此你需要了解 CAN、以太网的通信原理，并实现基于蓝牙、WiFi、RFID 的通信功能。

🔍 获取信息

❓ 引导问题 1

　　查阅相关资料，简述 CAN 总线数据采集的特点。

_____

_____

_____

车内 CAN 总线数据采集

（一）CAN 总线的定义

　　CAN 是控制器局域网的简称，是德国博世公司在 1985 年时为了解决汽车上众多测试仪器与控制单元之间的数据传输问题而开发的一种支持分布式控制的串行数据通信总线。目前，CAN 总线已经是国际上应用最广泛的网络总线之一，它的数据信息传播速率最大为 1Mbit/s，属于中速网络，通信距离（无须中继）最远可达 10km。

（二）CAN 总线网络的特点

　　CAN 总线采用双绞线作为传输介质，媒体访问方式为位仲裁，是一种多主总线。CAN 总线为事件触发的实时通信网络，其总线仲裁方式采用基于优先级的带冲突检测的载波监听多路访问（CSMA/CD）法。CAN 总线具有以下特点。

　　（1）多主控制

　　多主控制是指在总线空闲时，所有的单元都可开始发送消息；最先访问总线的单元可获得发送权（CSMA/CA 方式）；多个单元同时开始发送时，发送高优先级 ID（标识符）消息的单元可获得发送权。

　　（2）消息具有优先级

　　在 CAN 协议中，所有的消息都以固定的格式发送。总线空闲时，所有与总线相连的单元都可以开始发送新消息。两个以上的单元同时开始发送消息时，根据 ID 决定优先级。ID 并不是表示发送的目的地址，而是表示访问总线的消息的优先级。两个以上的单元同时开始发送消息时，对各消息 ID 的每个位进行逐个仲裁比较，仲裁获胜（被判定为优先级最高）的单元可继续发送消息，仲裁失败的单元则立刻停止发送而进行接收工作。

（3）系统的柔软性

与总线相连的单元没有类似于"地址"的信息，因此在总线上增加单元时，连接在总线上的其他单元的软硬件及应用层都不需要改变。

（4）速度快、距离远

当通信距离小于40m时，CAN总线的传输速率可以达到1Mbit/s。通信速度与通信距离成反比，当通信距离达到10km时，CAN总线的传输速率仍可达到约5kbit/s。

（5）可发送远程数据请求

可通过发送"遥控帧"请求其他单元发送数据。

（6）具有错误检测、通知和恢复功能

错误检测功能是指所有的单元都可以检测错误，错误通知功能是指正在发送消息的单元一旦检测出错误，会强制结束当前的发送，并立即同时通知其他所有单元；错误恢复功能是指强制结束发送的单元会不断地重新发送此消息，直到消息成功发送为止。

（7）可隔离故障

CAN总线可以判断出错误的类型是总线上暂时的数据错误（如外部噪声等）还是总线上持续的数据错误（如单元内部故障、驱动器故障或断线等）。因此，当总线上发生持续的数据错误时，可将引起此故障的单元从总线上隔离出去。

（8）多单元连接

CAN总线可以同时连接多个单元，理论上可连接的单元总数是没有限制的。但实际上，可连接的单元数受总线上的时间延迟及电气负载限制。因此可连接的单元数增加，传输速率偏低；可连接的单元逐渐减少，传输速率提高。

总之，CAN总线具有实时性强、可靠性高、传输速率快、结构简单、互操作性好、总线协议具有完善的错误处理机制、灵活性高和价格低廉等特点，在汽车上已经得到广泛的应用。

（三）CAN总线在汽车上的应用

汽车CAN总线有两条：一条是用于动力驱动系统的高速CAN总线，速率达到500kbit/s；另一条是用于车身系统的低速CAN总线，速率为100kbit/s。高速CAN总线主要连接发动机、自动变速器、ABD/ASR以及ESP等对通信实时性有较高要求的系统；低速CAN总线主要连接灯光、电动车窗、自动空调及信息展示系统等，多为低速电动机和开关量器件，对实时性要求较低且数量众多（图4-1-1）。不同速度的CAN总线之间通过网关连接。对汽车CAN总线上的信号进行采集时，需要确定所采集的信号处于哪个CAN中，以便于设置合适的CAN通道速率。

？ 引导问题2

查阅相关资料，简述以太网数据采集的特点。

_____

_____

_____

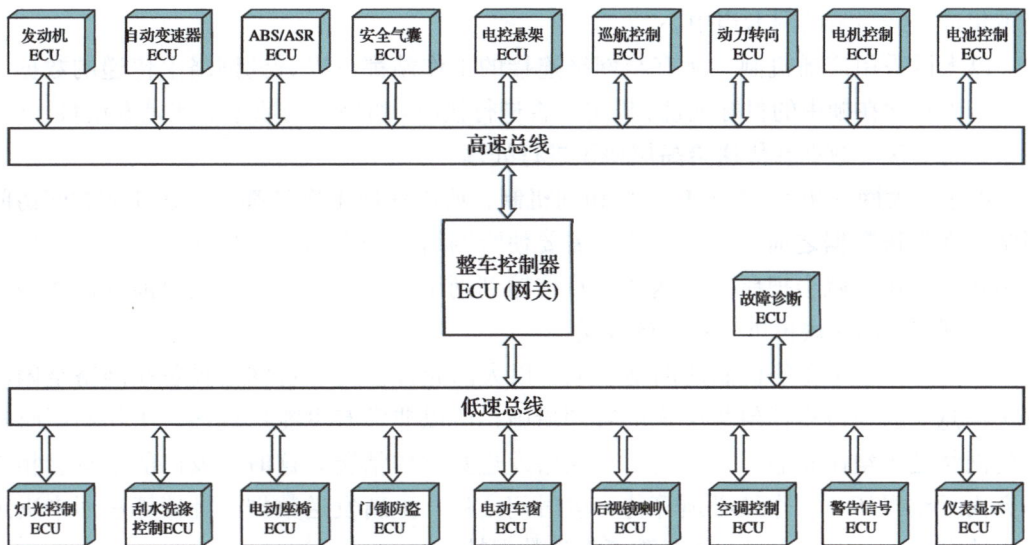

图 4-1-1　CAN 总线在汽车上的应用实例

以太网数据采集

（一）以太网的定义

以太网是由 Xeros 公司开发的一种基带局域网技术，使用同轴电缆作为信号载体，采用带冲突检测的载波监听多路访问（CSMA/CD）机制，数据传输速率可达到 10Mbit/s。虽然以太网由 Xeros 公司早在 20 世纪 70 年代最先研制成功，但是如今以太网一词更多地被用来指各种采用 CSMA/CD 技术的局域网。

以太网被设计用来满足非持续性网络数据传输的需要，而 IEEE 802.3 规范则是基于最初的以太网技术于 1980 年制定。以太网 2.0 由 Digital Equipment Corporation、Intel 和 Xeros 三家公司联合开发，与 IEEE 802.3 规范相互兼容。

以太网结构示意如图 4-1-2 所示。

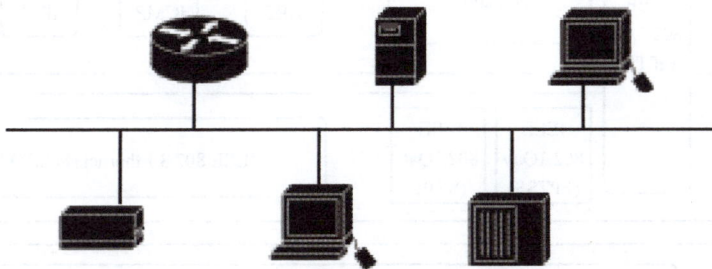

图 4-1-2　以太网结构示意图

（二）以太网的特点

以太网/IEEE 802.3 通常使用专门的网络接口卡或通过系统主电路板上的电路实现。以太网使用收发器与网络媒体进行连接。收发器可以完成多种物理层功能，其中包括对网络冲突进行检测。收发器可以作为独立的设备通过电缆与终端站连接，也可以直接被集成到终端站的网卡当中。

以太网采用广播机制，所有与网络连接的工作站都可以看到网络上传递的数据。通过查看包含在帧中的目标地址，确定是否进行接收。如果证明数据确实是发给自己的，工作站将会接收数据并传递给高层协议进行处理。

由于以太网采用 CSMA/CD 媒体访问机制，所以任何工作站都可以在任何时间访问网络。在发送数据之前，工作站首先需要侦听网络是否空闲，如果网络上没有任何数据传送，工作站就会把所要发送的信息传输到网络中。否则，工作站只能等待网络下一次出现空闲的时候再进行数据的发送。

作为一种基于竞争机制的网络环境，以太网允许任何一台网络设备在网络空闲时发送信息。因为没有任何集中式的管理措施，所以非常有可能出现多台工作站同时检测到网络处于空闲状态，进而同时向网络发送数据的情况。这时，发出的信息会相互冲突而导致损坏。工作站必须等待一段时间之后，重新发送数据。补偿算法用来决定发生冲突后，工作站应当在何时重新发送数据帧。

（三）以太网在汽车上的应用

车载以太网在车内主要应用在对带宽需求较高的系统上（图 4-1-3），如高级驾驶辅助系统（ADAS）、车载诊断系统（OBD）以及车载信息娱乐系统等。与传统的车载网络不同，车载以太网可以提供带宽密集型应用所需的更高数据传输能力，未来将在车内具有广泛的应用前景。

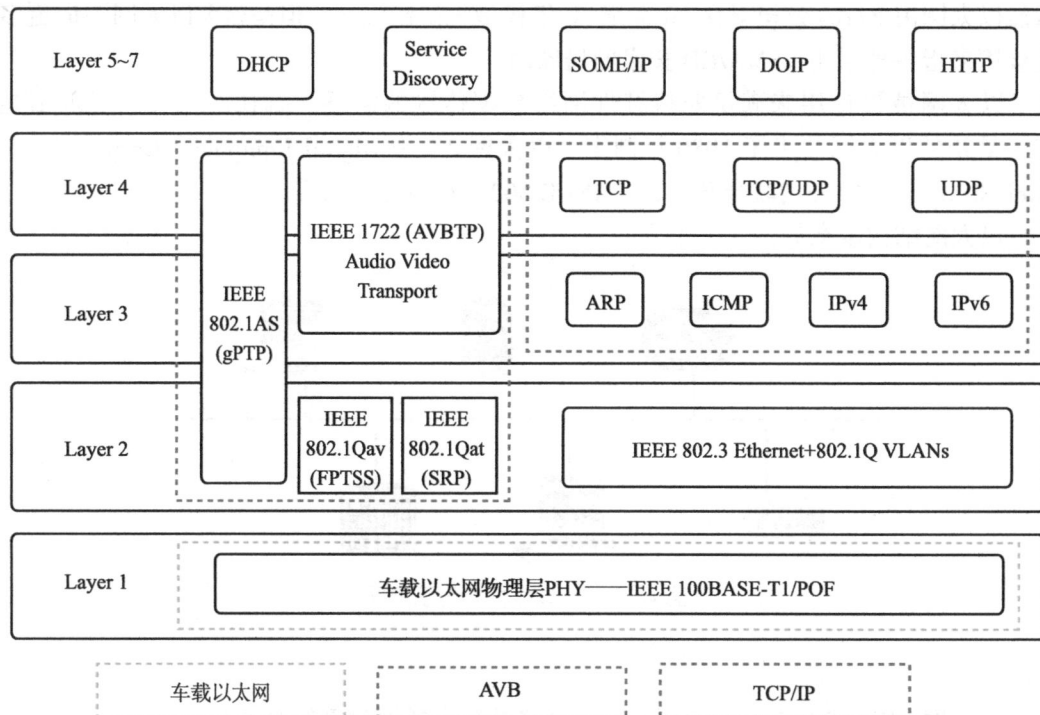

图 4-1-3　车载以太网系统

❓ 引导问题3

　　查阅相关资料,并扫描二维码观看蓝牙通信与数据采集效果,对蓝牙通信有初步认知。请简述蓝牙技术特点和数据传输形式。

_____

_____

_____

蓝牙模块配对
与通信

基于蓝牙的数据采集应用

(一)蓝牙技术的定义

　　蓝牙技术是由爱立信(Ericsson)、诺基亚(Nokia)、东芝(Toshiba)、国际商用机器公司(IBM)和英特尔(Intel)于1998年5月联合发布的一种无线通信技术。

　　蓝牙技术是一种支持设备短程通信(一般10m以内)的无线电技术,能在包括移动电话、掌上电脑、无线耳机、便携式计算机、智能汽车、智能家居等多种智能设备之间进行无线信息交互。蓝牙技术可以有效地简化移动通信终端设备之间的通信,也可简化设备与Internet之间的通信,使数据通信更加迅速高效。

(二)蓝牙技术的优势

　　(1)通用性极强

　　蓝牙工作在2.4GHz的ISM频段,全球大多数国家ISM频段的范围是2.4~2.4835GHz。使用该频段无需向各国的无线电资源管理部门申请许可证。

　　(2)可同时传输语音和数据

　　蓝牙采用电路交换和分组交换技术,支持异步数据信道、三路语音信道以及异步数据与同步语音同时传输的信道。每个语音信道的数据速率为64kbit/s,语音信号编码采用脉冲编码调制(PCM)或连续可变斜率增量调制(CVSD)方法。当采用非对称信道传输数据时,速率最高为342.6kbit/s。蓝牙有两种链路类型,分别是异步无连接(ACL)链路和同步面向连接(SCO)链路。

　　(3)可以建立临时性的对等连接

　　根据蓝牙设备在网络中的角色,可分为主设备(Master)与从设备(Slave)。主设备是组网连接主动发起连接请求的蓝牙设备,几个蓝牙设备连接成一个皮网(Piconet)时,其中一个为主设备,其余的均为从设备。皮网是蓝牙最基本的一种网络形式,最简单的皮网是一个主设备和一个从设备组成的点对点的通信连接。通过时分复用技术,一个蓝牙设备便可以同时与几个不同的皮网保持同步,具体来说,就是该设备按照一定的时间顺序参与不同的皮网,即某一时刻参与某一皮网,而下一时刻参与另一个皮网。

　　(4)抗干扰能力强

　　工作在ISM频段的无线电设备有很多种,例如微波炉、WLAN等产品,为了抵抗这些设备产生的干扰,蓝牙采用了调频的方式来扩展频谱。设备在某个频点(将2.402~2.48GHz频段分为79个频点,相邻频点间隔1MHz)发送,可有效避免设备产生干扰。

（5）体积小

蓝牙模块体积很小，嵌入式蓝牙设备的体积更小。例如 SKYLAB 推出的蓝牙 5.0 模块 SKB501，其尺寸仅为 $17.4mm \times 13.7mm \times 1.0mm$。

（6）功耗低

蓝牙设备在通信连接（Connection）状态下，有四种工作模式：激活（Active）模式、呼吸（Sniff）模式、保持（Hold）模式和休眠（Park）模式。激活模式是正常的工作状态，另外三种模式是为了节能所规定的低功耗模式。

（7）开放的接口标准

蓝牙技术联盟（SIG）为了推广蓝牙技术的应用，将蓝牙的技术标准全部公开，全世界范围内的任何单位和个人都可以进行蓝牙产品的开发，只要最终通过 SIG 的蓝牙产品兼容性测试，就可以推向市场。

（8）成本低

随着市场需求的扩大，各个供应商纷纷推出自己的蓝牙芯片和模块，蓝牙产品价格逐渐下降。

（三）蓝牙技术在智能网联汽车中的应用

作为一种短距离无线通信技术，蓝牙技术在汽车领域得到了广泛应用。随着汽车智能化的不断发展，蓝牙技术在应用广泛性、传输准确性、使用安全性等方面也有了进一步的改善，凭借使用简单、安全性强、无烦琐安装以及轻量化前期投入等优势在车联网领域也有了诸多应用场景。目前，蓝牙技术在智能汽车上的应用主要有蓝牙车载电话、车载蓝牙娱乐系统、车载蓝牙自诊断技术、汽车蓝牙防盗系统等。

1）蓝牙车载电话：通过蓝牙无线访问用户手机 SIM 卡识别其中的信息（包括手机电话号码、电话卡服务商、用户 ID、手机存储联系人、短信等）并自动登录电话卡运营商网络，方便用户在接听或拨打电话时直接使用车载电话，提升驾驶安全性。

2）车载蓝牙娱乐系统：在车载台一体机上通过蓝牙传输实现图片、音频、视频及文件的播放和显示，增强用户与车辆的交互功能。

3）车载蓝牙自诊断技术：将汽车自诊断功能通过蓝牙传输给具备蓝牙功能的智能手机，用户可以在智能手机页面快速接收汽车故障信号，方便对车辆进行故障诊断。

4）汽车蓝牙防盗系统：将手机蓝牙与车载蓝牙进行匹配，通过手机 APP 实现车门上锁和车门解锁功能。同时，可通过蓝牙控制发动机起动电路的通断，实现汽车发动机防盗。

为了让读者在实操过程中理解蓝牙技术在智能汽车上的应用，本书实训操作将作进一步的简化，主要是采用车联网通信测试实训箱中基于 BLE 的蓝牙模块进行学习（图 4-1-4），通过蓝牙模块配对、通信实训帮助读者对蓝牙技术应用有进一步了解。

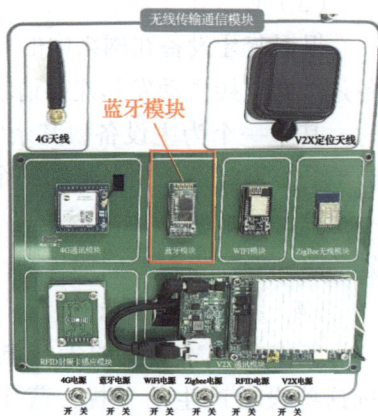

图 4-1-4　蓝牙模块

该模块基于蓝牙通信原理，可以在配套的软件系统中控制实训箱中的小车行进，还可以控制显示温湿度、控制小车转向及车轮转速，同时两个蓝牙模块之间可以进行配对以实现远程控制与信息传递，可以将一辆小车的情况通过蓝牙模块传送至另一小车，实现无线传输。该技术使用蓝牙 5.0 协议，有效传输距离约为 300m，传输数据的最大速率可达 2Mbit/s，广播模式的信息容量可达 255B 并且功耗较低。

以下为应用的几种场景：

1）前方发生交通事故，通过蓝牙模块向后车发送该信息警示后车。

2）在日常停车时，通过蓝牙模块传递距离信息来辅助停车。

> **❓ 引导问题 4**
>
> 　　查阅相关资料，并扫描二维码观看 WiFi 通信与数据采集的实训视频，了解 WiFi 在现实中是如何通信的，请简述 WiFi 两个不同频段的区别以及实际通信过程。
>
> _____
>
> _____
>
> _____
>
> Wi-Fi 模块
> 认知与配对

基于 WiFi 的数据采集应用

（一）WiFi 技术的定义

WiFi 是一种可以将个人计算机、手持设备（如 iPad、手机）等终端以无线方式互相连接的技术，该技术是以 IEEE 802.11 标准为基础发展起来的标准无线局域网技术。随着技术的发展以及 IEEE 802.11a、IEEE 802.11g、IEEE 802.11n 等标准的出现，现在 IEEE 802.11 这个标准被统称为 WiFi 技术。WiFi 技术当前分为 2.4GHz 和 5.0GHz 两个频段，其区别如下。

（1）属性区别

2.4GHz 信号频率低，在空气或障碍物中传播衰减较小，传输距离更远，由于家电、无线设备大多使用 2.4GHz 的频段，因此该频率下的无线设备较多，使用环境较为拥挤，干扰较大。5.0GHz 信号频率较高，带宽大、稳定性好，连接多个设备时不会出现信道拥挤、外设掉线的情况，但由于其频率较高，在空气或障碍物中传播衰减较大，因此覆盖距离比 2.4GHz 小。

（2）支持设备数量的区别

2.4GHz 的频率大多数移动设备及无线网卡都支持，5.0GHz 是近几年兴起的 WiFi 频段，支持该场景的设备相对 2.4GHz 频段的设备少。

（3）频率设备区别

双频无线路由器可同时在 2.4GHz 和 5.0GHz 的频率下工作，而单频无线路由器只能在 2.4GHz 的频率下工作。

（二）WiFi 技术的特点

（1）覆盖范围大

WiFi 的覆盖半径可以达到数百米，而且解决了高速移动时数据纠错问题和误码问题，WiFi 设备与设备、设备与基站之间的切换和安全认证都得到了解决。

（2）传输速率快

WiFi 的不同版本传播速率不同，基于 IEEE 802.11n 的传播速率可以达到 600Mbit/s。

（3）健康安全

IEEE 802.11 规定的发射功率不可超过 100mW，实际发射功率为 60~70mW，辐射非常小。

（4）不需要布线

WiFi 可以不受布线条件的限制，不需要网格布线，适合移动设备。

（5）组网容易

只要在需要的地方设置接入点，并通过高速线路将互联网接入，用户只需将支持无线局域网的设备拿到该区域，即可接入互联网。

WiFi 技术同样实现了与蜂窝移动通信的融合。WiFi 具有高速数据传输的特点，可以弥补蜂窝移动通信传输速率受限的不足；同样，蜂窝移动通信网络具有覆盖广的特点，能够帮助 WiFi 进行多接入切换。

（三）WiFi 技术在智能网联汽车中的应用

在目前的智能网联汽车应用方面，WiFi 技术大多数应用于车载影音系统，可以通过 WiFi 的高速传输特性实现智能手机端与车载影音系统的同步互联操作，除了具备传统的视频播放、车载导航功能之外，还可以实现同屏传送、WiFi 网络登录、网络下载等移动互联功能。此外，联网的车辆可以安装 WiFi 系统，连接车载仪表设备和通信设备，让整个汽车变成一个可移动的"WiFi 热点"，不仅能在车载显示屏上看到相关数据，还可在其他移动设备上远程查看车辆的状态信息。此外，车载 WiFi 技术通过搭建移动热点，可在不依赖蜂窝设备的情况下，实现与网络的连接。在未来，随着千兆网速率标准的不断发展，WiFi 技术在 V2X 通信和无人驾驶领域中发挥的作用将越来越强大。

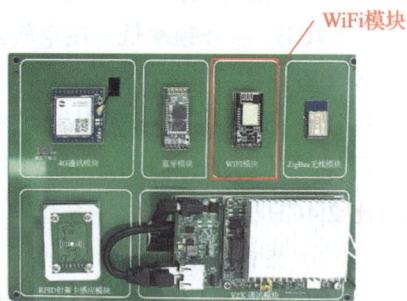

图 4-1-5 车联网通信测试实训箱中的 WiFi 通信模块

本书介绍的 WiFi 技术实际应用主要是基于车联网通信测试实训箱中的 WiFi 通信模块，如图 4-1-5 所示。

该系统中采用的 WiFi 模块型号是 ESP-M2（图 4-1-6），WiFi 模式为透传模式，默认 IP 地址为 192.168.4.1。

该模块相关特点与技术指标如下：

1）供电电压：4.5~6.0V，TTL 电压：3.3V（可兼容 5.0V）。

2）引出管脚：STATE、TXD、RXD、EN。

3）平均电流：80mA（WiFi 数据发送时 170mA，深度睡眠模式下 20μA）。

4）支持可再编程，OTA 固件升级。

5）支持通过 AT 指令查看状态。

6）内置模式为：AP、STA、AP+STA。

7）串口支持设置速率、数据位、奇偶校验、停止位、分包时间。

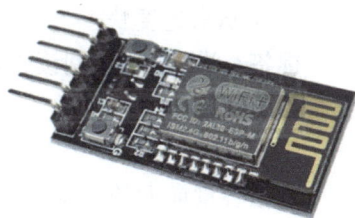
图 4-1-6　ESP-M2 WiFi 模块产品图

8）支持的串口速率为 300~3686400bit/s。

利用 WiFi 通信原理，在实际应用中可以在配套的车联网通信测试系统中控制实训箱中的小车行进，还可以控制显示温湿度、小车转向及车轮转速，同时两个 WiFi 模块之间可以进行配对以实现远程控制与信息传递，可以将一辆小车的情况通过 WiFi 模块传送至另一小车，实现无线传输，帮助读者从实际出发学习车联网通信技术。

以下为应用的几种场景：

1）前方发生交通事故，通过 WiFi 模块传输信息控制交通信号灯。

2）在日常停车时，通过 WiFi 模块传递距离信息来辅助停车。

引导问题 5

查阅相关资料，并扫描二维码观看 RFID 近距通信的实训视频，对 RFID 近距通信有初步认知。结合相关信息，请简述 RFID 技术特点以及通信实现过程。

RFID 车联网近距通信

_____

_____

_____

基于 RFID 的数据采集应用

（一）RFID 技术的定义

无线射频识别（Radio Frequency Identification，RFID）技术是自动识别技术的一种，通过无线射频方式进行非接触双向数据通信，利用无线射频方式对记录媒体（电子标签或射频卡）进行读写，从而达到识别目标和数据交换的目的。

无线射频识别技术通过电磁波实现信息快速交换和存储。通过无线通信结合数据访问技术，连接数据库系统，实现非接触式的双向通信，从而达到了快速识别和数据交换的目的。根据通信距离可将 RFID 分为近场和远场，读 / 写设备和电子标签之间的数据交换方式也对应地被分为负载调制和反向散射调制。

（二）RFID 技术的特点

（1）读取方便快捷

数据的读取不需要光源，甚至可以透过外包装来进行。有效识别距离更大，采用自带电池的主动标签的有效识别距离可达 30m。

（2）识别速度快

标签一进入磁场，阅读带就可以即时读取其中的信息。而且能够同时处理多个标签，实现批量识别。

（3）数据容量大

数据容量最大的二维条形码，最多也只能存储 2725 个数字，若包含字母，存储量则会更少。而 RFID 标签可以根据用户的需要将存储量扩充到数万个数字。

（4）穿透性和无屏障阅读

在被覆盖的情况下，RFID 能够穿透纸张、木材和塑料等非金属或非透明的材质，并能够进行穿透性通信。

（5）使用寿命长，应用范围广

由于采用了无线通信方式，RFID 可以应用于粉尘、油污等高污染环境和放射性环境，而且封闭式包装使得 RFID 标签寿命大大超过印刷的条形码。

（6）标签数据可动态更改

利用编程器可以向标签写入数据，从而赋予 RFID 标签交互式便携数据文件的功能，而且写入时间相比打印条形码更少。

（7）安全性好

标签不仅可以嵌入或附着在不同形状、类型的产品上，而且可以为标签数据的读写设置密码保护，从而具有更高的安全性。

（8）动态实时通信

标签以 50~100 次/s 的频率与阅读器进行通信，所以只要 RFID 标签所附着的物体出现在阅读器的有效识别范围内，就可以对其位置进行后台的追踪和监控。

（三）RFID 技术在智能网联汽车中的应用

在汽车领域，RFID 技术广泛用于电子标识牌照，类似于汽车的联网"身份证"，采用 RFID 芯片可存储车辆的识别 ID、保险、年险等信息。对于交通运输管控而言，有了电子牌照，能够更好地对车辆进行信息识别和监控。随着智能网联汽车产业的发展，RFID 技术的应用领域也扩展到智能汽车制造、汽车驾驶、交通信息采集等方向。

在智能汽车制造方面，厂商可以利用 RFID 标签从源头区分那些极易混淆的高价值精细零部件，并对其进行统一管理，不但能够有效识别与跟踪零部件，还能从源头生产到下游展开检修调试，使得汽车制造更加"智能化"。此外，在生产环节，RFID 技术能够大幅度提升数字化水平，实现对生产环节的追溯，一旦发现问题，很容易找出问题的源头，进而提升汽车制造质量。

在汽车驾驶方面，RFID 技术通常与传感技术相结合，例如对汽车各类车载传感数据进行无线实时监测，让驾驶人对车辆和行驶状态有更好的把控。RFID 技术同样可以应用于 NFC 智能车钥匙，近年来，特斯拉、蔚来、比亚迪等汽车品牌均在自家的智能化汽车产品上采用了智能钥匙。该应用的使用过程是以手机为载体，将手机靠近信号接收器所在的部位就可以解锁车辆。

在交通信息采集方面，RFID 技术凭借无线、实时、快速识别等特性被应用于复杂交通环境的信息采集与监管，例如采集车流量、车速、道路拥挤程度等，还可以结合视频监控与视频抓拍系统，对车辆进行超速检测、抓拍与身份识别，能够有效打击违章、违法行为。随着技术发展，RFID 电子车牌在车辆精准化管理方面得到了较为广泛的应用，未来也将在智能交通、智能公交、智慧停车、车联网、智能红绿灯等应用场景中发挥优势。

为了方便读者对 RFID 技术在车联网的应用有更具体的了解，本书应用介绍基于车联网通信测试实训箱中的 RFID 模块（图 4-1-7），进行 RFID 技术的初步认知与学习。在该模块应用中，主要是通过读卡的形式来实现车联网传感器模块数据传输呈现，以及与各类小车应用相关。其主要场景包括：

1）通过刷卡，实现小车的起动与停止。

2）通过刷卡，在 LCD 上显示当前的温湿度或关闭该显示。

在 RFID 模块中采用的读卡器模块产品型号为 M3650A-HA（图 4-1-8），支持的协议为 ISO 14443 Type A，能够支持主动读写卡、主动读卡号 ID、主动读数据块、扇区加密，可根据需求自动设置为主动读卡模式或者被动读卡模式，支持卡片类型为 Mifare 1 S20、Mifare 1 S50、Mifare 1 S70 等。

图 4-1-7　车联网通信测试实训箱 RFID 模块　　图 4-1-8　M3650A-HA 型智能读卡器模块

相关产品参数为：供电电压：5V，工作频率：13.56MHz，波特率：9600（默认），通信接口：UART TTL，读写距离：0~6cm。

其接线模式如表 4-1-1 所示。

表 4-1-1　读卡器模块接线模式

RFID 模块	Arduino Mega
VIN	5V
GND	GND
TX	RX
RX	TX

在 RFID 模块应用过程中，使用的非接触智能卡为 Mifare 1 S50 卡片，芯片类型为 NXP Mifare 1 IC S50，存储容量为 $1024 \times 8bit$，即 1024B，工作频率为 13.56MHz，采用 EEPROM 作为存储介质。整个结构划分为 16 个扇区，扇区编号为 0~15，每个扇区有 4 个块（Block），分别为块 0、块 1、块 2 和块 3，每个块有 16B，一个扇区共有 $16B \times 4=64B$。每个扇区的块 3（即第四块）包含了该扇区的 KEYA（6B）、存取控制

（4B）和 KEYB（6B），是一个特殊的块，其余三个块是一般的数据块。对卡的数据块进行读写等操作时，需要先验证 KEYA 或者 KEYB 才能完成，数据由密钥保护，主要应用于身份识别、门禁刷卡、电子门票等场景。内部结构见表 4-1-2。

表 4-1-2　Mifare 1 S50 卡片内部结构

扇区	内容	对应块号
扇区 0	数据块 0，卡号，厂商标志代码	块号 0
	数据块 1	块号 1
	数据块 2	块号 2
	扇区 0 密钥控制块 KEYA，密钥控制位，KEYB	块号 3
扇区 1	数据块 0	块号 4
	数据块 1	块号 5
	数据块 2	块号 6
	扇区 1 密钥控制块 KEYA，密钥控制位，KEYB	块号 7
扇区 2	数据块 0	块号 8
	数据块 1	块号 9
	数据块 2	块号 10
	扇区 2 密钥控制块 KEYA，密钥控制位，KEYB	块号 11
扇区 3	数据块 0	块号 12
	数据块 1	块号 13
	数据块 2	块号 14
	扇区 3 密钥控制块 KEYA，密钥控制位，KETB	块号 15
...		
扇区 15	数据块 0	块号 60
	数据块 1	块号 61
	数据块 2	块号 62
	扇区 15 密钥控制块 KEYA，密钥控制位，KEYB	块号 63

主要性能参数：

1）通信速率：106kbit/s。

2）读写距离：0~100mm。

3）读写时间：1~5ms。

4）工作温度：-20~+55℃。

5）擦写寿命：>100000 次。

6）数据保存：>10 年。

7）外形尺寸：ISO 标准卡 85.6mm×54mm×0.82mm。

8）执行标准：ISO 14443A。

👥 任务分组

学生任务分配表

班级			组号		指导老师	
组长			学号			
组员	姓名：_____　学号：_____ 姓名：_____　学号：_____ 姓名：_____　学号：_____ 姓名：_____　学号：_____			姓名：_____　学号：_____ 姓名：_____　学号：_____ 姓名：_____　学号：_____ 姓名：_____　学号：_____		
任务分工						

📋 工作计划

　　按照前面所了解的知识内容和小组内部讨论的结果，制定工作方案，落实各项工作负责人，如任务实施前的准备工作、实施中主要操作及协助支持工作、实施过程中相关要点及数据的记录工作等。

工作方案表

步骤	作业内容	负责人
1		
2		
3		
4		
5		
6		
7		
8		

⚖️ 进行决策

1. 各组派代表阐述资料查询结果。

2. 各组就各自的查询结果进行交流，并分享技巧。

3. 教师结合各组完成的情况进行点评，选出最佳方案。

任务实施

车联网数据采集技术认知	
记录	**完成情况**
1. 填写蓝牙、WiFi、RFID 通信原理与技术特点	已完成☐　未完成☐
2. 完成基于车联网通信测试实训箱的蓝牙、WiFi、RFID 通信实训	已完成☐　未完成☐
3. 上网查阅资料，整理蓝牙、WiFi、RFID 在智能网联汽车上的实际应用，制作 PPT	已完成☐　未完成☐

	蓝牙	WiFi	RFID
通信原理			
技术特点			

6S 现场管理			
序号	**操作步骤**	**完成情况**	**备注**
1	建立安全操作环境	已完成☐　未完成☐	
2	清理及整理工具量具	已完成☐　未完成☐	
3	清理及复原设备正常状况	已完成☐　未完成☐	
4	清理场地	已完成☐　未完成☐	
5	物品回收和环保	已完成☐　未完成☐	
6	完善和检查工单	已完成☐　未完成☐	

评价反馈

1. 各组代表展示汇报 PPT，介绍任务的完成过程。

2. 以小组为单位，请对各组的操作过程与操作结果进行自评和互评，并将结果填入综合评价表中的小组评价部分。

3. 教师对学生工作过程与工作结果进行评价，并将评价结果填入综合评价表中的教师评价部分。

综合评价表

姓名		学号		班级		组别	
实训任务							

评价项目		评价标准	分值	得分
小组评价	计划决策	制定的工作方案合理可行，小组成员分工明确	10	
	任务实施	能够正确认知 CAN 与以太网数据采集，整理蓝牙、WiFi、RFID 关于通信原理与技术特点的资料	5	
		能够正确认知蓝牙模块，完成蓝牙模块通信实训	15	
		能够正确认知 WiFi 模块，完成 WiFi 模块通信实训	15	
		能够正确认知 RFID 模块，完成 RFID 模块通信实训	15	
	任务达成	能按照工作方案操作，按计划完成工作任务	10	
	工作态度	认真严谨、积极主动、安全生产、文明施工	10	
	团队合作	与小组成员、同学之间能合作交流、协调工作	10	
	6S 管理	完成竣工检验、现场恢复	10	
		小计	100	
教师评价	实训纪律	不出现无故迟到、早退、旷课现象，不违反课堂纪律	10	
	方案实施	严格按照工作方案完成任务实施	20	
	团队协作	任务实施过程互相配合，协作度高	20	
	工作质量	完成蓝牙模块、WiFi 模块、RFID 模块通信实训	20	
	工作规范	操作规范，三不落地，无意外事故发生	10	
	汇报展示	能准确表达、总结到位、改进措施可行	20	
		小计	100	
综合评分		小组评分 × 50%+ 教师评分 × 50%		

总结与反思

（如：学习过程中遇到什么问题→如何解决的 / 解决不了的原因→心得体会）

任务二　了解车际网数据传输技术

学习目标

- 了解数据传输的定义与作用。
- 了解 V2I、V2V、V2P 的定义。
- 能够简述基于 V2I 的场景应用。
- 能够简述基于 V2V 的场景应用。
- 能够简述基于 V2P 的场景应用。
- 具有利用信息手段查阅相关资料的能力。
- 具有分析问题、解决问题和再学习的能力。
- 具有良好的团队精神和较强的表达沟通、协调组织能力。
- 具有认真负责的职业态度和良好的职业道德。

知识索引

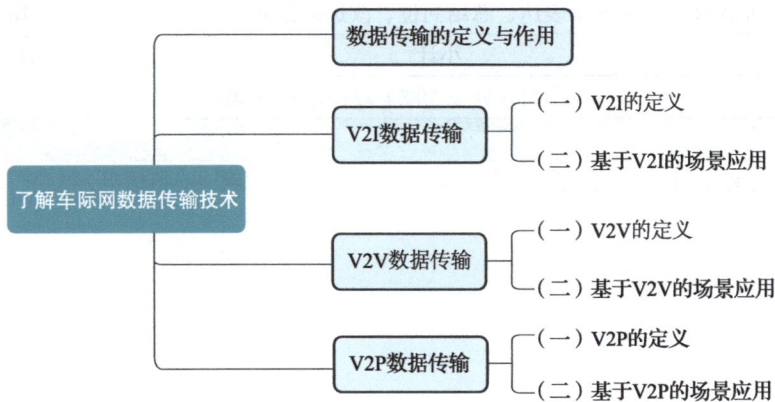

情境导入

　　在车际网中，许多场景都需要数据传输，如车车交互、车路交互、车人交互等场景，在不同的场景下交互的对象不同，传输的数据也有所改变。作为 V2X 测试工程师，在场景测试阶段，主管要求你整理车车交互、车路交互与车人交互间的数据传输逻辑与场景应用介绍，以便后续开发。

获取信息

引导问题 1

　　查阅相关资料，简述数据传输的主要内容。

_____

_____

_____

数据传输的定义与作用

　　数据传输技术是指数据源与数据宿之间通过一个或多个数据信道或链路，共同遵循一个通信协议而进行数据传输的方法。

　　数据传输网络是由数据终端设备、数据电路终端设备、数据交换设备和传输信道组成的传输系统，以某种拓扑形式通过各种接口电路相互连接而成的一种网络。数据在网络中的传输必须遵循某一共同的通信协议。网络必须保证网络内各终端间数据的正确传输和交换。

　　网络结构可按几个方面进行分类：按传输距离可分为局部网和广域网；按拓扑形式可分为总线网、星形网、环形网、树状网和网状网；按交换方式可分为信息交换网、电路交换网和分组交换网。

　　通信协议是网络中各通信设备在通信传输中必须共同遵循的一种规程，它的功能是保证数据在传输前最佳路由的选择，信道或链路的建立，建立后信道的同步和维持，数据在转移过程中格式、顺序的正确，流量的控制，差错的检出、纠正等。不同的通信网络有各自不同的通信协议，在计算机通信中不同型号的计算机也采用各自的通信协议。同步串行链路协议有美国 IBM 的二进制（BSC 和 SDLC）、DEC 的数字数据通信电文协议（DDCMP）、UNIVAC 公司的 UDLC、BURROUGH 公司的数据链路控制（BDLC）、美国国家标准（ANSI）的先进数据通信控制协议 （ADCCP）等。异步串行链路协议是一种由起单元、信息单元和止单元组成的通信协议。其中除起单元占 1 个单元外，信息单元根据不同电码从 5 单位至 8 单位而不同，止单元可选用 1、1.5 或 2 个单元。异步方式主要用在终端与计算机或终端与终端之间的通信。同步方式则用在计算机与计算机之间的通信。国际上常用的同步协议有 ISO 的 OSI、HDLC 和 CCITT 的 CCITTX.25 协议等。

　　数据传输网络中的接口电路是指该网各种硬件设备相互连接的界面，它的功能是完成相互连接设备在通信时要求实现的相互控制、信号转换和阻抗匹配，诸如操作顺序控制、启停控制、电信号转换、码型转换、速率转换和规程转换等。典型的电路如 DTE 与 DCE 间不同标准的 CCITT V.10、V.11、V.24 和 V.28 等，DCE 与信道间不同调制速率和调制方法的 CCITT V.21、V.22、V.23、V.25、V.26、V.27、V.29、V.32、V.33 及 X.20、X.21 等。

　　在车联网中的数据传输主要分为人、交互、车况、环境。

人：指用户数据，内容多来源于购车登记信息及手机 APP 上填写的账户信息。还可以包括销售数据、保险数据、维修记录数据、交通违规数据等。

交互：人车交互大体上可分为两部分，一部分是与车辆行驶功能相关的操控数据，另一部分是车内信息娱乐系统的应用数据。

车况：指车本身的数据，也可分为两大类。首先是车况数据，反映的是车辆每时每刻的状态。对于燃油车，在上电后即会上传数据。电动车在此基础上充电过程中的数据也会上传。另一部分为车辆的性能数据，不同于车况数据反映的是每个时刻的车辆状态，性能数据反映一段时间内车辆的性能，如电量、油量等。性能数据最重要的价值在于监控车辆，用于安全监控、故障预警等场景。如反映制动系统能力的数据，其并不会因为没有使用制动功能就不存在。

环境：环境数据顾名思义，就是反映车内外环境情况的数据。如温湿度、空气质量等。

❓ 引导问题 2

查阅相关资料，简述 V2I 的定义。

_____

_____

_____

V2I 数据传输

（一）V2I 的定义

所谓的"车辆对基础设施"（Vehicle-to-Infrastructure，V2I）就是汽车与路面基础设施的通信。V2I 可以实现与周围交通基础设施的互联互通，为驾驶人提供安全预警、行车参考或前方交通环境信息（图 4-2-1）。闯红灯预警有助于避免紧急制动或在车流密集的十字路口紧急加速等危险驾驶行为。

V2I 通信可简单理解为将车辆与道路上的基础设施连接起来，最简单的应用是十字路口的摄像头，如图 4-2-2 所示，其可以通过摄像头将路口的情况发送给汽车，倘若遇见闯红灯的行为可以提醒周边汽车，从而避免交通事故的发生。

图 4-2-1　V2I 的应用场景

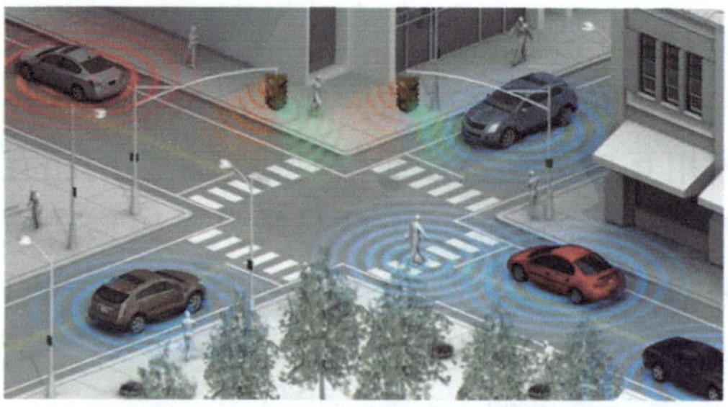

图 4-2-2　V2I 与摄像头示意

　　十字路口车辆除了与摄像头进行交互以外，还可以与交通信号灯进行交互。V2I 可以让车辆直接与交通信号灯进行信息传输，能够精确地判断信号灯的状态和剩余时间，能够形成各个交叉路口交通信号灯的相互统一协调，极大地提升行车效率以及安全性。

　　不仅是基于摄像头以及交通信号灯这样的电子设备能够与汽车通信，道路旁的路标线也能与车辆通信，从而实现车道保持功能（图 4-2-3）。智能安全系统可以识读车道标线，对驾驶人未开启转向灯情况下偏离车道的风险进行声光提示和机械干预。车道偏离一直是公认的交通事故的重要诱因，这种机器识别标线的技术，就是典型的 V2I 技术。

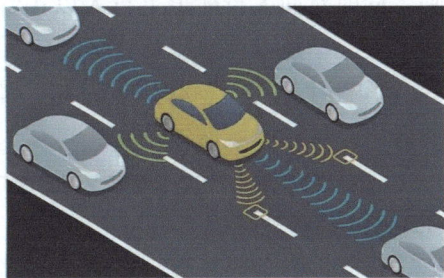

图 4-2-3　V2I 车道保持功能

（二）基于 V2I 的场景应用

1. 天气预警（Spot Weather Impact Warning，SWIW）

　　定义：如图 4-2-4 所示，当车辆行驶至恶劣天气（如多雾、雨雪）的地带时，及时提醒驾驶人控制车速、车距，谨慎使用驾驶人辅助系统。

　　测试目的：测试 V2I 系统是否能接收天气预警信号并做出预警。

　　场景设计：根据定义，可分别在多雾或雨雪等恶劣天气情况下，实验车以较快速度匀速行驶，系统检测前方天气状况，观察测试实验车是否减速行驶或制动。

　　影响因素：天气状况（风、雨、雪、雾、冰雹、晴天），测试区域信号强度，实验车车速。

图 4-2-4　天气预警（SWIW）

2. 弯道限速预警（Curve Speed Warning，CSW）

　　定义：当车辆从平直路面进入转弯工况时，V2I 设备接收到相关弯道限速信号后及时提醒驾驶人减速慢行（图 4-2-5）。

　　测试目的：测试 V2I 系统是否能接收弯道限速预警信号并做出预警。

　　场景设计：根据定义，实验车从平直路面以较快速度进入小曲率弯道时，测试实验车是否做出减速行为。

　　影响因素：天气状况（风、雨、雪、雾、冰雹、晴天），测试区域信号强度，路面状况。

图 4-2-5　弯道限速预警（CSW）

3. 人行横道行人预警（Pedestrian in Signalized Crosswalk Warning，PSCW）

　　定义：人行横道线上安装有行人探测传感器，当车辆靠近人行横道时，交通信号设施向周边车辆发送行人信息，提示车辆减速及停车（图 4-2-6）。

测试目的：测试 V2I 系统能否接收到行人探测传感器发出的行人信息并做出预警。

场景设计：根据定义，实验车以正常速度行驶，同时对面人行横道上行人以正常速度通过，测试实验车是否会减速及停车。

影响因素：天气状况（风、雨、雪、雾、冰雹、晴天），测试区域信号强度。

图 4-2-6　人行横道行人预警（PSCW）

4. 红灯预警（Red Light Violation Warning，RLVW）

定义：当车辆接近交通信号灯路口时，车载系统会调取行驶数据和周围道路设施数据（如信号相位、时序及路口位置信息等），若判定车辆以当前速度行驶到路口遇到的是红灯，便会向驾驶人发出预警（图 4-2-7）。

测试目的：测试 V2I 系统是否能接收到红灯信号并做出预警。

图 4-2-7　红灯预警（RLVW）

场景设计：根据定义，当实验车接近有交通信号灯的路口，即将亮起红灯，V2I 设备判断车辆无法及时通过此路口时，使实验车及时减速停车，尤其是在无红绿灯倒计时显示屏的路口具有"预知"交通信号灯时间的作用。

影响因素：天气状况（风、雨、雪、雾、冰雹、晴天），测试区域信号强度，车辆速度。

5. 限速施工区域预警（Reduced Speed/Work Zone Warning，WZW）

定义：当实验车行驶至限速区域（如学校）附近时，通过路边 V2I 设备向实验车传递显示提示或者仅当车辆超过限定车速时才提示驾驶人注意车速（图 4-2-8）。

测试目的：测试 V2I 系统能否接收到限速施工区域信息并做出预警。

场景设计：根据定义，实验车以高于限速的速度行驶，当车辆行驶至靠近限速区域时，检测实验车是否会减速至限速以下的速度行驶。

影响因素：实验车车速，天气状况（风、雨、雪、雾、冰雹、晴天），测试区域信号强度。

图 4-2-8　限速施工区域预警（WZW）

❓ 引导问题 3

查阅相关资料，简述 V2V 的定义。

_____

_____

_____

V2V 数据传输

（一）V2V 的定义

V2V 是英文 Vehicle-to-Vehicle Communication 的缩写，也就是汽车与汽车的通信。车对车通信使车辆能够无线交换有关其速度、位置和航向的信息（图 4-2-9）。V2V 属于 V2X 通信系统的一部分，V2X 通信系统如图 4-2-9 所示。

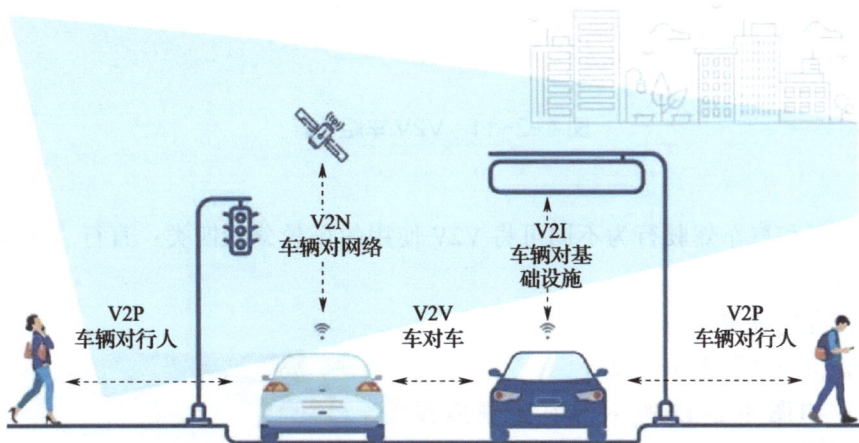

图 4-2-9　V2X 通信系统示意

V2V 通信就是将车辆"拟人化"，其背后的技术允许车辆广播和接收全方位消息（每秒最多 10 次），从而对附近的其他车辆产生全方位感知。通过配套软件，可以确定潜在的碰撞威胁。当两辆车通信后，如果出现碰撞的危险，车辆就可以使用视觉、触觉和听觉警报来警告驾驶人，使驾驶人能够采取措施避免撞车（图 4-2-10）。

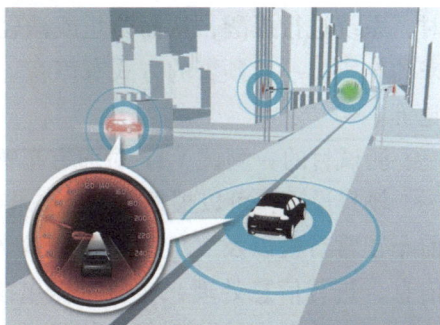

图 4-2-10　V2V 概念

专用短程通信（DSRC）是 ISO 等组织提出的一项技术，类似于 WiFi，因为它的工作频率为 5.9GHz，有效范围约为 300m，相当于在高速公路上行驶 10s，这 10s 的时间可以告知危险，避免碰撞。由于网格上最多有 10 个"跳跃"，V2V 系统的可见性可以延伸到大约 1.6km，也就是说，这 1.6km 范围内的车辆可以互相通信，以减少交通事故的发生。尤其在雨雪或者大雾天气，当驾驶人看不清前方路况时，最容易出现追尾等情况，如果两辆车都有 V2V，就可以实现 300m 范围内的对话，提前告知位置等，即使驾驶人没有做出反应，车辆自带的主动制动功能也可以避免碰撞。

目前大多数车辆的防撞系统采用雷达和摄像头检测碰撞威胁，但车辆之间没有任何联系，就像你在跑步，另一个跑步的人从对面冲了过来，你发现了对方，但是对方没有发现你，如果距离很近则很难避开，V2V 则是两人在远处就会互相打招呼，结合雷达和摄像头，将事故发生概率降到最低。利用 V2V 进行车距计算的方法如图 4-2-11 所示。

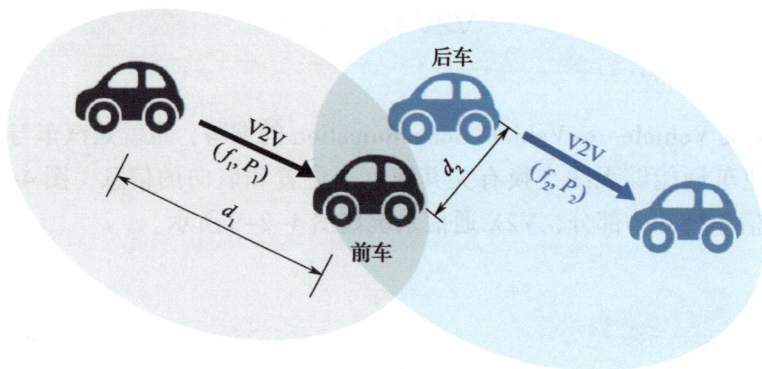

图 4-2-11　V2V 车距计算

（二）基于 V2V 的场景应用

根据场景和汽车驾驶行为不同可将 V2V 使用的场景分为四类：直行、转向、交叉路口和变道。

1. 直行应用场景

（1）前向碰撞预警（FCW）

定义：如图 4-2-12 所示，前向碰撞预警（Forward Collision Warning，FCW）是一项主动安全技术，在检测到本车与前车有潜在碰撞危险时，系统进行提醒，从而防止或减轻追尾事故带来的伤害。一般预警的方式有声音、视觉或者触觉等。

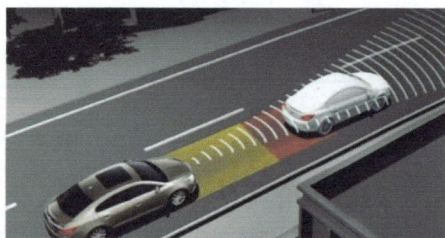

图 4-2-12　前向碰撞预警

测试目的：测试 V2V 对前方车辆不同车速状态的处理。

场景设计：可以根据前车状态将前向碰撞预警分为四类，即前车制动、前车减速、前车正常行驶以及 V2V 实验车前突然插入车辆。当前车制动时，V2V 系统接收到相关信息，进行信息处理，实验车做出减速或制动行为，防止与前车发生碰撞；当前车减速时，实验车在接收到减速信号后，做出减速或制动行为，防止碰撞行为的发生；当前车正常行驶时，实验车保持安全距离和当前车速行驶；当实验车前方突然插入车辆时，V2V 系统能及时接收到这一信息，随之车辆做出制动行为，避免追尾。

影响因素：前车车速，前车加速度，实验车车速，实验车加速度，两车车距，天气状况（风、雨、雪、雾、冰雹、晴天），测试区域信号强度，路面状况（路面状态、车道线类型）。

（2）车辆失控预警（CLW）

定义：如图 4-2-13 所示，当车流中车辆本身出现失控情况时，车辆失控预警系统能及时把自身状态发到周围，让周围的车辆能感知到失控信号。

测试目的：测试 V2V 系统对于失控或检测

图 4-2-13　车辆失控预警

到失控行为时的处理能力。

场景设计：根据定义，需要分别测试 V2V 系统对于失控信号的发送和接收，分别让实验车 A 和实验车 B 以匀速行驶在测试道路上，A 车在前，B 车在后，两车保持一定的安全距离，首先让 A 车模拟失控，发出失控信号，检测 B 车是否收到 A 车的失控信号并减速，随后，让 B 车模拟失控，检测 A 车是否收到失控信号并减速。

影响因素：天气状况（风、雨、雪、雾、冰雹、晴天），测试区域信号强度。

（3）紧急制动灯（EEBL）

定义：如图 4-2-14 所示，当周边车辆进行紧急制动行为时，自动点亮危险报警闪光灯作为预警信号。

测试目的：测试 V2V 系统对于紧急制动信号的应答行为。

场景设计：实验车与前车保持安全距离，两车匀速行驶，前车可与实验车同一车道也可以不

图 4-2-14　紧急制动灯

同车道，行驶过程中前车紧急制动并打开危险报警闪光灯，检测实验车是否做出减速行为。

影响因素：测试区域信号强度、前车车速、后车车速、前车加速度、环境光照度。

2. 转向应用场景

（1）禁止通过预警（DNPW）

定义：如图 4-2-15 所示，在双向两车道的道路上行驶时，后方车辆想要超过前方车辆，必须临时占用对向车道，当本车与对向车辆有碰撞隐患时，及时提醒驾驶人谨慎通过。

测试目的：测试 V2V 对多种类数据的处理能力。

场景设计：场景包括实验车 A、协助车 B 和协助车 C，B 作为 A 要进行超车的前车，C 作为对向来车，A 在匀速跟随 B 一段时间后，做出超车行为，此时对向 C 车也处于行驶状态并与 B 车距离较近，检测 A 车是否会对此情况做出反馈。

影响因素：前车车速、实验车车速、对向来车车速、实验车加速度。

（2）左转辅助（LTA）

定义：如图 4-2-16 所示，当车辆进行左转行为（包括车辆掉头）时，系统检测对向是否有车辆靠近，若有则做出提醒或使车辆减速。

图 4-2-15　禁止通过预警（DNPW）示意

图 4-2-16　左转辅助（LTA）示意

测试目的：测试 V2V 对车辆转向行为的辅助能力。

场景设计：实验车仅以较低速度进行左转行为，同时对向来车以一定速度接近实验车，测试实验车应答行为。

影响因素：实验车加速度、实验车速度、对向来车速度、对向来车加速度。

3. 交叉路口辅助应用场景

交叉路口辅助（IMA）

定义：如图 4-2-17 所示，交叉路口是交通事故高发区，车辆通过复杂路口时通过 V2V 通信技术理解对方行驶意图，减少事故发生的概率。

测试目的：测试 V2V 对于多种且多个不同信号的接收情况

场景设计：实验车需要进行交叉路口左转、右转、直行、辨识信号灯等多种行为。

图 4-2-17　交叉路口辅助（IMA）示意

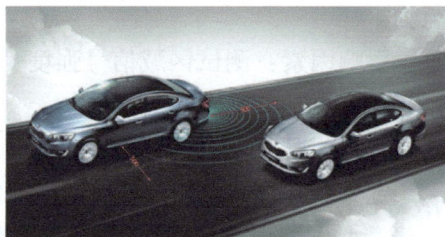

影响因素：实验车速、实验车加速度、协助车的速度和加速度、交通信号灯状态、测试区域信号状况。

4. 变道应用场景

盲区提醒 / 变道预警（BSW+LCW）

定义：如图 4-2-18 所示，行驶过程中可借助 V2V 技术消除驾驶人的视觉盲区。

测试目的：测试 V2V 系统解决视觉盲区的有效性。

场景设计：场景包括一辆社会车作为前车，一辆实验车作为后车，模拟超车行为，当后车进

图 4-2-18　盲区提醒 / 变道预警（BSW+LCW）示意

行变道准备超车时，前车有意横向接近后车，检测后车发出报警提醒行为的时效性。

影响因素：后车车速、后车与前车的横向距离、后车加速度、车载摄像头视角。

❓ 引导问题 4

查阅相关资料，简述 V2P 的定义。

_____

_____

_____

V2P 数据传输

（一）V2P 的定义

车—行人通信技术也可以称为 V2P（Vehicle to Pedestrian）通信技术。V2P 通过手机、智能穿戴设备（智能手表等）等实现车与行人信息交互，当根据车与行人之间速度、位置等信息判断有一定的碰撞隐患时，车辆通过仪表及蜂鸣器，手机通过图像及声音

提示注意前方车辆或行人（图 4-2-19）。

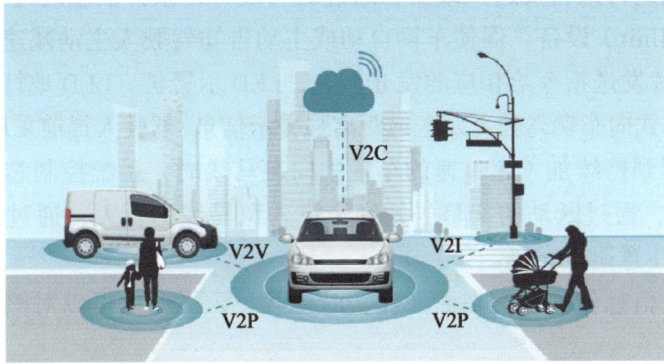

图 4-2-19　在 V2X 中，V2P 实现车与人的通信

（二）基于 V2P 的场景应用

1. 道路行人预警场景（RPW）

在没有信号灯控制的交叉路口或路段，为保障行人过街的安全，主要通过设置相应的标志标线，提前告知机动车驾驶人前方是行人过街区域，注意减速让行，必要时停车让行。在这种条件下，行人安全的保障仍然依赖于驾驶人的视野和注意力。这种方式的主要缺陷为：①驾驶人会有疏忽大意的情况；②给交通运行效率造成一定的影响；③在低照度（夜间）、低能见度（雨雾等）情况下驾驶人极难快速准确地识别行人；④持续加速或超速驶近斑马线的车辆可能失控冲撞行人。

下面介绍一个由华为技术有限公司、江苏科创交通安全产业研究院、南京赛康交通安全科技股份有限公司发明的道路行人预警场景方案（图 4-2-20）。

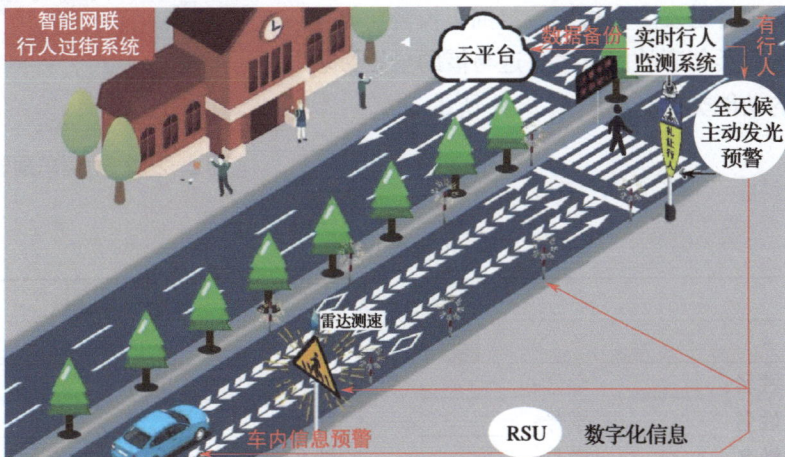

图 4-2-20　行人过街系统

（1）系统组件

系统组件包括华为 C-V2X RSU（Road Side Unit）双模路侧单元、赛康 I2V 面板显示发光标志、I2V 示警设施、全天候视频图像识别装置、雷达测速（选配）以及屏显式语音播报器（选配）。

（2）系统工作原理

1）系统检测到行人将要进入或正在通过斑马线时，事件信息通过 RSU 发送到车载 OBU（On Board Unit）设备，促使车辆自动或主动告知驾驶人主动减速直至停车让行。

系统控制芯片发送指令给相应的发光标志、LED 示警桩、LED 地灯等路侧设施，通过频闪、变色的方式向车辆驾驶人发送远距离强警示信息，驾驶人提前采取相应让行措施。

2）系统检测到持续加（超）速的车辆驶向斑马线时，系统控制芯片向屏显式语音播报器发送指令，通过跃动的字幕告知尚未进入斑马线的行人，通过语音播报告知在斑马线上的行人注意避让车辆。

3）整个事件信息传输过程在云平台实时记载，云平台也可以对整个系统的工作状态实时监控。

（3）系统功能优势

1）该系统是新一代通信技术条件下网联、芯片、传感、图像识别、数据运算、全天候可视等技术的融合集成，稳定可靠。

2）可自动检测行人过街、车辆行进，主动发送风险事件信息，令行人、车辆主动采取措施。提升了路口通行效率，降低了由于无法知情导致车辆失控冲撞行人的风险，克服了在低照度、低能见度、车辆灯光强烈等情况下识别滞后的困难。

3）人、车、路之间能够进行实时数据交互，形成协同闭环。

4）相比采用信号灯控制方式，该系统经济可靠、施工简单、维护简便，交通安全效益、通行效率大幅度提升。

2. 倒车预警（RW）

行人经过正在倒车出库的汽车时，如果驾驶人由于种种原因未能及时发现周边的人群（尤其是玩耍的儿童），很容易发生交通事故，倒车预警功能则能够有效避免类似事故的发生，这与借助全景影像进行泊车的功能类似，如图 4-2-21 所示。

图 4-2-21　倒车预警系统

任务分组

学生任务分配表

班级				组号		指导老师	
组长				学号			
组员	姓名：＿＿＿＿	学号：＿＿＿＿			姓名：＿＿＿＿	学号：＿＿＿＿	
	姓名：＿＿＿＿	学号：＿＿＿＿			姓名：＿＿＿＿	学号：＿＿＿＿	
	姓名：＿＿＿＿	学号：＿＿＿＿			姓名：＿＿＿＿	学号：＿＿＿＿	
	姓名：＿＿＿＿	学号：＿＿＿＿			姓名：＿＿＿＿	学号：＿＿＿＿	
任务分工							

📝 工作计划

按照前面所了解的知识内容和小组内部讨论的结果，制定工作方案，落实各项工作负责人，如任务实施前的准备工作、实施中主要操作及协助支持工作、实施过程中相关要点及数据的记录工作等。

工作方案表

步骤	作业内容	负责人
1		
2		
3		
4		
5		
6		
7		
8		

🔬 进行决策

1. 各组派代表阐述资料查询结果。
2. 各组就各自的查询结果进行交流，并分享技巧。
3. 教师结合各组完成的情况进行点评，选出最佳方案。

👨‍🏫 任务实施

车际网数据采集与处理	
记录	**完成情况**
1. 利用互联网查阅资料，总结各类车际网数据传输的逻辑与特点	已完成□　未完成□
2. 查阅教材资料完成下列填空	已完成□　未完成□

（1）_____通信使车辆能够无线交换有关其速度、位置和航向的信息。

（2）V2I 通信可简单理解为将_____与_____连接起来，最简单的应用是十字路口的摄像头，通过摄像头将路口的情况发送给汽车，倘若遇见闯红灯的行为可以提醒周边汽车前方的状况，从而避免交通事故的发生。

6S 现场管理			
序号	操作步骤	完成情况	备注
1	建立安全操作环境	已完成□　未完成□	
2	清理及整理工具量具	已完成□　未完成□	
3	清理及复原设备正常状况	已完成□　未完成□	
4	清理场地	已完成□　未完成□	
5	物品回收和环保	已完成□　未完成□	
6	完善和检查工单	已完成□　未完成□	

评价反馈

1.各组代表展示汇报 PPT，介绍任务的完成过程。

2.以小组为单位，请对各组的操作过程与操作结果进行自评和互评，并将结果填入综合评价表中的小组评价部分。

3.教师对学生工作过程与工作结果进行评价，并将评价结果填入综合评价表中的教师评价部分。

综合评价表

姓名		学号		班级		组别	
实训任务							
评价项目		评价标准				分值	得分
小组评价	计划决策	制定的工作方案合理可行，小组成员分工明确				10	
	任务实施	查阅教材资料，完成教学任务填空				10	
		能够正确认知数据传输的定义与作用				20	
		能够正确理解 V2I、V2V、V2P 间的数据传输				20	
	任务达成	能按照工作方案操作，按计划完成工作任务				10	
	工作态度	认真严谨、积极主动、安全生产、文明施工				10	
	团队合作	与小组成员、同学之间能合作交流、协调工作				10	
	6S 管理	完成竣工检验、现场恢复				10	
		小计				100	
教师评价	实训纪律	不出现无故迟到、早退、旷课现象，不违反课堂纪律				10	
	方案实施	严格按照工作方案完成任务实施				20	
	团队协作	任务实施过程互相配合，协作度高				20	
	工作质量	正确理解 V2I、V2V、V2P 间的数据传输				20	
	工作规范	操作规范，三不落地，无意外事故发生				10	
	汇报展示	能准确表达、总结到位、改进措施可行				20	
		小计				100	
综合评分		小组评分 ×50%+ 教师评分 ×50%					
总结与反思							

（如：学习过程中遇到什么问题→如何解决的 / 解决不了的原因→心得体会）

任务三　了解车联网大数据处理技术

学习目标

- 了解大数据的定义。
- 了解车联网大数据的发展历程。
- 了解车联网大数据处理。
- 能够简述大数据的特点。
- 能够简述大数据在自动驾驶中的应用。
- 具有利用信息手段查阅相关资料的能力。
- 具有分析问题、解决问题和再学习的能力。
- 具有良好的团队精神和较强的表达沟通、协调组织能力。
- 具有认真负责的职业态度和良好的职业道德。

知识索引

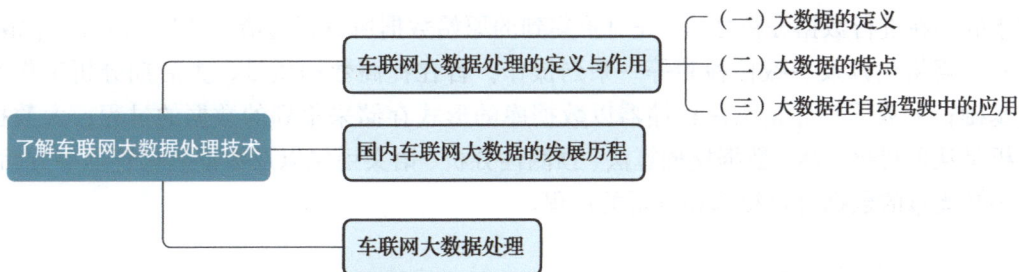

```
                                              ┌─（一）大数据的定义
                         车联网大数据处理的定义与作用 ─┼─（二）大数据的特点
                                              └─（三）大数据在自动驾驶中的应用
了解车联网大数据处理技术 ─────── 国内车联网大数据的发展历程

                         车联网大数据处理
```

情境导入

　　随着车联网的发展我们会发现，传感器终端甚至云端收集到的数据越来越庞大，这时候我们用上了一个新的名词：大数据（Big Data），自动驾驶技术可以通过大数据分析，做出明确、合理的决策，保障汽车安全行驶。作为车联网开发助理，为更好地理解大数据开发应用，主管要求你在某项目前期，整理车联网大数据应用资料，理解大数据处理过程，并制作流程图。

获取信息

引导问题 1

查阅相关资料，简述车联网大数据的特点。

_____

_____

_____

车联网大数据处理的定义与作用

（一）大数据的定义

大数据是指没有办法在可接受的时间内使用常规方法完成存储、管理和处理任务的数据集合，是需要新处理模式才能具有更强的决策力、洞察发现力和流程优化能力的海量、高增长率和多样化的信息资产，是"未来的新石油"。

自动驾驶汽车每行驶 8h 将产生约 40TB 的数据，这意味着自动驾驶汽车就像依赖石油或电力一样依赖数据。自动驾驶技术可以通过大数据分析，做出明确、合理的决策，保障汽车安全行驶。随着自动驾驶程度的提高，自动驾驶技术将变得更加复杂，这就需要更多的数据。

从大数据的生命周期来看，大数据管理主要包括大数据的采集、预处理、存储和分析。大数据采集指对各种来源的结构化和非结构化海量数据进行采集；大数据预处理指的是在进行数据分析之前，先对采集到的原始数据所进行的诸如清洗、填补、平滑、合并、规格化以及一致性检验等一系列操作，旨在提高数据质量，为后期分析工作奠定基础；大数据存储是指用存储器以数据库的形式存储采集到的数据的过程；大数据分析是从可视化分析、数据挖掘算法、预测性分析、语义引擎以及数据质量管理等方面，对杂乱无章的数据进行提炼和分析的过程。

（二）大数据的特点

大数据的特点可以归纳为 4 个"V"，即 Volume（大规模性）、Variety（多样性）、Velocity（高速性）和 Value（高价值性）。

1. 大规模性

大数据的数量级已经从 TB 级跃升到 PB 级，集中存储或计算已经无法处理如此巨大的数据量。

2. 多样性

数据的种类和来源多样化，非结构化数据增长远大于结构化数据，典型的非结构化数据如互联网中的大量网络日志、视频、图片以及地理位置信息等。

3. 高速性

数据增长速度快，对处理速度要求高；大数据往往需要在秒级时间范围从各种类型的数据中获得高价值的信息，这一点和传统的数据挖掘技术有着本质的不同。

4. 高价值性

大数据的价值密度低，商业价值高；只要合理利用数据并对其进行准确的分析，将会带来很高的价值回报。

（三）大数据在自动驾驶中的应用

自动驾驶主要依靠智能传感器感知周围环境信息，并自行做出驾驶行为决策，控制车辆到达既定目的地。其核心在于基于深度学习的 AI 算法，算法又依靠海量数据和高性能计算。

自动驾驶汽车使用各种内置传感器来收集数据，在自动驾驶汽车中，来自各种内置传感器的数据可以在毫秒内得到处理和分析。这保证了汽车不仅可以从 A 点到 B 点安全行驶，还可以将路况信息传递给云端，从而传递给其他车辆。最终，来自网联汽车的大数据将与其他智能汽车共享。

为了观察和感知自身周围的一切，自动驾驶汽车通常使用三种类型的传感器：摄像头、毫米波雷达和激光雷达。摄像头可帮助汽车获得周围环境的 360° 图像信息。现代摄像头还可以提供高分辨率的图像来识别物体和人，并能确定它们之间的距离。天气条件恶劣、交通标志损坏或光照度不足会影响摄像头的效果。毫米波雷达不受天气条件影响，它可以监测移动的物体，还可以实时测量距离和速度。激光雷达可以创建周围环境的 3D 点云图像并绘制地图，可以在汽车周围创建 360° 点云视图。

在自动驾驶中，更为关键的组件是分析自动驾驶汽车产生的数据的软件。连接到网络后，自动驾驶汽车通过该软件不仅可以将所有传感器的数据传递到云端，还能立即对情况做出响应。

自动驾驶技术依赖于传感器、人工智能软件和云服务器。自动驾驶汽车通过定位技术确定自己的世界坐标，并结合来自内部传感器的数据来确定自身的速度和方向；自动驾驶汽车还需要在地图中定位，同时将标志、标记、车道和各种障碍物都考虑在内。利用收集到的数据，自动驾驶汽车可以针对道路上的可能情况制定策略。自动驾驶汽车之间的数据共享有助于避免交通堵塞，还可以应对特殊天气状况和紧急情况。

大数据对自动驾驶的作用有以下几点。

1. 环境感知

尽管自动驾驶汽车配备的雷达和视觉传感器使它们能够感知周围的环境，但如果不能获得可靠的数据流以及周围的情况对未来进行预判，自动驾驶汽车就会存在安全风险。未来的自动驾驶汽车可以依靠传感器和已有的大数据将不同数据有效融合起来，建立一个基于大数据的感知系统，保障安全行驶。

2. 驾驶行为决策

在路况简单时，自动驾驶汽车行驶过程中的驾驶行为决策的传统方式是基于规则的判定。在未来复杂的环境下，基于数据驱动的驾驶行为决策会成为未来的发展主流。大数据在交通行业已经实现商业化应用，这些数据包括车速、车辆制动、车辆加速及驾驶人用车习惯等相关信息。若该类数据可以共享并用于自动驾驶，使研发人员可将该类数据用于机器学习，便可获得更加精确的车辆定位信号及道路情况，从而提升了自动驾驶的安全性，降低事故发生概率。

将海量数据高效地传输到运营点和云集群中，如果将全部海量数据成体系地组织在一起，实现快速搜索和灵活使用，可以为数据流水线和各业务应用（如训练平台、仿真平台、汽车标定平台）提供数据支撑。

❓ 引导问题 2

查阅相关资料，简述国内车联网大数据的发展历程。

_____

_____

_____

国内车联网大数据的发展历程

2010 年，"车联网"第一次在中国被提出。中国智能交通新技术及标准化研讨会开始讨论物联网技术在车联网中的应用，包括超声波检测器、交通信息采集、电子车牌等技术应用展示。

2011 年，交通运输部提出物联网技术是"车联网"落地的突破口。

2012 年，武晓钊等人提出海量数据处理技术在车联网中的应用。

2013 年，中国车联网产业技术创新战略联盟（如今名为中国智能网联汽车产业技术创新战略联盟）在北京成立。张洪超等人将云数据处理模块加到车联网系统中，将车联网系统分为三个主要模块，分别是车载智能终端、无线通信网络以及数据处理云端。

2010—2015 年，我国车联网用户数量发展速度迅猛，5 年时间用户量从 350 万增至 1700 多万，年复合增长率达到 37%。

2015 年，作为"互联网 + 汽车"的关键产业技术之一，车联网得到越来越多互联网企业的关注和技术研究投入。随着互联网企业不断进军车联网行业，车联网应用从最早的车载终端诊断系统到各种车联网应用解决方案，形式越来越多样。

2016 年是车联网快速发展的一年，人工智能、自动驾驶等技术在车联网中的应用研究势头正猛。

2017 年工信部、国家发展改革委、科技部发布《汽车产业中长期发展规划》，强调推进智能网联汽车技术创新，着力推动关键零部件研发，重点支持传感器、控制芯片、北斗高精度定位、车载终端、操作系统等核心技术研发及产业化。

2018 年工信部、国家标准化委员会发布《国家车联网产业标准体系建设指南（总体要求）》，计划加快共性基础标准制定，加紧研制自动驾驶及辅助驾驶相关标准、车载电子产品关键技术标准、无线通信关键技术标准、面向车联网产业应用的 5G eV2X 关键技术标准制定。

2019 年交通运输部发布的《数字交通发展规划纲要》指出，2025 年，交通运输基础设施和运载装备全要素、全周期的数字化升级迈出新步伐，数字化采集体系和网络化传输体系基本形成。

2020 年国家发展改革委、工信部等 11 部委发布的《智能汽车创新发展战略》指出在 2025 年，中国标准智能汽车的技术创新、产业生态、基础设施、法规标准、产品监管和网络安全体系基本形成。

❓ 引导问题 3

查阅相关资料，简述车联网大数据的处理步骤。

_____

_____

_____

车联网大数据处理

车联网是以行驶中的车辆为信息感知对象，借助新一代信息通信技术，实现 V2X（即车与车、人、路、服务平台）之间的网络连接。在车联网领域，大数据主要包括三类数据：用户数据（如行程分析、常用路线、通勤信息、活动范围、手机 APP 账户信息、出游分类等）、车辆数据（主要包括车内的车况、车辆性能以及车辆的使用数据）、周围环境数据（如天气、道路类型、道路状况、拥堵情况、兴趣点等）。智能网联汽车集自动控制、人工智能、机器视觉技术于一体，来自于云端、车载传感器的车联网数据、地理数据、环境感知数据等，以及来自于移动互联网的用户数据，对实现自动驾驶起到了决定性作用。

车联网大数据分析可以从人、车、出行等多个维度对车内网、车际网、互联网信息进行分析处理，能够基于数据来验证、拼接、预测相关业务的正确性，为车企在研发、质量检测监控、市场调研等多方面的业务决策分析提供依据。

大数据的应用还能够体现在塑造车主的用户画像，通过采集驾驶行为习惯、地理位置变化、高精度地图驾驶信息等内容，为车主实现更加智能的出行服务，如个性化汽车保养建议，最佳路线推荐，喜欢的消费场所信息推荐，根据位置提供就近的打车、救援、维修及汽车用品信息等。同时，通过互联网生活行为、消费偏好、消费趋势的大数据分析，也能够帮助汽车企业、汽车保险金融企业清晰地洞察到消费者和潜在消费者的特点，有利于汽车企业准确地进行市场定位和预测，优化传播策略和营销方案，实现精准营销以及业务创新。

大数据的基本处理过程大致可分 4 个步骤：数据收集、数据清洗与处理、数据分析、数据解释。目前应用较为广泛的大数据技术有：

1）数据存储技术：主要包括分布式缓存、分布式数据库、分布式文件系统、非关系型数据库（NoSQL）等。

2）数据分析技术：包括自然语言处理技术、关联规则分析、分类、聚类分析、排行榜、机器学习、建模仿真等。

3）解决方案：包括 Hadoop（MapReduce 技术）、流计算（如 Apache 的 storm、spark、Samza 等）。

📖 **拓展阅读**

《C-V2X产业化路径和时间表研究白皮书》研究指出,2022—2025年将是中国C-V2X产业的发展期,该阶段将依据车联网先导区/示范区及双智(智能网联汽车和智慧城市基础设施)试点城市建设经验形成可推广的C-V2X商业运营模式,并在全国典型城市和道路推广部署和开展应用,2025年之后中国C-V2X产业将进入高速发展期,该阶段将逐步完成C-V2X在全国范围内的覆盖,建成全国范围内的多级数据平台,跨行业数据实现互联互通,提供多元化出行服务。

工业和信息化部已批复江苏(无锡)、天津(西青区)、湖南(长沙)与重庆(两江新区)创建国家级车联网先导区,积极推进车联网基础设施建设、互联互通验证、规模化试点示范等。同时,推动京沪高速公路车联网升级,打造国内首条车路协同的车联网先导性应用示范高速公路,赋能干线物流;住建部、工业和信息化部确定北京、上海、广州、武汉、长沙、无锡、重庆、深圳、厦门、南京、济南、成都、合肥、沧州、芜湖、淄博等16个城市为智慧城市基础设施与智能网联汽车协同发展试点城市,促进智能网联汽车产业的发展与智慧城市发展高度协同,探索汽车产业转型和城市建设转型的新路径。

随着中国C-V2X标准的日趋完善,加速标准落地显得尤为重要。目前全国多地积极开展C-V2X实验室及外场测试验证工作,并逐步推广商用,测试覆盖园区、开放道路、高速公路等多种环境。工业和信息化部、交通运输部、公安部已单独或联合支持、授牌了北京、上海、保定、长沙、襄阳、重庆、长春、广州、西安、泰兴、桐乡、无锡、成都、琼海等城市的17个国家级智能网联汽车测试示范区(自动驾驶测试场),推进智能网联汽车道路测试与示范应用管理规范建设。2025年,国家级车联网先导区、示范区及双智试点城市基本实现主城区开放道路路口的基础设施全面升级改造(预计改造数量接近万级)并建成连续覆盖的5G和LTE-V2X网络,支持C-V2X量产车型运行应用。

此外,中国已经形成包括整车、芯片模组、终端、安全、测试验证、高精度定位及地图服务等环节的完整的C-V2X产业链。在车端量产的供应链方面,中国核心芯片/模组和终端产品研发基本成熟,已实现规模化量产;在通信芯片方面,大唐辰芯、华为等企业已对外提供基于C-V2X的芯片模组;在通信模组方面,华为、大唐高鸿智联、中兴、芯讯通、高新兴已对外提供LTE-V2X车规级通信模组;在终端设备方面,大唐高鸿智联、华为、中兴、希迪智驾、星云互联、千方科技、万集科技等厂商已经可以提供面向商用的LTE-V2X车载设备(OBU)和路侧设备(RSU)产品。LTE-V2X通信对安全性要求高,需要采用安全证书和加密机制来保证在PC5接口上消息通信的安全性,国内标准要求支持国密算法。在芯片安全方面,目前国内华大电子、华大信安、信大捷安等公司均可提供国密安全芯片。与此同时,汽车生产企业正在加速推进C-V2X功能量产。截至2022年,广汽、上汽、蔚来、一汽红旗已经发布C-V2X量产车型。

来源:中国信息通信研究院和德国汽车工业协会

竞赛指南

　　在 2019 年中国技能大赛——机动车检测工（新能源汽车智能化技术）赛项中，有涉及网络通信的配置与调试，实现监控云平台通信和车路协同功能，完成监控云平台对智能网联汽车的远程控制和智能网联汽车的智能化功能实车道路运行测试，包括自动起停、自动驾驶循迹、自动紧急制动、交通信号灯识别、主动避障等功能，并完成《智能网联汽车网联综合道路测试工单》填写，主要考核选手对智能网联汽车网络通信配置与调试能力、基于路测场景的功能测试、紧急故障排除等能力。

任务分组

学生任务分配表

班级		组号		指导老师	
组长		学号			
组员	姓名：_____　学号：_____ 姓名：_____　学号：_____ 姓名：_____　学号：_____ 姓名：_____　学号：_____		姓名：_____　学号：_____ 姓名：_____　学号：_____ 姓名：_____　学号：_____ 姓名：_____　学号：_____		
任务分工					

工作计划

　　按照前面所了解的知识内容和小组内部讨论的结果，制定工作方案，落实各项工作负责人，如任务实施前的准备工作、实施中主要操作及协助支持工作、实施过程中相关要点及数据的记录工作等。

工作方案表

步骤	作业内容	负责人
1		
2		
3		
4		
5		
6		
7		
8		

进行决策

1. 各组派代表阐述资料查询结果。

2. 各组就各自的查询结果进行交流，并分享技巧。

3. 教师结合各组完成的情况进行点评，选出最佳方案。

任务实施

车联网大数据处理技术认知	
记录	**完成情况**
1. 利用互联网查阅资料，总结车联网大数据的特点	已完成□　未完成□
2. 利用互联网查询车联网大数据的处理过程，并制作流程图展示	已完成□　未完成□

6S 现场管理			
序号	**操作步骤**	**完成情况**	**备注**
1	建立安全操作环境	已完成□　未完成□	
2	清理及整理工具量具	已完成□　未完成□	
3	清理及复原设备正常状况	已完成□　未完成□	
4	清理场地	已完成□　未完成□	
5	物品回收和环保	已完成□　未完成□	
6	完善和检查工单	已完成□　未完成□	

评价反馈

1. 各组代表展示汇报 PPT，介绍任务的完成过程。

2. 以小组为单位，请对各组的操作过程与操作结果进行自评和互评，并将结果填入综合评价表中的小组评价部分。

3. 教师对学生工作过程与工作结果进行评价，并将评价结果填入综合评价表中的教师评价部分。

综合评价表

姓名		学号		班级		组别	
实训任务							
评价项目		评价标准				分值	得分
小组评价	计划决策	制定的工作方案合理可行，小组成员分工明确				10	
	任务实施	利用互联网查询车联网大数据的处理过程，并制作流程图展示				20	
		能够正确认知车联网大数据的定义，总结大数据的特点				20	
		能够正确了解车联网大数据的处理过程				10	
	任务达成	能按照工作方案操作，按计划完成工作任务				10	
	工作态度	认真严谨、积极主动、安全生产、文明施工				10	
	团队合作	与小组成员、同学之间能合作交流、协调工作				10	
	6S 管理	完成竣工检验、现场恢复				10	
	小计					100	
教师评价	实训纪律	不出现无故迟到、早退、旷课现象，不违反课堂纪律				10	
	方案实施	严格按照工作方案完成任务实施				20	
	团队协作	任务实施过程互相配合，协作度高				20	
	工作质量	正确完成车联网大数据的处理过程流程图制作				20	
	工作规范	操作规范，三不落地，无意外事故发生				10	
	汇报展示	能准确表达、总结到位、改进措施可行				20	
	小计					100	
综合评分	小组评分 ×50%+ 教师评分 ×50%						
总结与反思							

（如：学习过程中遇到什么问题→如何解决的 / 解决不了的原因→心得体会）

05

任务一　认知车联网安全体系架构

学习目标

- 了解车联网 PKI 结构。
- 了解车联网可信网络架构。
- 了解车联网的密钥信息管理。
- 了解安全和隐私保护协议。
- 能够熟知密钥认证方法。
- 能够熟知密钥撤销方法。
- 具有利用信息手段查阅相关资料的能力。
- 具有分析问题、解决问题和再学习的能力。
- 具有良好的团队精神和较强的表达沟通、协调组织能力。
- 具有认真负责的职业态度和良好的职业道德。

知识索引

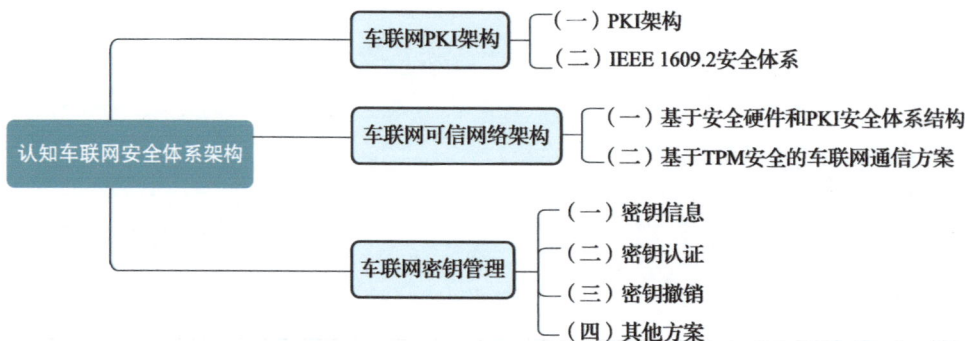

📖 情境导入

在车联网数据获取与上传过程中，不可避免地会涉及例如实时位置、出行数据、车辆数据等信息的安全问题，在实际项目中，作为车联网开发人员，同样需要熟悉安全架构与现有安全体系。在某次与安全架构开发对接的工作中，主管要求你总结 PKI 架构特点，并整理车联网信息安全相关政策，制作 PPT 进行汇报。

🔎 获取信息

❓ 引导问题 1

查阅相关资料，简述车联网 PKI 架构。

_____

_____

_____

车联网 PKI 架构

（一）PKI 架构

由于车辆数量庞大且分布在不同的地区，并且车辆的远距离行驶会导致超出登记区域，因此需要一个健壮灵活的密钥管理机制。车辆注册机构的参与意味着一定程度的集中化管理，车辆不仅必须由基站识别，而且还必须彼此识别（不调用任何服务器），然而对于车辆间通信来说，进行基站通信（如蜂窝移动通信网络）还不够，这就造成了可伸缩性问题。此外由于对称加密没有不可否认性这一属性来允许审计驾驶人的行为（如在事故重建的情况下或找出伪造攻击的始作俑者），因此在通信过程中使用公钥加密是更好的选择。

在车辆公钥基础设施（PKI）中，证书颁发机构（CA）负责向车辆颁发数字证书和进行身份认证。图 5-1-1 描述了 PKI 的基本设置。为了实现通信，车辆节点必须在信任中心完成注册并获取一个由 CA 颁发的证书。

CA 负责检测车辆是否得到了正确的密钥，并且检测车辆在颁发证书前是否可信。网络中的每个用户都知道 CA 公钥，并且可以检查 CA 证书的有效性。因此，任何两台车辆都可以交换和验证它们的公共密钥而无须通过其他的节点或网关，如果证书有效，那么车辆之间就可以互信并建立安全的连接。

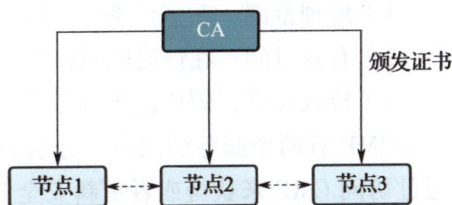

图 5-1-1　车辆公钥基础设施

（二）IEEE 1609.2 安全体系

IEEE 1609.2 主要负责制定 IEEE 1609 标准中的安全机制。它规范了 WAVE 安全服务的实体以及实体之间的通信机制，同时，对实体及实体之间的通信做出了说明。WAVE 的安全服务主要包含以下两个部分。

1）安全处理服务：确保数据和 WSA 的安全通信

2）安全管理服务：证书管理实体（Certificate Management Entity， CME）提供证书管理。

服务及证书有效性的相关管理信息（Provider Service Security Management Entity，PSSME）提供安全管理服务，以及用于发送安全 WSA 的证书和私钥相关的管理信息。

IEEE 1609.2 提供的 WAVE 安全服务主要通过加解密、数字签名等确保信息秘密性，进行身份认证、授权，并保护信息的完整性等操作。

WAVE 中调用椭圆曲线密码算法（ECIES 和 ECDSA）来进行非对称加密。椭圆曲线密码算法的好处是密钥短，安全性高，缺点是算法复杂，计算时间长。

（1）WAVE 的安全数据处理

安全数据处理提供安全性交互的基本操作，包括签名、加密、解密以及解析接收到的安全数据。4 种操作均遵循以下模式。

1）调用实体通过 request 原语调用 security services 处理一段特定数据。

2）security service 根据接收到原语的不同做出相应的处理，并将处理结果反馈给调用实体。

WSA 数据处理调用原语 WME-Sec-SignedWsa.request，使得实体 security processing service 对 WSA 做出签名。如果证书是无效证书或者过期证书，则 security service 将会拒绝对 WSA 做出签名。

需要注意的是，当证书链长度超过 5 时，security service 将会拒绝对 WSA 做出签名，且验证签名时会将验证结果置为错误。WSA 对 ServiceInfo entries 长度进行了限制。当 ServiceInfo entries 超过 32 条时会拒绝签名，同时在验证时也会报错。

（2）WAVE 的安全管理服务

WAVE 的安全管理主要是管理保存在本地上的证书，并标明其有效性、安全等级及证书链。CME 作为证书管理的实体，用于确定证书是否存在。若存在，则进一步验证其证书的有效性。证书的有效性检测主要包含以下几项。

1）地理范围：在该范围内，证书有效。

2）有效时间：在该时间范围内，证书有效。

3）授权许可：即该证书可以具有哪些操作。

CME 有两个服务访问点，分别为 CME-Sec-SAP 和 CME-SAP，以便其他实体可以通过访问 CME 来获得或者更新安全管理信息。同时，接收方确认一个证书是否有效的必要而不充分条件是：可以在该证书和信任锚（TrustAnchor，是一个可信的第三方，可以自我证明其有效性）之间构建一个证书链，证书链中的前一个证书是后一个证书的发布证书。

证书被撤销的唯一途径是 CRL（Certificate Revocation List）。如果某证书被撤销，则所有在证书撤销后接收到的报文都是无效报文，哪怕报文的生成时间是在证书撤销之前。同时，当 CA 证书被撤销时，所有由该 CA 颁发的证书都将被视为无效证书。CA 证书之后的证书链里的证书也将被视为无效。

IEEE 1609.2 提供的在 WAVE 设备间传输消息的安全服务，如图 5-1-2 所示。

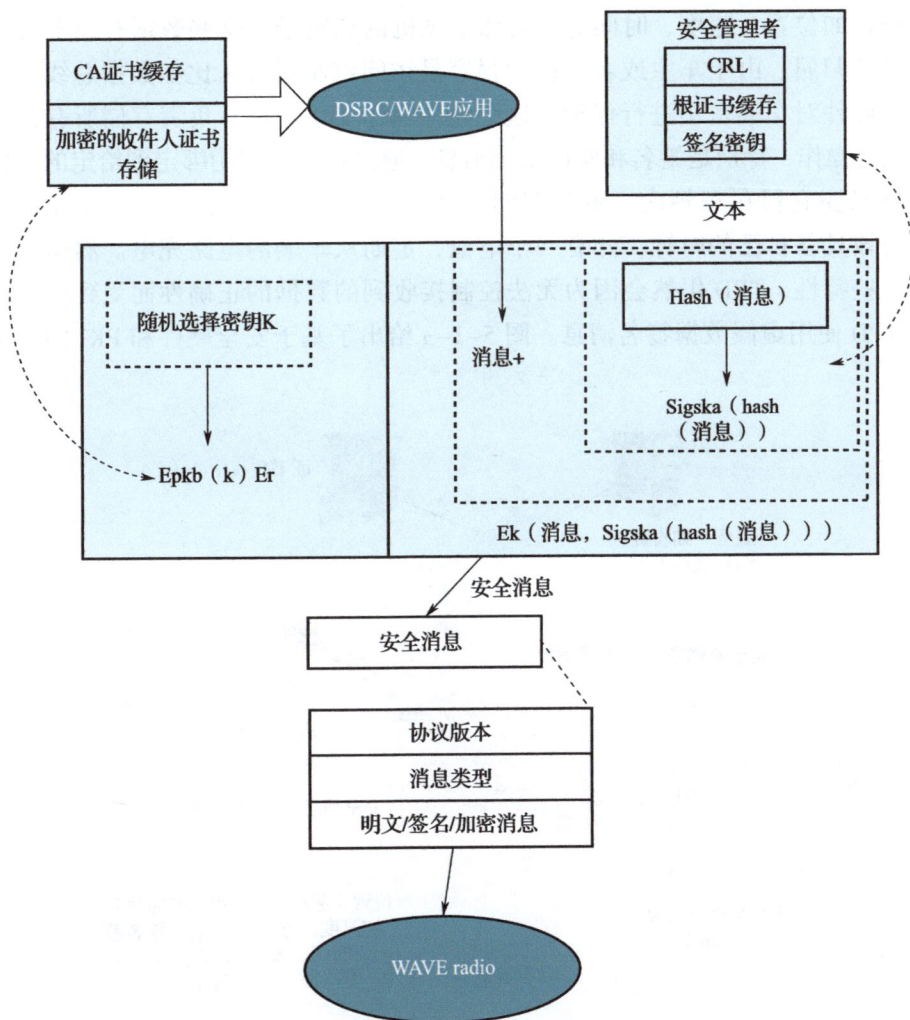

注：假设A是发送者，B是接收者

图 5-1-2　IEEE 1609.2 提供的在 WAVE 设备间传输消息的安全服务

❓ 引导问题 2

查阅相关资料，简述车联网可信网络架构。

_____

_____

_____

车联网可信网络架构

（一）基于安全硬件和 PKI 安全体系结构

在车载设备中，需要有两个安全硬件模块，即事件数据记录仪（EDR）和防篡改装置（TPD）。EDR 只提供防篡改的存储功能，而 TPD 还具有加密处理功能。

EDR 主要完成大量信息的存储保护功能，它的作用是记录所有与车辆行驶安全相关的数据，如位置、速度、时间等，类似于飞机的黑匣子。这些数据有助于事故重建和确认责任归属。由于车主或者工程师很容易访问汽车零件（比如数据总线）系统，因此需要硬件对车辆密钥进行保护，这个硬件叫作 TPD。TPD 负责存储所有密码材料并执行加密操作，特别是签名和验证安全消息。通过将一组密钥绑定到给定的车辆上，TPD 保证只要它留在车辆内，就具有问责性。TPD 必须尽可能独立于外部环境，因此，它应该具备自己的时钟，并有一个电池，定期从车辆的电路充电。然而，尽管具有所有这些特性，TPD 仍然会因为无法控制接收到的数据的正确性而受到影响，这可能导致 TPD 使用虚假数据签名消息。图 5-1-3 给出了基于安全硬件和 PKI 的安全体系结构。

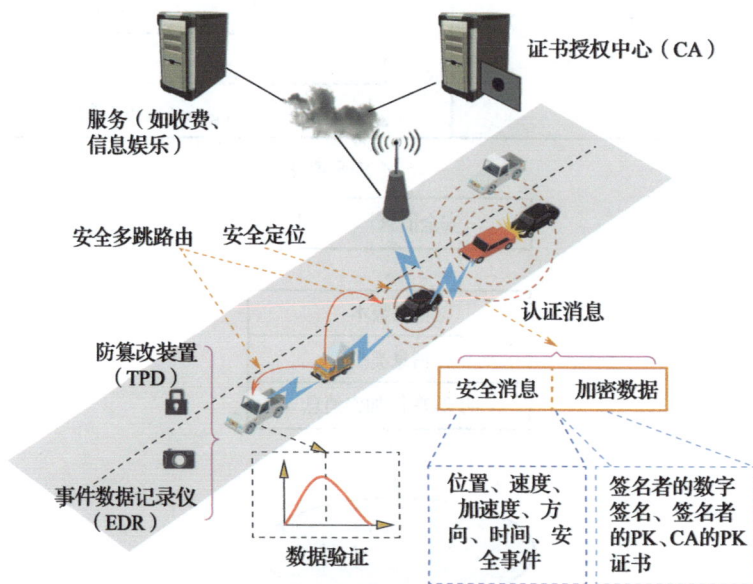

图 5-1-3　基于安全硬件和 PKI 的安全体系结构

（二）基于 TPM 安全的车联网通信方案

可信平台模块（TPM）可以集成到车载设备中从而实现对于安全性的需求。可信平台模块提供一个安全生成密钥的设施，以及一个随机数生成器，它还包括如对外认证和保护存储等能力。TPM 的主要组件如图 5-1-4 所示。

基于 TPM 的安全模型有两层，分别为基础层和核心层。

1）基础层：假如两辆车都加载有 TPM 的芯片，且信任对方正运行着未被篡改的安全路由协议，没有存在协议的意外错误和进行有意攻击，基础层则允许在任何两辆车之间建立信任通道。

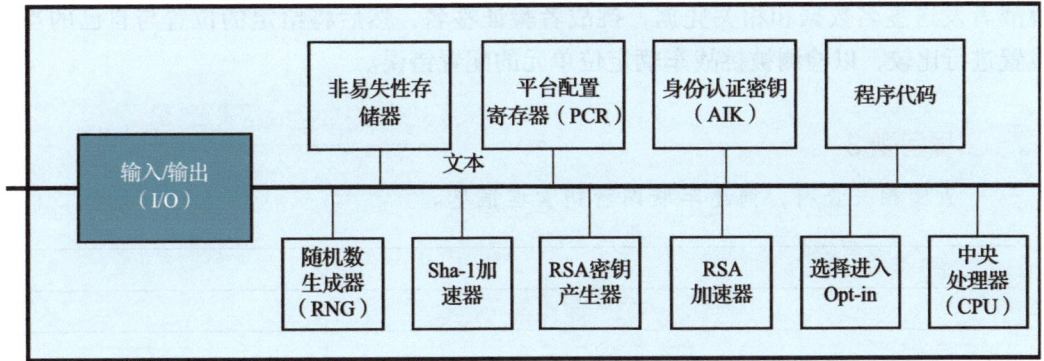

图 5-1-4　TPM 的主要组件

2）核心层：核心层的目的在于信息确认。它建立信任通道以确保车辆交换的信息中不包含错误信息。核心层的安全性基于 3 个简单的程序，即自动测量、挑战 – 应答协议和技术审查来进行消息验证。

①自动测量。车辆的软件维护车辆加速、减速以及其他相关的数据。随着这些数据的不断变化，汽车会自动更新，这些数据对周围近距离的车辆来说相当重要。

②挑战 – 应答协议。这个过程需要找出由于传感器错误而导致的在传输过程中出现的错误。邻近车辆应该能够读取许多相同的信息，如温度、时间、地点等。它旨在允许相邻汽车对这些请求做出响应。

③技术审查。车辆管理部门组织技术审查，这是为了确保车辆的传感器都能够正常运行。此外，期望应用软件能实时更新数据。由于 TPM 能够验证软件平台是否被篡改，在没有办法保证软件本身没有安全漏洞与缺陷的情况下这是非常重要的。

为检测误差而对车辆进行挑战的协议如图 5-1-5 所示。

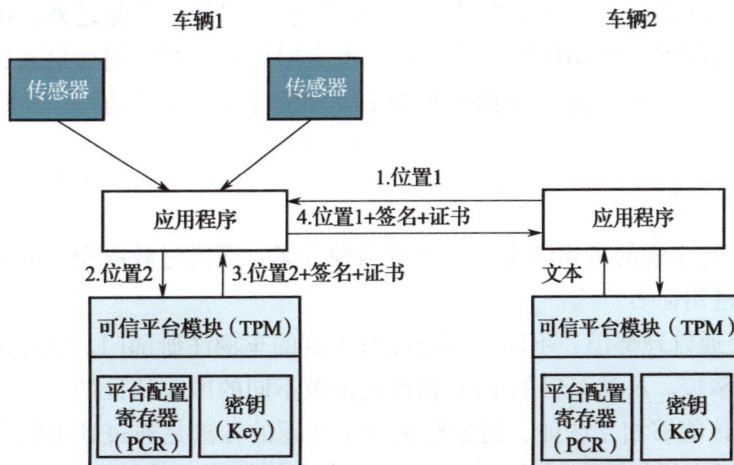

图 5-1-5　为检测误差而对车辆进行挑战的协议

挑战者发送自身可以验证的数据的查询，即图中显示的位置 1。消息的请求者发送一组可以判断当前位置的数据。然后被挑战的车辆收集适当的数据，将这些数据提供给它的 TPM。TPM 检查与此应用程序相关的 PCR 值，并对数据进行签名。应用程序向挑战者发送签名数据和相关凭据，挑战者验证签名，然后将给定的位置与自己的当前位置进行比较，以检测被挑战车辆定位单元的配置错误。

? 引导问题 3

查阅相关资料，简述车联网密钥管理信息。

车联网密钥管理

（一）密钥信息

要接入车联网，每辆车都必须存储以下加密信息：政府颁发的电子身份证（即电子车牌，ELP）或者汽车制造商颁发的电子底盘号（ECN）、匿名密钥对、证书颁发机构（CA）颁发的 CA 公钥。

ELP 应该是唯一而且加密的（通过附加一个 CA 证书标识）以便于警方在需要时识别车辆。像物理车牌一样，如果车主更换或者移动（在不同的国家或地区）也应该更换相应的 ELP。既然 ELP 相当于是车牌的另一种表示形式，那么它应该像物理车牌一样被安装在车辆上。这意味着政府交通管理部门应该在车辆注册时，给车辆预加载 ELP，厂商在生产的时候给车辆装载 ECN。

管理密钥用于保护用户的隐私。匿名密钥对的公钥 / 私钥对是由 CA 颁发认证的。然而它既不包含公有信息，也不包含实际车辆身份（ELP）的公共关系，即这种关系在没有授权的情况下不能被观察者发现。通常，车辆拥有一个匿名密钥对来防止追踪。

因此交通管理部门和汽车制造商需要预装匿名密钥对。除此之外，由于车辆将长时间使用匿名密钥对，使用期过后或者已过生命周期必须对密钥对更新，在车辆定期检查时可以做到这一点。除了上面提到的 ELP 和匿名密钥，每辆车上还应该预装 CA 公钥。

（二）密钥认证

CA 负责发行车辆的密钥证书，现在有两种方案，即通过政府交通管理部门和汽车制造商来发行密钥证书。

1）政府交通管理部门：不同的国家拥有各自的车辆注册部门。这样的好处在于认证受权威机构掌控。虽然车辆的 ELP 和密钥是被不同的国家认证的，但是不同地区或国家的车辆应该能够相互认证。通常解决这个问题的方法是通过证书链导入相同的证书，但是这将极大增加消息开销。解决此问题的方法是通过对行驶的车辆颁发 CA 认证的证书从而取代这个证书链，也可以在通过公钥验证它们是否为注册的车辆后，通过目的区域对 ELP 和匿名密钥进行重新认证。这需要在该区域边界安装基站。

2）汽车制造商：考虑到数量有限而且可信，证书可以由汽车制造商来发行。这样做的好处在于可以减少开销。事实上为了能够验证行驶的车辆，车辆不仅要有地方政府颁发的 CA 证书，而且要存有少量的制造商的公钥。然而，这种方法会导致民间企业参与到执法机制中。

（三）密钥撤销

车辆所有者的身份、认证和 CA 的签发都与公钥证书的公钥有关。在公钥认证的帮助下，许多攻击（包括中间人攻击和假冒攻击）都可以被有效地阻止，然而用户的证书可能因为某些情况而生效。例如，在维护系统安全过程中，如果对应指定的公钥、私钥不可信，那么证书应该更换。

在最传统的公钥基础设施（PKI）体系结构中，通常使用的证书撤销方法是通过 CRL 列表在整个网络上广播来实现的。该 CRL 是由可信管理机构（TA）颁布的含有车辆撤销证书的列表，因此提出了基于集中式架构的解决方案。该方案包括证书撤销系统（CRS）、证书撤销树（CRT）、在线证书状态协议（OCSP）等。这些方案的共同特点是，集中的 CA 与 OBU 进行频繁的数据传输以获得及时的撤销信息，这样可以带来高可用性，但是也会引起显著的开销。因此对于具有高速移动性和大量网络实体的车联网来说，集中的 CRL 架构不是一个有效的解决方案。

为了解决上述问题，可以使用 RSU 辅助密钥撤销方案来执行证书撤销机制。如图 5-1-6 所示，有 3 种类型的网络实体，即证书颁发机构（CA）、RSU 和车辆。这三者的关系如下：CA 管理 RSU 并且它们都是可信的；RSU 通过以太网、WIMAX 或者其他网络技术连接到因特网。此外，CA 为每个 RSU 提供一个密钥，而对应的公钥名称是包含标识 RSU、地理位置及授权信息的字符串。通过这种方法，消息可以在基于身份认证的帮助下被 RSU 认证。

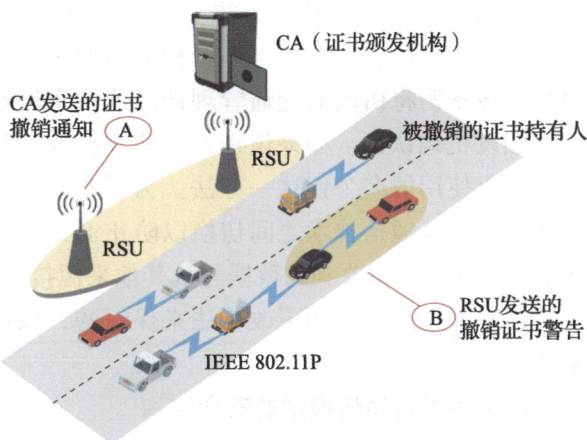

图 5-1-6　RSU 辅助密钥撤销方案

一旦有证书被撤销了，CA 将通知所有的 RSU。每个 RSU 将检查过往的车辆广播的所有信息证书的状态。如果证书已被证实为撤销状态，RSU 将广播一条警告消息，所有其他接近的车辆可以更新它们的 CRL，以避免与受损车辆通信。由于车辆运动轨迹可以通过如方向、速度、位置来预测，RSU 可以进一步通知所有邻近车辆如何行驶。此外，由于 RSU 分布稀疏，因此即使所有的 RSU 对相应的消息进行广播，接收到消息的车辆数量仍然有限。因此，为了使警告消息更有效地传播，车辆之间的警告消息可以通过车与车之间转发通信。也就是说，通过每辆车进行多跳传输，从而延长消息的生命周期。

为了避免被检测到，当通过 RSU 时被攻击车辆可能会有意地禁用消息广播，这也被称为无声攻击。它可以很容易通过授予每个 RSU 签署证书的权利来实现。在这种情况下，当车辆经过 RSU 时，车辆需要向 RSU 索要证书，以此来证明它的真实性与合法性。如果车辆被相邻车辆发现但是没有被 RSU 认证，那么在这段时间相应的消息将被忽略。因此通过排除被攻击车辆车联网可以实现以最小的代价获取安全。

（四）其他方案

对于一些原因不明的问题，例如如果证书中指定的公共密钥相对应的私有密钥被确定受到攻击，那么任何基于 PKI 的安全系统都需要撤销证书，但是目前 IEEE 1609.2 标准还没有解决这个问题。同样 IEEE 1609.2 也没有定义驾驶人身份和隐私保护，留下了很多亟待解决的问题。为了解决车联网中的安全问题，有许多方案已经被提出，这里简单介绍两种方案的内容及其体系结构。

1. 安全和隐私保护协议

1）必须对消息进行认证，并利用数字签名来提供车联网中的消息安全性。

2）提出一种保护消息的实现方法。在车辆发送消息之前，用私钥对其进行签名。在给出这种保护消息的方法之后，提出了一种利用防篡改设备来保护诸如私钥之类的机密信息。该设备还可以对外部消息进行签名。

3）提出一种密钥管理方法。换句话说，加密密钥的分发、认证和撤销等问题都得到了解决。为此，确定了与加密相关的两个组件：电子身份和用于隐私问题的匿名密钥对。该密钥将由政府交通管理部门或汽车制造商自行启动并重新加密，密钥必须由证书颁发机构认证。如果识别到有恶意行为，就有可能撤销密钥。为了保护用户的隐私，提出使用匿名公钥这一方法。为了建立认证会话，建议使用对称加密，并建议在不同信道甚至通信技术之间切换以防止 DoS 攻击。为了防止虚假信息的攻击，建议将从某个给定来源接收到的数据与从其他来源接收到的数据相关联，从而对其进行验证。匿名性是通过一种密钥更改算法来保证的，该算法能够适应车辆速度并考虑攻击者的密钥相关性。

2. 使用混合通信模型的安全结构

使用混合通信模型的安全结构如图 5-1-7 所示。车辆定时广播行驶信息，如状态消息异常，则其他车辆产生中继警告消息。该架构分为 3 层：底层为基本安全元素、如 PKI、时间和位置；中间层为单跳安全，主要为状态消息服务；上层为多跳服务，如路由位置服务、警告信息和高级服务等。

1）底层，包括基本安全元素。在本层中，使用带有可信第三方（TTP）的集中式公钥基础设施（PKI）来确保用户隐私。所有车辆最好在车辆生产时就获得 TTP 的根证书和带有相应密钥对的匿名证书，并把密钥对存储在防篡改装置中。紧急救援车辆获得的证书有一个额外的属性，可以证明它们的特殊作用。每辆车都能以可靠的方式确定其当前的时间和位置。

2）单跳安全层是可以看到信标如何被保护的层。为了能够在更高的层次上实施安全机制，必须确保信标的接收者能够验证信标的完整性，并且能够确认发送者为车联网中的有效参与者。这是可以实现的，因为每个发送节点必须对其信标进行数字签名，并将其与用于数字签名的证书一起发送。接收车辆使用证书（TTP 的根证书）来验证发送车辆是否是车联网中的有效参与者。即如果两辆车想要通信，它们会验证证书的真实性，以确保在通信开始之前它们是可靠的。

　　3）多跳安全层包括车联网中使用的应用程序和服务。该层适用于警告信号、协同前向碰撞警告、基于车辆的道路状况警告等警告应用和一些服务。为了保护与较远车辆相关的地理广播信息发送者的准确位置（如交通堵塞警告），可以通过空间模糊方法来模糊用户的位置信息。第二层中的数字签名也可用于本层提供认证、不可否认性和完整性。

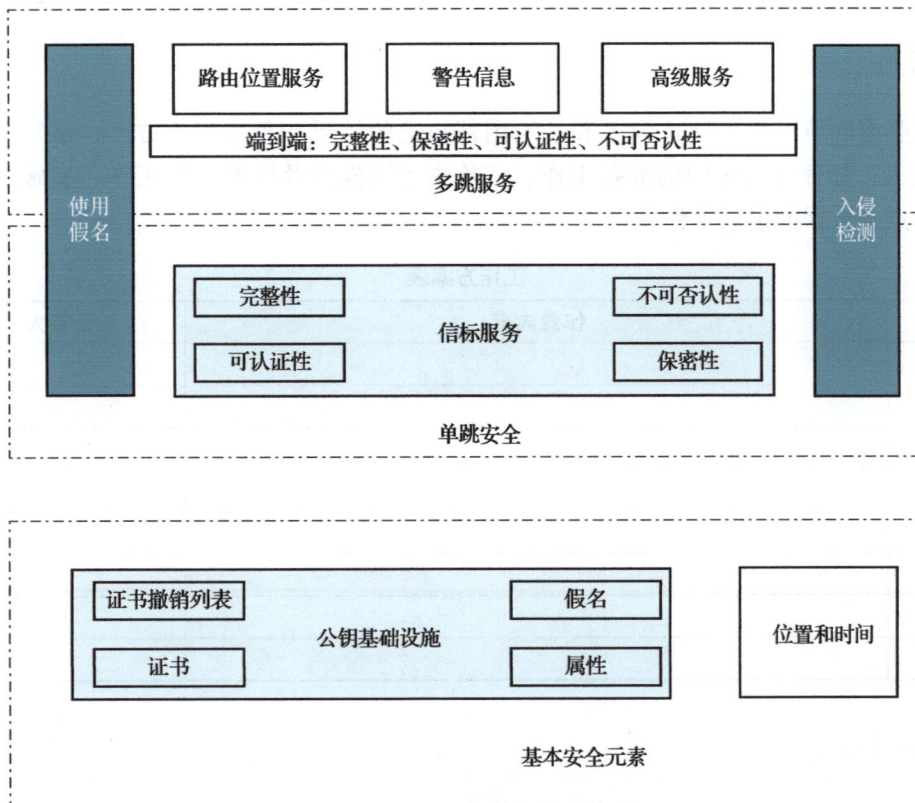

图 5-1-7　使用混合通信模型的安全结构

任务分组

学生任务分配表

班级			组号		指导老师	
组长			学号			
组员	姓名：_____　学号：_____			姓名：_____　学号：_____		
	姓名：_____　学号：_____			姓名：_____　学号：_____		
	姓名：_____　学号：_____			姓名：_____　学号：_____		
	姓名：_____　学号：_____			姓名：_____　学号：_____		

（续）

任务分工

工作计划

按照前面所了解的知识内容和小组内部讨论的结果，制定工作方案，落实各项工作负责人，如任务实施前的准备工作、实施中主要操作及协助支持工作、实施过程中相关要点及数据的记录工作等。

工作方案表

步骤	作业内容	负责人
1		
2		
3		
4		
5		
6		
7		
8		

进行决策

1. 各组派代表阐述资料查询结果。
2. 各组就各自的查询结果进行交流，并分享技巧。
3. 教师结合各组完成的情况进行点评，选出最佳方案。

任务实施

车联网安全体系架构认知	
记录	完成情况
1. 利用互联网查阅相关资料，总结车联网 PKI 架构特点	已完成□　未完成□
2. 查阅教材资料，完成下图基于安全硬件和 PKI 的安全体系结构的填写	已完成□　未完成□
3. 整理车联网信息安全相关政策，制作 PPT 进行汇报	已完成□　未完成□

（续）

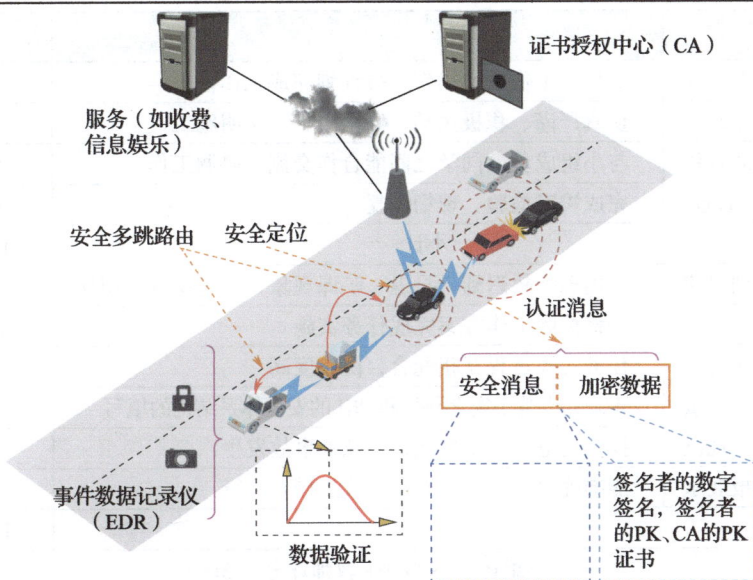

基于安全硬件和 PKI 的安全体系结构

6S 现场管理			
序号	操作步骤	完成情况	备注
1	建立安全操作环境	已完成☐　未完成☐	
2	清理及整理工具量具	已完成☐　未完成☐	
3	清理及复原设备正常状况	已完成☐　未完成☐	
4	清理场地	已完成☐　未完成☐	
5	物品回收和环保	已完成☐　未完成☐	
6	完善和检查工单	已完成☐　未完成☐	

📋 评价反馈

1. 各组代表展示汇报 PPT，介绍任务的完成过程。

2. 以小组为单位，请对各组的操作过程与操作结果进行自评和互评，并将结果填入综合评价表中的小组评价部分。

3. 教师对学生工作过程与工作结果进行评价，并将评价结果填入综合评价表中的教师评价部分。

综合评价表

姓名		学号		班级		组别	
实训任务							
评价项目		评价标准				分值	得分
小组评价	计划决策	制定的工作方案合理可行，小组成员分工明确				10	
	任务实施	利用互联网查阅相关资料，总结车联网 PKI 架构特点				20	
		正确完成基于安全硬件和 PKI 的安全体系结构的填写				20	
		整理车联网信息安全相关政策，制作 PPT 进行汇报				10	

（续）

评价项目		评价标准	分值	得分
小组评价	任务达成	能按照工作方案操作，按计划完成工作任务	10	
	工作态度	认真严谨、积极主动、安全生产、文明施工	10	
	团队合作	与小组成员、同学之间能合作交流、协调工作	10	
	6S 管理	完成竣工检验、现场恢复	10	
		小计	100	
教师评价	实训纪律	不出现无故迟到、早退、旷课现象，不违反课堂纪律	10	
	方案实施	严格按照工作方案完成任务实施	20	
	团队协作	任务实施过程互相配合，协作度高	20	
	工作质量	正确完成基于安全硬件和 PKI 的安全体系结构的填写	20	
	工作规范	操作规范，三不落地，无意外事故发生	10	
	汇报展示	能准确表达、总结到位、改进措施可行	20	
		小计	100	
综合评分		小组评分 ×50%+ 教师评分 ×50%		
总结与反思				

（如：学习过程中遇到什么问题→如何解决的／解决不了的原因→心得体会）

任务二　了解车联网信息安全认证技术

学习目标

- 了解基于加密的认证机制。
- 了解基于签名的认证机制。
- 了解基于验证的认证机制。
- 熟知基于对称密码学的安全认证机制。
- 熟知基于非对称密码学的认证机制。
- 具有利用信息手段查阅相关资料的能力。
- 具有分析问题、解决问题和再学习的能力。
- 具有良好的团队精神和较强的表达沟通、协调组织能力。
- 具有认真负责的职业态度和良好的职业道德。

知识索引

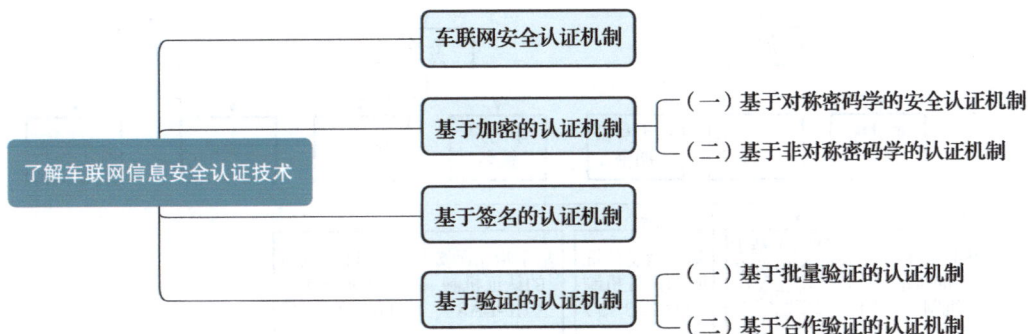

了解车联网信息安全认证技术
- 车联网安全认证机制
- 基于加密的认证机制
  - （一）基于对称密码学的安全认证机制
  - （二）基于非对称密码学的认证机制
- 基于签名的认证机制
- 基于验证的认证机制
  - （一）基于批量验证的认证机制
  - （二）基于合作验证的认证机制

情境导入

　　由于车联网具有车辆节点规模大、车辆行驶速度快及拓扑结构动态变化等特点，V2X 通信必须保证在有效的时间内完成，否则就可能导致信息不能成功传达或者交换，所以设计高效的认证机制是非常有必要的。在实际项目中，了解车联网信息安全认证技术有助于更好地理解 V2X 通信。在某次安全认证项目开发中，项目经理要求你整理安全认证技术资料，总结不同技术的特点，并完成车联网安全认证机制分类图的绘制。

获取信息

引导问题 1

　　查阅相关资料，简述车联网安全认证机制主要内容。

_____

_____

_____

车联网安全认证机制

　　公钥基础设施（Public Key Infrastructure，PKI）通过网络介质建立实体之间的身份信任关系，验证终端是否掌握正确的口令或密钥，实现对权限的管控，从而能够有效地控制信息的完整性和保密性，对于抵抗常见的网络攻击具有显著的防御效果。为了避免传统 PKI 机制认证方法所带来的开销问题，同时提高认证交互过程的时效性，研究者对传统认证协议进行了改进和重新设计，提出了基于身份的加密认证机制。该机制以 ID 作为车辆节点自身身份标识，避免了证书带来的弊端，但是仍然存在复杂的密钥托管的问题。随后研究者又提出了很多有效的认证机制。本节基于加密、签名、验证这 3 种不同类型的认证方式对车联网中的安全认证机制进行了分类，以对车联网中的安全认证机制进行阐述，如图 5-2-1 所示。

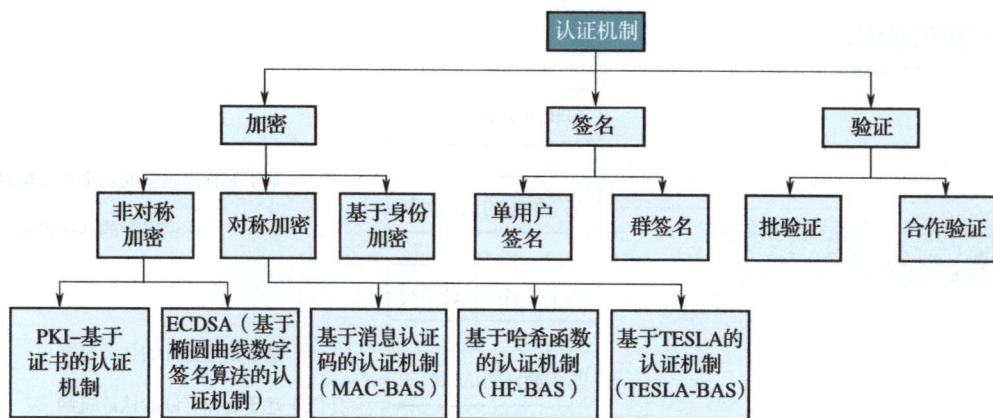

图 5-2-1　车联网安全认证机制的分类

引导问题 2

查阅相关资料，简述基于加密的认证机制主要内容。

基于加密的认证机制

认证是车联网车辆之间建立信任的一个重要环节。通过认证，人们可以容易地识别非合法节点和虚假消息，以保证通信的安全性。在车联网的安全认证机制中，基于加密的认证机制是一种传统的认证机制，通过对车辆之间的通信信息进行加密，能有效地保障通信双方的安全。本节将基于加密的认证机制细分为基于对称密码学的认证机制、基于非对称密码学的认证机制和基于身份加密的认证机制 3 种类型。

（一）基于对称密码学的认证机制

对称密码学也被称为私钥密码学。之所以称为对称，是因为它使用相同的密钥对明文（发送消息）进行加密，对密文（接收消息）进行解密。也就是说，通信的双方必须事先预约持有相同的密钥才能进行通信。对称密码由于密钥单一、算法简单，因而速度更快。根据对称密码算法的不同，基于对称密码学的认证机制又可以进一步细分为 3 类：基于消息认证码（MAC）的认证机制、基于哈希函数的认证机制和基于 TESLA 的认证机制。下面将详细讨论这 3 类认证机制的具体过程。

1. 基于消息认证码的认证机制

MAC 算法（Message Anthentication Codes）也称为密钥散列函数。MAC 算法将密钥、消息一起作为输入进行发送。用 MAC 算法生成一个认证码，然后将消息和生成的认证码一同发送给接收方，接收方使用相同的密钥和 MAC 算法来对接收到的消息进行认证（假设在实际通信开始之前共享密钥）。如果发送方发送的认证码和接收方计算得到的认证码相同，则成功认证接收的消息。研究者提出了一种 RSU（路侧单元）辅助消息认证机制，如图 5-2-2 所示，该方案使用消息认证码（MAC）认证车辆之间的通信。当发送方广播安全消息时，RSU 负责认证从发送方车辆发出的消息，并将认证结果通知给其他车辆。

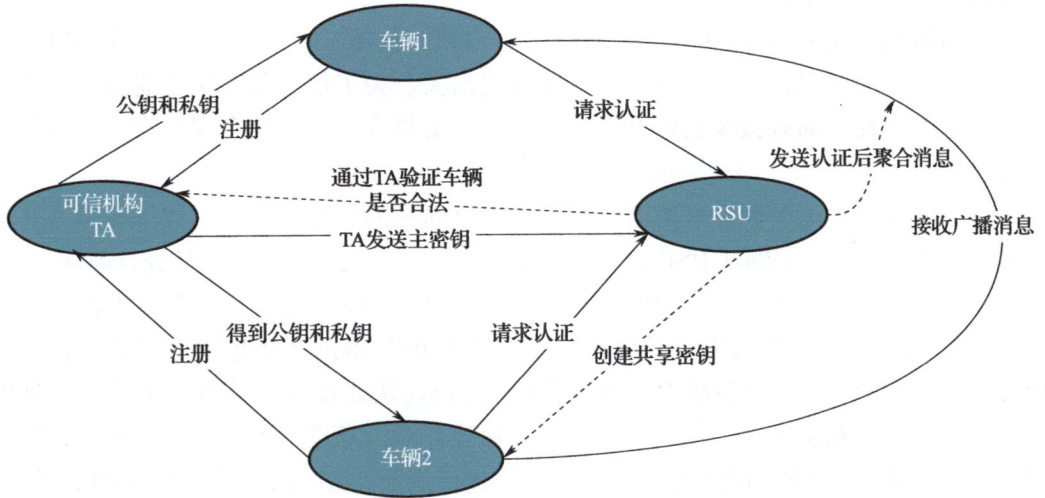

图 5-2-2　RSU 辅助消息认证机制

在此方案中，首先假设 RSU 是可信的、覆盖范围广，并且通信范围是车辆的两倍。当车辆在附近检测到 RSU 时，就发起与 RSU 的双向认证和密钥协商，建立 RSU 与车辆之间的安全通道，具体过程如下。

当车辆 V 检测到 RSU R 的存在（例如通过 R 的 hello 消息），V 发起和 R 的双向认证过程并建立共享密钥。该过程通过采用 Diffle-Hellman 密钥协商协议完成基于公钥签名方案帮助抵御中间人攻击。双向认证和密钥协商流程如下所示：

$Vi \rightarrow R$: ga, {ga}SKVi, CVi

$R \rightarrow Vi$: IDillgb, {IDillgallgb}SKR, CR

$Vi \rightarrow R$: {gb}SKVi

其中，ga 和 gb 是 Diffle-Hellman 密钥协商协议的元素；R 和 Vi 之间的共享密钥是 Ki<-gab。当从 Vi 收到第一个消息时，R 可以认证 Vi 的公钥证书 CVi，成功验证后，R 可以从证书 CVi 获得 Vi 的公钥 PKVi，然后使用 PKVi 认证元素 ga 的签名 SKVi，用类似方式，Vi 验证 R。

如果上述 3 个过程通过，那么双向身份验证成功。同时，在第二步中，R 为车辆 Vi 分配一个伪标识 IDi，该伪标识 IDi 与 Ki 唯一关联（为了保护隐私，车辆不能有唯一的伪 IDi）。通过 IDi，R 可以知道哪些车辆发送了消息，可以通过共享的对称密钥进一步验证消息的真实性。因此，R 在本地数据库维护了一个 ID 密钥表。当车辆驶出了 RSU 的覆盖范围，则更新它们的匿名证书，例如车辆选择新的公钥/私钥对消息进行签名。若 R 的当前时间和 R 从 Vi 收到最后一个消息的时间超出预定义的阈值，那么将从 ID 密钥表中删除 R 从 Vi 收到最后一个消息的时间，并把其存储到用于追踪目的的跟踪证据表中。

RSU 为每辆车分配一个唯一的可以与其他车辆共享的共享密钥和伪 ID，然后车辆将消息连同相应的密钥生成的消息认证码（MAC）发送到相关的 RSU。RSU 负责验证在其通信范围内接收的消息并将它们组装成数据包，使用自己的私钥进行签名然后发送出去，具体过程如下：

当车辆 Vi 从 RSU R 得到共享密钥 Ki 后，Vi 可以使用 Ki 计算消息认证码（MAC），然后将消息连同消息认证码（MAC）一同发送出去。为了使其他车辆也能验证接收到的消息的真实性，同时减少通信开销，RSU R 负责将多个认证消息聚合在一个数据包中并发送出去。

当车辆收到其他车辆发来的消息时，只将收到的消息缓存到本地数据库中，并不马上进行确认。一旦车辆从 RSU 获得了签名的数据包，就对缓存的消息进行确认。

通过以上步骤，可以完成 RSU 的辅助消息认证。与只考虑车—车通信的消息身份验证方案相比，该方案利用车联网的特点，使用 RSU 帮助车辆进行身份认证，由于 RSU 具有比车辆更高的计算能力，因此能很好地提高认证效率，同时 MAC 算法也确保了消息的完整性和真实性。而且与使用非对称计算对消息进行签名的方法相比，该方案采用基于消息认证码的对称加密方案对消息进行认证，从而减少了计算和通信开销。

2. 基于哈希函数的认证机制（HF-BAS）

哈希函数（散列算法）用于检查消息完整性，而不是消息加密。哈希函数将消息作为输入并生成一个固定大小的字符串，称为哈希值或消息摘要。这个哈希值附加在发送消息后面以确保消息完整性。其主要作用是，如果在传输期间消息中有任何更改，那么与更改前的消息的哈希值相比，更改后的消息的哈希值将出现一个不同的值。因此，通过比较哈希值的变化，很容易验证消息的完整性。哈希函数具有如下重要特性：对于给定的消息，哈希值可以很容易地计算，如果消息被攻击者修改，那么它的哈希值也会改变。因此，哈希函数是验证消息是否被更改或损坏的最佳方式。

研究者提出了一种轻量级的信任扩展认证机制。该机制在认证过程中采用预共享密钥（PSK）、异或操作和哈希函数操作。该方案基于车辆之间的传递信任关系实现，从而提供了一个分布式的认证机制。在该方案中，LE（移动认证服务器，AS）是一个可信机构，其不需要保存整个车辆的认证信息。该方案包括以下 8 个步骤：初始注册、登录、一般认证、密码更改、信任扩展认证、密钥更新、密钥撤销和安全通信，具体认证过程如下。

首先假设每辆车的 OBU 都配备了安全硬件（如可信平台模块），包括事件数据记录器（EDR）和防篡改装置（TPD），从而使攻击者无法从 OBU 获得车辆的有关信息。其次，EDR 负责记录有关车辆的重要数据，如位置、时间、预加载密钥和访问日志；TPD 提供密码处理功能。最后，假设每辆车的时间是通过 GPS 装置同步的。

然后在车联网中，车辆以认证状态（即可信或不可信）周期性地广播 hello 消息。为了确保网络安全，只有可信的车辆才能执行安全通信过程。相反，不可信车辆必须提前完成认证过程，以便与其他车辆通信。

在车辆加入车联网之前，它的 OBU 必须向 AS 注册，即首先用户通过制造商或安全通道向 AS 发送公共标识 IDi 和它选择的密码 PWi。在接收到用户的 ID 和密码后，

AS 为用户计算以下秘密认证参数：

　　Ai=h（IDi‖x），Bi=h2（IDi‖x）=h（Ai）

　　Ci=h（PWi）⊕Bi，Di=PSK⊕Ai

　　Ai 的目的是建立用户 ID 和 AS 之间的关系，Ci 的目的是建立用户密码、用户 ID 和 AS 之间的关系，因此，用户只在登录过程中输入正确的个人信息（即 IDi 和 PWi）。否则，OBUi 拒绝此登录请求。最后 AS 通过制造商或安全通道把参数［即 IDi、Bi、Ci、Di、h（*）］存储在 OBU 的安全硬件中。

　　当车辆想要访问服务时，它必须执行登录过程。即当用户想访问服务时，他需要将 IDi 和 PWi 输入到 OBU。然后，OBUi 检查 IDi，并验证 h（PWi）⊕Ci 是否等于 Bi，其中 Bi 和 Ci 是从初始注册过程中得到的。如果信息正确，则 OBUi 将执行一般认证过程。注意 h（PWi）⊕Ci 必须等于 Bi。如果值不相等，则意味着用户输入错误的 IDi 或 PWi，从而导致登录请求被拒绝。登录过程是第一个检查点。如果用户有恶意意图，OBU 将立即检测错误事件。

　　接下来，OBU 检查自身的认证状态（即密钥的生存期），如果密钥的生存期减少到 0，则车辆是不可信的，反之亦然。

　　MV（不可信的车辆）需要执行用于进行认证的一般或信任扩展身份认证过程。在该认证过程中可信的车辆协助其他不可信车辆执行认证过程，或与其他可信的车辆（即安全通信程序）通信，以访问 Internet。当密钥生存期低于预定义的阈值时，可信车辆使用 LE 执行密钥更新过程。

　　此外，认证机制还考虑了用户的密码更改过程及密钥撤销过程。密钥撤销机制基于定时器，将其生命周期作为密钥的生命周期。当车辆成功执行认证过程时，不可信车辆的认证状态变得可信，并获得授权参数（即 PSK）。然后，hello 消息中的身份验证状态更改为可信，安全硬件设置一个计时器来计数。当密钥的生命周期结束时，车辆的状态将变为不可信。当然，此方案很容易与其他密钥撤销方案（例如，基于令牌的机制）集成。事实上，系统可以要求信任的车辆在 1h（或数小时）内执行密钥更新过程，以降低受损概率。

　　图 5-2-3 显示了信任扩展机制中不可信 / 可信车辆的运行情况。在该方案中，LE 的状态不会改变，总是可信的。

　　该部分提出了一种分布式轻量级的认证机制，以保护车联网中的合法用户免受恶意攻击。该方案中只使用一个异或操作和一个哈希函数，所以密码计算量比较少。此外，该机制还利用传递信任关系的概念来提高认证过程的性能，并且该方案仅需要较少的存储空间来存储认证参数。

3. 基于 TESLA 的认证机制

　　TESLA（定时高效流丢失容忍认证）是能够容忍消息丢失的、高效的广播认证协议，具有通信和计算开销低的特点。TESLA 采用单向散列链，链元素是用来计算 MAC 的密钥。利用 TESLA 协议，发送方按照接收方已知的预定进度表发送数据包，并确定用于计算散列链的顶端。每个作为 MAC 密钥的散列链元素对应于一定的时间间隔。对于每个数据包，发送方给它附加一个 MAC 认证码。基于发送方和接收方协商的密钥公开延

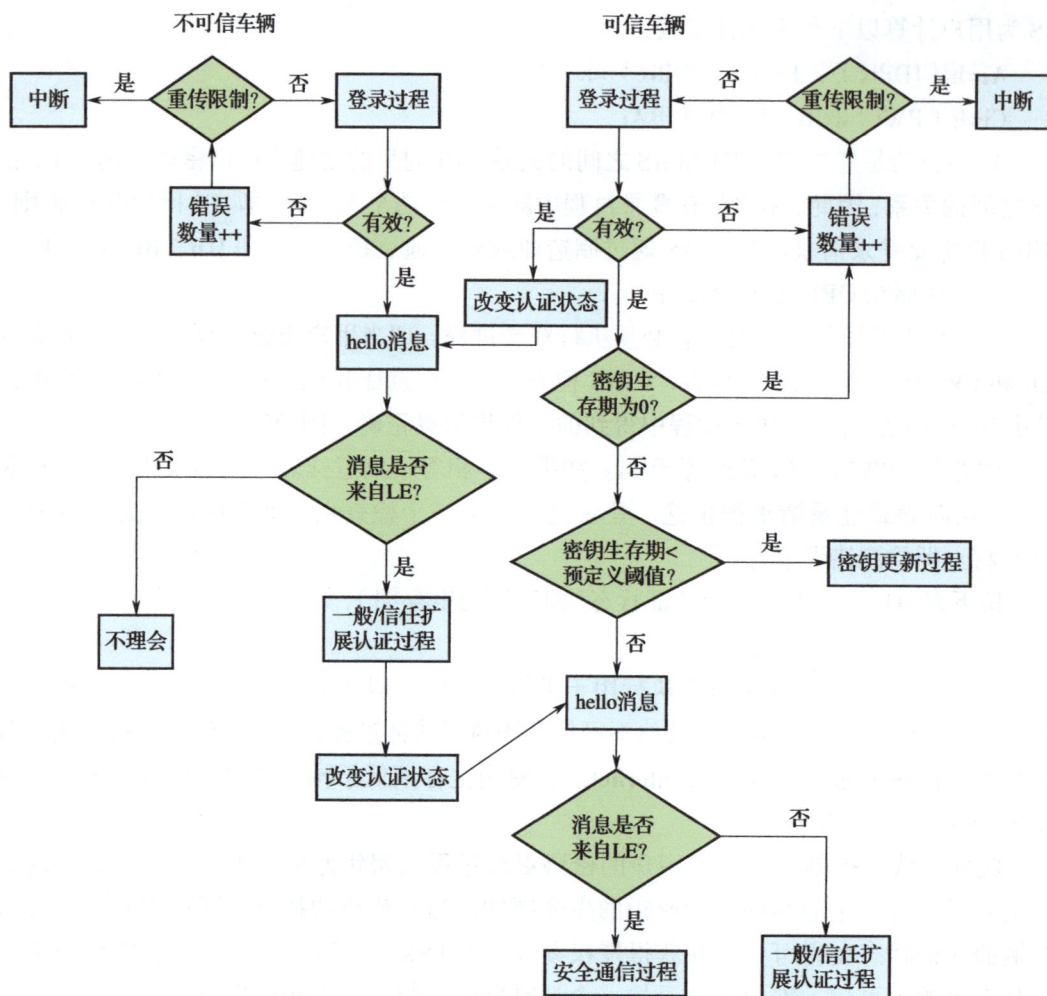

图 5-2-3　信任扩展机制中不可信 / 可信车辆的运行情况

迟时间表，使用散列链中下一个相应的 MAC 密钥导出此 MAC 标签。显然，在接收到数据包时，接收方无法验证该数据包的真实性。经过一个密钥公开延迟后，发送方公开了 MAC 密钥，当接收方验证了公开的 MAC 密钥确实是链中相应的元素后，就可以利用它验证该消息了。

通过上述对 TESLA 协议的介绍，接下来将对一个基于 TESLA 的认证机制实例进行分析。

研究者提出了一种可用于车辆通信的基于 TESLA 的广播认证机制。该机制采用了通常用于保护广播和多播通信的 TESLA 协议及快速对称加密技术，允许车辆彼此合作以验证接收到的消息。该方案需要预先为一个给定的车辆生成多个散列链。车辆随机选择一个链，并向周围邻居广播链的顶端，该消息由传统的基于 PKI 的数字签名技术提供保护。然后车辆使用链中的元素生成用于认证消息源的消息认证码（MAC）。它的邻居能够通过这些消息认证码验证相关联的消息。

具体来说，首先假设每台车辆都作为中心并与其周围传输范围内的车辆构成一个动态组，一辆车可以属于多个动态组。当其他车辆进入通信范围或任何组成员离开该组时，组的关系需要被更新，大部分组成员在相当长的时间内保持稳定；其次假设所有的车辆在车辆智能登记阶段或年度检查时都已经安装了一组匿名公钥/私钥对，其中匿名证书使用伪造身份标识（PVID）作为证书标识，为了实现可追溯，车辆登记机关需要保存这些匿名证书及其对应的真实身份。

作为发送方，首先需要预先生成一个散列链，以便之后使用该散列链上的元素作为加密密钥生成消息认证码。散列链的长度可以根据每个匿名证书的有效期和消息发送的间隔预先确定。一旦匿名公钥/私钥对被更新，则需要初始化一个新的散列链并开始使用。

接着发送方按 $Mj\|MAC(Mj)$ 构造每个数据包，其中 Mj 是要发送的消息，MAC_K（Mj）是使用密钥 K 生成的 Mj 的 MAC，$\|$ 代表消息串联。然后发送方使用常规的公钥签名技术对第一个消息进行数字签名，紧随其后的消息将分别使用散列链上相应的加密密钥计算，消息认证码所用的加密密钥将在短暂的延迟后公开。当加密密钥被公开后就可以认证之前发送的消息了，根据每个消息的预期传输延迟及散列链上用于标识密钥的序列号，接收方可以检查下一个用于生成消息认证码的散列密钥是否已经公布，如果下一个散列密钥已经被公布，则应当丢弃该消息，以防止消息伪造攻击。防止消息伪造攻击的安全需求是密钥发布的等待时间应当比消息从发送方到达所有接收方的时间长。

作为接收方，在接收到数据包后只是简单地把所接收的包缓存起来，一旦下一个密钥发布包到达时，接收方开始验证之前接收到的数据包。在执行正常的消息验证处理之前，接收方需要检查消息的有效性，以确定其是否满足相关的安全需求。如果不能满足相关的需求，则不需要验证该数据包并直接丢弃。

（二）基于非对称密码学的认证机制

非对称密码学又被称为公钥密码学，它解决了对称密码在密钥管理方面的问题。在公钥密码学中使用一对不同的密钥：公钥和私钥，这两个密钥是唯一的并且相互关联。在实际应用中，公钥加密算法及公钥是公开的，而私钥则必须保密。任何人都可以使用该加密算法和公钥生成加密消息发送给该用户，该用户可以使用私钥来解密消息。除了加密功能外，非对称加密还提供数字签名功能。由于不需要安全信道来传输密钥，因此非对称密码很好地解决了对称密码中密钥管理问题。但是非对称密码的缺点是加解密速度要远远慢于对称加密。

这里将基于非对称密码的认证机制进一步细分为两类：基于 PKI（公钥基础设施）的认证机制和基于椭圆曲线数字签名算法的认证机制。

1. 基于 PKI 的认证机制

在非对称密码学中，公钥是公开的，但公钥的使用者如何能够方便地获得所需的正确公钥，是一个需要解决的问题。目前有效解决这一问题的方法是建立公钥基础设施（PKI），PKI 是指使用公钥密码技术实现和提供安全服务的安全基础设施。通过PKI，通信双方可以安全地进行相互认证，从而保证实体的真实性。

　　该方案利用非对称密码算法和可信第三方（认证 CA）进行认证。CA 是一个集中的管理单元，其主要任务是验证节点的公钥和私钥并在 V2V 通信过程中对车辆进行身份验证，认证主要过程如下。

　　1）车辆想要访问车联网提供的服务，首先必须在 CA 上注册，车辆的车载单元（OBU）可以直接或通过路侧单元（RSU）间接与 CA 进行通信。

　　2）在车辆注册到 CA 后，CA 上传唯一的一对公钥、私钥和证书。这个由 CA 发布的证书称为车辆的公钥证书。然后，车辆可以使用其私钥和证书进行 V2V、V2I 通信。

　　3）每个车辆在发送安全消息之前使用其私钥进行数字签名，并且附加由 CA 颁发的证书。主要过程如下所示：

　　Sv → #：SM，SIGPrKV|SM|TS|，CertSV

　　其中 Sv 表示发送车辆，# 表示所有消息接收者，SM 表示发送的消息，SIGPrKV 通过使用私钥 PrKV 表示 Sv 的签名。| 表示连接运算符，TS 是时间戳，其作用是确保接收到的消息为最新消息。CertSV 是 CA 发布的发送车辆 Sv 的公钥证书。另一方面，发送车辆 Sv 的证书 CertSV 必须包括如下数据：

　　CertSV=PuKSV|SIGPrKCA[PuKSV|IDCA]

　　其中 SIGPrKCA 是 CA 使用其私钥 PrKCA 的签名，ID 是 CA 的唯一 ID。

　　4）一旦车辆接收到安全消息，它就启动节点和消息认证过程。接收车辆首先检查证书撤销列表（CRL），验证发送车辆的证书撤销状态。CRL 由 CA 管理。用于记录车联网中的恶意车辆证书。如果发送恶意消息的车辆证书存在于 CRL 中，则丢弃接收到的消息；否则，接收车辆验证接收到的消息中发件人的证书和发件人的数字签名。

　　尽管 PKI 方案是最常用的认证方法之一，但其存在复杂的公钥管理和验证问题。

2. 基于椭圆曲线数字签名算法的认证机制

　　常用的数字签名有 RSA 算法、椭圆曲线密码（ECC）等。其中 RSA 算法的安全性建立在大整数分解困难的基础上，而椭圆曲线数字签名算法（ECDSA）是椭圆曲线密码的数字签名算法（DSA）的改进，它的安全性建立在椭圆曲线离散对数问题的难解上。因此可以通过椭圆曲线数字签名算法的安全性来保证车联网中数据的完整性和不可否认性。

　　2009 年研究者提出了一种采用 ECDSA 的消息认证机制。该方案采用安全散列算法（SHA）由发送方用私钥签名安全消息、接收方在发送方公钥的帮助下。通过使用发送方使用的 SHA 算法对接收到的安全消息进行认证。其具体过程可以分为以下几个步骤。

　　1）发送方生成私钥和公钥，然后向 VANET 中的其他车辆广播公钥。

　　2）发送方使用安全散列算法求出待发消息的数字摘要，然后使用私钥加密数字摘要从而形成一段消息（数字签名），并将其附在待发消息后面一起发送给接收方。签名形成的具体过程如下：

　　①发送方使用它的私钥 DA 签名消息 m。

　　②计算 e=HASH（m），其中 HASH 是安全散列函数。

③从区间 [1, n-1] 中选择一个随机整数 k。

④计算 $r=x_1$（mod n），其中（x_1, y_1）=$k \times G$。如果 $r=0$，转到过程 b。

⑤计算 $s=k-(e+DAr)$（mod n）。如果 $s=0$，转到过程 b。

⑥得到数字签名为（r, s）。

3）接收方收到消息后，首先用与发送方一样的安全散列算法从接收到的原始报文中计算出报文摘要；然后用发送方的公钥对数字签名解密；最后比较两个摘要，如果摘要相同，那么接收方就确认消息是发送方的。接收方如果要验证发送方的签名，则接收方必须有发送方的公钥 QA。具体签名验证过程如下：

①验证 r 和 s 是否为 [1, n-1] 中的整数。如果不是，则签名无效。

②计算 e=HASH（m），其中 HASH 与签名生成中使用的函数相同。

③计算 $w=s-1$（mod n）。

④计算 $u_1=e_w$（mod n）和 $u_2=r_w$（mod n）。

⑤计算（x_1, y_1）=u_1G+u_2QA。

⑥如果 $x_1=r$（mod n），则签名有效，否则无效。

在基于 ECDSA 的认证机制中，使用 DSA（数字签名算法）生成公钥，使用 SHA（安全算法）实现了消息的签名生成，使用 SHA 对认证进行签名验证，保证了数据完整性、数据源认证和不可否认性。

与基于 PKI 的认证机制相比，基于椭圆曲线数字签名算法的认证机制具有较少的通信开销，因为这些机制在广播安全消息时不使用 CA 证书。因此，基于椭圆曲线数字签名算法的认证机制的性能优于基于 PKI 的认证机制。

（三）基于身份加密的认证机制

基于身份加密的认证机制与基于非对称密码的认证机制非常相似，不同的只是用户的公钥，流程均是从其身份信息（如邮箱、电话）中得到通过密钥生成中心生成相应的私钥。与基于 PKI 的认证机制相比，基于身份加密的认证机制的优势是开销低，由于没有使用证书进行消息认证，从而简化了传统的基于证书的密钥管理过程。

在基于身份加密的认证过程中不使用证书进行消息认证，而是发送方用自己独有的密码信息对报文进行处理，接收方能够认定发送者的唯一身份，如果双方对身份认证有争议，则可由第三方权威机构根据报文的签名来裁决报文是否确实由发送方发出，保证消息的不可抵赖性，而对报文的内容及签名的时间和日期进行认证是防止发送方的伪造和重用。

此外，在基于身份加密的认证机制中也减少了管理证书撤销列表的额外开销。因此，基于身份加密的认证机制提高了车联网通信的效率。

研究者提出了一种基于假名签名的安全条件隐私保护认证机制用于安全的 V2I 通信。该系统由 4 个网络实体组成，其中两个可信机构分别为权威机构（TA）和私钥生成器（PKG）。此外还有路侧单元（RSU）和车载单元（OBU）。负责 RSU 和 OBU 注册的 TA 可以显示来自 OBU 的签名消息的实际身份。PKG 负责为 OBU 和 RSU 生成和分配私钥。

这里做出如下假设：①TA 和 PKG 总是可信的，永远不会被破坏。当然，这里认为这两个可信机构不会发生串通。此外，它们还具有足够的计算和存储能力。OBU 的计算能力有限，而 RSU 的计算能力比 OBU 强。②每辆车都有可靠的定位设备（如 GPS），并能得到准确的时间信息。基于此系统，车辆将消息发送者的物理位置与 RSU 身份序列中的位置信息进行比较。③每辆车都配有防篡改设备，防止对手提取设备中存储的任何数据，包括私钥、数据和代码。车辆还会在设备中存储与假名相对应的私钥，主要负责对传出消息进行签名。该设备应该有自己的电池（可以通过车辆充电）和时钟（可以通过一个可信的路边基站安全地进行重新同步）。车辆的加密密钥可以在定期车检中更新，目前这些功能已经在一些产品中实现了。

这里引入了一个两层的车载网络模型，下层由 OBU 和 RSU 组成，用于 OBU 和 RSU 之间通信的是 5.9GHz DSRC，也叫作 IEEE 802.11p。每个车辆都有自己的真实身份、假名和一个私钥。每个接收交通信息的 RSU 负责验证消息的数字签名。通常，顶层由应用服务器（如交通控制分析中心）和可信机构组成。RSU 使用安全传输协议（如有线传输层安全协议）与应用服务器和可信机构进行通信。RSU 负责将从 OBU 接收到的有效消息转发到应用程序服务器。应用服务器负责在收集当前时间地点、交通事故、交通分布、道路天气信息等交通相关信息后，进行深入分析或反馈给 RSU。由于安全车辆通信属于民用应用，在大多数公路场景中，RSU 被假定为通过有线链路或利用高带宽、低延迟和低误码率的任何其他链路与可信机构连接，此外 RSU 还可以通过可信机构或通过安全可靠的对等信道相互通信。

方案目标：设计一个能够满足以下安全要求的方案。

1）身份验证和消息完整性：来自车辆的消息必须经过验证，以确认它们是由合法实体发送给 RSU，而不是被修改或伪造过的。

2）身份隐私保护：车辆的真实身份应当对其他车辆保持匿名，第三方不能通过分析其发送的多条信息揭示车辆的真实身份。

3）可追溯性：虽然车辆的真实身份应对其他车辆不可见，但必要时，TA 应当具有揭示车辆真实身份的能力。当签名有争议或消息内容不真实时，TA 应该有能力从假名中检索车辆的真实身份。条件隐私保护认证机制可分为 4 个阶段，即系统参数设置阶段、假名生成／私钥提取阶段、消息签名阶段和信息批量验证阶段。

在系统参数设定阶段，由可信机构生成系统参数；在假名生成／私钥提取阶段，在验证车辆的真实身份后生成车辆的假名，然后 PKG 计算与假名对应的私钥。与传感器和一些移动节点不同，存储对车辆而言很容易实现，使得大量假名的预加载成为可能。使用基于 IBS 方案的预加载方法，其中有大量短期的假名和私钥在假名生成／私钥提取阶段由可信机构加载到车辆中。当网络接入并且在接近更新的某个时间点，如果系统不繁忙时，经过适当的身份验证后，将通过车辆和可信机构之间的安全通道补充假名池。通过这两个初始化阶段，所有车辆都在可信机构中注册，并预装系统参数和它们自己的假名和私钥。在消息签名阶段和信息批量验证阶段中，每个车辆将签名消息发送到附近的 RSU。并且由 RSU 验证来自车辆的签名。本文中的运算符及其含义见表 5-2-1。

表 5-2-1　运算符及其含义

运算符	描述
V_i	第 i 辆车
TA、PKG	可信任机构和私钥生成器
G_1、G_2	循环加法群和循环乘法群
P	G_1 的生成元
q	素数 q，作为 G_1 和 G_2 的阶
e	双线性映射 e：$G_1 \times G_1 = G_2$
s	PKG 系统主密钥
P_{Pub}	由 PKG 主密钥提取计算出来的公钥
a	TA 可追溯性的主密钥
T_{Pub}	由 TA 主密钥提取计算出来的公钥（有可追溯性）
H_1、H_2、H_3	自定义的三个密码散列函数
K、R_{Pub}	RSU 主密钥与对应公钥
S_{ID}	具有 ID 信息的签名者的私钥
Q_{ID}	具有 ID 信息的签名者对应的公钥
S_{IDR}、Q_{IDR}	RSU 对应的公钥和私钥
S_{IDV}、Q_{IDV}	V_i 对应的公钥和私钥
M	待签名的消息
(U, σ)	签名者 RSU 计算出来的签名
k'	验证者车辆 V_i 选取的密钥（随机数）
(U', σ')	车辆 V_i 计算出来的签名

　　在基于假名签名的安全条件隐私保护认证机制中，可以把通信过程分为车辆到 RSU 的通信过程和 RSU 到车辆的通信过程。其中，车辆到 RSU 的通信过程具体如下。

　　（1）系统参数设置阶段

　　在部署网络之前，可信任机构（TA）和私钥生成器（PKG）按如下方式生成系统参数。

　　1）初始设置一个素数 q；两个 q 阶的组 G_1 和 G_2；P 作为 G_1 的生成元，定义双线性对为 e：$G_1 \times G_1 = G_2$。PKG 生成一个随机数 s（$s \in Z_q^*$）作为 PKG 系统主密钥，定义公钥为 $P_{Pub} = sP$。

　　2）TA 选择一个随机数 a，（$a \in Z_q^*$）作为 TA 对应的主密钥，并设置 TA 公钥为 $T_{Pub} = aP$。

　　3）设置三个密码散列函数 H_1，H_2，H_3，定义 H_1：$\{0,1\}^* \to G_1$，H_2：$\{0,1\}^* \times G_1 \to G_1$，$H_3$：$G_2 \to G_1$。

　　将这些生成好的系统参数匹配 TA 和 PKG 中，便完成了参数设置步骤。$\{G_1, G_2, P, P_{Pub}, T_{Pub}, H_1, H_2, H_3, e, q\}$ 为公共系统参数。

　　（2）在假名生成 / 私钥提取阶段

　　在此阶段，车辆将包含其真实身份（RID）的信息发送给 TA，其中真实身份能够唯一识别车辆，例如其牌照号码。用于隐私保护的假名是通过 TA 和用户选择的部分的组合生成的。因此，只有知道主密钥的 TA 才能从 PID 中恢复真实身份 RID。假名 / 私钥随之被存储在车辆的防篡改装置中。

（3）消息签名阶段

为确保消息的完整和认证，车辆发送的每条消息都应在收到时进行签名和验证。车辆 V 从其存储器中随机选择假名 PID 并选择当前时间戳。

（4）信息批量验证阶段

一旦 RSU 收到由车辆签名的消息，RSU 必须验证消息的签名以确保相应的车辆不会试图冒充任何其他合法车辆或传播虚假消息。

与车辆到 RSU 的通信不同，在 RSU 到车辆的通信中，RSU 发送的消息不受隐私要求的限制。因此这里直接使用 IBS 方案对从 RSU 发送的消息进行签名，以获得 RSU 身份验证和消息完整性。该方案中除假名生成部分外，车辆到 RSU 的通信与 RSU 到车辆的通信相同。RSU 到车辆的通信过程具体如下。

在私钥提取阶段，对于一个给定的序列 IDE 10.1，这是 RSU 的身份信息，PKG 生成一个私钥的过程如下。

1）选择一个随机数 k（$k \in Z_q^*$）作为 RSU 主密钥，设置对应公钥为 $R_{Pub}=kP$。

2）PKG 通过公式 $S_{ID}=sH_1(ID)$ 计算签名者各自私钥，其中 ID 是指签名者的各自 ID 信息，获取到私钥后 PKG 向申请者发送加密可靠信息，再通过公式 $Q_{ID}=H_1(ID)$ 计算对应签名者的公钥 Q_{ID}。

3）假设 RSU 作为签名者，接受信息车辆 V_i 作为指定验证者，RSU 对应的公钥和私钥分别是 S_{IDR} 和 Q_{IDR}；V_i 对应的公钥和私钥分别是 S_{IDV} 和 Q_{IDV}。待签名的消息为 M。

4）在 RSU 消息签名阶段，签名者 RSU 首先计算 $U=kQ_{IDV}$、$h=H_2(M,U)$、$V=k^{-1}(h+S_{IDR})$、$\sigma=H_3(e(U,V))$，得到签名（U, σ），发送给指定验证者车辆 V_i。车辆 V_i 在接收到签名后，先利用公式 $h=H_2(M,U)$ 计算出，然后判断等式 $\sigma=H_3(e(Q_{IDV},h)e(S_{IDV},Q_{IDR}))$ 是否成立，若成立则说明接收到的签名有效，反之无效。

5）指定验证者车辆 V_i 选择一个随机数 k'（$k' \in Z_q^*$），计算 $U'=k'Q_{IDR}$、$h'=H_2(M,U')$、$V'=k'^{-1}(h'+S_{IDV})$、$\sigma'=H_3(e(U',V'))$。用车辆 V_i 计算出来的签名（U', σ'）也会满足上一步的判断等式。

6）随后，RSU 向车辆发送最终消息。

在交通信息验证阶段，从 RSU 接收签名消息的车辆，其位置信息位于 RSU 的身份序列中，必须采取措施防止攻击者将设备从一个 RSU 中取出并放到其他位置。接收者将接收到的消息中的身份信息与身份序列中包含的属性进行比较，如果收到的身份信息属性不匹配，则忽略该消息。

在这种情况下，对来自同一个 RSU 签名的批量验证主要需要 3 个配对计算 H_1、H_2、H_3 和两个标量乘法 G_1、G_2。因此，与顺序验证 1 个单独签名所需的时间相比，车辆验证由相同 RSU 发送的多个签名所需的时间可以大大减少。

? 引导问题 3

　　查阅相关资料，简述基于签名的认证机制主要内容。

基于签名的认证机制

　　数字签名是车联网提供安全性的基本需求。数字签名确保了节点可认证、消息的完整和不可否认性。数字签名的主要优点是不可模仿性。然而，仅靠数字签名并不能满足车联网中其他重要的安全需求（比如隐私保护）。因此，各种基于不同类型签名的认证机制被提出，以满足车联网中的安全需求。

　　前面所讨论的基于对称加密、非对称加密身份签名的认证机制很多都是基于单用户签名的认证机制。这些机制的主要缺点是它们不能满足隐私保护这一安全需求。尽管一些单用户签名机制已经被提出，但这些机制存在密钥管理、通信和计算开销大等问题。为了解决这些问题，提出了基于群签名的认证机制。接下来将给出一个基于群签名的认证机制实例进行分析。

　　正如前面讨论的，隐私保护也是车联网中重要的安全需求。虽然传统的基于数字签名的方案提供了隐私这一安全需要，但存在以下主要问题：私钥的安全分发；需要频繁地改变公钥、私钥；密钥管理。因此 Chaum 等人于 1991 年首次提出群签名的概念，在群签名中允许组的成员代表组对消息进行签名，而不需要确认签名者的身份。接收到组签名后任何人都可以检查其有效性，但是除了管理员外，接收者并不知道是哪个成员的消息。即提供群内匿名性，这种服务可以很好地保证合法成员的真实身份，保护其隐私。如果出现争议，群管理员可以打开签名来确定生成签名的群成员的身份。而且此时生成签名的群成员不能否认自己的签名行为。

　　因此根据群签名的特点，它能同时隐藏发送者身份和追踪信息源头。这种隐藏发送者身份功能为合法用户提供服务名保护，而追踪信息源头的能力又可使群管理者对成员的行为进行有效跟踪和监督，对成员行为进行合理限制，避免恶意行为。此外，群签名有无关联特性，也就是说在不打开签名的条件下，判断两个不同的群签名是否来自同一个群成员，这在计算上是不可行的。由于群签名具有这些很好的性质，因而也被广泛应用和研究。

　　2007 年，研究者提出了将群签名技术和身份签名技术结合起来的高效的安全协议，即 GSIS 机制。在该机制中，安全问题分为以下两个方面：一是多个 OBU 之间的安全和隐私保护问题，即车—车通信问题；二是车载单元（OBU）与 RSU 之间的安全与隐私保护问题，即车—路通信问题。在第一个安全问题方面，群签名用于实现车—车之间的保密通信，消息可以由发送者安全和匿名地签署，而发送者的身份信息可以由授权机构或组管理员确定。在第二个安全问题方面，RSU 使用基于身份的加密签名方案签发 RSU 发出的消息，以确保消息的真实性，这样可以大大降低签名的开销。安装在紧急救援车辆上的 OBU 可以看成是 RSU，因为在应急车辆上安装的 OBU 和 RSU 之间的通信不需要进行隐私保护。

该机制中将权威机构（TA）分为车辆成员管理者（简称管理员）和车辆成员追踪者（简称追踪者）两种角色。其中管理员负责向每个已注册的车辆节点分发私钥和群公钥及所需要的系统公开参数；追踪者类似一个可信的法律权威，负责将有争议的信息和证据传递给管理员。主要思想是：所有车辆接入车联网之前都必须事先在管理员处进行注册，车辆注册后由管理员分发各自的私钥和群公钥并向车辆节点传输所需要的所有公开系统参数，当车辆节点通过系统的验证加入群以后，就可以利用自己的私钥对即将发送的信息进行签名，并将信息发送出去。而接收者则利用群公钥对接收信息进行认证，一旦出现争议（例如有车辆发送虚假信息）则由相关人员将此信息传递给追踪者，再由追踪者将此信息及相关的证据交给管理员，进而管理员在车辆身份数据库中查询发送虚假信息车辆的真实身份并将其注销。

该方案的主要优点在于克服了基于匿名证书认证机制中需要预先装载大量身份证书的缺陷，同时该方案不需要 OBU 预先装载大量的身份证书，只需要存储车辆节点自身的私钥和群公钥即可，因而对 OBU 存储空间的要求较小，实用性更强。与基于匿名证书认证机制相比，由于群签名具有的种种性质，使得车辆节点的匿名性和条件隐私性得到了很好的保护。

尽管该认证机制可以满足车联网中车辆节点对于匿名性和条件隐私性的需求，而且克服了基于匿名证书认证机制中的一些缺陷，但是在实际的应用过程中该方案也存在一定的不足之处，具体体现在以下 5 个方面：

1）从作废车辆身份代价角度而言，如果在群中检测到一个恶意车辆节点并且要作废其用户身份时，需要更换群密钥来保证整个群的安全，这样就造成了很大的代价。

2）从信息认证效率角度而言，由于信息的认证时间和车辆身份注销清单中的数目之间存在线性关系，因而随着车辆身份注册清单中作废车辆数目的增加，信息的认证时间将会大大延长。这对于对延迟性很敏感的车联网而言是不可取的，因为这样不但降低了信息认证效率，而且对于行车的安全性构成了一定的威胁。

3）从隐私保护能力角度而言，不否认方案提供了良好的条件隐私保护，但是该方案中协议的执行是基于双线性对运算的，每次认证都至少需要经过两次的对运算才能完成，不但影响了信息认证效率，而且会影响到车辆密度较大（如一般的城区场景）情况下的节点隐私保护能力。

4）从网络规模角度而言，很难对网络规模做出平衡。一方面，如果群中车辆节点的数目过多，那么车辆身份注销清单就会增长得相当快，从而造成信息认证效率低下；另一方面，如果群中车辆与该车辆属于同一个群，那么攻击者就可以很容易地通过比对群 ID 来跟踪该车辆节点。

5）从更换密钥自主性角度而言，目前在绝大多数基于群签名认证机制中，OBU 必须在权威机构中注册，并通过安全的通道来获取私钥，这也意味着 OBU 不能够自主地改变自己的私钥，这一非独立的私钥获取过程使得车辆节点被攻击的可能性增加。

基于验证的认证机制

如前所述，签名验证是认证过程的第二部分。在 DSRC 通信中，每辆车每 100~300ms 向在该范围内的其他车辆或 RSU 广播安全信息。如果考虑到大约 180 辆车在 RSU 的通信范围内，意味着其他接收车辆或 RSU 必须验证大约 600 条安全信息。因此，在传统的 PKI 方案中，使用数字签名进行签名验证是一项非常困难的工作，需要大量的通信和计算开销。因此，许多研究人员已经提出了侧重于签名验证过程及签名过程的认证机制，这些认证机制被细分为两类：基于批量验证的认证机制和基于合作验证的认证机制。

（一）基于批量验证的认证机制

批量验证方案被认为是加快验证过程的最佳方案。基于批量签名验证方案使用椭圆曲线加密算法同时对多个消息进行认证。在批量验证中验证时间不取决于待验证签名的量，因此减少了验证大量签名所需的时间。批量验证的缺点是容易受到由于虚假数据的注入而引起的 DoS 攻击。接下来对基于批量签名验证的认证机制实例进行分析。

研究人员提出了一种基于身份的批量验证的机制。在该方案中 RSU 能够同时验证批量签名消息，从而减少了验证时间。它还通过使用基于身份加密来减少通信开销。并通过使用不同的伪身份来确保隐私性。但是，该方案太依赖于防篡改装置，并且车辆可以伪装成其他车辆通信以避免被追究责任。同时该方案还有一个问题是，如果在签名验证过程中一个签名出错将会导致整个批量验证失败，从而导致验证效率大大降低，而且还不能抵挡 DoS 攻击。

该认证机制包括以下 4 个阶段：密钥生成和预分发阶段、伪身份（ID）和私钥生成阶段、消息签名阶段和批量验证阶段。

1）在密钥生成和预分发阶段，当合法车辆向 TA 注册时，提交代表自己唯一身份的 RID 与密码 PWD，TA 负责检查车辆的真实身份，并生成和预分发密钥给车辆。然后 TA 则为该车辆装备一个防篡改装置 TPD。TPD 中存储了访问本地 TPD 的 RID 和 PWD，以及系统私钥和系统参数。有了这个防篡改装置，未经认证的车辆不能提取存储在设备中的任何数据，从而保证了车辆的安全性。

2）在伪 ID 和私钥生成阶段，为了实现隐私保护，使用了防篡改设备。它负责生成随机伪 ID 和相应的私钥。防篡改设备由 3 个安全模块组成：认证模块、伪身份（ID）生成模块和一个私钥生成模块。

认证模块用作访问控制，即确认是否允许车辆访问服务。车辆在 TPD 中输入正确的 RID 和 PWD，然后 TPD 检验输入的 RID 和 PWD 是否与存储中的一致。如果 RID 和 PWD 成功地通过了认证模块的验证，那么 RID 将被传递给下一个模块，即伪 ID 生成模块。否则，该设备将拒绝为车辆提供服务。伪 ID 生成模块负责对已认证的 RID 生成随机伪 ID 列表。每个伪 ID 由 ID 和 RID 组成，在这个模块中椭圆曲线加密算法用于加密 RID。密码文本的两项分别为 ID 和 ID 加密之后的 RID，然后将两者传递给私钥生成模块，私钥生成模块基于 ID 和 RID 来计算私钥。通过计算得到的私钥分别表示为 SK 和 SKV。在这个过程中，伪 ID 和私钥可以由防篡改设备离线生成，因此，在车载端的签名消息不会因此过程延迟。

3）在消息签名阶段，当车辆在路上行驶时它们定期广播与交通有关的信息，为了确保消息的完整性，车辆发送的每一条消息都应在收到消息时签名和验证。以下给出了消息签名阶段的过程：车辆 V 首先生成与交通相关的消息，然后通过防篡改装置选择伪 ID 和相应的私钥 SK。有了私钥 SK，V 可以计算消息 M 的签名。随后，V 以伪身份将最终消息（IDM）发送到其邻近的 RSU。根据专用短程通信技术（DSRC），这些步骤每 100~300ms 重复一次。

4）在批量验证阶段，一旦 RSU 接收与交通相关的消息，RSU 必须验证消息的签名，以确保车辆不试图冒充任何其他合法车辆或传播虚假信息，防止对车辆造成损害。因此这里需要验证签名的正确性。为了提高验证效率，该方案采取批量验证的方法。

（二）基于合作验证的认证机制

前面提出的基于公钥系统的认证机制大都面临大量的签名验证开销，导致每台车辆的计算开销增加。为了克服这种计算开销，提出了基于合作消息验证的认证机制。该方案中车辆或 RSU 之间相互合作，可同时认证多个消息的签名。通过合作验证，减少了消息验证所需的时间，提高了认证速度。基于批量验证的认证机制的主要缺点是容易受到 DoS 攻击，这里将对一个基于合作消息验证的认证机制实例进行分析。

研究人员提出了一种高效的合作消息认证机制。该方案由一组相邻的车辆用户共同执行。通过必要的车辆间协调，最大限度地减少不同车辆针对同一消息的冗余认证工作。由于合作认证发生在无人值守的环境中，车辆可能会自私地享受其他车辆的认证贡献，却很少做出自己的贡献，这种自私行为被称为搭便车攻击。为了防止搭便车攻击，该方案还采用了合作认证机制，但是该合作方案并不涉及车辆间的互动，同时为了使得 TA 能够根据车辆的合作历史灵活地控制那些具有合作能力的车辆，加入了证书令牌机制。

考虑某区域内有 x 辆车，它们彼此之间能够直接进行通信，每条消息包含一个唯一的索引并附加有一个签名。这 x 辆车通过验证附加在消息上的签名来认证这 y 条消息。C_1 表示验证一个签名的成本，C_2 表示产生一个签名的成本，x 辆车合作认证 y 个签名。车辆 V 的合作认证策略可以描述如下：

1）基于（xy），车辆 V 随机选择签名并认证 V_i，其中 $0<V_i<y$。这些签名用 S_i 表示，相应的消息由 M_i 表示。随后车辆 V 对消息 M_i 生成一个集成签名 S_i，然后它会为

它的认证成果创建一个证据，用来评估它在过去时间段内所付出的努力。其中证据包括该时间段、合作车辆的数目 x、原始签名的数目 y 以及包含在集成签名中的原始签名的数目 V。为了使车辆能够意识到在本地生成证据的责任，提出了基于地理信息的分布式方案。由于车辆的地理信息完全是随机和不可预测的，使得车辆用户能够公平地共享证据生成的工作。同时基于上述生成的证据，TA 可以平衡车辆的工作量和使车辆从其他车辆获得好处。即当车辆经过 RSU 时，TA 通过 RSU 接收来自车辆的证据，评估它在过去时间段所付出的努力并据此将能够验证其他车辆的集成签名的令牌发送回车辆。

2）车辆 V 将 M_i，S_i 与原始消息的索引和证据一起发送给邻近的车辆。需要注意的是，证据是无法伪造的，并将被其他车辆公开接收和验证。

3）车辆 V 认证其他用户的集成签名。

4）车辆 V 认证那些没有被集成签名所覆盖的其余签名。

通过该认证机制，车辆用户可以在不通过可信机构 TA 的情况下进行合作，通过证据令牌的方法有效地阻止自私用户发起的搭便车攻击。TA 基于所收集的证据策略性地调整颁发给车辆用户的令牌有效期，从而定期地控制车辆的合作能力。通过合作消息认证的方式，还能够有效地提高认证效率，显著降低车辆用于认证签名的计算开销。

👥 任务分组

学生任务分配表

班级		组号		指导老师	
组长		学号			
组员	姓名：_____　学号：_____ 姓名：_____　学号：_____ 姓名：_____　学号：_____ 姓名：_____　学号：_____			姓名：_____　学号：_____ 姓名：_____　学号：_____ 姓名：_____　学号：_____ 姓名：_____　学号：_____	
任务分工					

📋 工作计划

按照前面所了解的知识内容和小组内部讨论的结果，制定工作方案，落实各项工作负责人，如任务实施前的准备工作、实施中主要操作及协助支持工作、实施过程中相关要点及数据的记录工作等。

工作方案表

步骤	作业内容	负责人
1		
2		
3		
4		
5		
6		
7		
8		

进行决策

1. 各组派代表阐述资料查询结果。

2. 各组就各自的查询结果进行交流，并分享技巧。

3. 教师结合各组完成的情况进行点评，选出最佳方案。

任务实施

车联网信息安全认证技术认知	
记录	完成情况
1. 利用互联网查阅相关资料，总结各类车联网安全认证机制的认证原理与特点	已完成□ 未完成□
2. 查阅教材，填写下列有关车联网安全认证机制分类图	已完成□ 未完成□

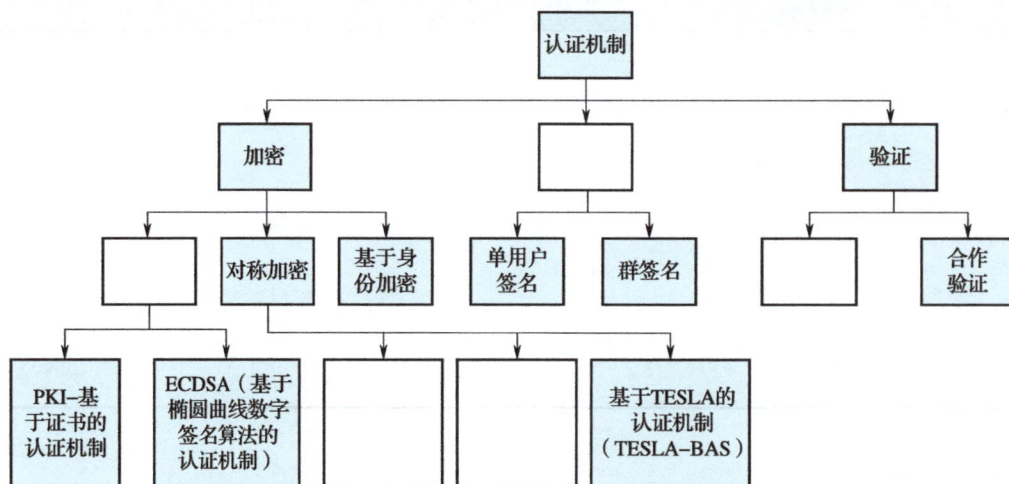

（续）

6S 现场管理			
序号	操作步骤	完成情况	备注
1	建立安全操作环境	已完成□　未完成□	
2	清理及整理工具量具	已完成□　未完成□	
3	清理及复原设备正常状况	已完成□　未完成□	
4	清理场地	已完成□　未完成□	
5	物品回收和环保	已完成□　未完成□	
6	完善和检查工单	已完成□　未完成□	

评价反馈

1.各组代表展示汇报 PPT，介绍任务的完成过程。

2.以小组为单位，请对各组的操作过程与操作结果进行自评和互评，并将结果填入综合评价表中的小组评价部分。

3.教师对学生工作过程与工作结果进行评价，并将评价结果填入综合评价表中的教师评价部分。

综合评价表

姓名		学号		班级		组别	
实训任务							
评价项目		评价标准				分值	得分
小组评价	计划决策	制定的工作方案合理可行，小组成员分工明确				10	
	任务实施	完成车联网安全认证机制分类图的填写				20	
		能够正确认知车联网安全认证机制				20	
		能够总结车联网安全认证机制特点				10	
	任务达成	能按照工作方案操作，按计划完成工作任务				10	
	工作态度	认真严谨、积极主动、安全生产、文明施工				10	
	团队合作	与小组成员、同学之间能合作交流、协调工作				10	
	6S 管理	完成竣工检验、现场恢复				10	
	小计					100	
教师评价	实训纪律	不出现无故迟到、早退、旷课现象，不违反课堂纪律				10	
	方案实施	严格按照工作方案完成任务实施				20	
	团队协作	任务实施过程互相配合，协作度高				20	
	工作质量	正确完成车联网安全认证机制分类图的填写				20	
	工作规范	操作规范，三不落地，无意外事故发生				10	
	汇报展示	能准确表达、总结到位、改进措施可行				20	
	小计					100	
综合评分		小组评分 ×50%+ 教师评分 ×50%					

（续）

总结与反思
（如：学习过程中遇到什么问题→如何解决的／解决不了的原因→心得体会）

任务三　了解车联网隐私保护技术

学习目标

- 了解车联网隐私分类。
- 了解车联网隐私保护目标。
- 了解车联网大数据处理。
- 熟知车联网身份隐私保护技术。
- 熟知车联网位置隐私保护技术。
- 具有利用信息手段查阅相关资料的能力。
- 具有分析问题、解决问题和再学习的能力。
- 具有良好的团队精神和较强的表达沟通、协调组织能力。
- 具有认真负责的职业态度和良好的职业道德。

知识索引

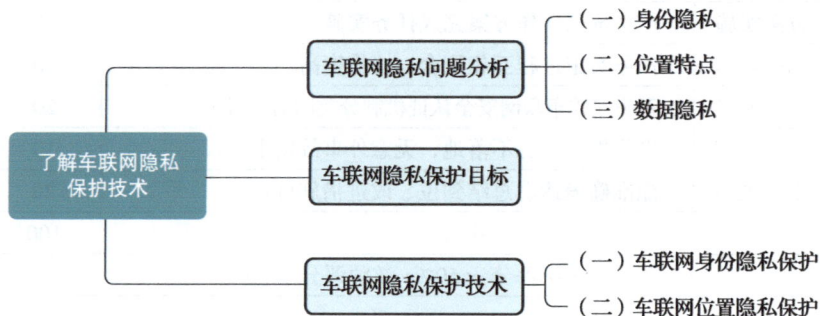

了解车联网隐私保护技术
- 车联网隐私问题分析
  - （一）身份隐私
  - （二）位置特点
  - （三）数据隐私
- 车联网隐私保护目标
- 车联网隐私保护技术
  - （一）车联网身份隐私保护
  - （二）车联网位置隐私保护

情境导入

　　由于车联网与人们的敏感信息密切相关，特别是交通安全类应用需要车辆不断广播其位置、速度等信息，这使得人们的身份、位置和行踪等敏感隐私信息面临严重的威胁，并且车联网无线通信的本质使数据极易被监测、改变和伪造。作为车联网项目安全测试人员，在某次合作项目中，你的项目经理要求你就车联网隐私问题和隐私保护技术，制作 PPT 向合作方汇报。

获取信息

引导问题 1

　　查阅相关资料，简述车联网隐私问题主要内容。

_____

_____

_____

车联网隐私问题分析

（一）身份隐私

　　车联网个人身份隐私是指驾驶人的个人身份信息、车牌号等隐私数据。车联网中的个人身份隐私涉及驾乘人员的敏感信息，在大数据环境下，攻击者获取与车辆驾乘人员相关数据的渠道更多，挖掘数据关联性的能力更强，这些数据泄露的可能性就越大，这些数据一旦泄露，可能影响到相关人员的生命财产安全。

　　在车联网应用中，身份隐私更易遭受攻击，由于安全消息通常都没有加密，并且包含了车辆速度、方向、位置等信息，有时甚至还包含 ID（或伪 ID）信息，当攻击者拥有这些信息后可以实施更有效的攻击。

　　车辆之间、车辆与 RSU 之间传递的安全消息（Safety Message）关系到人们的生命财产安全，必须保证其完整性、真实性，以及来源可信，因此需要认证消息及消息来源。但用户又不希望自己的身份信息被其他车辆和 RSU 获取，防止给自己带来不必要的骚扰和损失。

　　身份隐私与位置隐私具有强关联性，如果车辆的 ID 信息泄露，攻击者根据该 ID 发送的安全消息中的车辆位置信息，可以简单地推断出车辆的移动轨迹；同样，如果车辆的移动轨迹泄露，攻击者将轨迹与安全消息中的位置相匹配，就可以很容易得知车辆 ID 或伪 ID 序列。

　　身份隐私在娱乐和 Internet 接入应用中更为突出，在娱乐和 Internet 接入应用中，用户经常使用邮箱地址、账号、付费银行卡等敏感标识信息，这些标识信息可以唯一关联到用户，从而损害用户的身份隐私。

（二）位置特点

车联网位置隐私是当前产业界亟待解决的问题。2014 年，在美国举行的底特律车载资讯系统大会上，与会人员主要围绕高科技的应用会造成车主个人信息泄露这一问题展开讨论；在 CES2014 国际消费电子展上，福特全球营销主管吉姆·法雷讲到"福特知道每个驾驶者的行动，知道你什么时候什么位置超速或者违反法律，知道你什么时候在做什么事情，知道驾驶者的一举一动"，这段话触及消费者敏感的神经，让福特一度置于风口浪尖之上。产业界普遍认为可靠的消费者数据隐私保护和汽车安全对于维持客户的信任至关重要。

位置隐私是一种特殊的个人隐私，是指不愿意被外部知晓的直接与位置相关的个人敏感信息（如当前位置、历史行踪等），以及由位置数据挖掘推理出的其他个人敏感信息（如兴趣爱好、健康状况、宗教信仰等）。车联网位置隐私涉及车联网中车辆及驾乘人员的敏感信息，绝大部分相关应用需要车联网中的车辆公开其位置信息。由于车辆是人行动的载体、车与人具有密切的关联性，这使得人们从车辆位置数据获益的同时，面临严重的个人位置隐私泄露威胁，甚至危及个人生命财产安全。车联网中的位置隐私安全具有以下特征。

1）位置隐私与安全应用的有效性之间存在矛盾。安全应用需要了解实时的交通状况，如当前的速度、方向、位置等信息，以便根据这些信息做出准确无误的判断；而位置隐私则希望尽可能隐藏车辆的当前或过去的位置信息，以保证用户的利益不受损害。

2）安全消息时空关联性损害位置隐私。安全消息包含车辆的速度、方向、位置等信息。通常每隔 300ms 发送一次，如果车辆以约 20m/s 的速度行驶，相邻安全消息中的位置变化约为 6m，因此连续安全消息之间具有很强的时空关联性，多个安全消息关联在一起，就可以还原出车辆行驶的轨迹。

因此，位置隐私在车联网的安全领域占有举足轻重的地位，需要相关软硬件厂商多加注意。

（三）数据隐私

数据隐私分为上传数据隐私和分发数据隐私。

上传数据隐私是指车辆向管理中心上传当前的路况信息等必要交通状况信息。一方面，车辆上传的数据不希望其他车辆和 RSU 知道，但 RSU 要能够对消息进行源认证、完整性校验和新鲜性校验，从而保证上传数据的实时性和可靠性的要求。另一方面，其他车辆在必要时能够辅助验证消息的正确性，以防止恶意车辆发送虚假消息影响数据的整体质量。

车联网应用的管理中心发布的消息具有开放性，不需要加密，同时车联网中为了达到碰撞避免、辅助制动、安全驾驶等目的，消息通常以明文的方式传输，没有进行加密处理。因此，安全应用对数据隐私没有严格的要求。

查阅相关资料，简述车联网隐私保护目标主要内容。

_____

_____

_____

车联网隐私保护目标

每个国家对隐私需求的解决方案各有不同。有些国家强制执行驾驶人的预防犯罪识别机制，而有些国家可能会在系统中强制实施隐私政策。此外，想要公众接受车联网部署，隐私保护的需求是非常重要的一个影响因素。网络中的通信应该是匿名的，发送的消息不应该泄露有关其发送者的任何信息，而且在未授权侦听者在场的情况下，消息的发送应受到保护。此外，发送者的行为不能与其来源相关联。

有些方案提出了更高级别的隐私保护，比如，广播消息的车辆身份甚至应该受到交通管理局的保护。但是，完全匿名可能会导致不当行为发生，因为攻击者会恶意行事，而不必担心被抓住。鉴于此，其他一些方案允许当局在发现行为不当的情况下披露车辆的身份，以实现有条件的匿名，即除非行为不当，否则用户的身份仍然是匿名的。因此，在设计车联网隐私保护机制时通常要考虑如下需求。

1. 匿名性

消息的发送者在一组发送者之间应该是无法区分的或者说是匿名的。为了保护发送者的隐私，车联网隐私保护系统需保证发送者 / 驾驶人的匿名性，即理论上不应该有将消息内容关联到发送消息者的可能性，但这在界定责任与匿名的问题方面产生了冲突。因此，需要提供有条件的匿名性以实现可追溯性。

2. 条件性

毫无疑问，驾驶人可以从其他相邻车辆自动发送的与交通相关的消息中受益。然而，这些消息包含了发送者的私人信息［例如车辆的身份（车牌号）、位置和方向］，这将导致用户敏感信息泄露。因此，设计的隐私保护机制应该防止未授权方知道发送者的真实身份和其他私人信息。另一方面，可信机构（如警察）有权在发生刑事诉讼时揭露车辆的身份。因此，有条件的隐私保护在车联网中是必不可少的。

3. 机密性

隐私保护系统应防止将消息内容泄露给未经授权的实体，以维护用户的隐私。攻击者无法充分区分车联网中使用的兴趣项目（Items of Interest，IOI，指消息、行为和 / 或主题）是否相关。值得注意的是，发送者与某个消息之间的不相关性可能会被称为匿名，即使这可能会打破发送者的匿名性。

4. 低泄露性

用户应在通信期间泄露最少量的信息。在交流期间泄露的用户数据应该是最小的，简而言之就是没有除工作所需之外的其他任何信息。此外，收集到的信息应根据相应的具体要求进行调整。

5. 可分发性

车联网的一项重要的隐私需求是将身份解析的过程分布到各个机构当中，这些机构需要合作才能将证书链接到特定实体。这对保持条件匿名的同时仍保护用户隐私至关重要。

6. 转发保密性

解析用户的身份或证书不应泄露任何可能把将来消息关联到该用户的信息。在为车联网开发稳定的体系结构时，还应该考虑下列其他系统要求。

（1）可扩展性

在为传统移动自组织网络设计安全协议时可能不会考虑这一点，因为其用户数量并不大，因此未考虑可扩展性不会导致重要的攻击。但是在车联网中，可扩展性是一个非常重要的因素。即使在高密度区域，也应该能有车辆及时验证进入的消息。否则，如果安全方案在高密度区域无效，一些消息将会在验证之前被丢失。此外，不可扩展的方案容易受到拒绝服务（DoS）攻击。

（2）存储需求

加密身份验证技术已被广泛用来保护 VCS。由于各种原因，加密证书应该被安全地存储并不断更新，其中一个原因是实现隐私保护。用于满足隐私保护要求通常有两种技术，即假名和群签名。在假名认证中，车辆存储大量公钥/私钥对及其相应的证书，需要改变假名才能使对手难以跟踪车辆。因此，匿名密钥的大小应尽可能保持最小，以便最小化车辆所需的存储空间。而在群签名方案中，需要预先存储大量证书，所以群签名面临的问题是签名的数据量非常大。

（3）可用性

某些应用程序（如对时间敏感的紧急服务）对通信网络有着高度的依赖。例如在紧急情况下，不能即时接收已发送消息将会使应用程序无效。

（4）实时性

一些车联网应用程序需要通过 RSU 或相邻车辆频繁地向车辆广播来更新或获取实时信息，比如说与安全相关的应用。

（5）稳定性

系统稳定性意味着通信信道是安全并且满足隐私保护要求的，即使存在恶意或故障节点，系统也具有真实性和完整性。

车联网的隐私保护在车联网关键技术中占有举足轻重的地位，国内外学者针对隐私保护的问题也进行了一些针对性的研究，希望能在确保匿名性、完整性和不可关联性的基础上使用相关安全验证技术达到身份隐私、位置隐私、数据安全的目标。

❓ 引导问题 3

查阅相关资料，简述车联网隐私保护技术主要内容。

_____

_____

_____

车联网隐私保护技术

车联网隐私问题从 2005 年起开始被关注，来自瑞士洛桑联邦理工学院和加拿大滑铁卢大学的学者在车联网隐私保护领域开展了相关的研究工作，并取得大量的研究成果。从车联网隐私保护的技术角度，已有研究成果聚焦在身份隐私保护、位置隐私保护、数据隐私保护等，而安全应用对数据隐私没有严格的要求。下面从身份隐私保护和位置隐私保护这两个方面对车联网的隐私保护问题进行阐述和分析。

（一）车联网身份隐私保护

匿名认证是车联网实现用户身份隐私保护的基本机制。匿名认证机制可防止攻击者通过消息关联到发送者的真实身份。然而车联网中的"匿名"并非完全匿名，而是有条件的匿名。在交通事故发生时，引发事故的车辆须承担相应的责任，全完匿名将导致法律责任难以追究，而有条件的匿名能够使权威机构从现场消息恢复车辆或驾驶人的真实身份。当前，相关研究提出基于群签名的匿名认证和基于假名的匿名认证，两者均可兼顾信息安全与身份隐私保护需求。

因此，身份隐私保护主要是利用匿名证书、假名和群签名等方法将车辆驾乘人员的身份信息匿名化或者隐蔽化，通过断开车辆身份和位置的关联性以实现车辆位置隐私保护目的。

1. 匿名证书

2005 年 Raya 等人首次提出基于匿名证书的安全协议 HAB，其基本思想是：当车辆进行通信时，随机从匿名证书列表中选取一个可用证书对信息签名。通过不断地更替证书使攻击者无法获知两条消息是否是同一个用户发出。

根据 PKI 解决方案，每辆车将被分配一个公钥 / 私钥对，在车辆发送安全消息之前，它使用其私钥对其进行签名，并且包括 CA（证书颁发机构）证书。整个过程如下所示：

$$V \rightarrow M.Sig\ K_v[M|T].Certy$$

其中，V 表示发送车辆。K 表示所有消息接收者表示消息，M 是连接运算符。T 是确保消息新鲜的时间节点。应当注意，由于交换随机数是通信双方首次握手的固有步骤，因此不使用随机数来代替时间戳；使用序列号也会产生开销，因为它们需要维护。Certy 是 V 的公钥证书，将在后面描述。

消息的接收者必须使用证书提取并验证 V 的公钥，然后使用其认证的公钥验证 V 的签名。为此，接收方应具有 CA 的公钥，可以如下所述预加载。如果消息是在紧急情况下发送的，这意味着它属于与责任相关的类别，则应将此消息（包括签名和证书）存储在事件数据存储器（Event Data Recorder, EDR）中，以便在紧急情况下进一步调查。

使用诸如私钥的秘密信息导致在每个车辆中需要防篡改设备。除了存储秘密信息外，该设备还将负责签署外发消息。为了降低被攻击的风险，该设备应该有自己的电池，可以通过车辆为其充电，当路过可靠的路边基站时，时钟可以安全地重新同步。应仅限授权人员访问此设备，例如，可以在车辆的定期技术检查中更新加密密钥。

要成为车载自组织网络的一部分，每辆车都必须存储以下加密信息。

1）由政府颁发的称为电子车牌（ELP）的电子身份，或者由车辆制造商发行的电子底盘号码（ECN）：这些身份应该是唯一的，并且可以加密验证（这可以通过将 CA 颁发的证书附加到身份上来实现），以便在需要时向警方识别车辆（通常身份除警察之外不可见）。与物理车牌相似，当车主移动到不同的地区或国家时，应更换 ELP（即在车辆中重新装载）。

2）用于保护隐私的匿名密钥对：匿名密钥对是由 CA 验证的公钥/私钥对，但既不包含关于公共关系的信息（即，没有特殊授权的观察者不能发现这种关系），也不包含车辆的实际身份（即它的 ELP）。然而，这种匿名性对于责任目的来说是偶然的。通常，车辆将拥有一系列匿名密钥以防止跟踪。

例如，假设密钥由某个 CA 认证，则车辆 V 的第 i 个匿名密钥 PuK 的证书 CertyPuK 应至少包括以下内容：

$$Certy[PuK]=PuK，|Sigpk [PuK，IIDeA]$$

其中 PuK 是 CA 的私钥，IDcx 是 CA 的唯一 ID。

有两种关键的撤销方案，具体取决于攻击者所泄露的信息。

1）属于车辆的所有加密材料都受到损害。为了避免撤销该车辆的所有钥匙的开销，CA 将通过向防篡改设备发送安全撤销消息来撤销它们。

2）车辆钥匙组的特定钥匙受到损害。在这种情况下，针对每个被撤销的密钥向防篡改设备发送撤销消息将导致大的开销。因此，应选择使用短密钥证书生命周期。这会使密钥证书在一定时间之后过期，从而撤销密钥。使用这种方法需要在车辆上有大的存储空间，因为密钥应经常被新的密钥替换，但车辆具有足够资源来满足这一要求。

隐私保护是部署车辆安全应用程序的必要条件，但安全和隐含责任要求具有更高的优先级。因此，匿名应视实际情况而定，例如，如果存在执法或国家安全问题，则应覆盖匿名。但是如果警察（或其他执法机构）可以完全控制身份披露流程，则可能会发生滥用行为，因此 ID 披露能力应该在多个权限之间分配（与其他涉及法律的问题一样，例如银行账户披露）。例如，未经法官许可，警方不能够检索与匿名密钥相对应的身份。密钥共享可以用来在技术上强化授权机构在权威机构中的分配，从而权威机构分享访问数据库所需的内容，该数据库与真正的车辆身份（ELP）及它们的匿名公钥相匹配。

在此基础上，研究人员在车载自组织网络（VANET）中引入了一种有效的条件隐私保护（ECPP）协议，以解决具有权限可追溯性的安全消息的匿名认证问题。协议的特点是在车载单元和路边单元之间生成即时短时匿名密钥，可以提供快速的匿名身份验证和隐私跟踪，同时最大限度地减少短时匿名密钥所需的存储空间，从而实现车辆与 RSU 之间的动态合作。

还有学者通过车辆间共享证书实现匿名保护，提出并分析了一种使用公钥基础设施（PKI）来保护通信的车辆隐私保护方法。特别是，它检查了 PKI 系统的隐私限制，其中使用组合证书方案在多个车辆之间共享证书，经过分析认为，在车辆密度较低的情况下，车辆很可能具有不被其他车辆共享的本地唯一证书，因此使用唯一证书的车辆可能易于被跟踪或识别。

有学者提出基于扩展 CRL 的协同证书状态检查机制 COACH 和基于 Merkle 哈希树的撤销机制 EPA，降低了证书状态检查和撤销的计算代价；也有学者利用实时道路信息进行路线规划时，通过匿名证书实现查询目的地和驾驶人身份等隐私信息的保护。虽然匿名证书能够在一定程度上起到用户信息保护的作用，但也存在匿名证书存储开销大、证书管理/撤销困难及无法保证位置隐私等问题。近年来，国内外学者又提出了基于无证书签名设计的匿名认证协议，不需要考虑证书管理和密钥托管问题，大大提高了认证的效率和协议的安全性。

2. 假名

假名方案的基本思想：使用一个不包含能识别用户信息的标识替代真实的身份，从而使接收者或攻击者无法推断用户的真实身份。车辆节点的假名集与其真实身份之间，以及同个集合内的多个假名之间具备不可关联性，车辆在通信过程中可以切换假名来确保隐私信息的安全性，因而攻击者无法通过收集来自同一假名节点的消息来推断节点行踪和真实身份。同时，如果用户犯下非法行为，发布假名的区域信任机构（RTA）可以揭示用户的真实身份，从而提供可追溯性。

有学者对假名发布进行了研究，其方案由 RSU 或者在 RSU 的协助下完成，提出了强假名认证方案（PASS），主要是通过使用 RSU 来分担 VANET 中认证（CA）的负担，来提高攻击者提取系统密钥的难度。尽管 RSU 在 PASS 中充当证书发行者，但它们不知道车辆持有哪些证书。就算攻击者破坏了所有的 RSU，他也无法获取相关的隐私信息。在假名更新方面，虽然只有合法 RSU 颁发的假名证书在车辆通信中有效，但 PASS 允许车辆存储由受信任机构（TA）颁发的大量假名证书。基于代理重签名加密技术给出一些信息的半安全代理，可以将消息上的用户签名转换为同一消息上的另一个用户签名，车辆只需要请求来自 RSU 的签名密钥，并重新签署 TA 颁发的证书号码，其与 RSU 本身发布的证书号码相同。这样，服务开销几乎与更新的证书数量无关。在证书撤销方面，通过使用单向哈希链技术来提升同一所有者的假名证书的伪随机性，仅释放两个散列种子来撤销已撤销用户的未过期证书。因此与传统的假名认证方案不同，PASS 中的证书撤销列表（CTR）大小仅与被撤销车辆数据呈线性关系，与被撤销车辆持有的假名证书数量无关。PASS 方案增强了系统安全性、扩展性和效率。

基于车辆的速度和方向来触发假名变换称为隐私感知协作交通监控系统（PA-CTM），PA-CTM 基于已经存在的设置，允许使用假名进行匿名访问。该系统依赖于本地参数（速度和方向，而不是信任的第三方机构）用于触发更新假名，与其他周期性更新和基于静默期（在一段随机时间后更新其位置，这个随机时段称为静默期）的更新机制相比，降低了通信成本。从 PA-CTM 的架构和流程来看，PA-CTM 使用的是 C/S 架构。用户首先签署自己的假名，然后使用签名的假名对交通服务器进行身份验证，以更新其位置信息或查询当前的交通状态。交通服务器从不同的用户收集位置信息（由假名识别），并为用户提供当前的交通状态。PA-CTM 的流程示意图如图 5-3-1 所示。

在步骤①中，产生一些称为假名的临时身份，然后将这些假名发送给假名签名者，后者又签名并返回签名到移动的物体。

在步骤②中，使用它签名的假名之一向移动服务器验证移动对象。注意，用户能够不时地改变假名，因此将他们的真实轨迹划分为由他们的假名识别的较小轨迹。这样使得链接不同的假名以构建完整的轨迹变得十分困难。

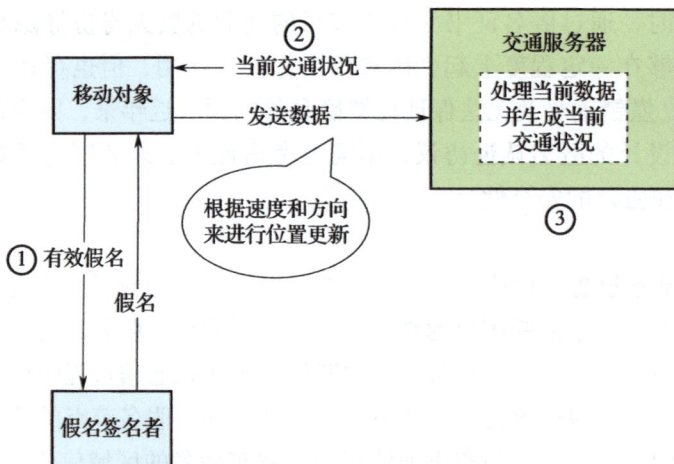

图 5-3-1　PA-CTM 的流程示意

在步骤③中，交通服务器验证假名签名者的签名并相应地响应移动对象。假名签名者负责注册用户并签署他们的假名。

PA-CTM 采用称为抗共谋假名提供系统（CoRPPS）的假名提供系统。CoRPPS 由 3 个功能单元（注册单元、认证单元和假名签名单元）组成，它们一起协作以对用户进行假名签名，可以根据速度变化（加速或减速）来查看驾驶行为。如果速度变化很大（超过预定阈值），则面临不规则的交通条件，因此用户必须改变他的假名并更新他的位置。为了更好地进行交通监控，也可以在方向改变时应用假名改变和位置更新。

2015 年，有学者进一步提出基于候选位置列表（PCC）的假名变换方法；也有人结合群签名机制，提出隐私保护方案 MixGroup，构建扩展的假名变换区域，使得车辆可以连续地变换其假名，从而提高不确定性，达到隐私保护目的；还有人建议采用分布式假名管理方案，如图 5-3-2 所示，车辆节点通过 RSU 更新假名集。针对基于云的车载 Internet 服务中位置隐私泄露问题，有人提出两类虚拟机映射攻击，并设计一个虚拟机标识符更替方案及假名更换方案。

图 5-3-2　分布式假名管理方案

3. 群签名

基于群签名的匿名认证是密码学中一种面向群组的数字签名方式。群签名方案的基本思想是：相同速度和相同方向行驶的车辆先形成一个群体，群体中的任一成员可以代表整个群体进行匿名签名，接收者可通过签名验证消息合法性，但无法得知消息是由群组的哪个成员发出。另外，每个群组有一个管理员，它能够揭露签名者的真实身份，也负责取消恶意成员身份的合法性。该方案既实现了匿名认证，又可实现对特定车辆的跟踪。通过将车辆组合成组，车辆可以减少 V2I 通信次数，这增强了车辆的匿名性。

最早的群签名方法是由群组共同创建的一个签名方案，将其称为群签名方案，具有以下 3 个属性：①只有小组成员才能签署消息；②签名的接收者可以证实它是该群组的有效签名，但无法具体识别到某个单位；③如果在以后发生争议，签名可以"打开"，以揭示签名者的身份。

1997 年，一个新的群签名方案被提出，在该方案中，克服了上一阶段的显著问题，即群公钥和签名的长度不再依赖于群组的大小，对于成员数量较大的群组也同样适用，这就是经典的 CS97 方案。其操作逻辑为：

（1）打开签名

要想判断这些签名是否由同一群组成员发布，只可能通过 log 的数值来判断是否成立。然而，在一般情况下想判断它是否成立是不可行的，因此小组成员的签名是匿名且不可链接的。

（2）安全性和效率考虑因素

这种群签名方案的安全性基于离散对数问题的难度，以及 Schnorr（非交互零知识身份证明和数字签名）和 RSA 签名方案的安全性。它还基于另外的假设，即如果模数 n 的因式分解未知，则有效成员密钥的成员证书是很难计算出来的。考虑到群组成员的匿名性，链接两个签名与判断两个离散对数是否相等一样困难。

4. 方案比较

为了解本文讨论的不同方案的性能，有必要对所有方案提出的算法完整细节进行比较，用于判断方案性能的参数有控制开销、RSU 和 OBU 计算开销、隐私保护级别、数据延迟、开发成本、带宽利用率等。但为了计算控制开销，有必要知道 OBU 将处理的数据的确切类型和大小，这需要首先确定在 VANET 中部署的应用程序类型。同样，带宽利用率是另一个必须考虑的重要参数，但由于 VANET 中的数据类型和应用程序尚未最终确定，因此很难对其进行计算。因此，在表 5-3-1 中讨论了每个方案的 RSU 和 OBU 计算开销、隐私保护级别、数据延迟、开发成本等主要性能特征，并且在表 5-3-2 中讨论了每个方案的主要特征和缺点。

表 5-3-1　车联网中身份隐私保护方案性能比较

编号	方案	可扩展性	计算成本		隐私保护	传输延迟	成本
			RSU	OBU			
1	匿名证书	L	M	H	H	H	M
2	假名	H	H	H	M	M	H
3	群签名	L	M	H	H	H	H

表 5-3-2　车联网中身份隐私保护方案特征比较

编号	方案	特点	缺点
1	匿名证书	①证书（公共密钥对、私钥对）是从受信任的权威机构下载的；②证书可以更换	存储开销大、证书管理/撤销困难以及无法保证位置隐私

（续）

编号	方案	特点	缺点
2	假名	①由区域信任机构发布；②多个假名之间不存在关联性	存在维护开销、安全性不够高
3	群签名	①实现样本性隐私；②通过团体中的单个成员定期广播的方式减少传输	①可以揭示用户的真实身份；②维护和检查开销随着组员数量的增加而增加；③容易受到外界因素的影响

（1）可扩展性

可扩展性是一种定义明确的网络协议和体系结构性能指标，它意味着系统在保持性能标准的同时能够很好地应对网络扩展。此类别中的 L 表示该方案不适用于节点数量可能增长超过一小部分的网络；M 表示该方案可以在有限数量的节点上正常运行，但不应超过该限制；H 表示该方案具有高度可扩展性，可以很好地适用于大量节点。

（2）计算成本

选择计算成本作为度量指标是因为在通常情况下程序和相关数据的计算特别消耗可用的计算能力，该指标在 OBU 端显得尤其重要。H 表示可用的计算资源可能达不到要求，M 意味着计算资源充足，L 表示所需的计算资源远低于可用的计算资源。

（3）隐私保护等级

H（HIGH）表示强，M（MED）表示可接受但有风险，L（LOW）表示不可接受或没有隐私级别。

（4）数据传输延迟

这是网络的另一个众所周知的参数，它表示由于任何原因在网络中经历的延迟。具有低延迟的网络被认为是快速的，反之亦然。

（5）开发部署成本

此参数表示基础结构要求是否使其易于在实际环境中部署。具有高成本部署的方案显然是不可行的，L 表示成本低。

（二）车联网位置隐私保护

位置隐私是一种特殊的个人隐私，它不仅蕴含着丰富的个人、位置等显性信息，而且还可以通过推理计算位置轨迹的隐性信息（家庭住址、个人生活习惯、工作单位地址、健康状况等），挖掘设备对象的行为模式和行为习惯，导致设备对象的隐私泄露。因此，隐私保护不仅要保证位置本身的敏感信息不泄露，又要防止攻击者通过一系列的位置隐私推导出其他的个人信息。

在基于位置的服务中，用户需要将包含自身位置信息的查询内容发送给位置服务器处理，在这个过程中，如果信息被攻击者截获或服务器被攻击者监听，那么攻击者将会获取用户的位置信息。如果攻击者不断获取用户的位置信息，并将这些位置联系起来就很容易获得用户的运动轨迹，再通过对轨迹的分析，结合其他相关的背景知识，攻击者就可以推断出用户的很多个人隐私，如用户的家庭住址、工作地点等，从而造成个人隐私信息的泄露，甚至对人身安全造成威胁。

车联网中服务的开放性使得位置隐私面临着严峻的考验，通过对目标车辆的位置、行车路线等信息的观察和跟踪，攻击者可以窃取驾驶人的身份、生活习惯等隐私信息，以致做出违法犯罪行为。车联网位置隐私问题从 2005 年起开始被关注，瑞士洛桑联邦理工学院 Hubanux、加拿大滑铁卢大学 Sherman 等学者针对车联网位置隐私领域开展了研究，并取得大量的研究成果。从车联网位置隐私保护的技术角度看，已有研究成果可分为泛化法、模糊法、掩盖法、加密法等。下面将从这 4 个方面逐一对国内外的研究现状及相关技术的核心思想进行阐述和分析。

1. 泛化法

泛化法是将位置信息泛化为相应的匿名区域，使得攻击者无法准确地获取真实位置，以达到位置隐私保护的目的，主要包括位置 k- 匿名 / 轨迹 k- 匿名、假位置 / 假轨迹等。

（1）位置 k- 匿名 / 轨迹 k- 匿名

k- 匿名技术是位置隐私保护中最常用的方法。该技术是 1998 年 PSamarati 和 L.Seweney 在 PODS 国际会议上提出的，主要是应用在关系数据库的隐私保护中，它的核心思想就是将准标识属性（Quasi-Identifier，QI）泛化，使得单条记录无法和其他 k-1 条记录区分开来。2003 年，Marco-Gruteser 最先将 k- 匿名技术应用到位置隐私保护中，产生了位置 k- 匿名模型：当移动的对象在 t 时刻的位置无法和其他 k-1 个对象的位置区别时，就称此位置满足 k- 匿名。在由位置隐私产生的轨迹隐私保护中，应用 k- 匿名技术产生了轨迹 k- 匿名，基于 k- 匿名技术的隐私保护效果由 k 值来评估，k 值越大则说明隐私保护效果越好，但是丢失的信息量也会增多。

目前 k- 匿名技术主要应用于数据发布位置隐私保护和位置服务隐私保护，本书主要介绍 k- 匿名技术在位置服务隐私保护中的应用。k- 匿名的实现方式可以分为集中式和分布式两种。

① 集中式：集中式方法在移动用户和 LBS 服务提供商之间加入了可信第三方，由可信第三方完成匿名的处理和查询工作，如图 5-3-3 所示。

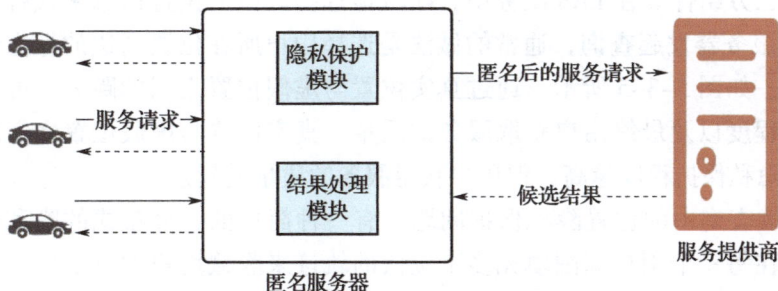

图 5-3-3　k- 匿名集中式体系结构

② 分布式：与集中式方法不同，分布式方法不依赖于可信第三方，仅通过用户相互之间的协作构成 k- 匿名集，如图 5-3-4 所示。

一种可定制的 k- 匿名模型可用来保护位置数据隐私。该模型有两个独特的功能：首先，提供了一个可自定义的框架来支持变量 k 的 k- 匿名，使得广泛的用户从位置隐私保护中受益，并且具有个性化的隐私要求；其次，设计并开发了一种新颖的空间隐形算法，称为 Clique Cloak，它为 LBS 提供商的用户提供位置 k- 匿名。这个隐形算法由一台可信服务器上的位置保护代理运行，该服务器用隐藏消息中包含的位置信息来匿名化来自移动节点的消息，以减少或避免再将这些消息转发给 LBS 提供商。该模型使从移动节点发送的每条消息能够指定

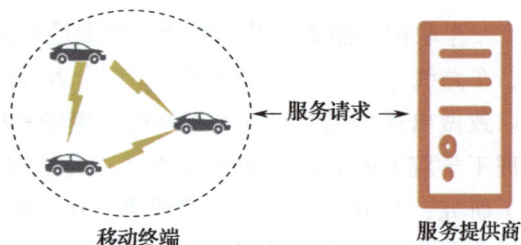

图 5-3-4　k- 匿名分布式体系结构

所需的匿名级别，以及维持所需匿名的最大时间和空间容差，该模型具有较高的 k- 匿名性和针对位置隐私威胁的弹性，且没有显著的性能损失。

位置 k- 匿名的度量方法可按以下标准来进行。

①名集的大小：用户匿名的程度最早使用匿名集的大小或者有效匿名集的大小来衡量。有效匿名集越大则隐私保护程度就越高，与此同时得到的服务质量就越差，反之亦然。

②平均匿名区域的大小：在位置服务中，需要产生一个匿名区域，并使用匿名区域代替区域内用户的真实位置向服务器发送查询。平均匿名区域越大，则用户隐私受保护的程度越高。一次同时从 LBS 服务器返回查询结果集越大，服务质量相对越差。

③基于熵的隐私度量：熵度量将位置服务匿名区域内用户位置的不确定性水平量化。由熵的定义，可以使用攻击者成功攻击用户的隐私信息的概率来计算熵，由此计算而来的熵表示攻击者成功攻击用户隐私的不确定性。最终求得的熵值越大，不确定性越大，用户隐私受保护的程度越高。

（2）假位置 / 假轨迹

上面介绍了 k- 匿名技术，在位置隐私保护技术中，假位置也是经常使用的一种简单有效的技术。假位置就是向服务器同时发送真实位置和多个假位置的集合，降低攻击者获得用户的真实位置的风险，其优点是用户自己可以生成假位置，而不需要任何其他可信第三方组件。在 LBS 服务中，随机地选择虚假的位置信息来代替用户的真实位置向 LBS 服务器发起查询，通常的做法是选择用户所在位置周边的标志性建筑物来作为假位置，如图 5-3-5 所示。通过真实位置与虚假位置之间的距离，可以衡量用户的隐私保护程度以及最终用户获取服务的质量。真实位置与虚假位置之间的距离值越大，用户的隐私保护程度越高，但用户获得服务的质量就越差。

对于连续查询中的位置隐私保护问题，有一种简单的、分布式的隐私保护策略，该方法通过在每一个用户周围填充多个虚假的轨迹来隐藏用户的真实轨迹。当用户想要获得一个基于位置的服务时，发送的请求中不仅包含真实的轨迹信息，同时还包含多个虚假的请求。该策略采用无序的虚假位置进行选择、查询及安排。

以 S 为起点，D 为终点，D_1 和 D_2 为两条虚假的轨迹，其对应的区域网络地图如图 5-3-6 所示。假设用户的真实轨迹为 S → 3 → 6 → 5 → 9 → D，整个查询时间周期可以分为 4 个阶段，在每一个阶段用户将真实的查询信息和若干虚假的查询数据一起发送，每个阶段包含的位置点为：第一阶段为 1、2；第二阶段为 5、3、7；第三阶段为 4、9、6；第四阶段为 D、D_1、5、8、D_2。

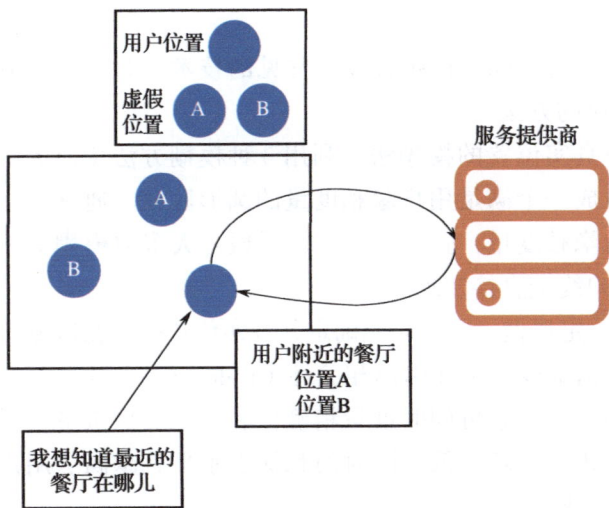

图 5-3-5　假位置示意图

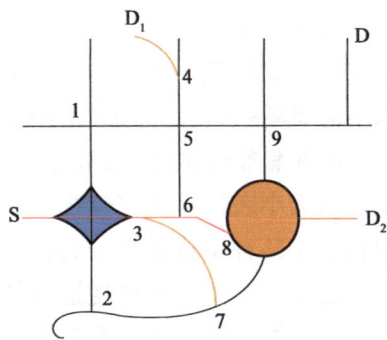

图 5-3-6　区域网络地图

所有可能形成的路径如图 5-3-7 所示，用户发送了 13 个查询，用户发送的真实查询是无序的。在攻击者看来，每条路径都是可行的，因此攻击者无法将真实的查询信息和虚假信息区别开来，从而保护了用户的轨迹隐私。

图 5-3-7　可能形成的路径

在泛化法中，k- 匿名的 k 值确定是算法的关键，若 k 值较大或轨迹的时间跨度很长，将导致数据极大扭曲，引发错误的分析结果；而假数据方式中如何生成假数据及添加假数据是其关键，不合适的方法会严重影响服务质量。两种隐私保护方法对比见表 5-3-3。

表 5-3-3　假数据法和 k- 匿名方法对比

方法	主要优点	主要缺点	隐私保护度	服务质量
假数据法	计算开销小，实现简单	数据失真严重，算法移植性较差	低：主要取决于生产的假出发点、目的地的个数	差：服务质量由产生的假出发点、目的地的数量衡量，数量越多服务质量越低
k- 匿名法	算法移植性好，数据较真实，实现简单	实现最优化轨迹匿名开销较大，有隐私泄露风险	高：主要取决于同一个匿名集中轨迹个数	好：在隐私保护后的用户数据上进行数据挖掘，根据数据挖掘效率衡量

2. 模糊法

模糊法主要是通过降低位置精度来提高隐私保护程度，常见的技术是时空模糊方法、空间坐标转换方法和基于语义模糊的方法。

有学者提出用圆形区域代替用户真实位置的模糊法，利用3种模糊方法（放大、缩小和平移）中的一种或两种组合生成一个满足用户隐私度量的圆形区域。通常利用位置区域的面积（如最小半径）作为隐私度量，且不适用匿名手段。大多数模糊法技术不需要额外的信息辅助就能够在用户终端直接实现。

该方案考虑到现有定位技术存在一定误差，用户只能确定其真实位置的所在区域，该区域大小表示某种定位技术的最高精确度。由此引出相关性（Relevance）的概念，即相对于某种定位技术最高精确度的损失，它可同时度量精确性和隐私保护水平，通常情况下，产生的精确度损失越大，相关性就越低，同时隐私保护水平就越高。用户可以通过相关性准确描述其隐私保护需求。

①初始相关性（RInit）。由传感技术返回的用户位置测量精度的度量标准。这是相关性的初始值，仅取决于内在测量误差。

②最终相关性（RFinal）。通过满足相对隐私偏好产生的最终混淆区域的准确度的度量。它是从初始相关性开始，通过应用一种或多种混淆技术得出的。

此外，使用混淆算子作为不同混淆技术实现的物理变换的逻辑表示：放大算子（Enlarge）通过扩大半径来降低初始位置区域的精度；移动算子（Shift）通过改变其中心来降低初始位置区域的精度；缩小算子（Reduce）通过减小其半径来降低初始位置区域的精度。

基于模糊法的位置隐私保护技术在一定程度上实现了用户的隐私需求和服务质量的折中。但这类方法面临的难题是：如果攻击者具有背景知识，则有效预设模糊区域可能会减小，从而增加用户隐私泄露的概率；同时模糊法的实现是以牺牲用户服务质量为代价的。

3. 掩盖法

掩盖法是指用户通过不对外发布，或者有选择地发布位置或者轨迹信息以达到保护隐私的目的。常见的方法有混合区（Mixzone）法和抑制法等。

（1）混合区（Mixzone）法

混合区（Mixzone）是指那些攻击者无法直接把节点通信和节点身份相关联的区域。混合区技术使得车辆在掩盖的区域完成诸如假名变换等操作，使得攻击者无法进行相应攻击。目前，普遍采用构建攻击者无法侦听的区域来避免车辆被追踪，该区域类似于网络匿名通信中的MixNet，所以通常被称为混合区。所有车辆在离开混合区之前更换别名，当混合区中车辆较多时，侦听者难以将目标车辆与离开混合区的车辆关联起来。目前，围绕混合区抗追踪技术的研究主要包括两方面：如何构建混合区，即如何构造攻击者无法侦听的区域；如何评估混合区，即混合区以何种程度避免车辆被追踪。

目前混合区的构建方法可以分为静默周期、移动代理和加密通信3种。

①静默周期：车辆随机选择一段时间不发送包含自己位置信息的报文，之后更换新的别名证书签发报文。静默周期应该大于一定的长度，否则不足以消除消失位置和

出现位置的关联关系。同时，静默周期应该是个随机值，避免攻击者利用车辆消失的时间推断其下一次通告报文的时间。采用该方法，车辆可以随时随地地构建混合区，具有灵活性，但是该方法不适于涉及交通安全的应用。另外，若单个车辆静默，而周围车辆继续广播报文，则隐私保护效果受到限制。

②移动代理：相邻的车辆之间形成了一个通信小组，由组长（Group Leader）代表小组成员对外通告交通信息。组长可以对组内成员的信息进行整合后再发布，小组内的普通成员相当于处在混合区中。此方案中，混合区的规模受限于通信半径，不可能很大。

③加密通信：在选定的路口构建加密通信区域。假定攻击者无法获得通信密钥，加密之后的数据对侦听者没有任何价值，所以加密区域等价于一个混合区。在此方案中，路口的 RSU 负责向进入该区域的车辆提供对称密钥。同时，为避免混合区内的加密通信对混合区外围车辆的影响，已获得密钥的车辆可以将密钥秘密传送给混合区之外一跳范围内的车辆，形成加密通信的过渡区域。目前来看，加密通信是最可行的方案，但该方案依赖于 RSU 的部署。

（2）抑制法

抑制法也是位置隐私保护中常用的方法，它根据具体情况，有选择地发布位置数据，不发布某些敏感位置数据或者频繁访问的位置数据，从而实现隐私保护的目的。抑制法是基于攻击者背景知识的一种简单、高效的隐私保护方法，但是当无法掌握攻击者的背景知识时，该方法无法有效地保护隐私。

假设攻击者可以访问所有已发布的轨迹和公共背景信息，则会知道地图上现实世界地点的分布，但不知道 MOB 的运动参数。假设通过用随机且唯一的假名替换真实标识符来使跟踪已经匿名化。在本文中的目标是将原始轨迹数据库 D 匿名化为已发布的版本 D^*，其中停留点不能以大于 1/1 的概率暴露（1 为输入的位置数据长度）。YCWA（You Can Walk Alone，你能独立行走）方法通过对轨迹停留点的泛化来保护轨迹隐私，通过保护停留点，敏感信息得到保护，同时降低了整个轨迹暴露的可能性。YCWA 的流程如图 5-3-8 所示。

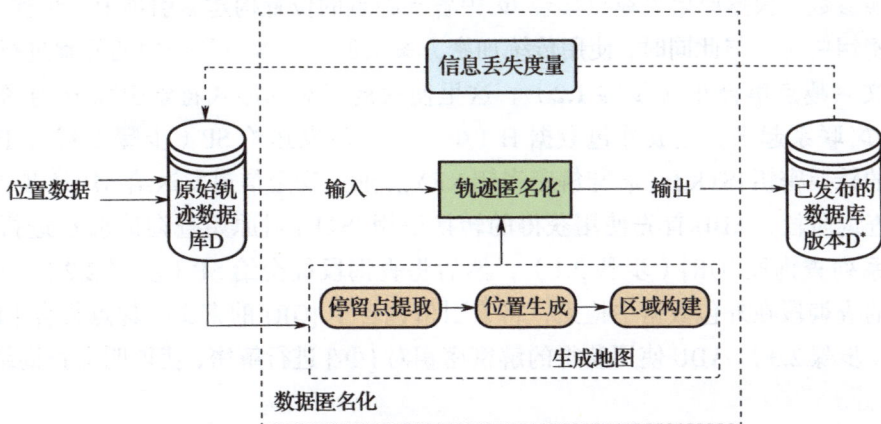

图 5-3-8　YCWA 流程图

1）生成拆分地图：首先从原始轨迹中提取停留点，然后使用反向地理编码器重建语义位置，之后，分别通过基于网格和基于聚类的方法构建包含1个位置的区域。

2）轨迹匿名化：先将轨迹划分为｛move，stay｝序列，其中停留点由相应的区域替换，传递点可以删除，也可以不处理，具体取决于它是否位于区域内，最后，D 在此步骤中转换为 D*。

3）信息丢失措施：在这一步中测量 D* 的信息丢失量，由于 D* 发布的目的通常是用于分析，因此 D* 的可用性应得以保证。

通过保护轨迹上的重要停留来保护轨迹隐私，这可以避免对传递位置样本进行不必要的匿名化。虽然有时 YCWA 的隐私保证并不比 k- 匿名更好，但在某些应用中，YCWA 运行良好且信息丢失率要低得多。

4. 加密法

基于加密法的位置隐私保护技术，在确保服务可用性的情况下不会泄露任何用户的位置信息，实现了更严格的隐私保护。加密法可以划分为基于隐私信息检索（PIR）的技术和基于空间转换的技术两种类型。

基于隐私信息检索（PIR）的隐私保护技术主要针对的是最近邻（NN）查询和最短路径计算。基于空间转换的位置隐私保护技术是通过使用加密技术（空间填充曲线和单向哈希函数）把 LBS 查询中的位置和所有的兴趣点集合转换到一个不同的空间中，并在该加密空间中评估查询，以便只有用户自己能把转换数据映射为原来的空间信息。有学者针对标准 Hilbert 曲线在转换兴趣点时没有考虑兴趣点分布特征，且划分粒度相同无法实现分级访问控制的问题，提出一种新的空间转化方法，位置数据的转化采用随兴趣点分布特征变化的自适应 Hilbert 曲线，从而实现了多粒度的隐私保护；也有学者设计基于椭圆曲线加密系统的签名算法，并基于该算法实现了一个新的条件隐私保护认证方案，从而为车辆和 RSU 之间信息传输提供安全的认证；还有学者使用加密方法来解决车联网中多媒体数据分发过程中涉及的隐私保护问题。

图 5-3-9 描述了面向空间数据外包的隐私保护框架，包含数据拥有者（DO）、授权数据使用者（ADU）及云存储服务提供商（SP）3 个角色。在数据预处理阶段，DO 选定转换参数，根据原始兴趣点集合 Φ 中各兴趣点的位置构建索引项 H（步骤 1.1），并生成密钥树 ψ。与此同时，使用传统加密方案对原始兴趣点集合中的元素进行加密，获得密文兴趣点集合 Φ'（步骤 1.2）。这里使用键值对的形式将索引项 H 与密文兴趣点集合 Φ'联系起来，生成外包数据 H（Φ'），然后发送给 SP（步骤 1.3）。DO 将授权区域的转换密钥 {STK$_i$}⊆ψ 与解密密钥 KEY$_D$，通过安全信道发送给 ADU（步骤 1.4）。

在查询阶段，ADU 首先使用获得的转换密钥 {STK} 对原始查询请求 Q 进行转换，获得一系列查询段 {QR}（步骤 2.1），然后将查询段提交给 SP（步骤 2.2）。SP 根据接收到的查询段在外包数据中检索，将索引值包含于 {QR} 的密文兴趣点集合 {Φ} 返回给 ADU（步骤 2.3）。ADU 使用获得的解密密钥对 {Φ'} 进行解密，获得明文查询结果（步骤 2.4）。

为了保证空间数据的隐私，需要对兴趣点的原始位置进行转换，理想的空间数据转换方法应该具备单向函数的特性，同时，为了保证对密文空间数据查询的有效性，

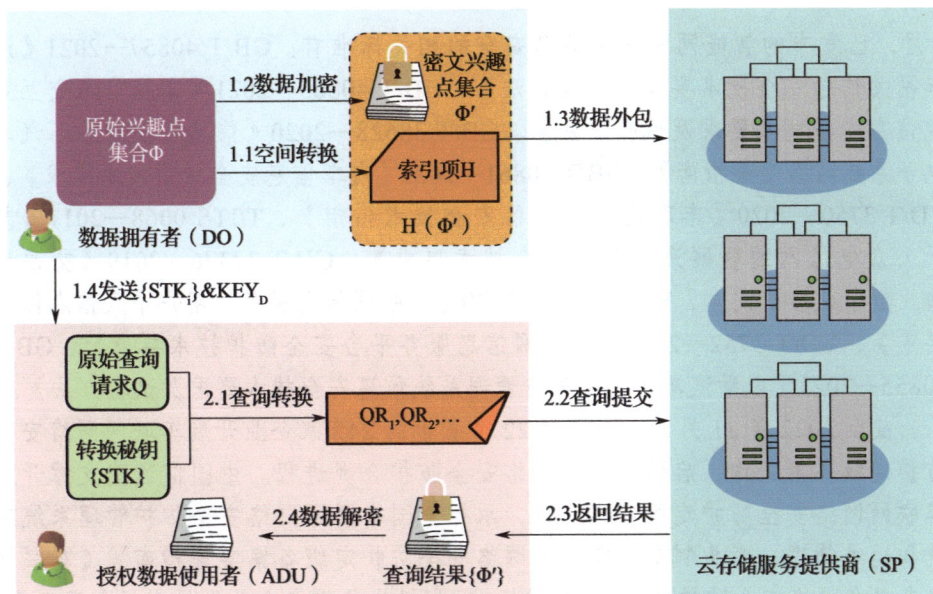

图 5-3-9　面向空间数据外包的隐私保护框架

兴趣点在转换后还应保持其在原始空间中的邻近性。

空间填充曲线具备上述特性，可以将其应用于空间数据的转换中。Z 曲线、Gray 码曲线及 Hilbert 曲线是典型的空间填充曲线，可以作为对区域编码的依据。其中，Hilbert 曲线由于聚类和距离保持方面的特性被广泛应用。

📖 拓展阅读

　　智能网联汽车是搭载先进的车载传感器、控制器、执行器等装置，并融合现代通信与网络技术，实现车与车、路、人、云端等智能信息交换、共享，具备复杂环境感知、智能决策、协同控制等功能，可实现"安全、高效、舒适、节能"行驶的新一代汽车。在产业快速发展的同时，车联网安全风险日益凸显，车联网安全保障体系亟须健全完善。为推进实施《新能源汽车产业发展规划（2021—2035 年）》，工业和信息化部在 2021 年 9 月发布了《关于加强车联网网络安全和数据安全工作的通知》，落实了网络安全和数据安全的基本要求，加强智能网联汽车安全防护，加强车联网网络安全防护，加强车联网服务平台安全防护，加强数据安全防护，健全安全标准体系。2022 年 2 月，工业和信息化部在现有国家车联网产业标准体系的基础上，组织编制了《车联网网络安全和数据安全标准体系建设指南》，用于指导相关标准研制。

　　在相关标准项目中，终端与设施网络安全分为车载设备网络安全、车载网络安全、路侧通信设备网络安全、网络设施与系统安全；网联通信安全分为通信安全与身份认证；数据安全分为数据通用要求、数据分类分级、数据出境安全、个人信息保护、应用数据安全；应用服务安全分为平台安全、应用程序安全、服务安全；安全保障与支撑分为风险评估、安全监测与应急管理。截至 2022 年

2月，已发布的智能网联汽车信息安全的相关标准有：GB/T 40857—2021《汽车网关信息安全技术要求及试验方法》、GB/T 40865—2021《车载信息交互系统信息安全技术要求及试验方法》、GB/T 38628—2020《信息安全技术 汽车电子系统网络安全指南》、GB/T 40861—2021《汽车信息安全通用技术要求》、YD/T 3750—2020《车联网无线通信安全技术指南》、T/ITS 0068—2017《基于公众电信网的联网汽车信息安全技术要求》、GB/T 37376—2019《交通运输 数字证书格式》、YD/T 3746—2020《车联网信息服务 用户个人信息保护要求》、YD/T 3752—2020《车联网信息服务平台安全防护技术要求》、GB/T 40855—2021《电动汽车远程服务与管理系统信息安全技术要求及试验方法》。

截至2022年11月，全国已有22个省市的245家企业开展车联网网络安全防护定级备案工作，启动车联网网络安全防护合规进程。中国信通院支撑开展车联网网络安全防护定级备案工作，承担全国车联网网络安全防护管理系统建设和运维管理，牵头制定《车联网网络安全防护定级备案实施指南》《车联网服务平台网络安全防护要求》等防护标准，积极指导重点企业开展定级备案工作。中国信通院积极指导各企业在车联网服务平台定级备案基础上，进行关键核心系统安全评估，及时发现风险隐患，落实网络安全防护要求。

我国在车联网安全领域的建设目标为，到2023年底，初步构建起车联网网络安全和数据安全标准体系。重点研究基础共性、终端与设施网络安全、网联通信安全、数据安全、应用服务安全、安全保障与支撑等标准，完成50项以上急需标准的研制。到2025年，形成较为完善的车联网网络安全和数据安全标准体系。完成100项以上标准的研制，提升标准对细分领域的覆盖程度，加强标准服务能力，提高标准应用水平，支撑车联网产业安全健康发展。

🔺 任务分组

学生任务分配表

班级			组号		指导老师	
组长			学号			
组员	姓名：＿＿＿＿ 学号：＿＿＿＿			姓名：＿＿＿＿ 学号：＿＿＿＿		
	姓名：＿＿＿＿ 学号：＿＿＿＿			姓名：＿＿＿＿ 学号：＿＿＿＿		
	姓名：＿＿＿＿ 学号：＿＿＿＿			姓名：＿＿＿＿ 学号：＿＿＿＿		
	姓名：＿＿＿＿ 学号：＿＿＿＿			姓名：＿＿＿＿ 学号：＿＿＿＿		
任务分工						

工作计划

按照前面所了解的知识内容和小组内部讨论的结果，制定工作方案，落实各项工作负责人，如任务实施前的准备工作、实施中主要操作及协助支持工作、实施过程中相关要点及数据的记录工作等。

工作方案表

步骤	作业内容	负责人
1		
2		
3		
4		
5		
6		
7		
8		

进行决策

1. 各组派代表阐述资料查询结果。

2. 各组就各自的查询结果进行交流，并分享技巧。

3. 教师结合各组完成的情况进行点评，选出最佳方案。

任务实施

车联网隐私保护技术认知	
记录	完成情况
1. 利用互联网查阅相关资料，总结车联网隐私问题特点	已完成□　未完成□
2. 利用互联网查阅相关资料，以车联网隐私保护技术为主题，制作 PPT 以小组为单位进行汇报	已完成□　未完成□

6S 现场管理			
序号	操作步骤	完成情况	备注
1	建立安全操作环境	已完成□　未完成□	
2	清理及整理工具量具	已完成□　未完成□	
3	清理及复原设备正常状况	已完成□　未完成□	
4	清理场地	已完成□　未完成□	
5	物品回收和环保	已完成□　未完成□	
6	完善和检查工单	已完成□　未完成□	

评价反馈

1. 各组代表展示汇报 PPT，介绍任务的完成过程。

2. 以小组为单位，请对各组的操作过程与操作结果进行自评和互评，并将结果填入综合评价表中的小组评价部分。

3. 教师对学生工作过程与工作结果进行评价，并将评价结果填入综合评价表中的教师评价部分。

综合评价表

姓名		学号		班级		组别	
实训任务							
评价项目		评价标准				分值	得分
小组评价	计划决策	制定的工作方案合理可行，小组成员分工明确				10	
	任务实施	以车联网隐私保护技术为主题，制作 PPT				20	
		能够正确认知车联网隐私问题				20	
		能够正确简述车联网隐私保护技术分类				10	
	任务达成	能按照工作方案操作，按计划完成工作任务				10	
	工作态度	认真严谨、积极主动、安全生产、文明施工				10	
	团队合作	与小组成员、同学之间能合作交流、协调工作				10	
	6S 管理	完成竣工检验、现场恢复				10	
	小计					100	
教师评价	实训纪律	不出现无故迟到、早退、旷课现象，不违反课堂纪律				10	
	方案实施	严格按照工作方案完成任务实施				20	
	团队协作	任务实施过程互相配合，协作度高				20	
	工作质量	正确整理信息，完成车联网隐私保护技术为主题的 PPT 制作				20	
	工作规范	操作规范，三不落地，无意外事故发生				10	
	汇报展示	能准确表达、总结到位、改进措施可行				20	
	小计					100	
综合评分		小组评分 ×50%+ 教师评分 ×50%					
总结与反思							

（如：学习过程中遇到什么问题→如何解决的/解决不了的原因→心得体会）

能力模块六
对车联网场景建模与仿真的认知

任务一 了解车联网交通测试场景及相关法规

学习目标

- 分析关于智能网联汽车测试方面两个国家级别规范的特点和异同。
- 整理国内智能网联汽车测试相关举措和成果。
- 了解目前的测试相关政策引导实施情况及发展趋势。
- 以小组为单位，完成智能网联汽车测试阶段政策举措及阶段成果报告。
- 具有利用信息手段查阅相关资料的能力。
- 具有分析问题、解决问题和再学习的能力。
- 具有良好的团队精神和较强的表达沟通、协调组织能力。
- 具有认真负责的职业态度和良好的职业道德。

知识索引

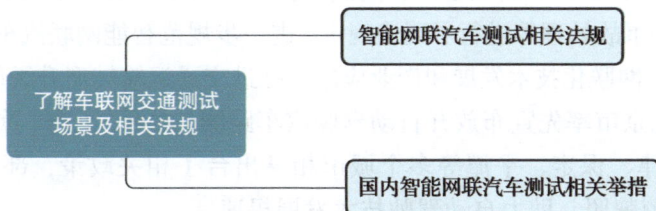

了解车联网交通测试场景及相关法规 ——— 智能网联汽车测试相关法规

了解车联网交通测试场景及相关法规 ——— 国内智能网联汽车测试相关举措

情境导入

　　智能网联汽车真正的落地实施离不开一个关键环节——交通测试，这是对智能车辆、驾驶人、各类交通相关分析的综合考验，也是自动驾驶汽车可量产、面向市场大规模推广应用的标志性测试。此外，近年来陆续出台的相关法规也在进一步规范测试场景标准，推动智能网联汽车的发展。作为项目助理，在某次合作中，你的主管要求你整理车联网典型交通测试场景以及相关法规资料，提供一份关于智能网联汽车测试阶段的资料报告给合作方。

获取信息

引导问题 1

　　查阅相关资料，请问目前在智能网联汽车方面，国家工业和信息化部、公安部、交通运输部出台的规范中，2021 版相较前版更新补充了哪些内容？

_____

_____

_____

智能网联汽车测试相关法规

　　随着汽车与电子、通信、能源等领域深度融合发展，带有鲜明跨界融合特征的智能网联汽车应运而生，成为全球产业发展方向。欧盟、美国、日本等均在加强战略谋划、加大政策支持、加快发展进程，陆续出台多项支持企业测试示范的法规政策。各大跨国车企及科技巨头纷纷加大创新投入和融合发展，加速高等级自动驾驶车辆的研发应用，我国汽车及相关行业企业也积极进行产品研发验证，各方面对道路测试和示范应用的需求十分迫切。

　　2018 年 4 月 3 日，工业和信息化部、公安部、交通运输部联合发布《智能网联汽车道路测试管理规范（试行）》（简称《规范》），发挥了积极的引导作用。《规范》自 2018 年 5 月 1 日起实施，对测试主体、测试驾驶人及测试车辆、测试申请及审核、测试管理、交通违法和事故处理等进行了明确规定，进一步规范智能网联汽车道路测试管理，推动汽车智能化、网联化技术发展和产业应用，推进交通运输转型升级创新发展。

　　在此之前，北京市率先宣布放开自动驾驶汽车路测，之后，上海、重庆、深圳、长沙、长春、广州、天津、保定、平潭等多个城市相继出台了相关政策，部分城市还发放了地方自动驾驶路测牌照，助力自动驾驶技术发展提速。

　　与地方发布的路测政策相比，国家政策主要用于宏观指导和统筹协调，从整体层面明确道路测试的管理要求和职责分工，规范和统一各地方基础性检测项目（表 6-1-1）和测试规程。而地方政策则是根据当地实际情况制定实施细则，具体组织开展道路测试工作，包括地方测试路段选择、测试车辆审核、测试通知书和牌照发放、测试过程监管等，与国家相关主管部门有效配合，形成管理上的闭环，共同推动道路测试工作的开展。

表 6-1-1　智能网联汽车自动驾驶功能通用检测项目

序号	检测项目
1	交通标志和标线的识别及响应
2	交通信号灯的识别及响应 *
3	前方车辆（含对向车辆）行驶状态的识别及响应
4	障碍物的识别及响应
5	行人和非机动车的识别及响应 *
6	跟车行驶（包括停车和起步）
7	靠路边停车
8	超车
9	并道行驶
10	交叉路口通行 *
11	环形路口通行 *
12	自动紧急制动
13	人工操作接管
14	联网通信 *

注：1. 标注 * 的项目为选测项目。

　　2. 企业声明车辆具有标注 * 项目的自动驾驶功能或者测试路段涉及相应场景的，应进行相关项目的检测。

2021 年 7 月 27 日，工业和信息化部、公安部、交通运输部联合印发《智能网联汽车道路测试与示范应用管理规范（试行）》，更新了道路测试相关内容、补充示范应用相关内容，于 2021 年 9 月 1 日正式实施。

其中，更新智能网联汽车自动驾驶功能通用检测项目（表 6-1-2）以及智能网联汽车道路测试基本信息与智能网联汽车示范应用基本信息（表 6-1-3）。

表 6-1-2　智能网联汽车自动驾驶功能通用检测项目

序号	检测项目
1	交通信号灯识别及响应（包括交通信号灯、交通标志、交通标线等）
2	道路交通基础设施与障碍物识别及响应
3	行人与非机动车识别及响应（包括横穿道路和沿道路行驶）
4	周边车辆行驶状态识别及响应（包括影响本车行驶的周边车辆加减速、切入、切出及静止等状态）
5	动态驾驶任务干预及接管
6	风险减缓策略及最小风险状态
7	自动紧急避险（包括自动驾驶系统开启及关闭状态）
8	车辆定位

注：除检测以上通用项目外，还应检测智能网联汽车自动驾驶功能设计运行范围涉及的项目，如 C-V2X 联网通信等。

表 6-1-3　智能网联汽车道路测试与示范应用基本信息

智能网联汽车道路测试基本信息	智能网联汽车示范应用基本信息
道路测试主体	示范应用主体
道路测试车辆	示范应用车辆
道路测试驾驶人	示范应用驾驶人
道路测试时间	示范应用时间
测试路段或区域	示范应用路段或区域
转场路段	转场路段
道路测试项目	示范应用项目

　　在本次规范中，同样对道路测试、示范应用、测试区（场）、设计运行条件、设计运行范围有了更合理的规定。

　　道路测试是指在公路（包括高速公路）、城市道路、区域范围内等用于社会机动车通行的各类道路指定的路段进行的智能网联汽车自动驾驶功能测试活动。

　　示范应用是指在公路（包括高速公路）、城市道路、区域范围内等用于社会机动车通行的各类道路指定的路段进行的具有试点、试行效果的智能网联汽车载人载物运行活动。

　　测试区（场）是指在固定区域设置的具有封闭物理界限及智能网联汽车自动驾驶功能测试所需道路、网联等设施及环境条件的场地。

　　设计运行条件（Operational Design Condition，ODC）是驾驶自动化系统设计时确定的适用于其功能运行的各类条件的总称，包括设计运行范围、车辆状态和驾乘人员状态等条件。

　　设计运行范围（Operational Design Domain，ODD）是驾驶自动化系统设计时确定的适用于其功能运行的外部环境条件，一般包括：①道路边界与路面状态；②交通基础设施；③临时性道路变更；④其他交通参与者状态；⑤自然环境；⑥网联通信、数字地图支持等条件。

引导问题 2

　　查阅国内智能网联汽车的相关政策资料，谈谈你对目前智能网联汽车在测试阶段发展的认识。

_____

_____

_____

国内智能网联汽车测试相关举措

　　近年来我国采取一系列措施，激励技术创新、完善政策体系、优化发展环境，有力推动了智能网联汽车产业发展，并取得积极成效（表 6-1-4）。截至 2021 年上半年，全国共 27 个省（市）出台管理细则，建设 16 家智能网联汽车测试示范区，开放

3500km 多测试道路，发放 700 余张测试牌照，道路测试总里程超过 700 万 km，长沙、上海、北京等地还开展了载人载物示范应用，无人物流、无人配送等新模式应用也发挥了重要作用。2020 年，L2 智能网联汽车乘用车新车市场渗透率达到 15%，2021 年上半年提高至 20% 左右，L3 自动驾驶车型在特定场景下开展测试验证；多个地方加快部署 5G 通信、路侧联网设备等基础设施，加大交通设备数字化改造力度，开展车路协同试点。

2022 年 9 月，世界智能网联汽车大会报告指出，截至 2022 年 6 月底，智能网联汽车实际道路测试里程超过 1500 万 km，具备组合驾驶辅助功能的乘用车销量超 288 万辆，全国开放各级测试公路超过 7000km，自动驾驶出租车、自动驾驶客车、自主代客泊车、干线物流以及无人配送等多场景示范应用有序开展。17 个测试示范区、16 个"双智"试点城市完成 3500km 多道路智能化升级改造，装配路侧网联设备 4000 余台。

表 6-1-4　智能网联汽车领域近五年相关政策或推动性举措

时间	相关政策或推动性举措
2016 年	在上海安亭镇建设了国内首个智能网联汽车试点示范区，打造公共服务和研发平台，成为世界上最大智能网联汽车研发和试验基地
2017 年 6 月	工业和信息化部发布《国家车联网产业标准体系建设指南（智能网联汽车）（2017）》，确立了我国发展智能网联汽车将"以汽车为重点和以智能化为主、兼顾网联化"的总体思路
2017 年 12 月	全国汽车标准化技术委员会智能网联汽车分技术委员会获批成立
2018 年 3 月	全国首批 3 张智能网联汽车开放道路测试号牌在上海发放，上海汽车集团股份有限公司和上海蔚来汽车有限公司获得第一批智能网联汽车开放道路测试号牌，获得智能网联汽车道路测试的资格
2018 年 4 月	工业和信息化部、公安部、交通运输部联合发布《智能网联汽车道路测试管理规范（试行）》
2018 年 10 月	工业和信息化部印发《车联网（智能网联汽车）直连通信使用 5905~5925MHz 频段管理规定（暂行）》，规划 5905~5925MHz 频段作为基于 LTE-V2X 技术的车联网（智能网联汽车）直连通信的工作频段
2018 年 12 月	天津市交通运输委、市工业和信息化局和市公安局联合制定并发布了《天津市智能网联汽车道路测试管理办法（试行）》，在西青区和东丽区开放了首批智能网联测试道路
2018 年 12 月	工业和信息化部印发《车联网（智能网联汽车）产业发展行动计划》
2020 年 8 月	深圳市发布《深圳市关于智能网联汽车应用示范的指导意见》
2020 年 11 月	清华大学教授、国家智能网联汽车创新中心首席科学家李克强在 2020 世界智能网联汽车大会正式发布了《智能网联汽车技术路线图 2.0》
2021 年 3 月	沧州市工业和信息化局等三部门联合颁发了首批智能网联汽车道路测试通知书和示范运营通知书，标志着河北首个智能网联汽车城市开放路网从测试转向商用
2021 年 4 月	北京市依托高级别自动驾驶示范区设立北京市首个智能网联汽车政策先行区。政策先行区适度超前并系统构建了智能网联汽车道路测试、示范应用、商业运营服务以及路侧基础设施建设运营等政策体系，是全国首个以管理政策创新为核心的先行区
2021 年 4 月	住房和城乡建设部 工业和信息化部确定智慧城市基础设施与智能网联汽车协同发展第一批试点城市为北京、上海、广州、武汉、长沙、无锡

（续）

时间	相关政策或推动性举措
2021 年 7 月	工业和信息化部、公安部、交通运输部联合印发《智能网联汽车道路测试与示范应用管理规范（试行）》
2021 年 8 月	工业和信息化部印发《关于加强智能网联汽车生产企业及产品准入管理的意见》，要求加强汽车数据安全、网络安全、软件升级、功能安全和预期功能安全管理。其中明确提出，在中华人民共和国境内运营中收集和产生的个人信息和重要数据应当按照有关法律法规规定在境内存储
2021 年 10 月	上海市发布《上海市智能网联汽车测试与示范实施办法》
2021 年 11 月	北京市发布《北京市智能网联汽车政策先行区自动驾驶出行服务商业化试点管理实施细则（试行）》
2021 年 12 月	上海市发布《上海市智能网联汽车测试与应用管理办法》
2022 年 1 月	重庆市发布《重庆市智能网联汽车道路测试与应用管理试行办法》
2022 年 7 月	深圳市发布《深圳经济特区智能网联汽车管理条例》

从政府部门持续出台的政策中可以看到，政策方向是分阶段引导智能网联汽车产品应用从道路测试阶段，逐渐过渡到应用示范阶段和产品准入阶段，国家在法律、政策、战略上关于车联网标准体系的建设也有了一定成果，目前已经初步建立起能够支撑驾驶辅助及低级别自动驾驶的智能网联汽车标准体系。截至 2022 年 7 月，我国已在 6 个细分技术领域内，报批和发布标准共 39 项，立项和起草标准 42 项，推动标准化需求研究实现应用 31 项，完成标准实验验证 40 余次，各省市级关于智能网联汽车的测试示范建设工作成效显著，第一阶段目标顺利完成。

未来，我国将持续推进智能网联汽车标准体系修订完善，加快汽车产品、产业管理支撑类标准研制，强化智能网联汽车相关标准实施应用，大力开展标准实施应用效果评估、示范应用与创新实践等活动。

竞赛指南

在 2019 年中国技能大赛——机动车检测工（新能源汽车智能化技术）赛项中，对于"智能网联汽车网联综合道路测试"考核要点为自动启停、自动驾驶、自动紧急制动、主动避障四大模块。①自动启停：原地启动智能车辆，保持停止状态，进行运行前检查、故障诊断和排除，确保整车性能良好。智能车辆在赛道起始区域接收到启动命令后启动车辆进入测试区域。在指定路段会出现交通信号灯，智能车辆具有判断停止、重新起步和通过的功能。②自动驾驶：在指定直线路段行驶，保持平稳行驶，不应偏离车道线。智能车辆进入连续转弯前能够适当减速，平稳行驶，不应偏离车道线。③自动紧急制动：在指定路段会突然出现违规横穿假人，智能车辆应能自动紧急制动，避免碰撞伤害行人。④主动避障：在指定路段会出现障碍物占据部分机动车道的场景，智能车辆应能主动绕行。

🏫 任务分组

学生任务分配表

班级			组号		指导老师	
组长			学号			
组员	姓名：＿＿＿＿　　学号：＿＿＿＿ 姓名：＿＿＿＿　　学号：＿＿＿＿ 姓名：＿＿＿＿　　学号：＿＿＿＿ 姓名：＿＿＿＿　　学号：＿＿＿＿				姓名：＿＿＿＿　　学号：＿＿＿＿ 姓名：＿＿＿＿　　学号：＿＿＿＿ 姓名：＿＿＿＿　　学号：＿＿＿＿ 姓名：＿＿＿＿　　学号：＿＿＿＿		
任务分工						

📑 工作计划

　　按照前面所了解的知识内容和小组内部讨论的结果，制定工作方案，落实各项工作负责人，如任务实施前的准备工作、实施中主要操作及协助支持工作、实施过程中相关要点及数据的记录工作等。

工作方案表

步骤	作业内容	负责人
1		
2		
3		
4		
5		
6		
7		

⚖ 进行决策

　　1. 各组派代表阐述资料查询结果。

　　2. 各组就各自的查询结果进行交流，并分享技巧。

　　3. 教师结合各组完成的情况进行点评，选出最佳方案。

任务实施

车联网交通测试场景及相关法规认知	
记录	完成情况
1. 能正确描述智能网联汽车自动驾驶功能通用检测的内容	已完成□　未完成□
2. 查阅教材资料，浏览查找网上相关信息，以小组为单位整理一份关于智能网联汽车测试阶段的报告，按时间或阶段顺序，总结国内在这一方面的政策引导及目前所取得的成果	已完成□　未完成□

6S 现场管理			
序号	操作步骤	完成情况	备注
1	建立安全操作环境	已完成□　未完成□	
2	清理及整理工具量具	已完成□　未完成□	
3	清理及复原设备正常状况	已完成□　未完成□	
4	清理场地	已完成□　未完成□	
5	物品回收和环保	已完成□　未完成□	
6	完善和检查工单	已完成□　未完成□	

中国智能网联汽车测试阶段政策举措及阶段成果报告	
报告人：	报告时间：　　年　　月　　日

一、智能网联道路测试历程

二、国家级出台相关政策分析

三、省市级智能网联道路测试代表性成果

四、智能网联汽车道路测试方向未来发展规划 / 趋势

评价反馈

1. 各组代表展示汇报 PPT，介绍任务的完成过程。

2. 以小组为单位，请对各组的操作过程与操作结果进行自评和互评，并将结果填入综合评价表中的小组评价部分。

3. 教师对学生工作过程与工作结果进行评价，并将评价结果填入综合评价表中的教师评价部分。

综合评价表

姓名		学号		班级		组别	
实训任务							
评价项目		评价标准				分值	得分
小组评价	计划决策	制定的工作方案合理可行，小组成员分工明确				10	
	任务实施	能正确描述智能网联汽车自动驾驶功能通用检测的内容				20	
		完成智能网联汽车测试阶段报告				30	
	任务达成	能按照工作方案操作，按计划完成工作任务				10	
	工作态度	认真严谨、积极主动、安全生产、文明施工				10	
	团队合作	与小组成员、同学之间能合作交流、协调工作				10	
	6S 管理	完成竣工检验、现场恢复				10	
		小计				100	
教师评价	实训纪律	不出现无故迟到、早退、旷课现象，不违反课堂纪律				10	
	方案实施	严格按照工作方案完成任务实施				20	
	团队协作	任务实施过程互相配合，协作度高				20	
	工作质量	正确整理信息，完成智能网联汽车测试阶段报告				20	
	工作规范	操作规范，三不落地，无意外事故发生				10	
	汇报展示	能准确表达、总结到位、改进措施可行				20	
		小计				100	
综合评分		小组评分 ×50%+ 教师评分 ×50%					
总结与反思							

（如：学习过程中遇到什么问题→如何解决的 / 解决不了的原因→心得体会）

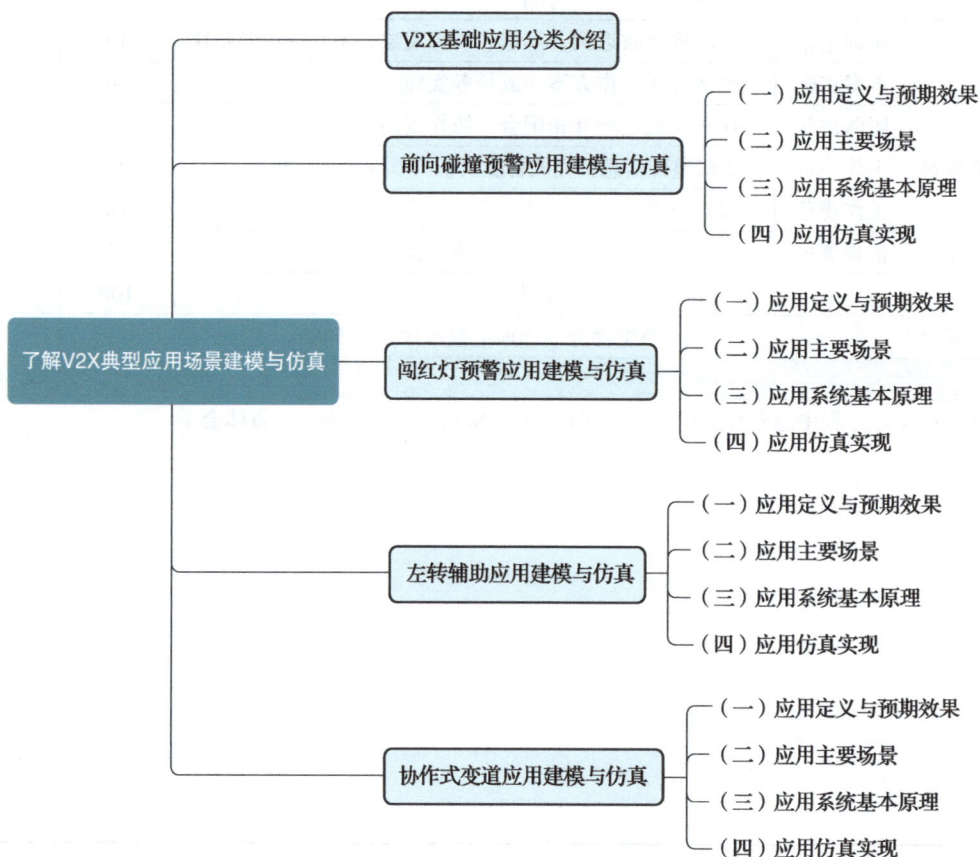

任务二 了解 V2X 典型应用场景建模与仿真

学习目标

- 了解 V2X 常见的基础应用分类。
- 了解四类典型应用场景与原理。
- 理解应用场景交互传输信息表内容。
- 掌握 V2X 应用场景仿真操作。
- 具有利用信息手段查阅相关资料的能力。
- 具有分析问题、解决问题和再学习的能力。
- 具有良好的团队精神和较强的表达沟通、协调组织能力。
- 具有认真负责的职业态度和良好的职业道德。

知识索引

了解V2X典型应用场景建模与仿真
- V2X基础应用分类介绍
- 前向碰撞预警应用建模与仿真
  - （一）应用定义与预期效果
  - （二）应用主要场景
  - （三）应用系统基本原理
  - （四）应用仿真实现
- 闯红灯预警应用建模与仿真
  - （一）应用定义与预期效果
  - （二）应用主要场景
  - （三）应用系统基本原理
  - （四）应用仿真实现
- 左转辅助应用建模与仿真
  - （一）应用定义与预期效果
  - （二）应用主要场景
  - （三）应用系统基本原理
  - （四）应用仿真实现
- 协作式变道应用建模与仿真
  - （一）应用定义与预期效果
  - （二）应用主要场景
  - （三）应用系统基本原理
  - （四）应用仿真实现

情境导入

　　车联网技术在智能网联汽车上测试实践和商业推广前，离不开应用场景建模和仿真，需要先从实际应用的角度出发给 V2X 应用建设出一个"真实"的交通场景，再通过仿真进行理论验证。作为 V2X 测试工程师，在工作中需要对车辆上的车车、车路等模块进行测试，那熟悉应用场景建模和仿真、理解应用过程是必不可少的。在某次具体工作任务中，你的领导要求你提前熟悉 V2X 基础应用场景，并完成对特点场景的仿真工作。

获取信息

引导问题 1

　　查阅相关资料，请问在通信系统方面，车联网技术应用场景最多是基于哪两种通信方式？请自行从教材与网上查阅信息，总结出现这个现象的原因。

_____

_____

_____

V2X 基础应用分类介绍

　　V2X 是指车载单元与其他设备通信，包括但不限于车载单元之间通信（V2V）、车载单元与路侧单元通信（V2I）、车载单元与行人设备通信（V2P）、车载单元与网络之间通信（V2N）。

　　目前，中国汽车工程学会制定了《车用通信系统应用层及应用数据交互标准》，对车联网技术应用先后做了两期应用讲解。一期应用中选取涵盖安全、效率、信息服务三大类的 17 个典型应用，见表 6-2-1。

表 6-2-1　一期车联网 V2X 应用

序号	类别	通信方式	应用名称
1	安全	V2V	前向碰撞预警
2		V2V/V2I	交叉路口碰撞预警
3		V2V/V2I	左转辅助
4		V2V	盲区预警 / 变道辅助
5		V2V	逆向超车预警
6		V2V-Event	紧急制动预警
7		V2V-Event	异常车辆预警
8		V2V-Event	车辆失控预警
9		V2I	道路危险状况提示
10		V2I	限速预警

（续）

序号	类别	通信方式	应用名称
11	安全	V2I	闯红灯预警
12		V2P/V2I	弱势交通参与者碰撞预警
13	效率	V2I	绿波车速引导
14		V2I	车内标牌
15		V2I	前方拥堵提醒
16		V2V	紧急车辆提醒
17	信息服务	V2I	汽车近场支付

二期应用中选择面向安全、效率、信息服务、交通管理、高级智能驾驶等领域的12个典型应用，具体应用见表6-2-2。

表6-2-2　二期车联网 V2X 应用

序号	场景	通信方式	应用名称	触发方式	主要消息
1	安全	V2V/V2I	感知数据共享	Event	Msg_SSM
2	安全	V2V/V2I	协作式变道	Event	Msg_VIR
3	安全/效率	V2I	协作式车辆汇入	Event	Msg_RSC MSg_VIR
4	安全/效率	V2I	协作式交叉口通行	Event/Period	Msg_RSC
5	信息服务	V2I	差分数据服务	Period	Msg_RTCM
6	效率/交通管理	V2I	动态车道管理	Event/Period	Msg_RSC
7	效率	V2I	协作式先行车辆通行	Event	Msg_RSC MSg_VIR
8	信息服务	V2I	场站路径引导服务	Event/Period	Msg_PAM Msg_VIR
9	交通管理	V2I	浮动车数据采集	Event/Period	Msg_BSM Msg_VIR Msg_SSM
10	安全	P2X	弱势交通参与者安全通行	Period	Msg_PSM
11	高级智能驾驶	V2V	协作式车辆编队管理	Event/Period	Msg_CLPMM
12	效率/信息服务	V2I	道路收费服务	Event/Period	Msg_VPM

注：表中的"主要消息"列出的是对应应用场景的主要交互消息，实际应用中，使用到的消息类型更多。

❓ 引导问题 2

查阅相关资料，并扫描二维码观看前向碰撞预警应用仿真动画，请简述前向碰撞预警应用的主要场景有哪些。

_____

_____

_____

FCW 前向预警动画演示

前向碰撞预警应用建模与仿真

（一）应用定义与预期效果

前向碰撞预警（Forward Collision Warning，FCW）是指主车在车道上正常行驶，与在正前方同一车道上的远车存在追尾碰撞危险时，前向碰撞预警应用将对主车的驾驶人进行预警，适用范围为普通公路和高速公路存在追尾危险的预警情况。该应用的预期效果为能够辅助驾驶人避免或减轻前向碰撞，避免或减轻碰撞带来的系列危险，提高道路行驶安全性。

（二）应用主要场景

如图 6-2-1 所示，前向碰撞预警的主要场景有如下四类：

1）主车行驶，远车在同一车道正前方停止。

2）主车行驶，远车在相邻车道前方停止。

3）主车行驶，远车在同一车道正前方慢速或减速行驶。

4）主车行驶且视线受阻，远车 1 在主车同一车道正前方慢速或减速行驶。

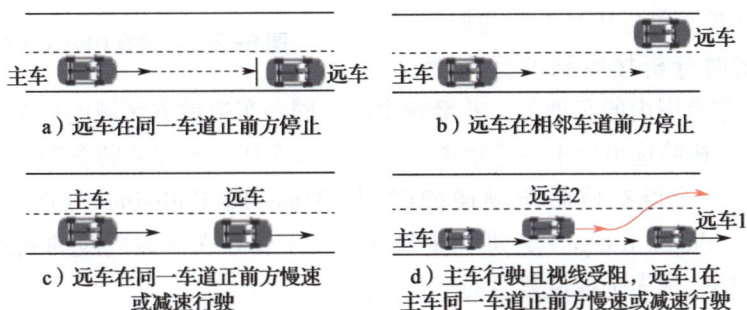

图 6-2-1　前向碰撞预警应用主要场景

在场景 a 中，主车正常行驶，远车在位于主车同一车道的正前方停止，两车均具有短程无线通信能力以确保应用能够正常预警。当主车在行驶过程中即将与远车发生碰撞时，应用能够对主车驾驶人发出预警，提醒驾驶人与正前方的车辆存在碰撞危险。预警时机需确保主车驾驶人收到预警后能够有足够时间采取措施，避免与远车发生追尾碰撞。

在场景 b 中，主车正常行驶，远车在主车的相邻车道前方停止，两车均具有短程无线通信能力。如果主车在行驶过程中不会与远车发生碰撞，主车驾驶人将不会收到预警信息。

在场景 c 中，主车正常行驶，远车在主车同一车道正前方慢速或减速行驶，两车均具有短程无线通信能力以确保应用能够正常预警。当主车在行驶过程中即将与远车发生碰撞时，应用能够对主车驾驶人发出预警，提醒驾驶人与正前方的车辆存在碰撞危险。预警时机需确保主车驾驶人收到预警后能够有足够时间采取措施，避免与远车发生追尾碰撞。

在场景 d 中，主车跟随远车 2 正常行驶，远车 1 在同一车道上远车 2 的正前方停止，主车的视线被远车 2 所遮挡，主车与远车 1 均具有短程无线通信能力以确保应用能够正常预警，远车 2 是否具备短程无线通信能力不影响应用有效性。当远车 2 避开远车 1 进行变道行驶，主车 1 继续直行即将与远车 1 发生碰撞时，应用能够对主车驾驶人发出预警，提醒驾驶人与正前方的远车 1 存在碰撞危险。预警时机需确保主车驾驶人收到预警后能够有足够时间采取措施，避免与远车发生追尾碰撞。

（三）应用系统基本原理

主车在行驶过程中，若与同一车道的远车存在碰撞危险时，前向碰撞预警应用需对主车驾驶人进行预警提示，因此需要两车均具备短程无线通信能力，车辆信息通过短程无线通信进行传递。触发前向碰撞预警功能的有效车辆位置关系为：主车、远车在同一车道，远车在主车前方，且适用于直行车道和弯道，如图 6-2-2 所示。

1）前向碰撞预警应用基本原理如下：

①主车实时分析接收到的远车消息（包括周围一定范围内的车辆），并筛选出位于同一车道前方区域的远车。

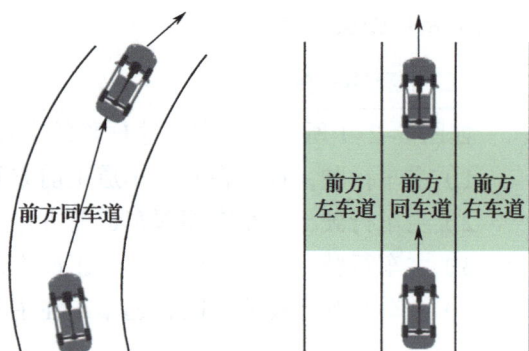

图 6-2-2　主车和远车的位置关系

②进一步分析筛选出处于一定距离范围内的远车作为潜在威胁车辆。

③计算每一个潜在威胁车辆碰撞时间（Time-To-Collision，TTC）或防撞距离（Collision Avoidance Range），进一步筛选出与主车存在碰撞危险的威胁车辆；若存在多个威胁车辆，优先选择最紧急的。

2）为确保应用能够正常使用，对主车车辆和通信情况有基本的性能要求：

①主车车速范围 0~130km/h。

②主车从车的通信距离≥300m。

③主车从车数据更新频率≤10Hz。

④系统延迟≤100ms。

⑤定位精度≤1.5m。

（四）应用仿真实现

在本书中，V2X 应用场景建模使用的是天行健智能科技有限公司研发的 PanoSim 仿真软件，这是一款面向汽车自动驾驶技术与产品研发的一体化仿真与测试平台，能够进行高仿真汽车行驶环境与交通模型、车载环境传感器模型构建，以及进行丰富的场景测试，软件平台页面如图 6-2-3 所示。

（1）支持场景

PanoSim 仿真软件对 V2X 相关场景测试的支持主要体现在如下几个方面。

1）主车 V2X 能力的构建。能够在 SensorBuilder 中虚拟设置车辆的不同参数，添加上 V2X 相关传感器，使其具备 V2X 通信能力。

2）虚拟世界的构建。可以添加 V2X 仿真实验的虚拟实践，在虚拟实践中设计道路

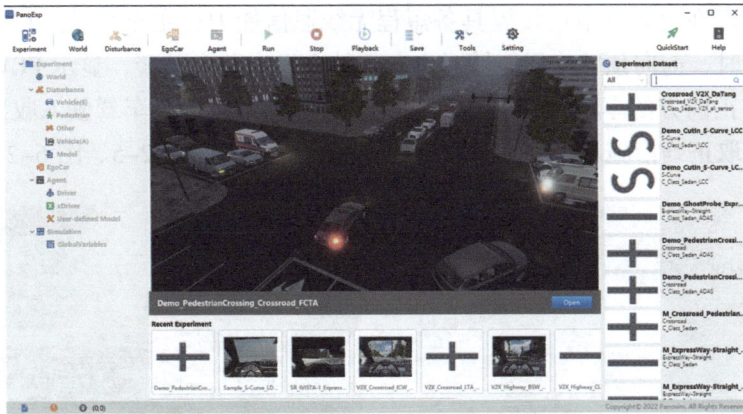

图 6-2-3　PanoSim 仿真软件页面

类型（如直行路段、交叉路口、弯道等），设计实验场景（如正常天气、雨雪天气等）以及添加具备车路协同通信能力的路侧设备（RSU）。

3）V2X 仿真实验的构建和运行。能够自主创建 V2X 仿真实验，或者运行内部已经创建好的 V2X demo 实验。

（2）操作步骤

若想要直观感受到场景交互，可通过运行 V2X demo 实验来进行操作，以前向预警提示应用的仿真为例，操作步骤如下（图 6-2-4）。

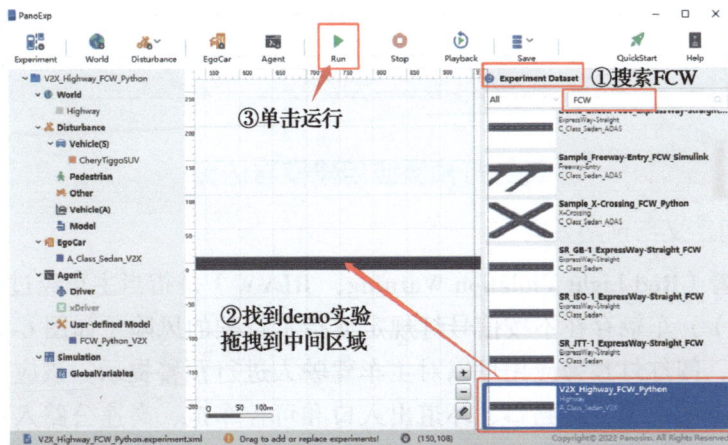

图 6-2-4　运行 V2X demo 实验过程（以前向预警应用仿真为例）

1）打开软件，从 Experiment DataSet 栏目中搜索"FCW"，找到"V2X_Highway_FCW_Python"demo 实验。

2）将"V2X_Highway_FCW_Python"实验拖拽到中间区域。

3）单击"RUN"按钮，运行仿真实验。

4）演示仿真动画，对应的 FCW 应用算法在后台持续工作，当触发到警告条件时，将出现警告的标志。

前向预警应用仿真过程为：当主车正常行驶时，远车在主车同一车道正前方慢速或减速行驶；两车在设置环节已设置具备短程无线通信能力；主车行驶过程中存在与远车发生碰撞危险时，前向预警应用能够对主车驾驶人发出前向预警，显示 FCW 警告标识，提醒驾驶人与正前方的车辆存在碰撞危险；预警时机需确保主车驾驶人收到预警后能够有足够时间采取正确措施。车外视角和驾驶人视角分别如图 6-2-5、图 6-2-6 所示。

图 6-2-5　前向预警应用仿真预警
（车外视角）

图 6-2-6　前向预警应用仿真预警
（驾驶人视角）

? 引导问题 3

　　查阅相关资料并扫描二维码，观看前向碰撞预警应用仿真动画，用自己的语言描述闯红灯预警场景和应用原理，思考在仿真场景中应用和实际生活中应用的主要区别是什么。

RLVW 闯红灯
预警动画演示

闯红灯预警应用建模与仿真

（一）应用定义与预期效果

　　闯红灯预警（Red Light Violation Warning，RLVW）是指当主车经过有信号控制的交叉口（车道），车辆存在不按信号灯规定或指示行驶的风险（如图 6-2-7 所示的闯红灯过程）时，闯红灯预警应用可以对主车驾驶人进行预警提示。该应用适用于城市街道、郊区公路的不同交叉路口、环道出入口和可控车道、高速公路入口和隧道等有信号控制的车道。通过闯红灯预警应用可以辅助驾驶人安全通过信号灯路口，减少由于视野盲区导致的交通意外风险，从而提高信号灯路口的通行安全性。

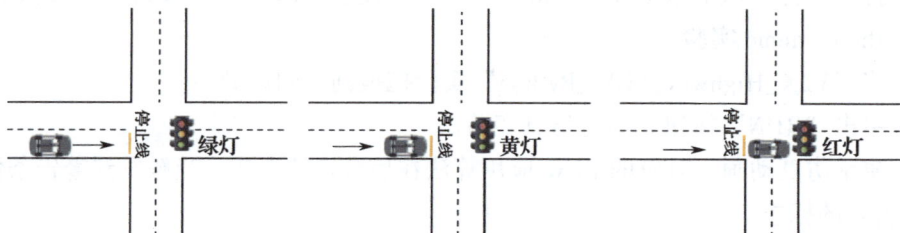

图 6-2-7　车辆闯红灯过程

（二）应用主要场景

当前方有大车遮挡信号灯（图6-2-8）或恶劣天气影响视线，主车的车辆驾驶人无法对当前红灯或即将到来的红灯做出正确的判断，则需要闯红灯预警应用及时检测出主车当前所处位置和速度，通过计算预测车头经过路口停止线时信号灯的状态，根据状态向驾驶人进行预警。

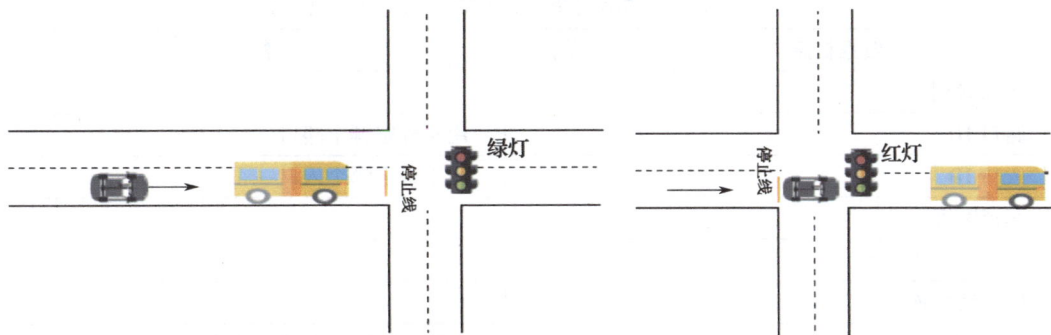

图 6-2-8　大车遮挡信号灯

（三）应用系统基本原理

当主车驶向具有信号控制的交叉路口或车道时，遇到信号灯即将变红或正处于红色状态，但车辆未能减速停止而是继续前行时，闯红灯预警应用及时对行驶车辆的驾驶人进行预警。触发预警功能的主车与路口设置位置关系如图6-2-9所示。

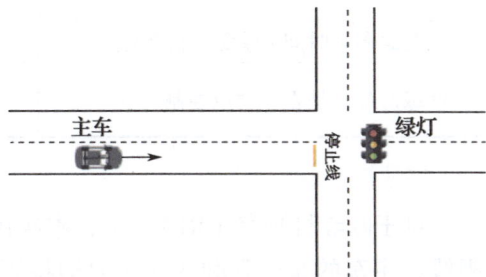

图 6-2-9　主车路口闯红灯预警位置关系

（1）基本原理

应用的基本工作原理如下：

1）路侧应具有短程、远程通信能力的路侧单元（RSU），能够定时发送路口地理信息和信号灯状态信息给车辆。

2）主车根据本身定位系统（GNSS）获取定位信息，确定当前受管控信号的相位，并计算出车辆与停止线的实时距离。

3）主车根据速度传感器、加速度传感器等获取的当前速度和其他交通参数，计算预估出到达路口的时间。

4）应用系统将主车获取、处理的信息与接收到的路侧单元传输信息（包括红灯切换时刻、红灯保留时长、路口设备地理信息等，具体见表6-2-3）进行对比分析处理，决定是否对驾驶人进行预警。

在该应用中，主要采用的通信方式是 V2I 模式，具有短程、远程无线通信能力的路侧设备，将交叉路口（车道）相关信息广播给进入管控范围内的具有短程通信功能的车辆，车辆再根据自身情况选取所用信息进行操作。

（2）性能要求

为确保应用能够正常使用，对主车车辆和通信情况有基本的性能要求：

1）主车车速范围：0~70km/h。

2）主车通信距离≥150m。

3）数据更新频率≤5Hz。

4）系统延迟≤100ms。

5）定位精度≤1.5m。

表 6-2-3　车辆路侧交互时传输信息（路侧信息）

数据信息	单位	备注
当前时刻	ms	
路口 ID		用于确定哪个路口
入口 ID		用于确定哪个入口
车道宽度	m	
车道中心线位置		
停车线位置		
车道属性		左转、直行、右转、掉头
车道所属相位		
当前该车道信号灯状态		针对当前车辆所在车道的允许行驶方向的信号灯状态信息
红变绿剩余时间 / 绿变红剩余时间	s	可预测一个或两个周期
红绿灯配时是否自适应控制		自适应控制时，绿灯剩余时间会发生改变，非固定时长（周期内或下个周期）

（四）应用仿真实现

对于闯红灯预警（RLVW），本次仿真选取的场景为：前方有大车遮挡观察信号灯视线，主车的车辆驾驶人无法对即将到来的红灯作出正确的判断。同样，可通过运行 V2X demo 实验来进行仿真操作，操作步骤如下（图 6-2-10）。

1）打开软件，从 Experiment DataSet 栏目中搜索"RLVW"，找到"V2X_Crossroad_RLVW_Python"demo 实验。

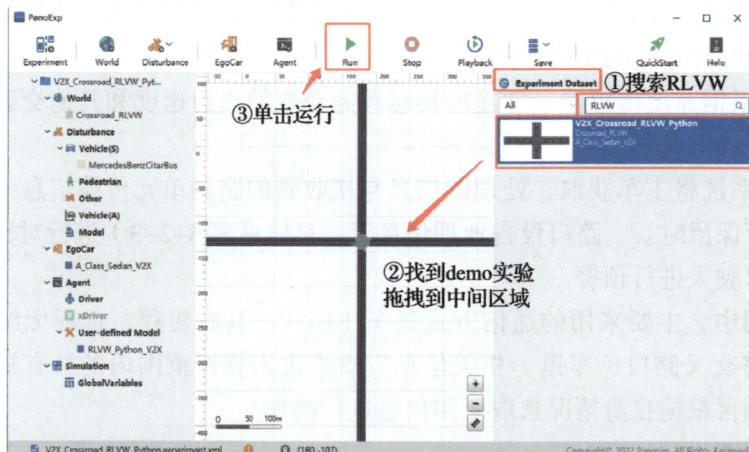

图 6-2-10　运行闯红灯预警应用 V2X demo 实验仿真过程

2）将"V2X_Crossroad_RLVW_Python"实验拖拽到中间区域。

3）单击"RUN"按钮，运行仿真实验。

4）演示仿真动画，对应的 RLVW 应用算法在后台持续工作，当触发到警告条件时，将出现警告的标志。

闯红灯预警（RLVW）仿真过程为：当前方有大车遮挡观察信号灯视线时，车辆驾驶人无法对当前红灯或即将到来的红灯作出正确的判断；闯红灯预警应用能通过无线通信正确接收到路侧单元信息，及时检测出车辆当前位置和速度，通过算法计算后对驾驶人发出闯红灯预警，显示 RLVW 预警标识，提醒驾驶人即将可能出现闯红灯情况，驾驶人收到预警后能够有足够时间采取正确措施。车外视角和驾驶人视角分别如图 6-2-11、图 6-2-12 所示。

图 6-2-11　闯红灯预警应用仿真预警（车外视角）

图 6-2-12　闯红灯预警应用仿真预警（驾驶人视角）

❓ 引导问题 4

　　查阅相关资料，并扫描二维码观看左转辅助应用仿真动画，请思考左转辅助在生活中会应用在哪些场景下。

_____

_____

_____

LTA 左转辅助
动画演示

左转辅助应用建模与仿真

（一）应用定义与预期效果

左转辅助（Left Turn Assist，LTA）是指当主车准备在交叉路口进行左转动作，与对向驶来的远车存在碰撞危险时，左转辅助应用将及时对主车驾驶人进行预警。该应用适用于城、郊普通街道道路与公路的交叉路口，能够应对十字路口范围较为复杂的路况，辅助驾驶人避免或减轻侧向碰撞，提高交叉路口的通行安全性。

（二）应用主要场景

当主车在交叉路口准备进行左转，从车从对面驶向路口时（图 6-2-13），两车均需具备短程无线通信能力，左转辅助系统能够及时对主车驾驶人发出预警，提醒驾驶人与对向来车存在碰撞危险。预警时机需确保主车驾驶人收到预警后，能有足够时间采取措施，避免与对向来车发生碰撞。

（三）应用系统基本原理

当主车驶向交叉路口准备进行左转行驶时，若对向车辆（从车）迎面而来，两车存在碰撞危险，左转辅助系统将及时对主车的驾驶人进行预警，其中触发左转辅助功能的车辆位置关系如图 6-2-14 所示。

左转辅助系统基本原理如下：

主车通过无线通信接收到周围车辆的消息，从消息中筛选出位于主车相邻车道迎面车辆和远端车道迎面车辆区域内的车辆，然后进一步筛选出一定范围内的从车作为潜在威胁车辆，计算每一个潜在威胁车辆到达路口的时间和到达路口的距离，再筛选出与主车存在碰撞危险的威胁车辆。若有多个威胁车辆，则筛选出最紧急的威胁车辆，最后系统通过人机交互界面对主车的驾驶人及时进行相应的碰撞预警。其中，车辆信息通过短程无线通信在主车和从车之间进行传递（V2V），同时也可以利用具备无线通信能力的路侧设备直接探测碰撞危险或远车信息，发送给主车驾驶人（V2I）。左转辅助应用交互时传输的信息见表 6-2-4。

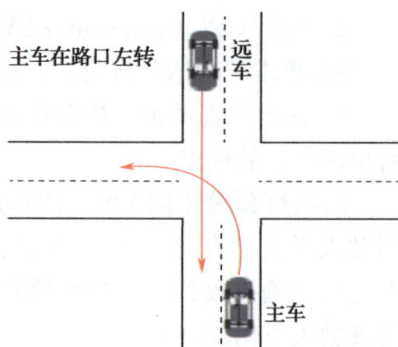

图 6-2-13　左转辅助应用场景

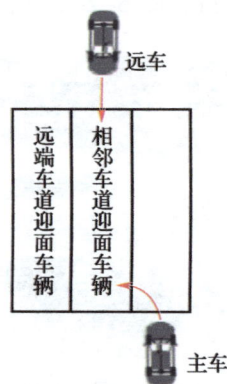

图 6-2-14　左转辅助功能的车辆位置关系

表 6-2-4　左转辅助应用交互时传输信息（远车数据）

数据信息	单位	备注
当前时刻	ms	
位置（经纬度）	（°）	
位置（海拔）	m	
车头方向角	（°）	
车辆尺寸	m	
车速	m/s	
三轴加速度	m/s^2	
横摆角速度	（°）/s	
转向信号		左转向灯是否激活

为确保应用能够正常使用，对主车车辆和通信情况有基本的性能要求：

1）主车车速范围 0~70km/h。

2）主车通信距离≥150m。

3）数据更新频率≤10Hz。

4）系统延迟≤100ms。

5）定位精度≤1.5m。

（四）应用仿真实现

对于左转辅助应用（LTA），本次仿真选取的场景为：主车驶向交叉路口准备进行左转行驶时，对向车辆迎面而来存在碰撞危险。同样，可通过运行 V2X demo 实验来进行仿真操作，操作步骤如下（图 6-2-15）：

1）打开软件，从 Experiment DataSet 栏目中搜索"LTA"，找到"V2X_Crossroad_LTA_Python"demo 实验。

2）将"V2X_Crossroad_LTA_Python"实验拖拽到中间区域。

3）单击"RUN"按钮，运行仿真实验。

4）演示仿真动画，对应的 LTA 应用算法在后台持续工作，当触发到预警条件时，将出现预警的标志。

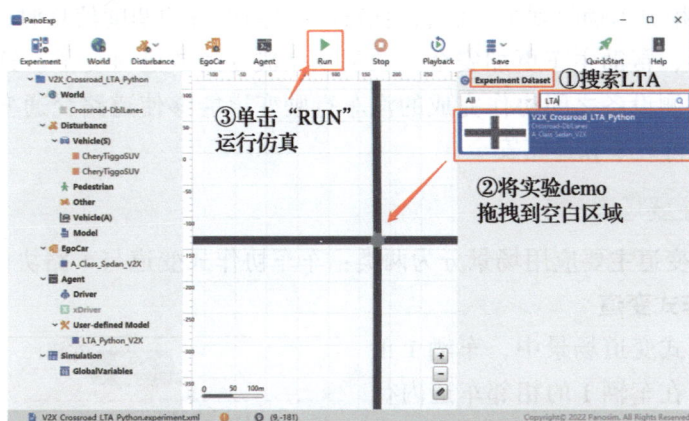

图 6-2-15　运行左转辅助应用 V2X demo 实验仿真过程

左转辅助（LTA）仿真过程为：当主车在交叉路口准备进行左转时，相邻车道迎面远车对向行驶过来，两车均具备短程无线通信能力。主车在进行左转存在与远车发生碰撞危险时，左转辅助系统能够及时对主车驾驶人发出预警，显示 LTA 预警标识，提醒驾驶人与对向来车存在碰撞危险。预警时机需确保主车驾驶人收到预警后，能有足够时间采取措施避免与对向来车发生碰撞。车外视角和驾驶人视角分别如图 6-2-16、图 6-2-17 所示。

图 6-2-16　左转辅助应用仿真预警提示（车外视角）

图 6-2-17　左转辅助应用仿真预警提示（驾驶人视角）

协作式变道应用建模与仿真

（一）应用定义与预期效果

协作式变道（Cooperative Lane Change，CLC）是指当车辆在行驶过程中有变道需求时，将行驶意图信息发送给相关车道（当前车道与目标车道）上的其他车辆和路侧设备（RSU），相关车辆收到主车的意图信息或路侧设备的调度信息时，会根据自身情况调整驾驶行为，帮助主车更加安全、顺利地完成变道或延时变道。这类车辆与车辆之间、车辆与路侧设备之间协作完成的汽车行驶变道能够使道路交通变得更加安全高效，从而提升通行效率和道路安全。

（二）应用主要场景

目前协作式变道主要应用场景分为两类：车车协作式变道与车路协作式变道。

1. 车车协作式变道

在车车协作式变道场景中，车辆 1 正常行驶，车辆 2 在车辆 1 的相邻车道内行驶，且两车均装备有 V2X 通信设备，具有无线通信能力。车辆 1 在行驶过程中需要进行变道，随后将变道示意信息发送给目标车道上的车辆 2，车辆 2 接收到来自车辆 1 的示意信息，再根据自身状态信息、周围车辆信息或其他车载传感器感知的周边环境信息，经决策判断后进行加速通过或减速让道操作（图 6-2-18），同时将自身的驾驶行为调整信息即时发送给车辆

a）车辆2接收车辆1变道示意信息，加速通过

b）车辆2接收车辆1变道示意信息，减速通过

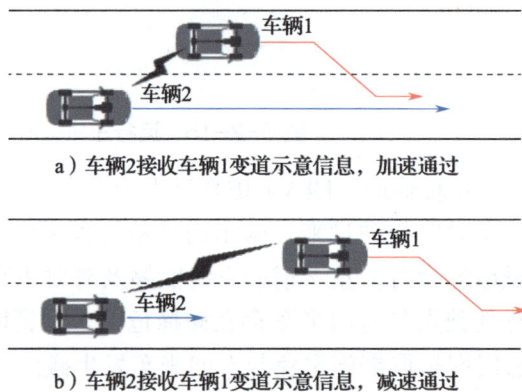

图 6-2-18　车车协作式变道场景示意

1，车辆 1 接收到车辆 2 的调整信息后，做出判断顺利变道。

2. 车路协作式变道

在车路协作式变道场景中，车辆 1 正常行驶，车辆 2 在车辆 1 的相邻车道内行驶，车辆 1 与路侧设备需具备无线通信能力，车辆 2 不具备无线通信能力。车辆 1 在行驶过程中需要进行变道，随后将变道示意信息发送给路侧设备，路侧设备根据车辆 1 信息和当前相关车道的车辆信息以及感知信息做出判断，向车辆 1 发出引导信息，引导车辆 1 安全变道或延迟变道（图 6-2-19），同时车辆 1 也将其自身的驾驶行为即时发

送给周边车辆和路侧设备。

（三）应用系统基本原理

车车协作变道的基本原理：车辆1在正常行驶的过程中需要变道，将变道意图信息（表6-2-5）发送给本车道和目标车道的相关车辆；相关车辆接收到信息后，结合自身行驶状态与周围环境做出判断，采取减速让道或加速通过的驾驶行为，协作帮助车辆1顺利变道。

车路协作变道基本原理：车辆1在正常行驶过程中需要变道，将变道意图与自身信息发送给路侧设备；收到信息后，路侧设备再根据感知信息和当前道路的其他

a）路侧设备引导车辆1完成变道

b）路侧设备引导车辆1延后变道

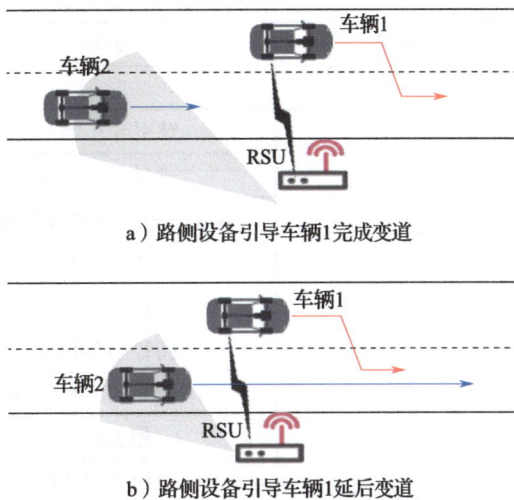

图6-2-19　车路协作式变道场景示意

车辆信息综合判断车辆1是否能够安全变道，生成引导消息数据（表6-2-6），并辅助其完成变道或延迟变道。

在该应用场景中，车车协作要求车辆均具备无线通信能力，车路协作还要求路侧设备也具有无线通信能力，采用单播、组播或广播的方式进行信息交互。

为确保应用能够正常使用，对车辆和通信情况有基本的性能要求：

1）主车车速范围0~120km/h。

2）通信距离≥200m。

3）（变道需求触发期间）数据通信频率≥5Hz。

4）应用层端到端延迟≤50ms。

5）水平方向精度≤0.5m。

表6-2-5　车辆变道意图信息

数据	备注
时刻	消息发送的时刻
车辆ID	
车辆位置信息	
当前驾驶行为意图	变道意图
短时轨迹规划	
意图请求相关目标ID	请求目标OBU、该路侧设备的ID
消息状态	未知、请求、确认、取消、已完成
请求有效时间	
当前所在道路	使用道路起止节点号来表示
换道目标车道ID	确认目标车道

表 6-2-6　路侧设备（RSU）路径引导消息数据

场景	数据	备注
—	时刻	消息发送的时刻
按单车引导	被引导车辆 ID	
	驾驶行为建议	取消变道、变道、延时变道
	驾驶行为建议的有效时间	
	相关道路	车辆是否参考该建议的额外路段条件
	相关路径	车辆是否参考该建议的额外路径位置条件
	路径引导信息	
按车道引导	引导目标道路 / 车道	
	相关路径	引导路段区域的额外位置条件
	引导建议速度	
	引导建议驾驶行为	
	引导生效起止时间	
	额外说明	

（四）应用仿真实现

对于协作式变道应用（CLC），本次仿真选取的场景为车车协作式变道场景，主要是车辆之间通过无线通信完成协作式的车辆变道。同样，可通过运行 V2X demo 实验来进行仿真操作，操作步骤如下（图 6-2-20）：

1）打开软件，从 Experiment DataSet 栏目中搜索"CLC"，找到"V2X_Crossroad_CLC_Python"demo 实验。

2）将"V2X_Crossroad_CLC_Python"实验拖拽到中间区域。

3）单击"RUN"按钮，运行仿真实验。

4）演示仿真动画，对应的 CLC 应用算法在后台持续工作，当触发到警告条件时，将出现警告的标志。

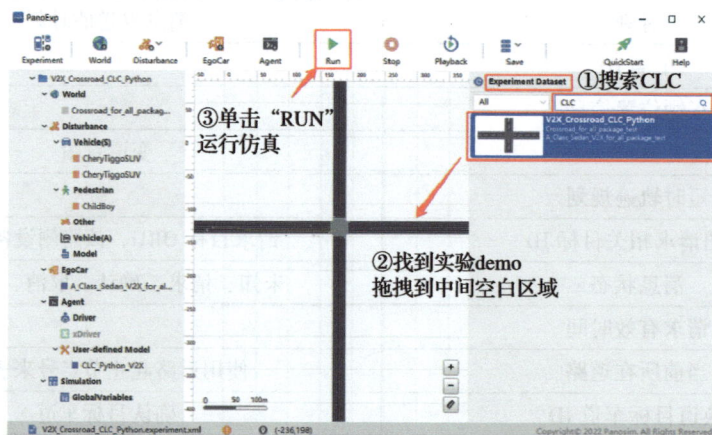

图 6-2-20　运行协作式变道应用 V2X demo 实验仿真过程

协作式变道（CLC）仿真过程为：白色车辆正常行驶，相邻车道上的黑色车辆在行驶过程中需要进行变道，两车均装备有 V2X 通信设备，具有无线通信能力。黑色车辆准备变道时会将变道示意信息发送给白色车辆，白色车辆接收到来自黑色车辆的示意信息，再根据自身信息、周围车辆信息以及周边环境感知信息，经决策判断后进行减速让道，同时将自身的驾驶行为调整信息即时发送给黑色车辆。黑色车辆接收到调整信息后，做出判断顺利变道。车外视角和驾驶人视角分别如图 6-2-21、图 6-2-22 所示。

图 6-2-21　协作式变道应用仿真（车外视角）　图 6-2-22　协作式变道应用仿真（驾驶人视角）

竞赛指南

在 2019 年中国技能大赛——机动车检测工（新能源汽车智能化技术）赛项中，有一道题目就是实现智能网联汽车智能化功能验证，要求参赛者利用大赛全国组委会提供的智能网联汽车虚拟仿真测试平台、工量具和仪器仪表，根据要求完成智能网联汽车与虚拟仿真测试平台连通、进行智能化装备的虚拟仿真测试，完成装调车辆的自动启停、自动驾驶循迹、主动避障、自动紧急制动、自适应巡航、车道保持等功能验证，完成《智能网联汽车智能化功能验证工单》填写，主要考核选手对智能网联汽车在多种场景中进行智能化装备装调、测试和功能验证的能力。

任务分组

学生任务分配表

班级			组号		指导老师	
组长			学号			
组员	姓名：_____	学号：_____		姓名：_____	学号：_____	
	姓名：_____	学号：_____		姓名：_____	学号：_____	
	姓名：_____	学号：_____		姓名：_____	学号：_____	
	姓名：_____	学号：_____		姓名：_____	学号：_____	
任务分工						

工作计划

按照前面所了解的知识内容和小组内部讨论的结果，制定工作方案，落实各项工作负责人，如任务实施前的准备工作、实施中主要操作及协助支持工作、实施过程中相关要点及数据的记录工作等。

工作方案表

步骤	作业内容	负责人
1		
2		
3		
4		
5		
6		
7		
8		

进行决策

1. 各组派代表阐述资料查询结果。
2. 各组就各自的查询结果进行交流，并分享技巧。
3. 教师结合各组完成的情况进行点评，选出最佳方案。

任务实施

V2X 典型应用场景建模与仿真技术认知	
记录	完成情况
1. 小组讨论整理信息，能正确描述四大典型应用场景的原理过程	已完成☐ 未完成☐
2. 整理 V2X 的典型应用场景，梳理应用特点和传输消息特点	已完成☐ 未完成☐
3. 能完成前向预警应用的仿真实现	已完成☐ 未完成☐
4. 能完成闯红灯预警应用的仿真实现	已完成☐ 未完成☐
5. 能完成左转辅助应用的仿真实现	已完成☐ 未完成☐
6. 能完成协作式变道应用的仿真实现	已完成☐ 未完成☐

6S 现场管理			
序号	操作步骤	完成情况	备注
1	建立安全操作环境	已完成☐ 未完成☐	
2	清理及整理工具量具	已完成☐ 未完成☐	
3	清理及复原设备正常状况	已完成☐ 未完成☐	
4	清理场地	已完成☐ 未完成☐	
5	物品回收和环保	已完成☐ 未完成☐	
6	完善和检查工单	已完成☐ 未完成☐	

评价反馈

1. 各组代表展示汇报 PPT，介绍任务的完成过程。

2. 以小组为单位，请对各组的操作过程与操作结果进行自评和互评，并将结果填入综合评价表中的小组评价部分。

3. 教师对学生工作过程与工作结果进行评价，并将评价结果填入综合评价表中的教师评价部分。

综合评价表

姓名		学号		班级		组别	
实训任务							
评价项目		评价标准				分值	得分
小组评价	计划决策	制定的工作方案合理可行，小组成员分工明确				10	
	任务实施	能够正确完成前向预警应用的仿真实现				15	
		能够正确完成闯红灯预警应用的仿真实现				15	
		能完成左转辅助应用的仿真实现				15	
		能完成协作式变道应用的仿真实现				15	
	任务达成	能按照工作方案操作，按计划完成工作任务				10	
	工作态度	认真严谨、积极主动、安全生产、文明施工				10	
	团队合作	与小组成员、同学之间能合作交流、协调工作				5	
	6S 管理	完成竣工检验、现场恢复				5	
		小计				100	
教师评价	实训纪律	不出现无故迟到、早退、旷课现象，不违反课堂纪律				10	
	方案实施	严格按照工作方案完成任务实施				20	
	团队协作	任务实施过程互相配合，协作度高				20	
	工作质量	正确整理信息，完成四类 V2X 应用的仿真				20	
	工作规范	操作规范，三不落地，无意外事故发生				10	
	汇报展示	能准确表达、总结到位、改进措施可行				20	
		小计				100	
综合评分		小组评分 ×50%+ 教师评分 ×50%					
总结与反思							

（如：学习过程中遇到什么问题→如何解决的 / 解决不了的原因→心得体会）

任务三　了解车联网在高级场景的应用

学习目标

- 了解交通信息服务系统架构与内容。
- 熟悉车联网在交通信息服务系统方面的典型应用。
- 理解协作式车队管理车辆通信原理。
- 了解车联网技术在车辆编队管理的目的、意义及具体应用。
- 能正确描述交通信息服务系统架构体系。
- 通过了解汽车尾气污染和城市交通拥堵案例，养成善于思考的品质。
- 具有分析问题、解决问题和再学习的能力。
- 具有良好的团队精神和较强的表达沟通、协调组织能力。
- 具有认真负责的职业态度和良好的职业道德。

知识索引

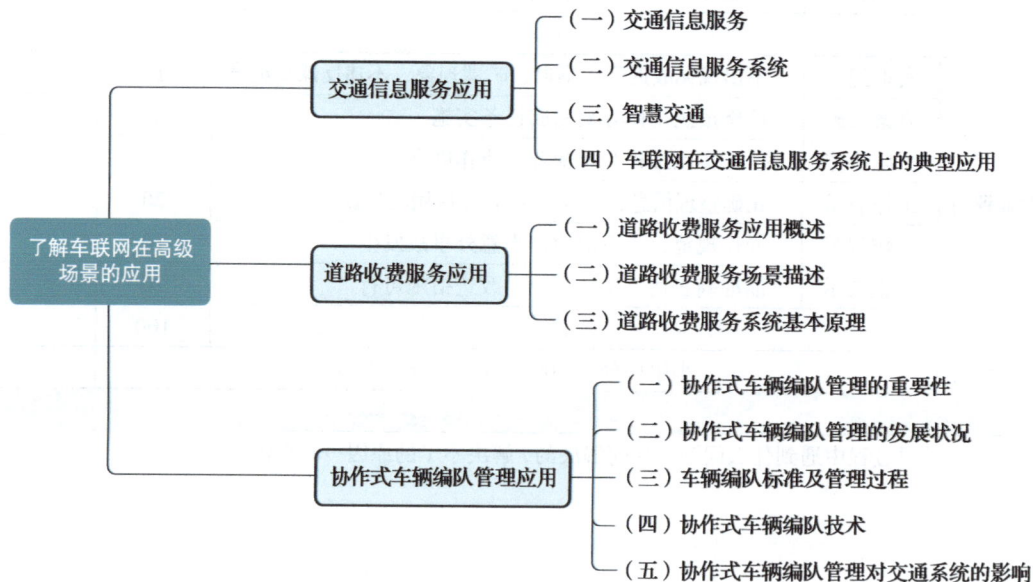

情境导入

　　2017 年世界移动大会到来之际，华为和德国航空航天中心于德国慕尼黑进行了基于 5G 网络的自动驾驶测试，展示了更为复杂的车辆智能编队应用场景的研究与测试，并顺利完成了紧急制动、紧密跟踪、协同变道等多个场景演示。目前，车路协同方面的前沿技术已经应用于交通信息服务以及车辆编队管理领域。在某次公司内部培训中，上级要求你整理交通信息服务系统结构与典型应用、车辆编队管理应用资料，并绘制技术流程图，帮助新员工了解车路协同应用。

获取信息

引导问题 1

　　查阅相关资料，总结交通信息服务包含的具体内容，并用自己的语言描述交通信息服务系统的结构框架。

_____

_____

_____

交通信息服务应用

　　随着我国高速公路里程的增加，高速公路运营的低效率问题日益突出，人们在日常生活中也会感受到道路交通的发展有点"跟不上潮流"，早晚高峰期、节假日城市道路的拥堵对出行和生活带来不小的困扰。因此，对于大规模智能化的交通信息系统和有效的交通管理体系的需求愈发强烈，信息化、智能化成为道路发展的大趋势。

　　随着我国科技水平的不断提升，在交通运输管理领域，信息技术的应用使交通运输管理方式发生了翻天覆地的变化。例如，智慧交通云平台开始在中大型城市部署（图 6-3-1）；高速公路的视频监测数据结合人工智能数据分析可以为驾驶行为挖掘和交通事故快速发现提供有力帮助（图 6-3-2）；智能数据分析可对各类交通参数、道路情况、交通事件进行快速检测和反应（图 6-3-3）；导航地图数据分析处理可用于交通路况预测、最优路径决策、交通基础建设等多方面。这些智能交通应用使人们出行的方方面面变得更加便捷。

　　此外，我国交通运输部门已经明确提出，在交通运输的建设过程中，要以信息化作为一项重要的载体，全面提升我国的交通运输管理能力和服务水平，国家在政策上也不断鼓励支持交通信息服务智能化发展，促进我国交通运输领域智能交通网络的建设。信息化、智能化和社会化为一体的全新交通管理模式，能满足人们的生产、生活需求。

图 6-3-1　智慧交通云平台示意

图 6-3-2　某高速公路管理中心的前端视频监控大屏

图 6-3-3　车联网技术应用于各类交通事件的检测

（一）交通信息服务

（1）主要分类

交通信息服务是指交通信息系统为交通参与者提供的各种信息服务，如图 6-3-4 所示。主要服务大致分为以下四类：

1）出行前交通计划服务。可为即将出行的人们提供当时和预测的交通信息，帮助出行选择最省时、最经济的出行方式。

2）给途中驾驶人提供交通信息。通过车载（船载或机载）的交通信息显示设备，为途中的驾驶人按其需要提供要到达目的地沿途的路线、交通状况、去向指路标志、到达目的地附近的停车场或换乘及其他服务设施情况和天气状况。

3）交通工具和路线导航。帮助要出行的人们选择合适的交通工具和交通路线，避开拥挤的交通工具和路线，以最短的时间、最经济的费用、最舒适的服务到达目的地。

4）为旅行者提供信息服务。诸如旅游地的衣、食、住、行、旅游与娱乐活动信息和预约服务；为旅行者提供地址、电话等查询服务；为驾车旅行者提供停车场和汽车修理厂的地点和服务状况等。

图 6-3-4　智慧交通示意图

（2）服务内容

在进行交通信息服务时，主要提供下列交通信息服务内容：

1）实时路况：通过播报实时路况来指导驾驶人、市民的出行路线。

2）交通气象：根据交通气象来指导市民出行的时间、交通工具的选择，提示驾驶人安全驾驶。

3）交通管制：实时播报交通管制的情况和预告，帮助出行者选择路段。在某地区有活动发生时，预报提示周边道路的交通情况。

4）交通突发事件：在道路上突发交通事故等事件时，提示附近驾驶人绕道行驶。

5）停车场车位信息：显示目的地停车场车位情况，方便驾驶人快速找到车位。

6）交通状况预告：根据以往类似时间、类似路段的经验数据，进行交通状况的预告。

7）高速信息：提示高速公路、国道、省道的突发事件、维护信息、事故情况、收费口拥塞状况等。

8）沿途交通拥堵预测：根据用户规划线路，对线路的通畅情况进行评估。

9）最优路线选择：根据当前的交通情况及交通预测，规划通畅路线。

10）周边路况查询：根据用户规划路线，查询其周边交通情况。

11）绕行建议：根据用户的出发地及目的地，结合当前的交通状况，给出可选择的交通路线以及可能的到达时间。

交通信息服务的实质即是通过提供合适的交通信息来指导出行行为，使人们的出行选择与交通管理者的预期目标一致。交通信息系统的作用效果在很大程度上取决于所提供信息对出行行为诱导的有效性，及其对相关交通管理政策的支持程度。

（二）交通信息服务系统

交通信息服务系统是指通过信息处理软件把从各方集中起来的各种信息，处理成各方需要的交通数据信息，按各咨询单位的需求提供咨询服务的系统。

1. 交通信息服务系统的结构

系统主要由交通信息中心、通信网络、用户信息终端三部分组成，如图6-3-5所示。

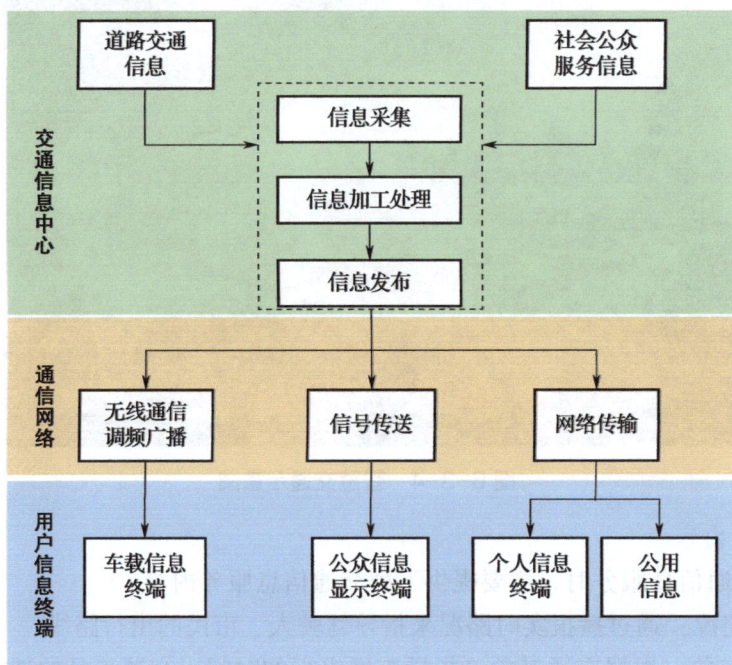

图6-3-5　交通信息服务系统结构

1）交通信息中心（Traffic Information Center，TIC）为整个系统控制的实现提供信息收集、数据处理、显示和接口功能，包括对道路交通运输数据和设备公众信息的采集、分类、加工、分析以及涉及的最优路径搜索等算法的实现。信息采集部分是指把各分系统所采集的信息集中起来，如交通信号自动控制系统、路线导航系统以及电子收费系统等所采集的公共交通信息，市际交通管理系统及铁路、航空等运行管理系统采集的市际交通信息，紧急救援系统采集的紧急事件及处理信息，以及各有关服务设施、娱乐场所等提供的公共服务信息，包括气象、环境状况等信息。

2）通信网络（Communication Network）是指在用户信息终端和交通信息中心之间提供的有线和无线双向数据传输以及在信息源与信息中心之间的光纤数据传输网络。

3）用户信息终端种类很多，如手机、智能手表等智能移动端，车载信息和导航终端等。车载终端主要包括导航辅助系统和无线电数据通信收发器，而导航辅助系统包括车辆导航定位模块、车载计算机及显示屏。

2. 交通信息服务系统平台功能

交通信息服务系统平台功能见表 6-3-1，其基于大数据平台构建智能交通信息服务体系，为城市交通管理和信息服务提供支持，系统组成可分为 8 类。

表 6-3-1　交通信息服务系统平台功能

序号	功能名称	具体功能
1	实时路况	实时路况地图显示、路口运行状态监控、实时拥堵路段排名、实时拥堵区域排名、异常状况提示
2	路况预测	城市路况预测、区域路况预测、道路路况预测、节假日路况预测、大型活动路况预测功能
3	交通信息	事件信息管理
4	交通数据	按车牌号或时间统计车流量数据
5	统计分析	趋势分析、车辆流向分析、历史拥堵排名、交通事故分析、停车信息统计分析、110 警情分析功能
6	质量管理	监测卡口、微波、地磁和信号机的故障
7	报表	周期性城市交通报告、节假日交通出行预测报告、特殊需求交通预测报告；其使用的主要数据为早晚高峰的拥堵指数、平均速度、拥堵时长和拥堵道路占比
8	运维管理	统计各个外场机柜状态

交通信息服务系统平台构建内容的建设标准、技术选型、数据结构等并不统一，具有大数据典型的 4 个特征，即 Volume（大规模性）、Variety（多样性）、Velocity（高速性）和 Value（价值性）。

3. 交通信息服务系统核心技术

交通信息服务系统主要从交通信息采集、数据分析方法两个方面进行建设，采用将互联网交通数据与公安交管数据融合的设计理念，对海量交通数据进行分析。

（1）交通信息采集系统分析

交通信息采集大致分为静态采集信息和动态采集信息两类。静态采集主要是通过交通统计部门、交通道路规划部门等采集公路网信息、交通管理设备信息等基础信息；动态信息采集主要是针对车流量、道路占用率、行车速度等动态信息，利用交通信息采集系统来进行采集，其采集精确度高低直接影响到交通管理系统的整体运行和管理水平。目前，智能型交通信息采集技术主要指动态交通信息采集技术，主要的采集技术有视频交通采集、感应线圈信息采集、微波信息采集。

1）视频交通采集主要是利用视频、计算机、通信等技术实现对交通动态信息的采集，采集的数据通常有车流量、车速、车型分类、车道占有率、平均车距、车辆排队长度等，为系统计算机提供信号控制、信号发布和交通诱导等动态的交通信息，帮助系统利用动态信息进行优化，选择更为合理的交通管制方案，实时有效地控制交通。

2）感应线圈信息采集主要是指车辆通过感应线圈所处位置，线圈回路电感量发生变化，采集系统通过微处理器采集到电感变化量从而分析判别经过车辆数量和车速等信息。检测电感变化量的方式通常有两种：一种是利用相位锁存器和相位比较器来检测相位的变化，另一种则是利用耦合振荡电路对振荡频率进行检测，后者的电路设计更为简单，部署实现成本更低，因此应用更为广泛。感应线圈信息采集技术与视频交通信息采集技术的主要特征比较见表6-3-2。

表6-3-2　感应线圈信息采集技术与视频交通信息采集技术的主要特征比较

特性	感应线圈信息采集	视频交通信息采集
检测单元	埋入式感应线圈	黑白摄像机
检测技术	模拟感应	图像处理
检测控制器输入数	可控制1~4个线圈输入	可控制1~4个摄像机输入
检测的车道数	一两个感应线圈检测一个车道	一个摄像机可检测1~8个车道
提供的交通信息	通过感应线圈获取车辆数量、车速	车流量、车速、车型分类、车道占有率、平均车距、车辆排队长度、交通堵塞程度、交通事故检测、检测点的实时视频图像
检测单元的寿命	线圈须承受路面车辆压力，寿命较短	摄像机安装在路侧高空支架上，寿命较长，维修较少
检测的精确度	检测精度随感应线圈的压损程度提高而降低	精确度较高，抗干扰能力强
视频监控功能	无法提供视频图像	可提供检测路段的实时视频图像
系统的升级扩展	较难提升为智能交通管理系统（ITS）	容易提升为智能交通管理系统（ITS）
安装与维修	安装要关闭路段，挖开路面，初期成本低，维修和更换成本高	安装不需要关闭路段与挖开路面，初期安装成本高，维修和更换成本低

3）微波信息采集主要是通过反射式检测微波信号使系统产生感应，从而采集车辆信息。采集系统中的反射式采集器包含发射器和接收器，发射器不断向路面发射微波信号，一旦有车辆经过采集区域，接收器就能够接收到从车体表面反射回来的微波信号，解调器解调信号后再通过放大、整流以及滤波，从而输出采集到的车辆信息。微波信息采集方式的优点是采集速度快、安装方便、使用寿命长，不足之处是其容易受到环境的影响，在大风、雨雪天气下采集准确度不高。

（2）数据处理系统

交通数据处理系统是交通信息服务系统最核心的部分，其通过将互联网交通数据与公安交管数据融合的设计理念，利用大数据方法对海量交通数据进行分析。其涉及的主要方法有融合算法和大数据技术。

1）融合算法：融合算法可采用的数据很多，如视频监控下的车牌数据、电子警察数据、感应线圈和微波检测的车辆数据等。交通信息服务系统主要运用的融合数据有浮动车GPS检测数据、卡口检测设备提供的车辆经过卡口位置的记录数据等。浮动车法采样数目少、数据精确度与道路匹配度不高、浮动车辆行为有偏性，卡口数据为断面数据，因其覆盖范围小、旅行时间的记录有滞后等原因，因此根据基于卡口数据得到的旅行时间数据和基于浮动车路况数据得到的旅行时间数据，融合生成新的路况道路速度信息，可提高数据的准确性。

浮动车法需要记录在对向开来的车辆和同向行驶的车辆中，超越和被超越车辆的数量。将浮动车数据与 GPS 数据结合，共同计算不同功能道路在全网道路中所占权重，得到拥堵指数和拥堵道路占比。因此融合算法可以得到覆盖面最广、可信度最高的实时路况数据。交通通行状态等级根据速度判断指标划分，见表 6-3-3。

表6-3-3　交通通行状态等级判断指标　　　　　　（单位：km/h）

道路等级	拥堵状况			
	严重拥堵	拥堵	缓行	畅通
高速路	$v<15$	$15 \leqslant v \leqslant 30$	$30 \leqslant v \leqslant 50$	$v>50$
快速路	$v<10$	$10 \leqslant v \leqslant 20$	$20 \leqslant v \leqslant 40$	$v>40$
主要道路	$v<5$	$5 \leqslant v \leqslant 12$	$12 \leqslant v \leqslant 25$	$v>25$
次要道路	$v<5$	$5 \leqslant v \leqslant 10$	$10 \leqslant v \leqslant 20$	$v>20$
颜色显示	深红色	红色	黄色	绿色

2）大数据技术：大数据与云计算紧密相连，单台计算机并不能处理计算大数据，可运用分布式数据挖掘功能对海量数据进行处理。它必须依托云计算的分布式处理、分布式数据库和云存储、虚拟化技术。交通信息服务系统采用 Hadoop2.0 框架技术，可以方便快速地对大数据进行程序处理，自动完成数据的划分和调度，满足系统对交通数据的计算速度要求。

（三）智慧交通

智慧交通的前身是智能交通系统（Intelligent Transport System，ITS），ITS 是 20 世纪 90 年代初美国提出的理念，认为智能交通系统是将先进的信息技术、数据通信技术、电子传感技术以及计算机技术有效集成运用在交通系统，从而提高交通系统效率的综合性应用系统。中国交通运输部规划研究院对智慧交通的定义是：智慧交通，是指在城市已有的道路基础设施的基础上，将信息技术集成运用于传统的交通运输管理中，整合交通数据资源的同时协同各个交通管理部门，由此形成的结合虚拟与现实的，提供一体化的综合运输服务的智慧型综合交通运输系统。

智慧交通在智能交通的基础上，融入物联网、云计算、大数据、移动互联等高新 IT 技术，通过高新技术汇集交通信息，提供基于实时交通数据的交通信息服务，大量使用了数据模型、数据挖掘等数据处理技术，实现了智慧交通的系统性、实时性、信息交互性。智慧交通云平台如图 6-3-1 所示。

在国内，智慧交通也经历了从概念提出到发展格局基本建成的发展历程。2012 年，中国《国家智慧城市（区、镇）试点指标体系（试行）》当中，首次提出了智能交通的概念。随后，与"智慧交通"相关的政策陆续出台。2015 年，在《国务院关于积极推进"互联网＋"行动的指导意见》中提出"互联网＋"与交通行业相结合；2017 年 9 月，交通运输部发布我国首个智慧交通专项政策——《智慧交通让出行更便捷行动方案（2017—2020 年）》，中国智慧交通开始进入全面建设阶段。方案内容分为四个部分，即提升城际交通出行智能化水平、加快城市交通出行智能化发展、大力推广城乡和农村客运智能化应用、不断完善智慧出行发展环境。2019 年 9 月，国务院发布的《交通强国建设纲要》提出要推动大数据、互联网、人工智能、超级计算等新技术与交通行业深度融合；推进数据资源赋能交通发展，加速交通基础设施网、运输服务网、能源网与信息网络融合发展。《纲要》将智慧交通列入重点行业发展，旨在构建综合交通大数据中心体系，到 2035 年，基本建成交通强国。2020 年 12 月，国务院新闻办公室发布的《中国交通的可持续发展》白皮书提出以智慧交通建设推进数字经济、共享型经济产业发展，提高综合交通运输网络效率，构筑新型交通生态系统。2021 年《数字交通"十四五"发展规划》指出，到 2025 年，"一脑、五网、两体系"的发展格局基本建成，推动交通运输诸多细分领域的新型基础设施建设。2022 年 3 月，交通运输部、科学技术部联合发布的《"十四五"交通领域科技创新规划》提出要推动智慧交通与智慧城市协同发展，大力发展智慧交通，加快北斗导航技术应用，开展智能交通先导应用试点。

一系列政策意见的出台，给智慧交通行业发展提供了较好的政策环境，随着行业发展水平的不断提升，智慧交通行业将进一步发挥"新基建"的重要支撑作用。国家层面的智慧交通发展目标为：到 2025 年，我国智慧交通管理得到深度应用，建成"一脑、五网、两体系"发展格局；到 2035 年，我国交通基础设施数字化率将达到 90%；到 2025 年，互联网、大数据等新技术在我国交通领域将得到广泛应用，全面建成现代高质量国家综合立体交通网，实现数字化、网络化、智能化、绿色化。智慧交通整体功能架构如图 6-3-6 所示。

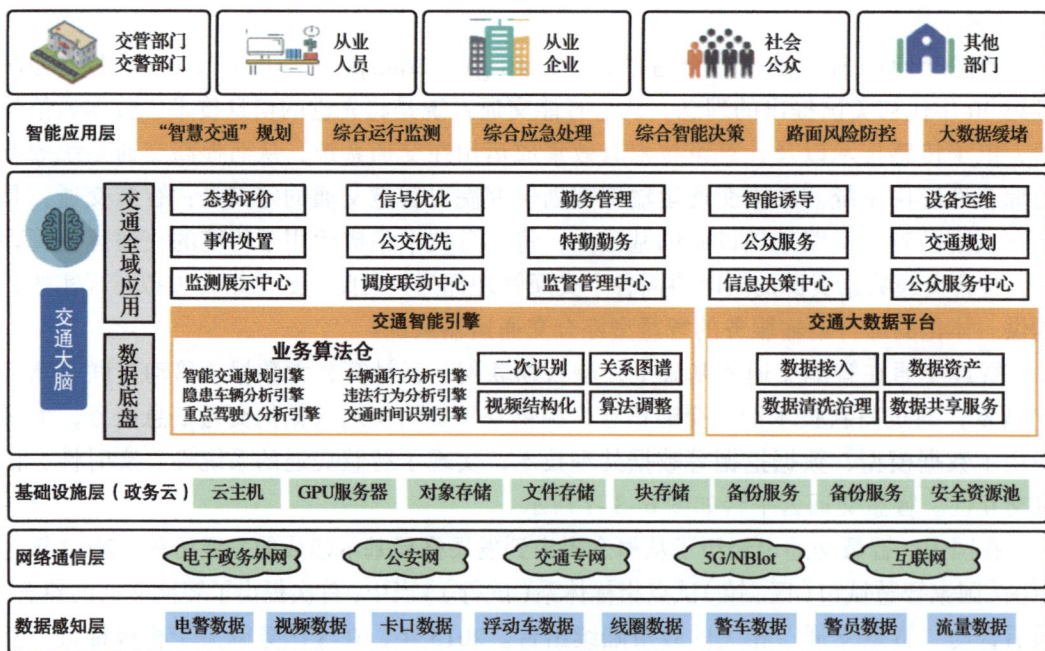

图 6-3-6 智慧交通整体功能架构

　　"十四五"规划和 2035 远景目标同样也推动了数字经济与智慧交通的数字化转型。在未来，交通行业将会全面实现基础设施和载运工具的数字化、网络化、交通运输系统信息智能化，通过基础设施资源、智能网联、云技术、大数据能力有机结合，以数字智能为核心，以服务社会为导向，建立全域交通生态系统，推动智慧交通不断发展。

（四）车联网在交通信息服务系统上的典型应用

　　随着大数据处理等技术的发展，各式各样的智能交通技术也得到了推广应用。车联网及信息互联是智能交通发展的大趋势，车联网的主要技术是车载服务系统，各国都将其应用在交通管理中，美国主要应用于安防领域，欧洲侧重于智能导航方向，日本以动态交通信息为主。我国目前车联网技术在交通信息服务的应用上主要体现在以下几个方面：

　　1）动态及静态交通管理：如智能停车场收费系统、最优路径导航系统、智能停车场管理、综合性智能车辆调度、智能交通信号灯管理、车辆智能监控等。

　　2）公共安全：智能超速超载报警系统、智能预警系统、疲劳驾驶监测系统。

　　3）公共服务：智能交通查询系统、智能收费系统、紧急救援系统。

1. 动态及静态交通管理

（1）智能停车场收费系统

　　智能化的停车场不仅可以有效解决乱停乱放造成的交通混乱，而且可以促进交通设施的正规化建设，同时也能减少车主失车被盗的忧虑（图 6-3-7）。另外，其技术与现有其他智能化系统配合，具有很好的开放性，易于与其他智能化系统组合成更强大的综合系统。

（2）智能交通信号灯管理

　　智能交通信号灯控制系统通过交通信息采集技术、数据传输技术、信息控制技术及计算机处理技术等，在大数据的基础上，对道路车流量、人流量、路况态势进行分析和处理以

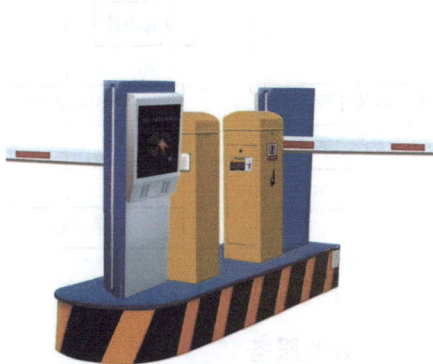

图 6-3-7　智能停车场收费系统

及数据的优化，产生高效的交通信号控制方案。该系统能够极大程度地提高交通管理效率，缩减车辆的延误时间。

　　该系统能充分利用现有的道路交通硬件设施（如布设在路口的监控摄像头定时拍摄路口车辆排队图像和道路边的传感器等），采集车辆排队信息，将图像通过 LTE 网络实时上传到交通信号灯管理控制中心进行处理。利用 AI 算法对采集的图像、数据进行分析处理，根据路口情况自动切换信号灯，达到优化路口交通管理的作用。

2. 公共安全

（1）智能超速干预系统（ISA）

　　ISA 是一种新型的车载超速干预系统，当驾驶人有意或无意地超过道路限速值或系统自身预定义的速度阈值时，驾驶人的超速行为就会受到系统干涉（发出警告信息或由系统直接对车辆性能进行限制）。ISA 包括 4 个部分：GPS、电子地图、系统干预端

和信息展示端。其运作流程如图 6-3-8 所示。

（2）疲劳驾驶预警系统

疲劳驾驶预警系统主要面对正在驾车的驾驶人，通过检测驾驶人在驾驶过程中可能产生的疲劳驾驶姿态，在必要时进行警告。图像采集设备持续采集驾驶人驾驶图像，系统利用 OpenCV 库和 Dlib 库的相关功能将采集到的图像进行人脸识别，提取信息来获取面部的相关特征。OpenCV 库提供了丰富的视觉算法，可实现通过摄像头获取视频流并对图像进行处理。Dlib 库提供了与机器学习、图像处理等领域的一系列功能，图 6-3-9 为人脸 68 关键点坐标，在系统中利用这些坐标进行定位，来获取眼睛和嘴巴的动态变化，并使用张合度这一关键指标来判断驾驶人是否为疲劳驾驶。

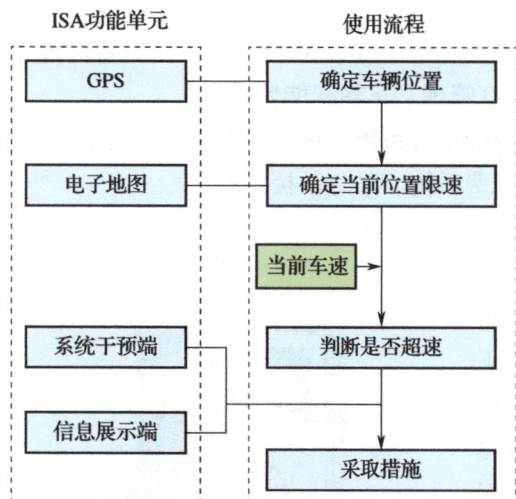

图 6-3-8　ISA 运作流程

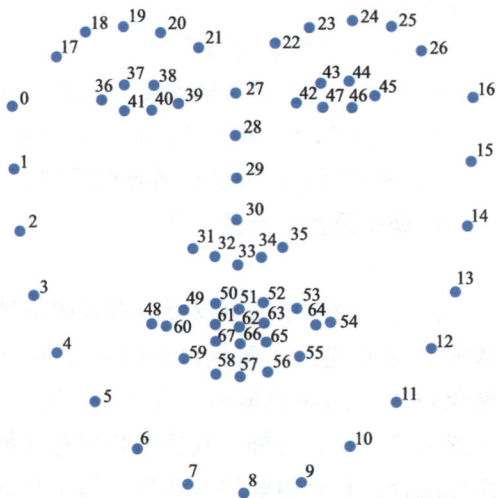

图 6-3-9　人脸 68 关键点坐标

3.公共服务

公共服务应用中，车联网技术可应用于紧急救援系统。传统的人工报警方式道路救援时效性差，车辆人员报警容易对救援产生误导，而且如果肇事车辆不便完成人工报警，还会造成交通事故救援的延误，从而降低救援效率。5G 车联网技术为道路紧急救援服务的开展创造了更优质的基础平台，并提供了全面的技术支持，优化了交通公共服务系统。利用 5G 车联网实施交通救援，救援力量能够快速到达现场，节省救援时间，减少事故损失。将 5G 车联网技术应用在道路紧急救援系统中，能够实现传感器传感、位置定位及高效通信，车辆在发生交通事故后，可以第一时间与救援服务中心完成通信，将位置和车辆数据传送到救援中心，以便于救援中心迅速做出回应，调度资源完成救援。

❓ **引导问题 2**

查阅相关资料，用自己的语言表述一下区域式道路收费服务的原理过程。

_____

_____

_____

道路收费服务应用

（一）道路收费服务应用概述

1. 道路收费服务应用的定义

道路收费服务（Road Toll Service，RTS）是指当车辆行驶到城市道路或者高速公路的收费站（收费区域）时，车辆能够自动接收到收费区域附近的收费服务提醒信息，并通过车路交互来实现自动缴费业务。整体的道路收费服务应用包括开放式收费服务（如过桥收费、拥堵收费）、区域式收费（如高速路段收费、停车场收费）。收费站点区域部署内置 V2X 技术的 RSU，连接后台收费系统；车辆上安装车载电子标签（OBU）设备，采用 DSRC 技术实现与 RSU 之间的通信连接；当车辆进入收费区域后，能够完成相互身份确认，自动执行收费操作。

通过车载终端与路侧单元的数据交互，应用达到的预期效果是在保证支付安全的前提下，能够实现缩短付费时间、提高付费成功率和车辆通行效率，有助于提升用户的体验和道路收费服务质量，为道路收费、停车场收费等不同业务提供更加灵活轻量级的部署方式。

2. 道路收费服务发展现状

目前，道路收费服务向"高效、便捷、安全、舒适"的目标发展，扩充服务设施的建设，采用了更加先进的技术手段，如扩大 ETC（电子不停车）收费方式的使用，不断增设便携式发卡机、站口电子路况信息显示屏、绿色专用通道、消费电子终端等技术设备，实现道路收费服务自动化、便捷化，提高服务效率和质量。

截至 2021 年 3 月，全国的 ETC 覆盖用户已超过 2.26 亿，进一步构建了覆盖全国高速公路网的信息采集、网络传输的智能信息体系，促进了智慧公路建设和数字交通的发展。几年来，交通运输部陆续发布的《交通强国建设纲要》《国家综合立体交通网规划纲要》《关于推动交通运输领域新型基础设施建设的指导意见》和《数字交通发展规划纲要》等战略指导文件中，也指出了现阶段的交通发展需求是靠向数字化、网络化。因此对于道路收费服务而言，需要进一步深化 ETC 数字系统和数字资源应用，推动 ETC 拓展应用和下一代收费技术，同时加强融合新一代信息技术，比如 5G、大数据、区块链，不断推进公路交通的高质量发展，具体体现在如下几个方面。

1）公路联网收费系统技术创新：扩充收费、结算、稽核、发行、客服、运行监测等内容，同时建设联网的收费云系统；将收费站级管理区域化、车道设备和站级设备 IP 化；开辟自助式收费设施（如智能收费机器人）等技术，同时为之后的技术创新预留接口。

2）基础设施和数字资源综合应用：发展 ETC 门架技术，实现全路网数据采集精准化，利用大数据挖掘分析实现路网服务水平精细化；安装传感设备（如毫米波雷达）与 ETC 门架进行综合复用；通过 RSU 向 OBU 进行交通信息发布，实现多场景车路协同。

3）研究《基于 ETC 专用短程通信的车路协同》标准，进行技术迭代升级：主要依托 DSRC 通信能力进行技术的升级迭代，实现 V2I 信息服务，发展为高速公路信息服务的补充手段；从系统框架层面兼容 5G 通信技术；从目前的仅支持收费的第一阶段发展到应用层软件升级，实现车路协同基础服务，生成结合收费应用、语音播报、车机联动等多功能一体化终端的阶段。

（二）道路收费服务场景描述

在道路收费应用中主要场景有开放式道路收费服务场景（单次通道收费）和区域式道路收费服务场景（如高速公路）。在应用中，定义了两种安全模式，系统可以通过任意一种安全模式完成道路收费服务。模式一：利用基于 LTE 的车联网无线通信安全管理系统，实现路端和车端的身份确认，从而实现收费和支付过程。模式二：利用 ETC 电子收费系统的安全机制，参考 GB/T 20851.4—2019《电子收费 专用短程通信 第 4 部分：设备应用》，在应用层实现访问许可、信息鉴别、加密保护，从而完成收费和支付。

1. 开放式道路收费服务

开放式道路收费服务又称单次通道收费，整体场景描述如图 6-3-10 所示，具体过程如下：

①RSU 对外广播道路收费服务信息，包括支持的收费服务列表及对应的收费信息等。

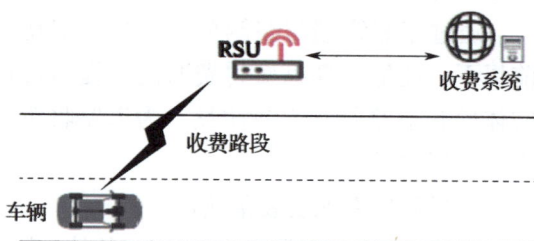

图 6-3-10 开放式道路收费

②车辆进入收费区域，收到 RSU 广播的收费服务信息后，会确定交互的安全模式和收费服务类型。若选择安全模式一，车辆将收费服务类型、系统信息、车辆信息等发送给 RSU。若选择安全模式二，车辆使用 ETC 电子收费系统进行信息收集，车辆首先将从 ESAM 读取的系统信息和随机数发送给 RSU；RSU 根据系统信息和随机数生成访问许可，发送给车辆；车辆接收后验证访问许可的有效性，通过后再将车辆信息发送给 RSU。

③RSU 通过与收费系统交互获取交互信息，并将交易信息和站点信息整合发送给车辆；若上个步骤选择了安全模式二，则 RSU 发送的信息汇总还需要附带上从 PSAM 读取的随机数和用于信息鉴别的密钥版本信息。

④车辆记录接收到的站点信息，根据消费信息生成收费交易凭证；对于安全模式一，车辆将收费交易凭证携带上支付账户信息发送给 RSU；对于安全模式二，车辆将收费交易凭证携带上用于鉴别文件真实性的信息鉴别码发送给 RSU。

⑤最后，RSU 向车辆发送交易结果和通行提示，整个道路收费服务完成。

2. 区域式道路收费服务

常见的区域式道路收费服务为高速公路的收费服务场景，包括车辆驶入收费入口和车辆驶出收费出口（图 6-3-11），具体描述过程如下：

1）车辆驶入收费入口：车辆驶入收费入口的整个过程与开放式道路收费服务的过程类似，同样是通过入口 RSU 广播发送信息，车辆接收信息确定交互安全模式和收费服务类型，入口 RSU 再与收费系统交互获取交易信息，发送给车辆，车辆接收消息生成收费交易凭证，最后入口 RSU 向车辆发送交易结果和驶入信息，详细数据交互需求见表 6-3-4。此外，区域式道路入口处不一定进行费用结算。

表6-3-4　道路收费服务应用数据交互需求清单

数据	备注
时刻	
路侧 ID	
收费类型	
收费站位置	参考位置
收费路段	
收费价格	预计收费价格
收费时间	收费起始时间、结束时间
车辆信息	包括车型、车辆尺寸、车辆标识、车轮数、车轴数、轴距、载重等
系统信息	发行方签约信息，包括服务提供商名称、协约类型、合同版本、合同序列号、合同签署日期和过期日期等
过站信息	收费站点信息
交易信息	包括交易金额、交易类型、交易编号、交易时间等
支付账户信息	

2）车辆驶出收费出口：

①出口 RSU 对外广播道路收费服务信息，包括支持的收费服务列表及对应的收费信息等。

②车辆进入收费区域，收到出口 RSU 广播的收费服务信息后，会确定交互的安全模式和收费服务类型。若选择安全模式一，车辆将收费服务类型、系统信息、车辆信息等发送给 RSU。若选择安全模式二，车辆使用 ETC 电子收费系统进行信息收集：车辆首先将从 ESAM 读取的系统信息和随机数发送给出口 RSU；出口 RSU 根据系统信息和随机数生成访问许可，发送给车辆；车辆接收后验证访问许可的有效性，通过后再将车辆信息发送给出口 RSU。

③出口 RSU 通过与收费系统交互获取交互信息，并将交易信息和站点信息整合发送给车辆；若上个步骤选择了安全模式二，则 RSU 发送的信息汇总还需要附带上从 PSAM 读取的随机数和用于信息鉴别的密钥版本信息。

④车辆记录接收到的站点信息，根据消费信息生成收费交易凭证；对于安全模式一，车辆将收费交易凭证携带上支付账户信息发送给出口 RSU；对于安全模式二，车辆将收费交易凭证携带上用于鉴别文件真实性的信息鉴别码发送给出口 RSU。

⑤最后，出口 RSU 向车辆发送交易结果和通行提示，整个道路收费服务完成。

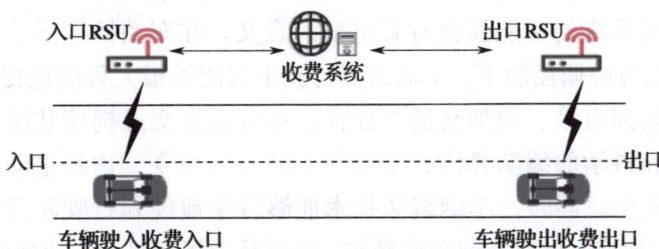

图6-3-11　区域式道路收费服务

（三）道路收费服务系统基本原理

在上述的应用中，车辆与 RSU 之间以单播/广播方式进行信息交互，RSU 周期性广播道路收费消息。道路收费服务基本原理为：PSAM 和 ESAM 分别为嵌入路侧 RSU 和车载 OBU 的安全控制模块，并存储终端收费业务的应用数据；OBU 需验证 RSU 的访问权限，RSU 需鉴别 OBU 写入到 ESAM 信息的合法性。

为确保应用能够正常使用，对车辆和通信情况有基本的性能要求：

1）车速范围 0~120km/h。

2）通信距离≥200m。

3）（应用触发期间）数据通信频率：RSU 道路收费信息≥1Hz，OBU 交互信息≥10Hz（5s 内收到回复为止）。

4）应用层端到端时延≤100ms。

5）水平方向精度≤0.5m。

引导问题 3

查阅相关资料，整理国内外协作式车辆编队管理的发展状况，并用自己的语言描述什么是协作式车辆编队管理。

_____

_____

_____

协作式车辆编队管理应用

（一）协作式车辆编队管理的重要性

进入 21 世纪以来，汽车污染成为各国共同面对的全球性问题。随着汽车数量的不断增多、使用范围的不断扩大，其对世界环境的负面效应越来越大。

我国大部分城市都普遍存在的交通拥堵、事故频发以及尾气污染等问题，其原因很大一方面是车流导航效率低、道路使用率不高、车辆导航控制不合理、车路协同管理系统不够完善，以及交通效率较低。城市智能交通系统通过安装各类信息收集设备，实现交通信息的断面检测，有效获得各项交通参数，进而采取交通控制和交通诱导的方式，科学管理交通行为，实现车辆编队管理，从而达到缓解交通压力以及解决交通拥堵的效果。

车辆协同技术中，车辆编队的研究是一个重要的技术热点和前沿课题，车辆编队技术对于车路协同系统的功能强化有着重要的意义。在车路协同系统中人、车、路三位一体的信息交互与协调控制下，车辆编队行驶不仅能够很大程度地提高道路使用率、增加单位道路车辆拥有量、增加交通可控性、有效缓解交通拥堵状况，而且能够通过可靠的信息技术和科学的编队算法，生成安全的行驶指令，达到主动避免车辆碰撞的效果，防止事故发生。同时，车辆编队技术能够科学地规划行驶路径和车速控制，减少不必要的换道、加速、减速和制动等操作，进而减少尾气排放，达到保护环境的目的。

（二）协作式车辆编队管理的发展状况

协作式车辆编队管理在近年来成为广受关注的一个问题，尤其在客运、货运和港口物流等场景中，通过对车辆队形、间距、速度和协同驾驶一致性的自动化控制，能够有效提升道路交通的效率和安全性，并降低运输成本和运输风险。

1. 车辆编队场景描述

车辆编队是指车与车之间保持一定间距，能够动态形成"车队"模式在道路上行驶。在车联网领域中，协作式车辆编队可利用低延时、高效的通信技术实现共享驾驶意图与驾驶状态信息，达到同步加速、减速、制动等操作效果，从而保持车辆在行驶过程中的编队结构稳定性。

车辆编队的典型场景如图 6-3-12 所示，在车队中，通常由一辆领航车和若干跟随车组成，领航车负责管理车队成员，如车队的集合组成与解散、车辆的加入与离开、车队行驶的总调度等。车队行驶过程中，绝大部分时间是车队的控制过程，车队成员稳定不变，按照一定驾驶策略行驶，整个车队进行同步操作，包括匀速、加速、减速行驶或紧急制动等。

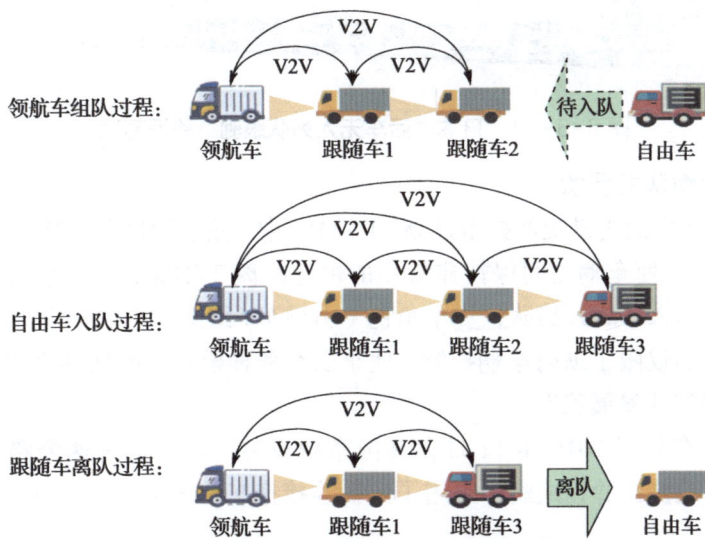

图 6-3-12　车辆编队典型场景示意图

自动驾驶车辆编队的控制策略主要分为两个方面，即车辆之间信息的交互以及车队队形控制算法的设计。各国学者在编队控制方面已进行了大量的研究。

2. 欧洲车辆编队发展状况

欧洲四国（瑞典、德国、西班牙和荷兰）参与的欧洲 COMPANION 项目对货车在经过相同路线时进行编队，以减少燃油消耗。编队时后面货车以大于前车的速度跟上，当到达预定距离时，后车减速到与前车相同的速度，保持编队向前行驶。在编队保持过程中，后车时刻保持与前车的距离不变。

3. 日本车辆编队发展状况

日本的"能源 ITS 推进事业"项目由新能源与产业技术综合开发机构（NEDO）开发，

目的是实现大型货车在高速公路上自动行驶和编队行驶，通过缩短车距来改善交通流、减小空气阻力，从而提高燃油效率，同时还能减轻驾驶人的劳动强度，提高安全性。2019年6月，软银在新东名高速上世界首次应用5G通信进行货车列队跟驰验证试验，成功实现车间距自动控制（图6-3-13）。

此外，日本国土交通省和经济产业省2021年3月5日发布消息，在日本新东名高速的部分区段上成功实现了"后车无人列队跟驰"（列队跟驰又称编队行驶、队列行驶等）验证测试（图6-3-14）。

图 6-3-13 软银 5G 列队跟驰验证试验

图 6-3-14 日本"后车无人列队跟驰"验证测试

4. 美国车辆编队发展状况

加利福尼亚大学的先进交通技术计划（PATH）中，除了为货车安装必要的传感器外，还利用V2V通信，使车辆之间保持非常小的恒定距离3~10m。测试包含恒速跟随下节省燃料的测量，加入、离开编队，货车角色（引导车/跟随车）的转换（图6-3-15）。该编队项目的控制仅限于纵向车辆控制，使车队在各种模式之间能够平滑地进行切换。

5. 韩国车辆编队发展状况

韩国现代汽车公司2019年11月在韩国京畿道骊州市智能高速公路上成功进行了该公司首个货车编队试验，试验中采用了两辆连接拖车的Xcient牵引车（图6-3-16）。

图 6-3-15 美国货车列队跟驰测试

图 6-3-16 现代列队跟驰测试

当后方货车接近领头货车时，编队模式就会启动，编队操作就会开始。后方货车会与前方货车保持16.7m的距离，并根据领头车辆的加减速情况实时微调。驾驶人无须踩加速或制动踏板，极大地减轻了在道路上的疲劳，提高了安全性。此外，该模式还会激活车道保持技术，让后方车辆驾驶人的手能够离开转向盘。

有了车辆编队技术，还可以无缝管理其他车辆在货车之间插入或插出。如果一辆车突然插入了货车车队中，后方货车会自动将其与领头货车的距离扩大到至少 25m。如果领头货车由于意外情况突然紧急停车，该技术还可以让后方跟随的货车减速并停下。

6. 中国车辆编队发展状况

2017 年，华为与德国航空航天中心（DLR）及中国某高校分别在德国和中国进行了一系列基于 5G 网络的车辆编队自动驾驶测试，并顺利完成了紧急制动、紧密跟踪、协同变道等多个场景演示。

在这些场景演示中，两辆车或多辆车同向行驶，前车作为领航车有人驾驶，后车为无人驾驶。前车在进行紧急制动、变道、转弯时，实时将操控信号通过 5G 基站传达到后车，后车在极低时延下收到信号指令，及时做出与前车协同一致的动作。现场测试表明，基于 5G 的高可靠和超低时延的 V2X 方案，前车和后车指令传输的端到端时延最低可以控制在 5ms，大大缩短后车延迟时间，从而使整个车辆编队步调一致，车辆间的安全距离也可缩小，直接降低风阻造成的燃油消耗，同时使整个车队的安全性也得到保障。

高密度车辆编队中使用 5G 所使能的自动驾驶或无人驾驶，将大幅降低燃油消耗和人力成本。在车辆编队行驶中，车与车通信的端到端时延直接决定了车车之间的最小安全距离，也直接降低了燃油的消耗。5G 在该应用场景中凭借 5ms 以内的端到端低时延以及 99.999% 的可靠性成为实现安全高效车辆编队行驶的关键。

2019 年 5 月 7 日，正在制定中的国家标准《智能网联汽车自动驾驶功能测试方法及要求　第 3 部分：列队跟驰功能》，即我国首次大规模商用车列队跟驰标准公开验证试验在天津市西青区举行。东风商用车、福田、中国重汽三家重型货车企业每家派出 3 辆重型货车，总计 9 辆车参与。试验项目包括列队加速试验、列队变道试验、列队减速试验。本次智能网联车辆编队演示应用，是我国首次大规模商用车编队测试，是智能网联汽车走向商用化的重要阶段（图 6-3-17）。

图 6-3-17　商用车编队跟驰标准公开验证试验

目前，车辆编队行驶常用于商用车运营，一方面可以在运营期间减少车辆燃油消耗、传感器成本以及增加公路吞吐量；另一方面，在已组建好的车队中，跟随车仅需要与领航车进行无线通信、跟随前车，进而只需配备"精简版"的自动驾驶系统，可大大降低车队所需的硬件投入。此外，车辆编队行驶在缓解交通拥堵、减少环境污染等方面同样起到积极作用。

（三）车辆编队标准及管理过程

为推进车辆编队标准的制定，国内外各类标准化组织开始对车辆编队的形式规范、应用层数据交互要求制定一系列标准。如国际标准化组织（International Organization for Standardization，ISO）提供了一个独立于底层通信技术、面向车辆编队应用的数据交互标准（ISO 4272），主要包括交互流程、数据需求和测试方法。国际自动机工程师学会（Society of Automotive Engineers，SAE）内部的 SAE J2945/6 已于 2015 年成功立项，主要是对美国道路与编队做出一定规范，定义适用于美国道路的编队消息集和数据元素。第三代合作伙伴计划（The Third Generation Partnership Project，3GPP）主要研究车辆编队 C–V2X 通信技术及相关的需求，在 TR 22.886 中给出了不同自动驾驶等级车辆编队的场景描述，同时在 TS 22.186 中给出了明确量化的通信性能需求指标。

国内的相关标准是在 3GPP TS 22.186 的基础上，结合了实际情况，对车辆编队通信相关参数的要求与规范确定进行了修改。国内车辆编队标准侧重于数据需求、通信要求和应用层交互流程的方向上。

（1）控制过程

管理过程中，领航车主要负责管理整个车队的成员列表，在对应的标准中，领航车职责主要包括创建车队、加入 / 减出车辆、解散车队。当车队成员发生变化时，领航车将及时更新车队成员信息列表。创建车队时，自由车广播组队指令，并设置其中一辆车为领航车，组队成功后，车队由领航车带领，进入巡航状态；当其他自由车发出入队申请时，待领航车同意申请，自由车可从队尾加入车队；当跟随车发出离队申请时，待领航车同意申请后，跟随车可缓慢离队；当需要解散车队时，领航车广播解散车队指令，待所有跟随车都安全离队后，停止监控车队状态。

而在 T/ITS 0113.3—2021《营运车辆　合作式自动驾驶货车编队行驶　第 3 部分：车辆通讯应用层数据交换要求》中，对车队的管理过程和控制过程有了进一步优化和扩充。T/ITS 0113.3—2021 将管理过程分为发现车队、加入车队、离开车队、解散车队以及标识更新，具体如下：

1）发现过程：具体包括领航车被发现和自由车被发现的过程，通过广播和短程无线通信等形式对周围的领航车或自由车进行感知发现。

2）加入过程：除了自由车申请入队，还添加了领航车邀请入队的方式，领航车可以从感知到的自由车范围内通过车队要求筛选出"合格"的自由车，发送入队邀请，受邀的自由车可以选择同意或拒绝，若同意加入，可从队尾加入车队。

3）离开过程：除了跟随车申请离队，还添加了领航车清退跟随车，领航车筛选出需要被清退的跟随车，发起离队指令并说明清退原因。

4）解散过程：领航车发送解散指令，并停止监控队内跟随车状态。

（2）异常处理

控制过程中，领航车可对外发布车队信息，对内发送车队行驶策略（行驶方向、速度、车间距等），监控所有跟随车的行驶状态。T/ITS 0113.3—2021 主要考虑状态监控异常（丢包、中断、故障、被无关车辆长时插入等），若连续 N 个监控周期内，领航车无法收到特定成员的编队消息，则认为状态监控出现异常，具体可分为以下 4 种处理方式。

1）若领航车状态正常，前车状态丢失，则跟随车继续跟驰并上报给领航车。

2）若领航车状态丢失，则跟随车离开车队，并停止发送编队消息。

3）若队尾跟随车状态丢失，则编队继续保持，领航车更新队内成员列表，记录队尾跟随车异常行为。

4）若队中跟随车状态丢失，则编队继续保持，领航车更新队内成员列表，通知该车紧邻后车更换监控对象，并记录队中跟随车异常行为。

从整体来看，车辆编队的标准研究及发展整体趋势良好，已在业务架构、通信接口和数据交互方面取得了一定的成果，更加有效地推动开发统一标准的接口、消息数据集格式和规范，能够促使车辆编队行驶的基础功能统一，实现高效、安全的车队信息互联互通。

（四）协作式车辆编队技术

在车路协同技术的帮助下，行驶路线相同的多个车辆可以形成编队。在每个车队中，第一辆车称为头车，其余车辆为跟随车辆，且保持较小的间隔跟随前车，安全高效地通过交叉路口。车辆编队中，头车采用自适应巡航控制，保持与前车的安全距离，队列中其他车辆采用协同自适应巡航控制，与前车和头车通信、交流信息。

1. 自适应巡航控制

自适应巡航控制（Adaptive Cruise Control，ACC）是在车辆定速巡航控制基础上加入了车辆前向距离控制功能，利用车载雷达等传感器检测前方路况，通常被车队中的头车采用。

2. 协同自适应巡航控制

协同自适应巡航控制（Cooperative Adaptive Cruise Control，CACC）进一步融合车辆之间的通信，使同一车队中的车辆可以共享位置、速度、加速度等信息，从而更好地协作。通过让队内的车辆相互协调运行并始终保持着较小的车距，来提升道路的通行效率并保持足够高的安全性。

车辆编队通信方式分为头车的信息交互和跟随车辆的信息交互。如图 6-3-18 和图 6-3-19 所示，为方便区分车队内头车和跟随车辆，将各车队的头车颜色设置为红色，将其他车辆颜色设置为黄色。

图 6-3-18　头车检测其他车队信息，采用 ACC 方式控制车距

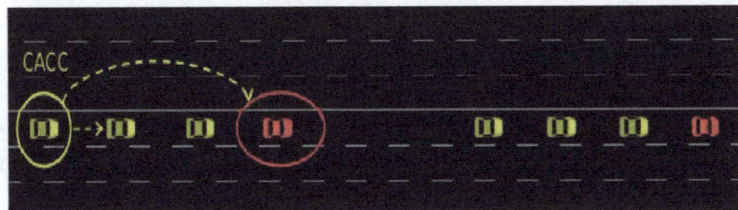

图 6-3-19　车队内车辆可以直接通信，采用 CACC 方式控制车距

（五）协作式车辆编队管理对交通系统的影响

随着自动驾驶汽车技术的实现和不断发展，21世纪将是公路交通智能化的世纪。通过车路协同技术实现智能车辆编队，可以缩短车间安全距离，并且利用车辆与交通设施之间的通信，更好地规划车辆通过路口的先后顺序，避免不必要的等待，实现在不停车的前提下尽快通过交叉口，从而达到缓解交叉路口的拥堵现状、减少车辆尾气排放的目的。

自动驾驶车辆编队对交通系统的影响可以从效率、舒适、安全、绿色、公平性和是否有利于公交主体地位的确立六个方面进行探讨。

（1）效率

编队行驶可减小车队成员之间的距离，基于高精度的传感器和高速低延时的通信网络，可大幅甚至成倍提高通行能力，缓解交通拥堵。

（2）舒适

无须人工驾驶，车辆行驶过程中驾驶人可休息、娱乐、工作，舒适性提高，出行时间负效用降低，甚至可能产生正效用。

（3）安全

传感器精度、智能网联水平的提升可以减少人为失误，降低甚至避免碰撞风险，提升安全性。但在人工驾驶车辆混行阶段会与人工驾驶车辆相互影响，产生新的风险。

（4）绿色

通过车辆编队行驶的空气动力学及其仿真的分析数据中发现，车辆编队行驶可有效地降低车辆所受到的空气阻力，减少了行驶过程中遇到的"走走停停"现象，车辆的耗油量和排放量得到有效的降低。但如不采用清洁能源，则与人工驾驶车辆一样会带来环境问题。

（5）公平性

可为无驾驶能力、公交服务缺失（不便）区域的人群提供公平的出行机会。

后续将持续推进车辆编队功能要求、测试认证以及信息安全等方面的标准化工作，这需要大量关键技术支持，如更高传输速率、更高可靠度、更低时延的通信技术，能够提升车队间距精准度的高精定位技术，提升车车协作能力与环境感知精度的C-V2X和多传感器融合技术，提升编队安全性的通信安全技术等。这些关键支撑技术的不断发展，将不断提升车辆编队的场景丰富度，促进整体车队功能更加完善，进而实现更大范围和场景的商业化应用。

📖 拓展阅读

1994年，"智能交通"的概念在国际上诞生，1995年，我国还处于高速公路建设初期，就强调将智能交通系统（ITS）作为公路交通21世纪前半叶实现的方向性技术，虽然我国起步相对较晚，但整体发展较快。20世纪90年代，交通部也对公路水路和智能交通的长期发展做出了规划，并从行动上紧抓国际发展机遇。1995年，我国交通部参加日本横滨举办的第二届智能交通世界大会，这也是我国首次参加智能交通世界大会。1998 年，交通部赴韩国参加第五届智能交通世界大会，并在大会发言，全面展示了中国交通的发展和未来。国内方面，2008 年，由科技部牵头成立"中国智能交通协会"，为智能交通发展带来新的局面，智能交通的技术创新、产业发展、应用服务进入了快速和规模化发展阶段。此后，我国在智能交通上的发展得到了快速助力。

　　在智能交通领域，ETC（电子不停车收费系统）的研发和推广是最具有代表性的一项成果。2014 年，交通运输部开展全国 ETC 联网工作，2019 年底，新增 ETC 用户 1.27 亿，全国 29 个联网省份的 487 个省界收费站全部取消，ETC 干道覆盖率达到 100%。近年来，ETC 发展方向主要是向开拓 ETC 应用场景，如 ETC 智慧停车城市建设、完善 ETC 电子支付差异化收费和优惠模式、加强金融支持服务模式等。

　　车载导航、电子警察、交通诱导屏等交通设备的出现和技术更新，对交通秩序规范化、日常出行智能化同样也起到了很大的促进作用。根据中国智能交通协会公布的数据，2010 年我国智能交通市场规模仅为 109.2 亿元，到 2020 年我国智能交通整体市场规模达到千亿元的水平。车联网、车路协同、无人驾驶大力发展，智能交通也随之迈入智慧交通的新时代，市场规模也在不断扩大，截至 2020 年 12 月底，我国智慧交通千万项目（不含公路信息化，以下同）市场规模约为 296.12 亿元，项目数 1400 个，市场项目平均规模约为 2115.12 万元。到 2027 年，预计中国智慧城市行业投资规模将接近 5 万亿美元。

🛆 任务分组

学生任务分配表

班级		组号		指导老师	
组长		学号			
组员	姓名：_____　学号：_____ 姓名：_____　学号：_____ 姓名：_____　学号：_____ 姓名：_____　学号：_____		姓名：_____　学号：_____ 姓名：_____　学号：_____ 姓名：_____　学号：_____ 姓名：_____　学号：_____		
任务分工					

工作计划

按照前面所了解的知识内容和小组内部讨论的结果，制定工作方案，落实各项工作负责人，如任务实施前的准备工作、实施中主要操作及协助支持工作、实施过程中相关要点及数据的记录工作等。

工作方案表

步骤	作业内容	负责人
1		
2		
3		
4		
5		
6		
7		
8		

进行决策

1. 各组派代表阐述资料查询结果。
2. 各组就各自的查询结果进行交流，并分享技巧。
3. 教师结合各组完成的情况进行点评，选出最佳方案。

任务实施

车联网高级场景应用认知	
记录	完成情况
1. 上网查阅资料，整理道路收费服务应用目前发展现状	已完成☐ 未完成☐
2. 整理资料，绘制框架图，内容包括交通信息服务系统结构、典型应用	已完成☐ 未完成☐
3. 能正确描述车辆编队场景管理过程	已完成☐ 未完成☐

6S 现场管理			
序号	操作步骤	完成情况	备注
1	建立安全操作环境	已完成☐ 未完成☐	
2	清理及整理工具量具	已完成☐ 未完成☐	
3	清理及复原设备正常状况	已完成☐ 未完成☐	
4	清理场地	已完成☐ 未完成☐	
5	物品回收和环保	已完成☐ 未完成☐	
6	完善和检查工单	已完成☐ 未完成☐	

评价反馈

1. 各组代表展示汇报 PPT，介绍任务的完成过程。

2. 以小组为单位，请对各组的操作过程与操作结果进行自评和互评，并将结果填入综合评价表中的小组评价部分。

3. 教师对学生工作过程与工作结果进行评价，并将评价结果填入综合评价表中的教师评价部分。

综合评价表

姓名		学号		班级		组别	
实训任务							
评价项目		评价标准				分值	得分
小组评价	计划决策	制定的工作方案合理可行，小组成员分工明确				10	
	任务实施	上网查阅资料，整理道路收费服务应用目前发展现状				20	
		能够正确绘制包括交通信息服务系统结构、典型应用内容的框架图				20	
		能够正确描述车辆编队场景管理过程				10	
	任务达成	能按照工作方案操作，按计划完成工作任务				10	
	工作态度	认真严谨、积极主动、安全生产、文明施工				10	
	团队合作	与小组成员、同学之间能合作交流、协调工作				10	
	6S 管理	完成竣工检验、现场恢复				10	
		小计				100	
教师评价	实训纪律	不出现无故迟到、早退、旷课现象，不违反课堂纪律				10	
	方案实施	严格按照工作方案完成任务实施				20	
	团队协作	任务实施过程互相配合，协作度高				20	
	工作质量	正确绘制包括交通信息服务系统结构、典型应用内容的框架图				20	
	工作规范	操作规范，三不落地，无意外事故发生				10	
	汇报展示	能准确表达、总结到位、改进措施可行				20	
		小计				100	
综合评分		小组评分 ×50%+ 教师评分 ×50%					
总结与反思							

（如：学习过程中遇到什么问题→如何解决的 / 解决不了的原因→心得体会）

参 考 文 献

［1］张靖，亓相涛，韩光辉，等.车联网技术与应用项目实践［M］.武汉：华中科技大学出版社，2020.

［2］崔胜民.智能网联汽车技术［M］.北京：机械工业出版社，2020.

［3］陈山枝，胡金玲，等.蜂窝车联网（C-V2X）［M］.北京：人民邮电出版社，2021.

［4］严朝勇.智能网联汽车技术［M］.北京：北京邮电大学出版社，2020.

［5］中国通信学会.车联网白皮书（2022年）［R/OL］.（2023-01-07）［2023-02-24］.http：//www.caict.ac.cn/kxyj/qwfb/bps/202301/